U0108740

尋路東西

記動盪時代的留學大潮

尋路東西

記動盪時代的留學大潮

張倩儀 著

商務印書館

本書首印名為《大留學潮——記動盪時代的逐夢青春》

尋路東西——記動盪時代的留學大潮

作　　者：張倩儀
封面設計：張志華
出　　版：商務印書館 (香港) 有限公司
　　　　　香港筲箕灣耀興道 3 號東匯廣場 8 樓
　　　　　http://www.commercialpress.com.hk
發　　行：香港聯合書刊物流有限公司
　　　　　香港新界荃灣德士古道 220-248 號荃灣工業中心 16 樓
印　　刷：美雅印刷製本有限公司
　　　　　九龍觀塘榮業街 6 號海濱工業大廈 4 樓 A 室
版　　次：2024 年 6 月第 1 版第 2 次印刷
　　　　　© 2015 商務印書館 (香港) 有限公司
　　　　　ISBN 978 962 07 6750 0
　　　　　Printed in Hong Kong
　　　　　版權所有　不得翻印

序

張信剛

張倩儀女士即將出版新作《尋路東西》，以書稿贈我，請我作序。

1963 年我自臺灣赴美留學，1990 年回香港。這期間我先後居住美國十九年、加拿大七年、法國一年，對海外留學生的情況頗為注意，因此對本書的題材很感興趣。

《尋路東西》敘述二十世紀上半葉大批中國知識份子出國留學的歷史。書中提及的許多人我都聽說過；有一面之緣的近三十位，頗有過從者也有六位。

全書大致以年代為經，以留學生所赴國度為緯，兼及各類留學生的出身和資助來源。作者以大量資料展示留學生在國外所遭遇的文化震盪、學習過程以及所受的歧視等；也對許多人回國後的際遇做了描繪。

許多留學生的回憶文字都能證明，二十世紀初期歐美各國和日本的社會秩序以及公民素養都遠超當時的中國。也就是說，十九世紀中葉“師夷長技以制夷”、“中學為體，西學為用”的自強方針對提升國民素質沒有起到作用；由此也反證，必須引入西學方能振興中華。大留學潮的基本動力和歷史使命即在於此。

本書內容詳實，述中夾評，既有趣味性，又具思想性。我覺得書中有兩個題目值得進一步討論。

第一個，作者特別指出，歐美各國和日本的大學教育十分注重實驗，而中國留學生一般都需要克服不善動手的弱點。這個情形即使在二十世紀後半葉仍然如此。然而，著名的“李約瑟問題”是：為甚麼古代中國創造了如此多先進的工藝技術，而近代科學卻沒有在中國出現？本書提供的資料顯示（我個人也觀察到）另一個現象：在古代長於工藝卻沒有產生近代科學的國度裏，大多數近代知識份子偏重理論而疏於實驗！這個令人費解的悖論很值得進一步探討。

第二個，作者細述了在整個大留學潮中佔時間並不長，人數也不算太多，但日後對中國的影響卻極大的勤工儉學運動。勤工儉學者大都是小康以上家庭出身，但在歐洲經過一段工人生活後，許多人信奉了馬克思主義；其中一部分人又從此放棄了"學術救國"、"實業救國"的初衷而走上了社會主義革命的道路。中國留學生的勤工儉學運動和法國天主教發起的"工人神父"運動幾乎同時。天主教為了和一次大戰後盛行的馬克思主義爭取工人的忠誠，特別指派一批青年神父到各地礦廠當工人。許多被派去教化工人的神父們在經歷一段工人生活後決定放棄教會交付他們的任務，反而成為左翼工會的組織者。這兩段往事似乎證明了馬克思主義的信條："存在決定意識"。這些勤工儉學者和他們的後人，在二十世紀中葉以後的中國社會變革中具有何種社會意識，將是很有意義的研究課題。

我細讀《尋路東西》之後也有幾點聯想，願意在此與讀者分享。

首先，"大留學潮"可以放在人類文化交流史的框架中加以考察。在人類文化交流的歷史上，從來未曾有過如大規模的、持續的人才出國學習潮流。我能想到的是日本大化革新後來華的遣唐使；再一個就是日本明治維新前外派留學生的計畫。遣唐使學習的對象是中國；明治維新的學習對象主要是德國和英國。而中國大留學潮的學習對象包括了日本、美國、法國、英國、德國、比利時和蘇聯。不能不承認，即使在危急存亡的時刻，中國仍是一個相容並蓄的國家。

第二，應該在世界近代史的範疇裏看待大留學潮。西歐各國在義大利文藝復興後，紛紛效仿義大利的教育方法和典章制度。之後，落後的俄羅斯在彼得大帝的主導下開始向西方學習，持續了一個世紀有餘。但是所有歐洲國家之間在宗教上、語言上和歷史淵源上的差別，都遠不如中國和歐洲國家之間的差異。從這個角度看，與中國大留學潮有較多可比擬性的是奧斯曼帝國的革新。十八世紀初開始，奧斯曼帝國的國勢向下滑落；先是割地賠款，繼而被迫承認列強的治外法權，最後將海關和財政管理權交付給債權國，頗似中國晚清的情況。自十九世紀中葉起，奧斯曼帝國政府進行了將近一個世紀以西方為榜樣的改革。在此期間，許多社會上層和中產階層家庭的子弟前往西歐各國學習。他們在外國發行各類刊物，成立不少政治組織，其中"青年土耳其人（Young Turks）"政團在二十世紀初曾經掌權執政。在這一世紀中，奧斯曼帝國的政府形式、社會結構和文化品味都受到了"西化派"的影響。中國的大留學潮、奧斯曼帝國的西化改革應該是大可研究的兩個案例。總體來說，無論是中國還是奧斯曼帝國（也可以包括未曾遭到歐美列強欺侮的日本），都是以西化為自強的手段，而不是進行全面的文化更新。

第三，必須在近代中國積貧積弱的語境中觀察和評價大留學潮。近代中國外侮頻仍，士大夫和一般百姓都難以忍受，大留學潮正是中國全國上下渴望自強的表現。然而，在任何社會大潮流中都不可能萬眾齊心；在紛紛攘攘湧往外國的留學潮中，的確是魚龍雜混，沙石俱下。但我們今日回顧大留學潮，應該看到一百年來中國所發生的巨大變化。無論用任何客觀指標來度量，大留學潮的總體效果都是正面的。

任何近代國家的自強努力都牽涉到現代化的問題。而現代化是一個持續的過程，沒有任何一個國家的現代化業已完成，可以不須努力而永享太平。

因此，儘管今日中國早已非昔日可比，中國學生赴外國留學的人數卻空前高漲，許多中國百姓也有向外國移民的意願。一如本書的結語所表明，中國的社會現狀和歐美等發達國家仍有明顯的距離。雖然大留學潮給我們帶來了許多有益的變化，但是振興中華的使命還沒有完成。

希望在未來的二三十年裏，中國能夠進入一個民主與科學貫徹於社會各個層面的時代，成為不再需要另一個留學潮的國度。到那時，《尋路東西》將會被視為記載往者披荊斬棘的路徑，並且激勵來者奮發向前的好書。

　　我深信，《尋路東西》的歷史意義將是——借用一位前輩留學生富有詩意的書名——"為接朝霞顧夕陽"。

序

陳萬雄

　　這是張倩儀女士運用大量近代人物自傳為主體材料，而撰寫的第二本著作。第一本名為《另一種童年的告別》，也曾邀我寫序。《另一種童年的告別》曾風行兩岸，相當受歡迎。我很欣賞這個題材。因為十九、二十世紀之交的前後幾十年，中西文化交錯，是中國兒童教育和成長的嬗變時期，在中國歷史文化上，時代意義重大。我也讚賞這種以組合親歷者自述內容為主體的撰寫形式，既有學術的基礎，又有如親歷其境的生動描述，增加大眾讀者的閱讀興趣。

　　近百多年來，是中國歷史文化長河中一個翻天覆地的時代。在這個鉅變時代中的弄潮兒，留下親歷親聞的傳述，原就是百多年中國文化和社會方方面面、活生生的實錄。從文化教育來說，近代留學外國是中國史無前例的現象，其影響日後中國社會和文化之深遠，不言而喻。正如作者自序的標題為〈三千年未有的留學潮〉，終章最後一節標題是〈未完的留學潮〉，已見全書端倪。

　　留學這課題，從二十世紀七十年代起，已屬學術界的熱門題材，中外文的有關書籍也不少。但是，這些研究大都從政治和文化入手，且多屬高頭講章的學術著作，非一般讀者能接近。留學既是過去廣泛滲透到社會各個階層的教育潮流，現今——甚至可見的將來，仍然是中國社會一種突出的現象，社會大眾對這種潮流，自有廣泛了解的興趣和需要。作者全面挖掘、集攏當年留學問題的種種現象，大小不遺，各成專題，真是五花八門，描述生動，讀來引人入勝。

　　當然，自傳材料有其局限。片面不全有之，記敍不實有之，評說偏見有之，記憶疏漏有之，不一而足。要湊合成文，非作大量史料核實、排比、疏解、釐清等等費時耗心的工作，難以為功。作者繼《另一種童年的告別》後，經年研究、整理，撰寫成此《尋路東西》，範圍與內容固然廣泛豐富，其中還不乏出人意表、令人發噱的故實。最難得的是，作者不時就事點撥，抒發己見，亦足引人思考。

　　所謂"以史為鏡，可以知興替"，百年經驗，做點總結反省，既可透過留學這課題，增加對中國百年歷史的認識，且對日後或會愈演愈烈的留學現象，於政府、於社會、於家庭、於個人，都是很可參考借鑒的。

序　時代的挑戰

張翠容

倩儀嘔心瀝血的新書洋洋灑灑近三十萬字，道盡中國數個大時代的大留學潮，可謂是中國一頁重要當代史。現在她要賦予歷史重新論述的生命，把個人與時代命運緊扣，究竟是時勢創造英雄，還是英雄創造時勢，當中是否存在歷史的密碼？

這是我少時讀歷史的一個大哉問，只可惜香港的歷史科淺薄，中國歷史尤甚，中學教育未及讓我多了解，自己後來也加入了留學的浪潮去，但這可不能與前人相比較了。香港人出洋留學，在港英年代，連家國也說不清楚，自然是個人前途多於一切。

雖然如此，我記得在大學的註冊日，大批來自第三世界的同學，非洲的、阿拉伯的，拉丁美洲的、印度的和亞洲的，他們有不少依賴公費或獎學金前來學習。對他們而言，大留學潮沒有結束，只是進入了另一個新階段，留學與個人及國家命運，仍然息息相關，這令我不無思考。

過去一直是第三世界前往西方取經，最重要的橋樑當然是留學生。西方亦樂意向發展中國家的精英尖子招手，送出大量獎學金。後者希望學習前者的新科技、新思潮，待回國後能一展抱負，推動社會變革，這是二十世紀動盪的上半葉，中國留學生對國家民族普遍懷有的願景。

因此，在中國，大留學潮亦是個大革新潮，留學生學成歸來搶著提出不同的社會實驗，正如倩儀在書中指出，大有一代革一代的命之勢。

「前有先驅，後有來者，伏湧延綿，越代相師」，連場波瀾壯闊的大留學潮，橫掃日本、歐洲、蘇俄及北美洲，當中的表表者包括留日的蔣介石、留法的周恩來、鄧小平，留蘇的蔣經國、劉少奇等，都成為一代的領軍人物，對中國發展影響深遠。除他們外，還有我們已知，或遺忘，又或不為人所察覺的其他重要人物故事，倩儀都能仔細為我們一一拆解，令我們再度探討歷史而回看當今的中國以至世界。

閱讀倩儀的巨著，令我引發至少兩個問題：首先，為何歷史悠久的東方國家，在十九世紀末開始，湧現往西方學習的大留學潮？這令我想到摩里士（Ian Morris）的新書《西方憑甚麼》（Why the West Rules—For Now），台灣中文譯本卻多加了個副題《五萬年人類大歷史，破解中國落後之謎》，反映了華人內心的情意結。

其實，摩里士在書中一開始，即觸及中國，就從火燒圓明園開始。一八六零年英軍攻進圓明園，把原本屬慈禧太后的愛犬帶回倫敦，獻給維多利亞女王，取名「戰利品」。作者不禁問：為甚麼鴉片戰爭結果是維多利亞女王獲取一條狗，而不是她丈夫亞伯特被押去北京做人質？

作者繼續問：西方征服新大陸靠的是「槍炮、病菌與鋼鐵」，可是，槍炮源自中國，中國亦不缺病菌、鋼鐵，為甚麼征服新大陸的卻是西方？鄭和航海技術遠勝哥倫布，為何他沒有橫越太平洋？為甚麼工業革命在英國發軔？最後的問題：西方憑甚麼主宰世界？

當我們現在說到國際標準，便意即西方標準；當我們談到現代化，即追趕西方的現代化。中國晚清有所謂洋務運動，便是以「師夷長技以制夷」為口號，把一批學子送往歐洲，企圖打開西學之門，汲取西方機械技術，在全國展開工業運動，作為救國救民的自強路，可惜最後因戰敗而告終了。

在人類歷史裏，多個文明你追我逐，不過發展無前後，以達者為先。就這個問題，我和倩儀及其他朋友在聚會時曾多番討論過，朋友提出波斯的拜火教，倩儀就講述波斯帝國第一代大流士大帝比較過「民主」與獨裁、寡頭政制，孕育過「民主」的種子。作為人類首個橫跨三洲的大帝國的波斯帝國和拜火教，可以說是極早的文明之一。歐美人也承認，當東方文明高度發展的時候，歐洲曾經大為落伍。在整個「大留學潮」中，我們不禁再問：西方憑甚麼？

《西方憑甚麼》作者摩里士指出了一個歷史的法則，就是當社會向上發展，自會出現阻礙。發展遇到阻礙，不可能一直原地踏步。不突破，便會衰退或崩潰。核心衰退，只得淪為邊陲。但如有一天又發展出後發優勢，便會再次擠入世界核心。

換言之，從掠奪中尋找突破及創新之法，乃是西方帝國生命的所繫。但，物極必反，正如米爾斯海默的《大國政治的悲劇》裏指出，過度擴張的帝國最終自招衰敗的悲劇。

人類文明互相競爭甚至衝突，一直以來我們問西方憑甚麼，但走到了二十一世紀的今天，十年河西，十年河東，中國崛起現象成為西方爭相研究的課題，由東往西的留學潮，近年竟有愈來愈多的西方莘莘學子，前來中國了解中國崛起的模式。

除「西方憑甚麼」外，第二個問題就是西方為何張開懷抱，並慷慨向發展中國家提供大量獎學金？這是我少年時期往英國讀書的問題。

後來我研究資本全球化，發現無論冷戰前後，世界仍打著意識形態之戰。例如上世紀七十年代初，美國扶助智利右翼獨裁軍人皮諾切特，一上台即以「休克療法」重建國家經濟，之後出現所謂「芝加哥子弟」（Chicago Boys），即留學芝加哥大學師承弗里曼的拉美經濟學家，回國後大力推行新自由主義政策，當中有不少獲美國獎學金前赴芝加哥大學學習。

西班牙等歐洲國家亦然，他們的經濟哲學發展，也可以找到與智利相同軌跡，只不過倫敦政治經濟學院取代了芝加哥大學，前者深受海耶克影響，而海耶克乃是弗里曼的啟蒙老師。

看來，獎學金不是白給的，留學生也不是白吃的。當年蘇聯向中國留學生大開中門，道理也如是。留學生當然應有其獨立的思考，而且是個關鍵。為甚麼呢？

回答這個問題，我又要回到這本《尋路東西》，雖然講的是中國二十世紀上半葉留學熱潮與中國發展，但當時其他落後地區亦風起雲湧，中國是其中的寫照。它們都面對西方列強的東征西討，國家積弱，急於走上現代化道路，而留學生在其中扮演重要的角色。但，究竟要怎樣的現代化？大部份發展中國家爭議不休。要全盤西方，超英趕美，還是取西方之長而補自己之短，再走出屬於自己發展之路？

在中國，「西化」、「中化」，「革新」與「守舊」之間的論戰尤為熾烈，即使到了現在，中國此刻最需要有識之士，不卑不亢地為國家指出前途，留學生的態度尤為重要。倩儀把我們帶回現場，從辛亥革命、再到五四運動、新文化運動、抗戰的留學全紀錄，從宏觀到微觀，每一個時代都有類似的憂鬱，即使到現在中國改革開放已過了三十多年，亦有人問：在參考西方現代化之餘，又怎樣看待自己的文化，以及如何追求社會的理想，和體驗個人的價值？這同是當今中國海歸派的挑戰。

有趣的是，自五四運動以降所倡議的「中學為體，西學為用」，過去多年來都不時受到華人思想界質疑。相互尊重的交流可擦出燦爛的火花，豐富不同的文化。但當學習滲有太多政治色彩，便會出現重重的矛盾。好事與壞事之間，可真是一念天堂，一念地獄。

在歷史知識上倩儀是我的老師，平時與她閒聊古今中外，她亦妙語連珠，令我獲益良多。願意花上巨大心力寫一本可借故喻今的歷史專書，在功利的香港更見此著作的難能可貴。她以說故事的方式解讀中國當代史中一個重要的大留學潮，甚麼天使魔鬼都在她的細節裏，就好像追看小說一樣倍添趣味，並為香港留白的歷史科填上色彩。

當我讀完這一本作品，內心感嘆難止。畢竟，大留學潮所留下的問題，至今仍是我們這個時代的挑戰。

自 序　三千年未有的留學潮

在"三千年未有的變局"裏，掀起三千年未有的留學潮。

這是一次主動追求的西潮，寄托著一個古老民族對前途的熱望。日本為求迅速維新，也曾經留學以求西法，中國的留學卻一波三折，延續半個世紀，數以十萬青年學生離鄉別井，遠渡重洋。

今天的中國人世界，仍然熱衷留學。中國成為世界上輸出學生的第一大國，一年裏去留學的人數，就比本書所寫的半個世紀多兩三倍。

那二十世紀上半期的大留學潮，對我們還有參考價值嗎？

留學成為大潮，始於中國敗於日本後，以官派留學為國策，延續到1950年代初政治狂瀾逐漸平伏，留學生或回國或留居為止。其中二十世紀頭三十年，真可謂"高潮迭起"，留日、留美、留法、留蘇，峰迴路轉。當年一部留學史，有半部是清末民國政治史，還有半部，是平民求救國、求前途的艱難打拼，裏面有熱情，也有功利。出去的人固然艱辛備嘗，留下來的，原來也同生共死。

比起日本，近代中國的留學花費大，時間長。對這個留學大時代，有人抨擊，亦有人謳歌不已，而大部分人並沒有真切的認識。一講到近代留學，大家就聚焦在更早的幼童留美計劃，許多文化人為這計劃中輟而扼腕。然而比起那120個幼童的經歷，這大留學潮涉及的人數超過千百倍，有更多可歌可泣的人生起落。可是，正因為規模大，枝節多，所以現在寫它的人少。縱有，也是寫個別故事或片段時間的多，描寫全線的少；作學術研究的多，供閱讀的幾乎沒有。

回想當年，這留學潮是炙手可熱的題目，留學生自己就寫了兩本暢銷小說，分別寫留日和留歐。一本是揭黑幕式的通俗作品《留東外史》，一本是才子文學家的手筆《圍城》，都不忘調侃留學生的窩囊，甚至墮落。

《尋路東西》是承接 1997 年出版、描述西風東漸下兒童成長環境變遷的《另一種童年的告別》。我把它們視如相續，是中國在文化轉折的關鍵時刻，留下的三個深刻足印成長環境的丕變，追求新知的留學，以及關乎民族存亡的抗日戰爭——的其中兩個，我想透過身在其中者的描述，以勾勒一個古老民族，面對巨變的連番掙扎，和人心的震顫騷動。這三部曲中，抗日準備過材料，未及動筆。

　　由於激起中國大變的元素，不能無視外因，因此有一陣，我移心外國，想比較亞洲不同的古老文化，對歐風席捲有甚麼反應。以孫中山、甘地、凱爾末、福澤諭吉等政治家、思想家的自述，作一點對比。草草披覽材料，我知道追尋這個問題，遠超出我的體能極限。

　　其實寫留學亦不容易。比起童年一書，《尋路東西》是寫共見不易、寫新見更難的局面。共見少，因為當年留學的地方多、時間長，留學生之間不易有共同的經驗。新見難，因為研究留學的書汗牛充棟。在取材上，如果寫留學的生活細節，易瑣碎而無深意，不似童年鄉土生活，順手拈來，都有趣味。更何況留學事業後來捲入政見及意氣之爭，頗為激烈，看當事人自述，要排除互詆及自捧的地方。留學生的爭端與世界潮流亦大有關係，要放到世界思潮等諸多背景上考量，才見到底因的一二。難關千百，頗費躊躕，獨學時常畏難，更何況這是一條孤獨而狹窄的路。

　　猶記得寫童年書，曾覺得中國女性很可憐；及至寫留學，又覺得中國人很可憐。生於可憐之世，而奮鬥不懈，是可敬的。留學救國的成敗未來還會爭議，但大浪淘沙之下，許多動人的努力，不應該任由時間埋沒。

　　一個清華留美的優異學生，回國後遇上文革等種種政治運動，記者問他作何感想。留學生說：這就是歷史、人生，是一個國家歷史的自然演變過程。任何人，包括興風作浪者都不能主宰它的總趨勢。我們只能夠，也應當為幾千年來的民族文化遺產遭劫，一個偉大、古老民族所遭受的損失和停滯而悲傷。至於個人的遭遇則是渺小的。比起多少相同的人不幸的命運，我還應當說是很幸運的。[1]

這番話，略為調整，也大可用來總括留學大潮。

但願新的留學潮，不必蹈前人艱難的步履。

與童年書一樣，我雖然力求嚴謹，但這本書不是學術書，為了較為流暢易讀，有時夾引夾述，未必按引文格式的要求，甚至不用引號，以便把部分原文是文言的引文改得淺近些，以方便今天較少機會讀古文的讀者。不過本書範圍甚大，個人已沒有精力把文字梳理到清暢好讀，希望讀者能體諒。個人所知也有限，書中不免有疏漏未全、資料訛誤，評斷失準的地方，尚望方家指正。

寫作童年書的靈感得自工作中受陳萬雄先生啟發，本書與童年書為一脈，因此亦須大力感謝陳先生。此外，承留法勤工儉學紀念館、卞昭波（Canta Pian）女士、鄭啟明兄，以及馬慶洲、汪家明等先生、霍玉貞女士並眾多好友協助搜集及授權使用照片；在收尾階段已疲不能興的時候，獲徐志宇師兄仗義幫忙整理格式，譚汝謙教授、尚未謀面的錢靜遠同學、久未見面的伍尚沛同學協助越洋追查確認資料，使本書得以完成，謹此一併致謝。

1　湯佩松〈為接朝霞看夕陽〉，載《資深院士回憶錄》第 1 卷，上海：上海科學技術出版社，2003 年，頁 127。

目 錄

留學夢的起落

三千年未有的變局，激起三千年未有的留學潮。

中國人本來有遊學傳統，《勸學篇・遊學》說春秋戰國時期最流行遊學，這大概也是時代需才而教育下放，人人力爭學習以致世用的緣故吧？從東漢到明清，有很多上進的青年學子周遊尋訪名師的故事。但這種讀書人的遊學，範圍主要在中國境內。中國第一次出國遊學熱潮出現在唐朝，遊學地點是印度，遊學者是出家人，所求的是佛學。相比之下，近代的遊學（後來改稱留學）潮，無論規模、廣度、迫切程度，都是驚人的。

以中國人口之多，只要潮流湧起自民間，那力量豈能不巨大？

留學潮興起

這股大力量的開始，卻連涓涓細流都稱不上。最初去留學的人不但少，而且身份低微。第一個在美國著名大學畢業的留學生容閎，是窮孩子，無力讀書，所以到教會學校受教育，與同校兩三個孩子一起，自願跟回國的教師去美國。雖然容閎留學時（1847-1852），鴉片戰爭已經打過，但是當時有點經濟能力的家長，如果不是教徒，根本不會讓孩子接受教會教育，更遑論到外邦留學了。二十多年後（1872 年），由容閎安排的幼童留學美國計劃，得到重臣曾國藩支持，起初還是招不夠人數。同一時間，在中國政府開設的同文館，教外文，也不易招到好出身的學生。

自從留美幼童被急召回國，留學沉寂了 20 多年，中間只有基督教或商人家庭的子弟零星的遊學。[1]1896 年開始，卻突然爆發成潮，而且越來越大，十年之後，光在日本已經有 8000 個中國留學生，不少還是自費的。留日潮之後，是留美潮、留法潮、留蘇潮。20 世紀上半期變成留學大熱的時代。從 1896 年到 1950 年代初，有數以十萬計的學生去留學。

由不肯去到爭著去

標誌大潮興起的 1896 年，是中國敗於日本，簽訂割地賠款條約的第二年。此前半個世紀，中國已經三次敗於英、法；這是第四次戰敗，而且敗於新興的日本，中國知識分子為之震動。這一震動，搖落了洋務運動已為中國找到富強出路的幻想。

1896 年清政府派 13 名留學生到日本，而作為中國中堅力量的知識分子也開始把眼光和希望移到外國。留學於是變成全國的行為。兩年之後，派學生到日本成為國家政策，地方大員也派人去日本學陸軍。鼓吹留日的大臣張之洞就更不用說了。他主政湖北，設立兩湖書院，用心培養學生，1900 年曾經讓他們全體官費留日。當時書院的學生都是有初級功名又經進修的人，離湖北去日本時，有候補道率領，著名幕客辜鴻銘隨行，到上海，有上海政府官員設宴招待。張之洞親自送船去上海時：

> 對學生頻頻答禮，提督張彪後到，屈膝請安，文襄（張之洞）口啣長旱煙桿，視若無睹。我們見這種倨態，不免暗笑，亦更覺自己所受的禮遇。[2]

這雖然是重文輕武的風氣，仍然可以見到張之洞對教育、對留學的寄望之殷。

不過，中央或地方派遣的留學生人數有限，大抵只是開啟風氣。讓留學成為大潮的，是民間心態的轉變。1900 年義和團事件之後，開始有年輕人認為國家要改變方針，個人亦應另有打算，他們有些選擇自費留日，因為“日本維新以後，政治工業，效法西洋，進步很快，尤以海陸軍更優，且學費亦省，學堂為優待留學生，可不經考試入學”。[3]

人同此心，於是以公費私費留學日本頓成風氣。20 世紀伊始，留學發展出規模，產生量變的意義。

與留學大潮相伴的，是兩種似矛盾又相成的心理。

一方面，是各種各樣的報國之心。由於中國積弱太甚，稍有一點熱誠的年輕人，都想透過留學，學得一種救中國的方法。

另一方面，留學潮泛起的半個世紀，中國曾經多番改革、革命，世局卻越往亂處發展。[4] 謀生的困難、時局的混亂、對國情的苦悶、對新興國家的嚮往，都加強了年輕人到外洋尋找出路的熱望。未留學的，眼看留學生回國那麼風光，都拚命要爭一個出國機會，於是留學熱裏又夾雜了傳統功名的動力，只是場景變了，十年窗下，只為去鍍金喝洋水。

留學潮延續幾十年。留學生源源不絕，先是南方沿海省市像上海、江浙、廣東的青年，稍後是內陸省份像安徽、四川、湖南等家境較好的官紳家庭青年。到 1910 年代，留學風經過長期發展，加上社會名流鼓吹，因此青年不論家境，不論地域，都嚮往留學之夢。於是一批接一批青年人，一層推一層而深入村鎮，深入內陸，直到 1950 年代才因為政治原因，在中國大陸告一段落。隨著大批人移居台灣，留學熱亦轉到台灣。

註 釋

1　清末民初外交家施肇基和顏惠慶在 1890 年代赴美留學，他們是江蘇和上海人，顏惠慶是教徒，父為牧師。父及叔父均在上海教會學堂讀書，然後赴美。顏惠慶的留學由家庭安排，因為父母立意要使子女接受美國大學教育，《顏惠慶自傳》，台北：傳記文學出版社，頁 35。施肇基家做絲的生意，在上海和洋商打交道，《施肇基早年回憶錄》，台北：傳記文學出版社，1967 年，頁 13。1903 年留美的外交家顧維鈞也是上海商人子弟，讀聖約翰時由同學約同一起留學，頁 20。第一代女留學生陳衡哲是自小受舅父影響，要進學校，舅在廣東做官，多見新學。《陳衡哲早年自傳》，合肥：安徽教育出版社，2006 年，頁 55。

2　張知本《張知本先生訪問記錄》，台北：中央研究院近代史研究所，1996 年，頁 15。

3　曹汝霖《曹汝霖一生之回憶》，台北：傳記文學出版社，1970 年，頁 12-13。

4　從推翻滿清建立民國，到 1917 年，七年裏三次革命（辛亥、護法運動及二次革命、討袁之役阻止帝制），一次復辟。

死水裏的大波瀾

國事日非，戰亂頻仍，教育不興。侷促的環境，困擾著好幾代青年學生。這是一溝絕望的死水。

清末政制是改是不改？怎麼改？全國在焦躁求變裏爭執一番。好不容易 1911 年革命成功，推翻了清朝，卻換來更大的失望。

革命後不久的新舊交替混亂時期，廣州的青年回到學堂，卻發現"學校情況大非昔比，好點的教授多不去上課。……因是對於學業的前途也感著幻滅，同時即是對於革命，感著失望"。[1] 在浙江小縣城，"眼看著革命過後，餘波到了小縣城裏所惹起的是是非非，一半也抱了希望，一半卻擁著懷疑，在家裏的小樓上悶過了兩個夏天，到了這一年的秋季，實在再也忍耐不住了，即使沒有我那位哥哥帶我出去，恐怕也得自己上道，到外邊來尋找出路"。[2]

民國的政府雖說實行共和制，卻被軍閥把持。軍閥為了擴大地盤，不斷向外國借錢打仗，教育經費都挪去作軍事開支。這種亂局又擾攘了幾近二十年。

受到五四思潮號召的中學畢業生，即使處身有新思想的地方軍閥治下，見到市政、通訊有改進，卻仍然"莫名其妙地感覺苦悶。我想飛，想脫離狹隘的環境"。[3] 民國建立近十年，青年學生蜂擁到法國勤工儉學，"因為國內黑暗，沒有出路，才往外跑。""我們當時的心情，真可以說是'慌不擇路'，就像溺在水裏的人，見根稻草也抓一把，不管它頂不頂用。"[4]

1927 年南方的國民政府掃平了割據的軍閥，卻立即爆發國民黨和共產黨的意識形態之爭，終致分裂、內戰。

無論誰是誰非，當年清黨的場面，把許多人都嚇壞了。畫家常書鴻在路上走，忽然迎面來了一隊劊子手押著三個青年，其中一個是畫會失蹤了三天的成員：

正在我心裏惶急、惋惜的當口，突然人群嘩地一下四散奔逃。原來這些喪盡天良的劊子手，就在當街將這三個無辜的青年殺害了。這個遭遇像電流一樣，使我全身打了一個寒噤，也促使我下定決心，必須盡快離開這裏，離開這個白色恐怖的險惡世界。[5]

新式教育的問題

中國的新式教育也問題百出。

20世紀，中國興起一股新式教育辦學潮，學校和師生人數大增，由世紀初不足七千個新學堂學生，大幅增加到民國元年近300萬，受新式教育的學生人數已比得上科舉時代的童生。接下來十年，又再增長五成。考慮到當時中國的內亂狀況，連英國人也認為增幅驚人。[6]

年份	學生總數	小學生人數
1902	6,912	約5千
1903	31,428	約2萬
1904	99,475	約8萬
1905	258,876	約23萬
1909	1,638,884	
1912	2,933,387	

但是新式學校暴增，仍遠遠不能滿足全國適齡青年的需要。何況還有大批超齡青年待接受新式教育。據估計，1906年全國學齡兒童有五千萬，要設五十萬家容一百人的小學才足夠。而辦中小學等基礎教育的經費長期不足，到1930年代仍沒有解決。[7]

除了數量，這些新學堂的水平是更深刻的問題。

廣東號稱富庶開放，但新式教育也辦得不好。1911年，文學家張資平考入一間地方官費學校。校長是留日學生，教師也多是留日的速成班，或日本私立大學專門部混了兩三年的留學生，只是把日文著作譯過來，叫學生做筆記；廣東籍新詩人李金髮甚至曾到香港學英文，也感到求學前路茫茫，於是，1919 年聽到鼓吹到法國勤工儉學，雖然本身家境尚可，也毅然與大批貧窮青年同做儉學生去。[8]

四川的新學堂比較多，但 1914 年作為哥哥的郭沫若卻主張弟弟"畢業後，可急行東渡，考上官費，便是好算盤；國內無此便宜，而學科不良，校風確劣無論矣。"[9]

1920 年代留學法國的物理學家嚴濟慈認為，中國中等教育之壞，與法國相較，不啻天壤之別，窒礙了科學常識的普及。辦學數十年，竟然沒有一間好的中學，沒有一本自出心裁的中文科學教本或參考書。中學以上的科學教科書都用西書，因為欠缺一班讀科學而國文根底深厚的人譯定科學名辭。中學科學教員的學問不足以解決這個問題，而留學生則不屑問中等教育的事。他把這種情況告訴法國的教師，他們大為愕然。[10]

新式教育不完善，水平不佳，追求新學沒有出路，促使很多年青人向海外寄託前途。

學潮

使落後的新式教育更舉步維艱的，是人數驟增的新學堂學生經常鬧學潮[11]，以宣洩他們對現實不滿而無力改造的苦悶。

從新式學堂一起步，已發生學生群起反對學校，演成革除學生或集體退學的事件。不管學校背景是公立的、教會的、私人的，都不能倖免。學潮最常見的爭議，是校長的去留，此外因為學校反對學生演說集會，又或學生不滿教職員的，也所在多有。

在社會轉型、新舊對抗的緊張局面裏，小事情也成為導火線。第一宗大型學潮是 1902 年南洋公學 200 個學生退學，導火線是學生把墨水瓶放在一個不受歡迎的教師的座位上。那本是一個發洩不滿的惡作劇，但在仍然講究師嚴道尊的時代，那教師大為光火，要求校方開除學生。這次學潮發展到十多省的學生響應。有一陣，許多學校有飯廳風潮，例如認為伙食不好，一桌八個人，湯裏只有七個蝦，因此掀翻飯桌；教會學校的學生認為校長偏幫廚子，讓廚子毆打了學膳費全納的不信教學生等等。這種飯廳風潮一校比一校鬧得兇。表面來看，學潮為的是雞毛蒜皮的小事，其實當時中國急待改革，但是掣肘很多，全國處在人心動盪的氣氛下，受了新式思想的學生對政治、社會和教育不滿，大有不平之氣，紛紛藉機發洩。

小說家郁達夫說：“那時候這一種‘嗚呼’的傾向，這一種不平、怨憤，與被壓迫的悲啼，以及人心躍躍山雨欲來的空氣，實在還不只是一個教會學校裏的輿情；學校以外的各層社會，也像是在大浪裏的樓船，從腳到頂，都在顛搖波動著的樣子。”[12]

這不光是小說家言，許多名教授如胡適、吳宓、費孝通等等，未留學之前全都因為學潮而轉過校，甚至本身就是學潮發起人。日後做了北京大學校長的蔣夢麟，也曾在學潮之下退學，而且聲言毫不後悔，當時巴不得早日離開那學校。他說當時思想較新的人同情學生，思想較舊的人同情學校，但不論同情那一邊，似乎沒有人體會到學潮興起就是辛亥革命的前夕。

> 全國普遍顯現擾攘不安。貧窮、饑饉、瘟疫、貪污、國際知識的貧乏以及外國侵略的壓力都是因素，青年學生不過是這場戰亂中的急先鋒而已。這種反抗運動可說是新興的知識分子對一向控制中國的舊士大夫階級的反抗，不但是知識上的反抗，而且是社會的和政治的反抗。……中國的舊有制度正在崩潰，新的制度尚待建設。[13]

革命終於來了，可是辛亥革命之後，局面沒有改善，學潮仍然不斷發生。

新式教育本來急需發展，但是學校經常鬧學潮，罷課、開除、離校、關閉學校等等，令不少人學業中輟；也令老一輩側目，認為學風囂張，學生桀驁難馴。由於中國的政治局面越來越壞，社會不平之氣沒法消除，加上國共兩黨都視動員青年學生為革命的關鍵，學潮到二三十年代更大起波瀾。1930年代時“中學生頗有‘駡’教員的風氣。

所謂'駕'，就是趕走"。[14] 儒雅的國學家季羨林說，自己也有一點"駕"人的經驗。

自清末革命開始，學潮都不免沾染政治色彩，甚至有煽動成分。[15] 然而，政治和社會的不良，還是學生長期騷動不安的底因。

在那半個世紀，中國的學界已容不下一張平靜的書桌。

註 釋

1　張資平《資平自傳》，北京：中國華僑出版社，1994 年，頁 36。

2　郁達夫〈郁達夫自傳〉，載《郁達夫日記集》，西安：陝西人民出版社，1984 年，頁 403。

3　鄭超麟〈鬈齡雜憶〉，〈鄭超麟回憶錄〉，見《史事與回憶》第一卷，香港：天地圖書有限公司，1998 年，頁 157。陳炯明有無政府主義傾向，一到漳州就建馬路、公園，開運動會，出版日報。刻自由平等博愛互助在公園。又響應勤工儉學運動，派半官費生去法國。

4　何長工《勤工儉學生活回憶》，北京：工人出版社，1958 年，頁 55。

5　常書鴻《九十春秋 —— 敦煌五十年》，蘭州：甘肅文化出版社，1999 年，頁 10。

6　桑兵《晚清學堂學生與社會變遷》，上海：學林出版社，1995 年，緒論頁 2。據宣統元年及民國的教育統計，未計教會及未申報的私立學堂等。新式教育剛發展時，學生的程度雖然是小學，但年齡偏大，同書頁 68。羅素認為在內亂的情況下，中國教育在學校及師生人數上的增加是驚人的。他引刁敏謙《中國覺醒了》資料，由 1910 年 160 萬，增至 1919 年 450 萬，見羅素《中國問題》，上海：學林出版社，1996 年，頁 170。事實上，當時的學校甚至不光要應付適齡兒童，到辛亥革命前後，江西安福縣只有一所高等小學，而二百多學生中，竟大多數是三十歲左右的青年，見《王造時自述》，載《上海文史資料選輯》第 45 輯，頁 99。

7　桑兵，同上書，頁 167 引羅振玉〈各省十年間教育之計劃〉，原載《東方雜誌》第 3 年第 9 期。汪一駒《中國知識分子與西方 —— 留學生與近代中國（1872-1949）》，台北：楓城出版社，1978 年，頁 238-239，據 1930 年代的數據。

8　張資平，同上書，頁 22，26-27。李金髮《李金髮回憶錄》，上海：東方出版中心，1998 年，頁 40。

9　郭沫若《櫻花書簡》，成都：四川人民出版社，1982 年，頁 26，1914 年 7 月 8 號信。

10　嚴濟慈《嚴濟慈：法蘭西情書》，北京：解放軍出版社，2002 年，頁 83-4。

11　1902-1911 年的不完全統計有 502 次，見桑兵，同上書，緒論頁 5。1918 到 1928 年有 248 次學潮，見呂芳上《從學生運動到運動學生》，台北：中央研究院近代史研究所，1994 年，頁 423。

12　郁達夫〈郁達夫日記〉，載《郁達夫日記集》，西安：陝西人民出版社，1984 年，頁 393，396。1912 年，郁達夫亦因所讀杭州教會學校鬧學潮而轉學。

13　蔣夢麟《西潮》，台北：自華書店，1986 年，頁 66-68。

14　季羨林《留德回憶錄》，香港：中華書局，1993 年，頁 6。

15　呂芳上《從學生運動到運動學生》以專章討論學潮與政治結合，並指鼓吹學生參與政治由國民黨開始，而共產黨繼之，相信有青年就有未來；青年黨雖然反對，但大勢所趨，只能跟從。汪一駒謂清末革命時期，學裏即有政治煽動，五四受孫中山及蔡元培歡迎，北伐時期學生運動支持國民革命軍，1932 年以後，學運有明顯的政治性。1935-1936 年，學生大規模遊行，要求政府抗日。同時中共影響力在學生中推展，抗戰後，學生運動目標更明顯。同上書，頁 138。

鍍金夢

1850 年代，第一個留學生容閎從耶魯得了學士，回鄉見到母親，說美國的學士相當於中國的秀才，他貧窮的母親天真地問，憑這學位能得多少錢。[1] 在中國科名還很值錢的時候，美國名牌大學畢業的容閎只自比為秀才。

五十年後，清朝求才若渴，對留學生也另眼相看。1905 年中國廢除科舉，斷了傳統讀書人的出身之途。同時又請日本博士來教新科進士法律、政治、外國史地知識，以留日學生做助教及翻譯。同一年起，清廷舉行留學生考試。[2] 有些非出名門大學的留學生應考而合格，獲得進士或舉人出身。

不過半個世紀，中國本身的學位就貶值了這麼多！[3] 留學生身價百倍。

留學生考試，被戲稱為考洋進士。開始考洋進士的時候，已經有翰林提出，中國人科舉思想深入腦筋，考試留學生並賞給功名，以後出洋必定勢如潮湧。正本清源的方法，應當是廣設學堂，務求美備。而急謀補救的方法，亦要從科舉著想，一方面更改各學堂獎勵章程，一方面釜底抽薪，從速調取中國學堂的畢業生到京考試，酌量錄用，給予出身。這樣，大家以為在中國學堂讀書，亦可以得舉人進士，就不必競相留學。[4] 但是這先見之明沒有被全數採納。事實上，當時法國德國長期不接受外國的學位。日本維新，也努力抬升本國學位的地位。

當留學成為最有前途的出路，國人對留學，就一改從前不肯去的態度了。早期回國的留學生也備受尊崇。

1907 年在湖南的鄉間，一個中學生見到留日學生受人尊敬的情況：“當我在鄉村度假時，我看到一個人穿一身白制服，戴一頂新式草帽，騎馬到我家來。他的外表令鄉人側目，羨慕不止。他是二伯母的堂兄弟，剛從日本留學回來。……當時我就發誓，如果東洋唸書就受到如此的尊敬，將來我一定要到西洋去唸書。"[5]

1912 年，考上日本官費的廣東學生，感到"世態炎涼這真理真是千古不滅，自考上日本留學，一般朋友都明顯地改變了態度，而我的人生觀也從那一天起，由悲觀改變為樂觀了"。[6]

連一個福建小學生見到縣裏第一個留美博士，戴著眼鏡，穿著西服，也覺得很有派頭。校長叫博士給小學生講話，"在我們這些小學生眼裏，博士就等於中了狀元，因而對他的講話很是佩服。"[7]

萬般皆下品

如果初期還只是認為留學生是人才，加以敬重或者羨慕，到民國初年，這種羨慕已經化成行動，進入學子的意識。在南方的省份，一個英語沒懂幾句的湖南學生，填師範教育入學申請時，所有三項志願都填英語，目的是學會一種外語去考留學考試。

> 至於學了英語，是否可以留學，到那裏去留學，學甚麼，"學成歸國"可以替國家作些甚麼，那時完全不曾想及。[8]

1930 年代，濃烈的留學熱瀰漫全國，大學生都把留學作為理想，簡直是非留學不可。

> 那時候的社會風尚，把留學看得很重，好比"寶塔結頂"，不出國留學就是功虧一簣。[9]

> 留學牽動著成千上萬青年學子的心。我曾親眼看到，一位同學聽到別人出國而自己則無份時，一時渾身發抖，眼直口呆，滿面流汗。……我當然也患了留學熱，而且其嚴重程度決不下於別人。[10]

不但要留學，還非要博士學位不可：

> 如果沒有金光閃閃的博士頭銜，則在搶奪飯碗的搏鬥中必然是個失敗者。這可以說是動機之一，但是還有之二。我在國內時對一些趾高氣揚不可一世的留學生看不順眼，竊以為他們不過在外國燉了幾年牛肉，一旦回國，在非留學生前就擺起譜

來了。……這個動機說起來十分可笑，然而卻是真實的。……一個平凡人的心情，就是如此。[11]

在 1930 年代，連北大清華的畢業生，已經找到好工作的，潛意識裏也崇拜留學。

一個北京大學文科畢業生，可以進中央研究院歷史語言研究所，是求之不得的，但是他甘於放棄，因為兄長"已説了送我去日本留學，那時下意識裏還有崇洋思想，留學日本，也比留在國內好"。[12]

另一個已在全國著名出版社當編輯一年，明知道會有不錯的前途，還是坐不住。"到商務印書館當編譯，可是有重大關係。葉聖陶、沈雁冰（茅盾）、胡愈之、鄭振鐸、周建人，當年都同我一樣當編輯，後來加入左聯，都成了聞人。張其昀、向達，也一樣當館外編輯。久坐必有禪，這些人都不經留學，而比留學生更吃香。"但他已成為留學迷，三考清華官費留學，兩次為備取。同時又考清華研究院，投在四大導師門下。第三次他考到留英庚款，出國的時候已是三十許人。他自言，留學是有意栽花，但曲折困難，而收穫少。讀清華研究院是無心插柳，卻風雨順，成果多。[13]

另一個家貧的清華大學生，大學畢業，難找工作，窮途痛哭。幸好找到山東唯一一所高級中學的教席，工資優渥，同事關係融洽，每週去吃小館，真似神仙生活。

然而不行。別人出國留學鍍金的消息，不時傳入自己耳中。一聽到這種消息，就像我看別人一樣，我也渾身發抖。我遙望歐山美水，看那些出國者如神仙中人。[14]

好不容易有個清華的交換計劃，但是錢少，只夠勉強支付自己的食宿，而親老子幼，沒有人照顧。沒料到，全家對他的留學都很支持：

他們對我説：我們咬咬牙，過上兩年緊日子；只要餓不死，就能迎來勝利的曙光，為祖宗門楣增輝。這種思想根源，我是清清楚楚的。當時封建科舉的思想，仍然在社會上流行。[15]

這種科舉思想，也像往日一樣，不知不覺由長輩向小輩灌輸。

1950 年代從台灣去美國的留學生講到他童年在北京的印象：

> 從小時在天井納涼，聽祖母講牛郎織女故事時，就聽說
> 有留學這個名詞，那時的觀念，所謂留學生大概就是狀元的變
> 名。……祖母如果要問一下，你以後幹甚麼呢？我一定立時可以
> 答出，留學。[16]

畢業即失業

以往中國仍未貧窮時，科舉考不中，讀書人可以教書、行醫維生；家裏務農的泥腳秀才還可以回復躬耕；家裏寬裕的可以操持家業，甚至受家庭濟養，賦閒在家，繼續過讀書問學以天下為己任的士人生活。清朝末年，當時家庭經濟或許仍有勉力支撐的空間，這種賦閒而大抱理想的知識分子人數不少。然而隨著中國原有的產業逐步被外國產品侵蝕，庚子賠款年年在還，混戰的軍閥又借下大額外債，中國的家庭經濟再不足以支撐子弟賦閒，加上產業結構已經隨社會而轉變，畢業生不可能以科舉時代的方法回鄉教館、行醫或耕田謀生。

青年既受新的社會理想鼓舞，但新社會又吸收不了這些畢業青年。

1917 年冬天，在工業學校唸書的學生"距畢業還有一個學期，我就發愁了。因為畢業就是失業，沒有一個年輕人不為自己的出路感到恐慌。尤其是我這樣的家庭，出門讀書已不是易事，若是失業在家，那就更沒有辦法了"。[17]

1930 年代，"畢業即失業"已是口頭禪，大學畢業生也要失業。[18] 大家寄望留學是出路。

> 三十年代，我在大學裏唸書時，周圍所接觸的青年可以說
> 都把留學作為最理想的出路。這種思想正反映了當時半封建半
> 殖民地的舊中國青年們的苦悶。畢業就是失業的威脅越來越嚴
> 重。單靠一張大學文憑，到社會上去，生活職業都沒有保障。
> 要向上爬生活比較優裕和穩定的那個階層裏去，出了大學的門
> 還得更上一層樓，那就是到外國去跑一趟。不管你在外國出過

多少洋相，跑一趟回來，別人也就刮目相視，身價十倍了。[19]

當時出國留學，稱為鍍金。連富商都對兒子說：

"去法國鍍兩年金吧"。"鍍金" 是指去國外留學，否則便不
能當大學教授，只能當講師。[20]

1930 年代政府開始限制留學，官費留學名額極少，而且在中國的
大學畢了業才能申請。於是中學生也及早為計：自費留學歐美，非富
商巨宦，負擔不起；退而求其次，去日本不用護照，不受政府限制，
認為比留在中國好。

只有留過學鍍過金的人才有資格做洋進士，這比傳統科舉的考試資
格窄了很多。尤其留學歐美的洋進士，要有鉅額金錢和門路，不是人
人可以負擔。

以留學與科舉相比還有點不同：封建時代有資格大做其金
榜題名美夢的人範圍似乎廣一些……留學卻沒有這麼容易。這
是個資本主義的玩意兒，講投資，比成本。[21]

雖然留學生並不都想做官，但是國家要用新人才而集中在留學生裏
去找，怎能不加強全國讀書人對出國留學的企盼？長期下來，留學變
成所有青年的夢想，一種與社會風氣同調的崇洋夢。

註 釋

1　　容閎《我在美國和中國生活的追憶》，北京：中華書局，1991 年，頁 31。

2　　實藤惠秀以為第一次是 1906 年，誤。見《中國人留學日本史》，香港：中文大學出版社，1982 年，頁 39。

3　　王奇生《留學與救國 —— 抗戰時期海外學人群像》，廣西師範大學出版社，1995 年，頁 8。國外高等學堂二年畢業有文憑 —— 舉人；大學預科畢業有文憑 —— 進士；國外大學學士 —— 翰林；博士 —— 除翰林出身外，並予翰林升階，然後依不同的出身授以官職。

4　　張元濟〈議改良留學日本辦法〉，載《讀史閱世》，西安：陝西師範大學出版社，2007 年，頁 79。而學部早在 1901 年已議設學堂學生考試，但遲至 1910 年才實行，且合格者最高只授予舉人資格。見楊齊福〈清末科舉制度殘餘略論〉，載《徐州師範大學學報》第 26 卷第 2 期。

5　　蔣廷黻《蔣廷黻回憶錄》，台北：傳記文學出版社，1984 年，頁 40-41。

6　　張資平《資平自傳》，北京：中國華僑出版社，1994 年，頁 56。

7　　林耀華《世紀學人自述》第 4 卷，北京：北京十月文藝出版社，2000 年，頁 51。

8　　舒新城《我和教育》，見張玉法張瑞德主編《中國現代自傳叢書》第二輯，台北：龍文出版社，1990 年，頁 91。

9　　楊絳〈回憶我的父親〉，見《回憶兩篇》，長沙：湖南人民出版社，1986 年，頁 47。約為楊絳讀大學之 1930 年代。

10　季羨林《留德回憶錄》，香港：中華書局，1993 年，頁 5，6。

11　季羨林，同上書，頁 83。

12　何茲全《愛國一書生》，上海：華東師範大學出版社，1997 年，頁 82。

13　周傳儒〈周傳儒自述〉，《世紀學人自述》第一卷，北京：北京十月文藝出版社，頁 351-352，355。

14　季羨林，同上書，頁 8。

15　季羨林，同上書，頁 9-10。

16　陳之藩《旅美小簡》，香港：牛津大學出版社，2003 年，頁 2。

17　何長工《勤工儉學生活回憶》，北京：工人出版社，1958 年，頁 1。

18　王奇生《留學與救國 —— 抗戰時期海外學人群像》，廣西師範大學出版社，1995 年，頁 24。

19　費孝通〈留英記〉，載《費孝通文集》第七卷，北京：群言出版社，頁 91。

20　趙無極《趙無極自傳》，上海：文匯出版社，2000 年，頁 7。

21　費孝通，同上書，頁 91-92。

救國雄心

由國力差距引發的留學求新知的熱潮，雖然離不開個人出路的打算，甚至有混日子鍍金的情況，但是不能忽略的，是留學熱背後還有一個更簡單的想法：面對國家積弱，想成為有用的人才，為國家作貢獻。

容閎是貧家子弟，接受教會學校教育，按理沒有士大夫那種以天下為己任的思想包袱。他 1847 年出國，本來也不是為了救國，但是美國的大學教育改變了他。縱使所受的是歐美的人文教育，也使他產生了近於天下興亡，匹夫有責的想法：

> 整個大學階段，尤其是最後一年，中國的可悲境況經常出現在我的腦海，令人感到心情沉重。當我意志消沉時，往往想反而不如根本不受教育，因為教育已經明顯地擴展了我的心靈境界，使我深深感到自身的責任。我為了求學，遠涉重洋……我可以自稱是一個受過教育的人；那麼，就應該自問："把所學用在甚麼地方呢？"在大學的最後一年即將結束以前，我心裏已經計劃好了將來所要做的事情。我決定使中國的下一輩人享受與我同樣的教育。如此，通過西方教育，中國將得以復興，變成一個開明、富強的國家。……我雖然去國甚久，但無時無刻不在懷念她，無時無刻不渴望她走向富強。[1]

立志報國的思想

講到留學生的救國思潮，自然令人想起留日學生對推翻清朝的角色。中國政治長期沉疴不起，而日本距離中國近，自清末到民國，留日學生持續介入中國政局，以至經常發生退學浪潮，這有地理上的原因。

至於留學西洋的，整體而言，沒有出現留日學生那麼多革命志士，但在國勢不振的情況下，普遍都有一種報國之心。其中二十世紀一二十年代是個特殊階段，留法和留俄學生因為特殊的原因，跟現實政治關係很深；留美學生則有一種先鋒思想，以捨我其誰的姿態，出現於留學舞台上。

十九世紀末的留美學生，在留學大潮裏屬於早期的西洋學生，他們大多出身於基督徒或者商人家庭，並非士大夫階級，然而仍有抱著救國的志向去留學或者回國。

十六七歲去留學、在美國八九年的商人兒子施肇基，後來做了外交大官。當教授問"來美求學，有何志願"時，他以鴉片戰爭以來，到1899年左右各國企圖瓜分中國的情況，回答說"中國積弱，受人欺凌，願以所學，為國家收回利權，雪恥圖強。"他提出的方法竟然是打敗一個外國，以回復國民的自信心！例如打敗葡萄牙以收回澳門。他這麼回答的時候，中國還未出現清廷扶持義和團，向八國宣戰的局面。[2]

留學生關心報國的機會和前景，民國成立，為他們開創了條件。後來做了外交大官的顧維鈞就說革命成功，使他為國效力的心情再活躍。1912年初他收到袁政府聘為英文秘書，哪怕袁世凱的用心大家未看得清，他仍然很想一試，教授也鼓勵他，認為既然他讀書是為了準備任公職，就不應拒絕袁政府的邀請，因為這對顧維鈞本人和哥倫比亞大學都是個好機會。因此他趕口試，趕博士論文，以便效力於新政府。口試時，主考者問了不少關於中國新政府的問題，例如美國憲法是否適用於中國。[3]

在中國，中小學生也聽到救國的呼喚。在得風氣之先的省份，由有新思想的人物成立的學校裏，學生都受到救國思想的推動。湖南明德學校由出身書香之家、留學日本的湖南拔貢生成立，學校裏是這種景象：充滿革命氣息。學生下課後仍要到禮堂聽代校長訓話，內容都是要學生愛國，強調中國是文明大國，但被列強壓迫。年輕一代要努力讀書，吸收新知識，使中國富強。學生認為他的話又新又刺激。於是當年在長沙唸書時，和同學常做白日夢，其中最重要的一種是救中國,幻想很多使中國富強的方法。[4]

很多日後留美的學生,就是因為這些教育風氣的影響而立志出國的。

天下興亡,不光匹夫有責,有些女子也心有戚戚然。出身清朝官宦大家庭的女生曾寶蓀,即使還是中學生,又信奉了基督教,仍然立志要為中國謀發展幸福。1912 年她去英國讀中學,在碼頭才覺得走上了人生一條新路,到了倫敦,晚上睡覺時,思前想後,想到前途,想到如何應付未知環境,總要不丟中國人的醜才好。[5]

五四後的救國夢

中國政治沉疴不起,長期磨煉這些幼嫩單純的愛國心。

看著政治和國際局勢而無能為力的未來主人翁,留學的心事也跟著國事而起落。在這政治混亂的半個世紀裏,五四運動是震動年輕知識分子的重要時刻,也令更大批的青年走出國門。當年出國的留學生說:

> 那時候留學生所想的,幾乎一致的是如何學些對於國家民族有用有益,對於解救國家民族有效有速效,最好能立竿見影、根本解決之效的學問,然後早日回國,將所學能貢獻於祖國。[6]

在教會中學畢業的,不想拿學得的一點英文去做小職員謀生:

> 我為自己前途著想,若不能跳出舊社會的樊籬,中學畢業以後,最多只會用雅禮所學的一點英文,去考郵局或海關,考取了,便做一輩子小職員,考不取,會回家幫父親經營商業,做小老闆。這些我都認為沒有甚麼出息。我不要做官,一心一意要救國,甚麼揚名聲顯父母的觀念,在我腦中根本沒有存在。[7]

五四運動的傳播,使時代的浪潮推動到消息較閉塞、沒有新人物辦學的鄉間。福建在南方省份裏,屬於山多交通不便的一省。本來當地人不怎麼看報紙,北京上海流行的報紙雜誌,在偏遠一點的縣城,恐怕全城不容易找到一份,有些中學沒有圖書館,除了死唸課本之外,根本不看其他書。五四運動在北京發生，而地方的風氣變化顯著。平時不活動不說話的學生都高談闊論，爭相閱報，學生會平日死氣沉沉，一接到全國學聯會罷課的要求，表示愛國，倒很用勁。"當代中國的集體意識，可以說，是在這一年覺醒的"。[8] 五四之後，一個生長在福建鄉間的學生，輾轉到城市求新學。在上海一年多，一有空就到書店看書，方知中國是列強壓迫下的國家，政府貪污昏庸，人民貧愚飢病，外國警察在租界毒打人力車伕。自稱眼睛睜開了，腦筋也開放了。

> 我怒火中燒，憤慨填膺，覺得國家應該改造，民族應該復興。新的思想和新的信念指示我必須留學歐美，才能增進學識，負起一種匹夫有責的新國民的責任。[9]

這時候，哪怕世道多艱，年輕人一腔熱血，還是對前途抱一種美好的願望。尤其是當年的清華學生，自覺是新銳之士：

> （在清華）甚至能看到日後求學的遠景，最重要的是可以為祖國服務、為人民服務。中國是貧弱的，但不是毫無希望，我們將努力奮鬥以改變這美麗國度的絕望處境；我們是樂觀主義者，但我們也很清楚，困難的日子正在前面等待著。[10]

五四時期的一大特色，是思潮湧現。當時歐洲處於社會和國家動盪的時候，社會上有資本家和工人的矛盾，國家之間有基於民族仇恨的大戰，思想家提倡的各種主義，簡直看得人眼花繚亂，比春秋戰國還要熱鬧。這些思潮湧入中國，使本來就為尋找出路而苦思和熱議的中國人，救國心更熱，迫切感更強，而青年學生最容易受到感染。

於是五四前後的留學生有一個特色，就是受到一套一套的說法影響。從前的留學生想救國，有潮流，有構想，但大部分人沒有甚麼有名堂的夢 [11]，而五四前後的留學生，已經受社會思潮匯流的影響，而深植了幾種救國夢在心中。這幾種夢不複雜，主要是提倡科學、建設實業、以教育啟蒙國人，即是所謂的科學救國夢、實業救國夢、教育救國夢。

受社會思潮和眼前慘澹的現實鼓動起來的年輕人單純的夢想，一直延續到三四十年代，仍然在下一代的青年人腦袋裏發酵。三十年代入大學的青年，因為看到中國貧弱，"以為非振興我國的實業，不能致我國於富強。"四十年代抱著實業救國夢，自費去美國讀研究院。[12]

由於 1930 年代政府限制留學生人數和學歷，留學生多數大學畢業，已有一些人生經驗，青春的熱情開始轉為毅力。四十年代留美的一個三十多歲的成熟學生說，他 1933 年清華大學畢業後，走過很多地方，無論是在城市、在農村，"看到的淨是廣大人民在貧苦生活中掙扎的景象，完全陷於現實與理想的矛盾中。經過幾年的社會實踐，閱歷多了些，考慮問題也就比較現實了一些。青年人應當有遠大的抱負，但不能抱有不切實際的幻想。衡量一下自己的能力，覺得自己需要多讀書、多觀察。"[13] 於是去留學。

清華學校赴美留學生在上海登船 1918 年

救國不容易

回首前塵，那半個世紀裏，青年學生以為出洋可以獲得的成果，其實都受制於母國的內部情況，未必有空間去發揮應有的作用。當時中國千瘡百孔，需要從不同角度去補救。五四是一場波瀾壯闊的運動，但是五四之後，政治的對立、潮流的激盪，意識形態的分歧變成對立，而且尖銳化、相對單一化，妨礙了多元的救國目標。時代的制約太大，而潮流又改變得急促，留學回來的青年並沒有基礎，很容易被淹沒。

但是青春的夢想怎會知道前面是如此巨大的時代制約力呢？懷抱救國熱誠的青年，在學成回國的途程上，還自信地想著：

> 我青年時期所夢想的兩洋橫渡，百史縱觀，至此已部分實現，今後的問題是如何努力，以達到學以致用及教育救國的目的。[14]

註 釋

1　容閎《我在美國和中國生活的追憶》，北京：中華書局，1991 年，頁 25-26，27。

2　施肇基《施肇基早年回憶錄》，台北：傳記文學出版社 1967 年，頁 29-30。

3　顧維鈞《顧維鈞回憶錄》第一分冊，中國社會科學院近代史研究所譯，北京：中華書局，1983 年，頁 74，77-78。

4　蔣廷黻《蔣廷黻回憶錄》，台北：傳記文學出版社，1984 年，頁 30，40。

5　曾寶蓀《曾寶蓀回憶錄》，長沙：岳麓書社，1986 年，頁 32。

6　郝更生《郝更生回憶錄》，台北：傳記文學出版社，1969 年，頁 14。

7　賴景瑚《煙雲思往錄》，台北：傳記文學出版社，1980 年，頁 35。

8　鄭超麟〈鄭超麟回憶錄〉，見《史事與回憶》第一卷，香港：天地圖書有限公司，1998 年，頁 156。袁道豐〈重遊巴黎 撫今追昔〉（二）見《傳記文學》，23 卷 2 期，頁 81。兩人是福建西南部龍岩縣附近上杭縣、漳平縣人。

9　袁道豐，同上書，頁 81。

10　顧毓琇《一個家庭兩個世界》，上海：上海人民出版社，2000 年，頁 29。

11　清末民初留學美國的蔣夢麟、胡適等沒有提過救國夢。

12　崔克訥《世紀學人自述》第 5 卷，北京：北京十月文藝出版社，2000 年，頁 143。

13　陳彪如《世紀學人自述》第 4 卷，北京：北京十月文藝出版社，2000 年，頁 93。

14　陳科美《世紀學人自述》第一卷，北京：北京十月文藝出版社，2000 年，頁 269。

青春的救國夢

五四後各色各樣救國夢在青年之間流行起來。

> 國難的嚴重和國勢的危急，激發了青年們的愛國熱忱，掀
> 起了我們的救亡運動；特別在五四前後，……同學們都把讀書
> 與救國緊密地聯繫在一起：有的考慮，要以實業救國；有的想
> 經營商業，以經濟救國；……我立志學教育，作為報國之計。[1]

在各種救國夢裏面，實業救國、科學救國、教育救國是最多人做的
夢。也有人想以吏治救國、體育救國、軍工業救國、學術救國。

趕快富強起來，不要被外國侵侮，不要亡國滅種！這些焦慮貫串在
近代中國的歷史裏。不但清政府早就抱著取經救國的心去分配官費留
學生的選科，不少留學生也抱著學成救國的心態踏上萬里之行。

三十多歲才留學的年長學生穆湘玥，19歲時見甲午戰敗而求學心
切，認為"不知彼我之短長，無從與他國競爭，求西學之決心於是時
始。"1909年他終於有足夠的錢去美國留學。他想學農業，因為他到北
方工作，見到這樣的情況：

> 中國西北地廣人稀，民間生活程度很低，交通不便，貨棄
> 於地，觸目都激起振興實業的觀念，並覺得在各種實業裏，佔
> 中心的莫如農業，因為中國以農立國，改良農業，國家富庶，
> 然後可以圖強圖存，可以禦侮雪恥。因此以前研究經濟收回稅
> 權的志願，變為投身農業的志願。[2]

如果1894年中日之戰驚醒了士大夫，那麼1919年五四運動，則是
鼓動起全國青年的危機意識。

五四新文化運動時期，多種救國夢在青年之間傳播。中學程度的清
華學生，肯定拿到官費留學美國，他們在世外桃源似的學校裏，也在
做救國夢：

> （五四）使我受到很大的影響。我也捲入了清華的遊行活

動。所有五四後的思潮，如愛國、反帝、民主、科學的思想都使我對社會政治思想及其理論產生了很大興趣，也為我後來選擇學習和研究社會學和民族學理論奠了重要的基礎。由於受西方民主主義的思想影響較大和對當時所謂實業救國和教育救國宣傳的接受，頭腦裏確立的是學習西方、振興中華，因此也不可能走上共產黨人所提倡的與工農相結合的道路。1923 年，從清華學堂畢業，帶著學西方和教育救國的思想，赴美留學。[3]

不過這個年輕人沒有讀理工科或教育系，他讀了社會學。雖然參加了一個清華學生為主的愛國組織，但是較少參加政治活動，"當時主導思想是想以學術研究為國服務"，後來的事證明他是規劃下一代留學生學習社會學的靈魂人物。

批判救國夢

中國有如一個癡肥的病人，連轉身也難，病又太重。各色各樣的救國藥方開出了，卻不見有大起色。

這時候，有理論支持的主義判定中國的問題在於制度，藥方在於階級鬥爭，各種救國論只是修修補補的改良主義，根本觸不到核心。共產主義者認為不改變政制，這些救國夢都是幻象。

政治的黑洞越深，彼此的分野越大。

當時傾心於從哲學層次去談中國出路的青年，受共產主義思潮影響，與主張科學工業救國的學生談不來：

（1922 年 1 月初）認識了幾個國內新來的學生，覺得他們是另一類型的學生，溫和、客氣、滿足，愛談科學工業救國一類的話，我覺得同他們有很大隔閡。倒是勤工儉學出身的里大學生，說話之間能夠互相了解些。[4]

這種思想上的分歧，在五四後到法國企圖勤工儉學的青年中，尤其明顯，他們的救國夢在無情的國內和留學現實面前被打碎，不少人轉向共產主義。中共開國元勳中，負責軍事科研工業的聶榮臻就是其中一個。

這一大批受五四運動影響的愛國學生，所以要留法，大多
數是抱著實業救國的思想。他們認為，要拯救落後的中國，必
須發展自己的工業，只有到國外學好科學技術，回國才能實現
實業救國的願望。

但勤工儉學生幾次與政府衝突的學潮，在他腦中發酵，他的世界觀
初步轉變。認為軍閥統治之下，要發展中國的工業，只是幻想，於是
放棄實業救國的想法。[5]

至於在不受兩次大戰洗禮的美國，在安穩中追求科學救國的留學
生，聽到抗日戰爭後的殘局，也容易轉變腦筋。

日後成為火箭工程師的梁思禮，就經歷這個過程。當時他離開中國
六年，還在讀碩士，"只想著學成回國用我的知識搞工業，以工業救祖
國"。1947 年中學好友也到了美國留學，其實這個好友已是中共地下黨
員，由共產黨派去遊說留學生，談內戰和接收大員的腐敗，民不聊生。
"他有一句話深深印在我的腦海裏，他說：'你想搞工業救國，但是大
廈是不能建在沙灘上的。' 他還說當時國內已有的工業企業都支持不
下去，如果不從政治上解決，根本談不上甚麼工業救國。……他的一席
話給我很大啟發。"[6]這個清末立憲派領袖梁啟超的幼子，於是支持共
產中國。

被兩三代年輕人熱烈擁抱一番的救國夢，後來被拔高為救國論，被
共產黨人批判為沒有認清中國的基本問題，不是解決社會問題的正確
途徑，只是一種改良的妄想。

其實這種青春的遐想，單純、直率，沒有深層的企圖，也沒有完整
的步驟和系統，只是想為積弱的國家出力，稱之為論，真是抬舉了。
一個在五四運動時"遊行、請願、宣傳等活動都參加了，但也只有搖旗
吶喊的份兒"的青年說：

當時總覺得我們似乎有一個基本問題需要解決。想起了古
書中所說的"足食足兵"的重要性和積貧積弱顯然是導致橫逆

的原因，那麼富強似乎是當務之急。這也許是一種模糊的"經濟救國論"的意識吧，但當時卻沒有賦以甚麼"論"的外衣。[7]

一個國家左右支絀的時候，革命與救國論之爭，將永難休止，正如清末的改良與革命之爭一樣。無可否認，如果國政腐敗，一生努力，隨時付諸流水。以教育救國，教出來的幾許青年才俊，可能死在戰場；又或終生努力搞實業，而赫赫成果，瞬間被摧毀。但革命之後，就有良好環境去救國嗎？新中國經歷如斯艱苦的爭鬥而革命成功，立國之後，仍擺脫不了爭執，甚至沒有給予救國論者一個好機會去實踐。雖然有些救國論者得以成就，如梁思禮成為火箭專家，但不少救國論者卻被懷疑和敵視。

畢竟救國途徑上的兩派之爭，撕裂人心太久。

正如留美的經濟學家陳岱孫所講，1918 年他只是上海一個中學畢業生，不料見到外灘公園草地前沿"華人與狗不許入內"的牌子：

> 對於這橫逆和凌辱，我當時是毫無思想準備的，因為關於這類牌子的存在我是不知道的。我陡然地止步了，瞪著這牌子，只覺得似乎全身的血都湧向頭部。在這牌子前站多久才透過氣來，我不知道。最後，我掉頭走回客店，嗒然若喪，第二天乘船回家。對於一青年，對我們民族的這樣凌辱的創傷，是個銘心刻骨的打擊。我們後來經常批判那個年代出現的所謂各種"救國論"。但是只有身歷了這種心靈上創傷的人才會理解"救國論"有其產生的背景。[8]

註 釋

1　陳科美〈陳科美自述〉,《世紀學人自述》第一卷,北京:北京十月文藝出版社,2000 年,頁 266。

2　穆湘玥〈藕初五十自述〉,載《李平書七十自敍 藕初五十自述 王曉籟述錄》,上海:上海古籍出版社,1989 年,頁 106,112。

3　吳文藻〈吳文藻自述〉,載《世紀學人自述》第一卷,北京:北京十月文藝出版社,頁 390-391。

4　鄭超麟《史事與回憶》第一卷,香港:天地圖書有限公司,1998 年,頁 178。

5　聶榮臻《聶榮臻回憶錄》,香港:明報出版社,1991 年,頁 15,18-22。

6　梁思禮《一個火箭設計師的故事》,北京:清華大学出版社,2006 年,頁 38-39。

7　陳岱孫《世紀學人自述》第一卷,北京:北京十月文藝出版社,頁 365。

8　陳岱孫,同上書,頁 364。

科學夢就是實業夢

發展工商實業是要建設經濟，使國民富強，以抵抗外國產品入侵。中國雖然經過兩次鴉片戰爭以及太平天國的戰亂，但畢竟曾經是個手工業發達的國家，絲茶瓷器等的出口數量仍然很大，所以到 1876 年仍然出超，之後才長期入超，[1] 白銀年年流出。長期入超的結果，是本國工商業不興，失業人多。底子被掏空之後，家庭經濟漸露困境。

實業救國的說法在 19 世紀末興起。辛亥革命前，清政府有目的地想透過規劃留學科目來振興實業，派庚款留美學生時，明文規定八成要學實業[2]。實業的範圍很廣，西方因為工業革命而實力大增，所以當時講實業也以工業為主，但是農業、商業都屬於實業的範疇。推翻清朝之後，大家期望從此有一個安定的環境去扭轉局面，而部分革命黨人也變身為建設者，加入發展實業。

科學救國呢？五四既然提倡民主和科學，湧現科學救國夢的熱潮，似乎理所當然。究其實，科學救國的想法跟實業救國一樣，在五四之前已經出現。

辛亥（1911 年）"那時中國的學生，已經完全相信科學救國，也許比現在學生更加認真，因為我們並不是想出路，想賺錢，而是誠心誠意地志願用科學來服務國家。"[3]

不過，實業和科學這兩個詞，當時是糾纏不清的。實業和科學看來好像是兩樣東西，然而仔細點看，卻藕斷絲連。革命黨人任鴻雋五四之前以學生身份留美，曾在留學生中間發起"科學救國"運動。他的妻子紀念他時說，"那時在美國的中國學生中，有一部分是受過戊戌政變及 1900 年庚子國難的刺激的，故都抱負著'實業救國'的志願。"但她接著又奇怪地補充說"所謂實業，即是現今所謂科學。"[4]這句話現在看來不通，當時是互相關連的，我們看看一生鼓吹科學救國的任鴻雋所參與創立的中國科學社，宗旨是"提倡科學，鼓吹實業，審定名詞，傳播知識"，就可見當時科學和實業如何緊密相關了。

大概當時要辦西式工業，都要有科技做基礎，所以好些例子都可以見到當年大家是把實業和科學連繫起來的。

1914 年，一個美國化學教授在長沙基督教青年會演講，勸中國青年努力學科學。那麼他所講的科學是甚麼呢？他說的是農業：

> "你們吃過從美國進口的金山橙嗎？有這麼大的個兒。" 說
> 到這兒，他誇張地用手比畫了個碗口大的樣子，又接著說："金
> 山橙皮兒薄，用刀子一刳，甜美的汁水四流，真是好吃極了！
> 更妙的是，裏面連一個籽也沒有！

這演說令一個聽演講的少年口水都引出來。美國教授還補充這種金山橙，是美國加州的農業專家路斯・卜班克用幾個不同的品種嫁接成的，其中就有四川的廣柑。

"這番演講，聽得我心往神馳，簡直坐不住了，恨不得馬上飛到美國去，拜路斯・卜班克為師，學會嫁接果樹的本領，種出自己的良種橙，到那時候，再也不用萬里迢迢進口美國金山橙了！……去美國的念頭一直縈繞著我，我渴望早一天學到先進的科學知識，好造福於自己的祖國。"第二年少年就去了美國，"我毫不猶豫地選擇了植物學，這當然是金山橙的吸引力了。……我雖然是奔金山橙而來的，想的是'實業救國'，然而眼睛偏偏不作美，先是看不清顯微鏡的植物，不能讀生物，接下來到野外檢標本又老是錯，又學不了地質，不能幫中國把工業搞上去，達到國富民強，於是才改學文科。"[5]

振興實業由一部分人的思想，到五四時發展為社會思潮，廣泛向青年傳播，令青年大做實業救國夢。這實業救國幾個字，跟"科學"這個五四口號有很大關係，五四青年學生腦中的科學，是跟實業分不清的：

1919 年去美國留學的青年，對父親說"我立志要做人，要救國。我不想做生意，也不願考海關或郵局，一定要到美國進大學學科學，將來回國辦實業，教學生，把中國變成一個富強的國家"。

由於當時長沙只有幾個專科學校和一個僅有文科課程的雅禮大學，

而"我很早就被'科學救國'的呼聲所說服，所以認為要學科學工程一類的學科，一定要離開長沙"。

> 那時只略知一點科學救國的道理，但是並不明白甚麼是科學，或科學如何可以救中國。我僅憑我一個十多歲青年的直覺，選定我認為中國工業化所必需的機械工程。

在美國學工程多年後，他的決心不變，只是認識深了：

> 美國教授常常提醒我們不可和文科學生一樣的重視學位，而忽略了工科學生所必需的實習機會。……進了規模宏大的福特汽車公司，做了三個月的暑期工作，學會了一點技藝，……又到芝加哥和密爾瓦基等大城，參觀了許多機械和電機工廠。我得到有關汽車製造和工廠管理的許多新的知識新的技能，我才知道我學工程不應以當一名工程師為滿足，而要以全力使中國工業化，使中國人接受西方的科學和科學精神。[6]

西方科學和科學精神包括機械、電機、汽車製造和工廠管理！這就是當時對科學和實業的理解。所以當時的學生去讀農科、工科、地質等等，可以說自己是讀實業，同時也會說是讀科學。百廢待興的時候，行事旨在應付當前急務，無可厚非，所以當時講到科學也以科技或者應用科學為主。[7]

著名物理家、中國科學院副院長嚴濟慈，畢業於當年的科學強國法國。他二十年代出國時也是抱著科學救國的宗旨：

> 我也深認科學對於人類的貢獻，似在宗教藝術文學政治之下，但是立國在今日世界，利彈怪艇咄咄逼人，捨科學無以救國。

但他怪責當時中國的教育家曲解科學的含義：

> 科學在吾國尚無他應佔的地方，那班非牛非馬的教育家、哲學家往往與科學以錯誤的解釋，致無形的加以摧殘阻礙。

所以他認為中國尚須一班哲學科學家，對科學之所以為科學，給以真確的了解，以引起社會的信仰和青年的努力。不致入理科的青年十之八九視研究科學為時髦，於是一見更時髦的就棄科學而他去。

在深明科學含義的嚴濟慈心中，科學和實業是兩回事，但是需要攜手合作。

> 科學實業攜手，是戰後各國所最努力以求十分實現的。在
> 我國科學實業幼稚時代，這種人才尤為難得，而實在是最切要
> 的。科學家能為實業家解決疑難問題，實業家能與科學家以種
> 種資助。[8]

哪怕二十年代中國已有學者如嚴濟慈，在法國這個當日的科學強國學得科學的精粹，中國的實業救國夢還是持續到四十年代。梁啟超的幼子梁思禮 1943 年轉到工科大學，因為那時"一直想走工業救國之路，覺得中國老受人欺負，將來學一門工業技術，學成回國為中國建設出力就好了。"[9] 他後來是火箭設計專家，回到中國大陸，在導彈和運載火箭上有貢獻。

嚴濟慈大力推薦而去法國留學、入居里夫人研究所的錢三強，是個核物理學家，回國後負責新中國兩彈一星的原子彈、氫彈計劃。

農科、機械工程與核物理學，在科學學科上或許有知識含量的高低之別，但在應付國際局面、增強國力上，最後還是殊途同歸。如果不是要應付越來越厲害的船堅炮利，錢三強等中國科學家可能是理論物理學的世界翹楚。他們的尖端知識，用在國家實在的需要上，是中國近代發展的許多無奈狀況之一。

註 釋

1　陳三井《華工與歐戰》，台北：中央研究院近代史研究所，1986 年，頁 10。

2　程新國《庚款留學百年》，上海：東方出版中心，2005 年，頁 225。

3　曾寶蓀《曾寶蓀回憶錄》，長沙：岳麓書社，1986 年，頁 34。

4　陳衡哲〈任叔永先生不朽〉，見《科學救國之夢》，上海：上海科技教育出版社，2002 年，頁 746。

5　陳翰笙《四個時代的我》，北京：中國文史出版社，1988 年，頁 15，20。

6　賴景瑚《煙雲思往錄》，台北：傳記文學出版社，1980 年，頁 36，53，55，57。

7　這並不代表他們不知道理論科學，或科學精神。

8　嚴濟慈《嚴濟慈：法蘭西情書》，北京：解放軍出版社，2002 年，頁 83，203。

9　梁思禮《一個火箭設計師的故事》，北京：清華大學出版，2006 年，頁 33。

最惹笑的救國夢場面

在美國，成績優異的畢業生會獲得學系推薦入榮譽學會 Phi Beta Kappa。這是美國最古老的兄弟會，1776 年創立。會員會得到一條刻了學會簡稱字母 ΦBK 的金鑰匙，可以佩戴，以示榮譽。金鑰匙的價錢相當高，是做自我廣告的好工具，據說還可替代訂婚戒指；語言學家李方桂就曾把它作為定情信物，送給女朋友。[1]

有一次留美學生洪業遇到另一個中國學生，脖子上掛著好像費·貝達·加巴（Phi Beta Kappa）的鑰匙，還是特大號的。洪業仔細看，鑰匙上面是倒過來寫的：加巴·貝達·費！

那個掛着假金鑰匙的中國學生在洪業背上重重拍了一下，笑說："你們分數最好，我們分數最差；你們專心做學問，我們專心賺錢；將來你們辦學校蓋圖書館，就得靠我們賺的錢才成。"[2]

這個學生講的倒是真話。搞經濟、辦實業是留學生設想的救國一大途徑，而救國在在需財，所以努力賺錢也未嘗不是一個方法，只要發了財還記得救國初志的話。

註 釋

1　王念祖《我的九條命》，北京：中國財政經濟出版社，2002 年，頁 47。徐櫻《方桂與我五十五年》，北京：商務印書館，1994 年，頁 41。

2　陳毓賢著《洪業傳》，台北：聯經出版事業公司，1992 年，頁 74。

五花八門的公費

當史無前例的大留學潮發生時，中國正處於國用不支，民生日漸窘迫的二十世紀之交。

民國時軍閥混戰，教育變成餘事，"1919 年，全國教育經費僅 273 萬餘，'不及兩師兵一年的開銷'。"[1]

雖然國內百廢待舉，教育經費緊絀，但是中國在留學上仍然用很多錢。以國家名義付出的留學費用，固然林林總總。私人留學費用更足驚人。據教育部的統計，1934 年左右，公私留學費用，一年要二千萬，而當時一千萬元"若拿來辦大學研究所，可辦一二十個有餘，用它半數亦有十個八個不愁經費設備無著"。[2]

國家公費

中國花一大筆錢去培養留學人才，始自 1870 年代曾國藩聽從容閎建議派百多名幼童留學。計劃中途夭折，此後除了派人去歐洲學技術，長期沒有系統計劃地再用官費遣送留學，直到 1894 年敗於日本，大臣紛紛上奏，1896 年才再派學生去日本。[3]

接著清廷定下派送留學生的國策，不但中央負責外交的部門選派，還叫各省大臣進行。[4] 這個格局到民國還維持，於是所謂公費（清朝稱為官費），大別之是中央和各省的公費兩種。

中央政府的經費主要由教育或者外交部門負責。但是中國既然要改革，各業待興，關乎軍事和交通等的部門，都自行在部門或者在屬下的培訓學校，像海軍的水師學堂、交通部的高等實業學堂等等，選派留學生。當時稱為部派。

林林總總的中央政府公費裏，還有兩種較特別的，一是稽勳留學，即是為革命有功而獎償留學；一是用庚子賠款資助留學，這是中國出錢，卻按外國同意的安排，派遣留學生的計劃。庚款在中國當年的留學經費裏，最大宗也最穩定。

省費

省費是公費留學的另一個重要來源，甚至應該視為一大宗。

1914 年胡適曾經在留學日記裏，記當年湖南省選派留學的有 581 人，派去日本 470 名，歐美 111 人，一年的留學費需日元 21 萬 4 千 2 百多元，銀元 15 萬 9 千 8 百多元。"一省所送已達此數，真駭人聽聞！吾〈非留學篇〉之作，豈得已哉！"而次年又記湖南省歲出是 693 萬，那麼光是留學費已佔湖南歲出的 5% 以上，這只是留學費，不是教育經費。[5]

從一個國家的角度，用中國的錢，培養中國的人，何必自分畛域呢？所以很早就有人主張化除省界。[6]

最初清朝將派遣留學定為國策時，可能從方便處理的角度考慮，不止一次要求各省的大臣，趕快派學生出國。到了軍閥混戰的時候，中央根本無法向各省收稅，各自為政之下，繼續維持省費留學，並不出奇。各省的經濟實力不同，省費的名額、資助額也有差別。同時因為各自審定獲得公費的資格，政策不同，有時不同省籍的學生考到同一間學校，公費卻大有分別。於是中央政府又嘗試制訂各種規則，企圖減少混亂。

中央和省的關係更不能一下撇清。事實上，很多由中央去跟外國談判的重要留學計劃，像清華留美預備學校，以及和日本的五校協議，最後的費用也是攤分到各省的。

清華留美預備學校按省收生，是因為庚子賠款是攤分給各省負擔的，有的省多付，有的省少付，為求公平，享受清華官費也就以省為單位。這是清朝處理外交和教育的部門的規劃，"按照各省賠款數目分勻攤給，以示平允，其滿洲、蒙古、漢軍、旗籍，以及東三省、內外蒙古、西藏亦應酌給名額，以昭公溥。"[7]事實上，東北三省既是滿人祖庭，不必攤分賠款，卻可以有留美的名額。不過實際執行上，有時招生不足，有時退學，庚款留美的各省學生人數並真的與賠款同一比例。江蘇確實是負擔賠款最多、留學名額也最多的一省，但是賠款只佔近13%，留學卻佔到21.7%。而有些省份負擔少量攤派，但並不常常能派出學生，像新疆，負擔1.7%賠款，但學生只佔庚款留美的0.4%。[8]所以有些要人的兒子借新疆的名額入讀清華。

至於清廷與日本的五校協議，是為了解決留日學生多數只讀中學程度的普通科、入高等學校困難的問題。按協定，中國出錢讓五間日本官立高等學校增加名額，收中國學生，考上的學生可以向本省駐在日本的機構申請官費。[9]這個安排，扭轉了留日學生量多而質不高的問題。

其實以省為中心，源於中國的政治格局。鄉村以宗族為基礎，省則是以鄉村為基礎的最高地方行政單位，血緣和地緣結合是中國傳統社會組織的特色。同宗之外，同鄉也是重要的人際網絡，共謀同鄉事業的發展。一個省出資幫助本省的子弟留學，學成歸來，往往有責任為本省服務。[10]於是各省視乎本身的實力和需要，舉行留學考試，或者資助有困難的本省學生。

當時的觀念，認為由省裏助讓省子弟求學是極應分的事，留法勤工儉學鬧得學生食宿無著，除了中央政府之外，各省也有參與救濟本省的學生。而最多勤工儉學生的四川省，因為不肯救濟，受到四川人批評：

其時四川正兵亂如麻，……欲望四川這種毫無心肝的軍閥
對於遠方學子有所救濟，雖有吳、李兩先生的屢次去函呼籲，
直似以石投水而已。[11]

其實以勤工儉學為志向的學生，出國之前也有向省裏的款項動腦筋。湖南省60個希望勤工儉學的學生沒有路費，找掌握湖南米鹽公款的熊希齡解決問題。這筆公款湖南軍閥也爭奪，熊希齡是湖南人，曾做過北洋政府財政總長，知道這筆清朝因辛亥而留下的公款，曾說用來給湖南人辦福利事業。學生認為熊希齡曾表示，如果歐戰停止，他們出國時，由該筆公款利息中撥一筆作路費。但到他們真要動身時，卻得不到這筆錢。各人只好回鄉想辦法，想地方出公款，不得要領。

最後還是熊希齡給每人 400 元作路費。[12]

私費生競考公費

已經在外國留學的自費生，也有申請公費的途徑。尤其是留日的，都知道考取那五間特約學校，就可以申請公費，而且有固定手續。像學醫的楊步偉是在日本補安徽省公費的，她考入醫專之後通知中央監督處，監督説既然已入正科了，並且認識楊府上祖老太爺，認為安徽省一定可以批准。只要兩個月，安徽的公費就發到，還補了以前三個月的生活費，學費且由政府支付。[13]

因為有這個約定，很多家庭給希望留日的子弟籌錢供一兩年之用，希望他們發憤考上那五間約定的學校，就可以得到公費，連衣食零用都有著落。於是很多留日學生先進入為中國人開設的各式私人預備學校，拚命讀日文，再補習一下數理就去應考。苦讀一年而考取的文學家郁達夫説：

> 領到了第一次的自己的官費，我就和家庭，和親戚，永久地斷絕了連絡。從此野馬韁弛，風箏斷線，一生潦倒飄浮，變成了一隻沒有舵桿的孤舟。[14]

可能成績良好就有望申請省費的印象深入人心，有些人就是自費去歐美留學，也抱了到達後申請省費的打算。[15] 歐美的私費生確實可以留學成績良好為憑，申請補為公費生的，但途徑就沒有留日生那麼明確了。

要獲得省派公費留學，人事的因素頗有影響，與省政府掌握留學撥款的人有交往，常佔便宜。

靠工讀留美的蔣廷黻收到國內親友通知，可以向湖南省長申請獎學金。於是他把成績單和所有教過他的老師的推薦信，連一封申請信，寄給省長。

> 我以為這實在是一個大膽的嘗試，因為貴為省長的大人先生，如何會注意到一封遠從美國寄上的小孩子的申請函。……我得到覆函，得到一份獎學金，數目十分可觀，每月八十美

金。我感到突然成了富翁。[16]

於是他把哥哥也叫到美國來讀書。每月 80 美元，等於一個清華留美學生的金額，清華給自費生津貼，按規定只會給半額。蔣家是做生意的，他在革命黨人辦的小學讀書，而省長譚延闓和革命有淵源。親友通知他向省長申請獎學金時，是不是跟省裏關說過呢？

有些獲得省費的學生沒有通過考試選拔，也沒有成績單作保證。有一個例子是成績不算好，恐怕考不上國內好大學的中學生，卻免試得了安徽省教育廳名額有限的留德官費。這中間的情節是，該省省長不滿省議員賄選，輾轉請人告這些議員，而領頭去告的，就是這個中學生。中學生的校長是省教育廳的科長，為他謀劃，叫他申請留學，待省長核准時，再教他去拜訪省長，並已為先容。[17]

也有人用別省的錢。有一個湖北人，哥哥是 1896 年的官派留日學生之一，與奉天將軍趙爾巽有舊。帶弟弟去日本之後，設法由奉天方面補給一份官費。[18]

稽勳留學生

民國成立後，又有一類特別的公費生，是對民國革命有功的人或後代，給予留學獎勵。由於這個留學案後來歸稽勳局辦理，因此這批學生又叫"稽勳學生"。

這稽勳留學的緣起，據說是民國臨時政府秘書處的年輕人搞出來的，留日時參加革命的任鴻雋說革命成功後他不想做官，"和幾個在秘書處的同事，決定再到國外去繼續求學，將來再以所學報效國家。因此，我便擬了一個呈文，請求總統予以批准。此次列名的大約不過十數人，後來增加到三十餘人。如宋子文、曾廣智（曾廣勳的弟弟）、馮偉（馮自由的弟弟），還有胡漢民的兩個妹妹，他們既未在政府任過事，有的還在學堂讀書，此次各以私人的關係，得到出洋留學的機會，不知何以對其他學生"。[19]當時稽勳局的局長是馮自由，任鴻雋對名單裏安插私人，以及稽勳學生越來越多頗有微詞。

稽勳的範圍並不只在中央，在民國成立的頭一兩年，湖南、廣東等省紛紛派有功者或者烈士後人去留學。廣東省作為革命基地，有為新國家造就人才的表示，即是決定選考東西洋留學生：

> 這次的招考分兩個機關主持，由都督府的是以有功民國為主要條件。這明白是革命要人們的從屬太多，無法安插，只好開闢了這一"遣派出洋留學"的新路。……其實，我對於革命哪裏有甚麼功呢？我只捏造了些事實，說我在潮汕光復時，跟著張醁村盡過義務，投過炸彈。都督府的填冊處只有幾本冊簿，一任來填冊的人亂塗亂寫。填了姓名、籍貫、年齡，及祖宗三代之後，便略敍有功民國的經過，無需相片，也無需報名費，手續竟是那樣的簡陋。由這些事實就不難推知在未考試以前，當局早已經把應派出洋留學的人們決定了。[20]

袁世凱當上總統之後，沒有廢除民國革命者自創的稽勳留學，還當作籠絡的手段。孫中山的子女回憶："撥了約一萬美元給我和兩個妹妹，作我們去美國求學的教育公費。"[21]

後來稽勳學生越來越多，到 1913 年反袁世凱的二次革命失敗而後停止。[22]之後這些已去了外國的稽勳學生的留學費用，不知道從哪裏來，有人認為恐怕不少後來轉為庚款留學。事實上連袁世凱也在執政時為袁氏後裔設了留學津貼，後來大概也在庚款裏勻出。[23]退還的庚子賠款成了一塊大肥肉。

辛亥革命已過了十多二十年，還有留學生聽聞有烈士遺屬得到公費的。一個江蘇的勤工儉學學生自稱安徽人，得到安徽省的津貼救助，因為他的父親是革命黨人，民國初年在安徽被殺，於是他算作安徽烈士遺孤。[24]1930 年代又有留學生從鄰座聽來一段故事："一位同舟青年，由中央用官費送到歐洲讀書，據他自己向人背誦的履歷，是黃花崗某烈士的姪子，因為造國有功，'福延'後人，於是以一萬大洋，送到歐洲鍍金，言時頗覺意氣甚得，我一細看時，才知道是在香港渡頭上，以名片請某通訊社為登報的少年，衣冠甚麗，而人卻很弱，不知道怎樣，我有個與此君不同的思想，我覺這是一件痛心事，因為至少是‘吃先人骨血’！想到這點，不禁越為他那一身麗服而興悲！”[25]

政局不穩官費不繼

獲得公費留學雖然為人艷羨，但除非公費跟外國政府掛了鈎，否則經常受人事或政局影響。

辛亥革命發生，形勢混亂，清朝的留學生就出現官費不繼的情況。[26] 到袁世凱上台做總統，他利用公費作為籠絡或打擊的手段。在反對他的革命失敗之後，取消了不少從前批准的公費，廣東、湖南這些清末革命陣地大受影響；又罷免有革命分子之嫌的省長，連這些省長主政時派的留學生都革了公費，只派川資回國。據說這種政治清洗並不含糊，有革命黨嫌疑的公費生受到影響，清朝時派的湖南公費生卻繼續有公費。在這次事件裏，有一個被取消留日公費的國民黨員只好拚命考特約五校，說若考到了特約五校，取消他的公費的湖南總督湯薌銘也不敢不給公費，因為不敢與日本政府開玩笑。[27]

袁世凱死後，由於軍閥混戰，各省留學費用被挪作軍事開支，從1919年起，積欠留學費用的情況趨於嚴重。留日學生裏最多公費生，人數因而大為減少。[28]

經費發不下來，美國的留學監督曾向美國商人借債，又曾電催匯款幾十次；實在沒辦法，還避見留學生，或者叫留學生自己想辦法，有公費生因此沒法入學。[29] 在德國有學生因欠交宿費而被房東驅逐，冬天沒冬衣，沒地方住，到使館要求救濟。由於省公費積欠嚴重，教育部除了限制留學生數目，1924年甚至要下令停派留學生一次。[30]

這種混亂情況持續多年，到1927年國民軍北伐成功，中國統一，安徽省仍然有兩年發不出公費。安徽公費生說：

> 我一直在鬧窮，官費經常不發，不得不靠寫作來掙稿費吃飯。[31]

在這場中國留學史罕見的經濟災荒裏，公費留學的教授劉半農和五四學生領袖傅斯年在書信來往中大歎：中國自有留學生以來，從未遭此大劫！有生以來，從未罹此奇窮大苦。[32]

註 釋

1　董寶良、周洪宇《中國近現代教育思潮與流派》，北京：人民教育出版社，1997 年，頁 381。句中引文為《平民教育》雜誌 1919 年 12 月 27 日第 12 期，光舞〈平民主義和普及教育〉。

2　教育部教育年鑒編纂委員會編《第一次中國教育年鑒》，1934 年，頁 1110。當時留學生五千多人，共需國幣二千萬。公費佔 7.3%。汪一駒說兩千萬元是國內大學教育費總預算的兩倍，《中國知識分子與西方 —— 留學生與近代中國（1872-1949）》，台北：楓城出版社，1978 年，頁 140。引文見 1934 年 12 月任鴻雋〈大學研究所與留學政策〉，頁 511。

3　由總理各國事務衙門派了 13 個留學生，到東京高等師範學習。此後日本不斷勸說中國政府派人到日本留學。"該國政府擬與中國倍敦友誼，藉悉中國需才孔急，倘選派學生出洋習業，該國（案：指中國）自應支其經費⋯⋯人數約以二百人為限。"見實藤惠秀《中國人留學日本史》，香港：中文大學出版社 。1982 年，頁 16。引〈光緒廿四年（1898）總理衙門覆議遴選生徒遊學日本事宜摺〉。

4　實藤惠秀，同上書，頁 16 引〈光緒廿四年（1898）總理衙門覆議遴選生徒遊學日本事宜摺〉及其實行。

5　胡適〈吾國各省之歲出〉。另文〈吾國之歲出歲入〉記 1915 年，歲入 1 億 4 千 5 百 58 萬，1912 年教育佔歲出 1.83%。均見《胡適留學日記》，卷 9。

6　張元濟 1906 年寫的〈議管理留學歐美學生辦法致學部堂官書〉，見《讀史閱世》，西安：陝西師範大學出版社，2007 年，頁 103。

7　1909 年 7 月外務部與學部〈奏請收還美國賠款遣派留學生赴美謹擬辦法摺〉。

8　王樹槐《庚子賠款》，台北：中央研究院近代史研究所，1974 年，頁 315。

9　中日磋商特約五校協議，增收中國學生，增收的經常費由中國補助，中國政府要求各省分攤。民國時各省未必徹底實施，但留日學生都知道這條前朝規定，以考上這五校為目標。

10　張資平、馮友蘭、賀培真都曾作回省服務承諾。

11　李璜《學鈍室回憶錄》，台北：傳記文學出版社，1973 年頁 69。

12　何長工〈旅費風波〉，《勤工儉學生活回憶》，北京：工人出版社，1958 年，頁 19-24。

13　楊步偉《一個女人的自傳》，台北：傳記文學出版社，1983 年，頁 136-137。楊家是安徽望族，楊仁山創立的金陵刻經處在文化界有大名聲。楊步偉是其孫女。

14　郁達夫〈郁達夫自傳〉，載《郁達夫日記集》，西安：陝西人民出版社，1984 年，頁 408。

15　文學教授蘇雪林雖然由家庭出資到法國里昂中法大學，但父親叫她到法後申請安徽省的津貼，頁 49。

16　蔣廷黻《蔣廷黻回憶錄》，台北：傳記文學出版社，1984 年，頁 52。

17　張果為《浮生的經歷與見聞》，台北：傳記文學出版社，1980 年，頁 9。留德的經濟學者。

18　戢翼翹《戢翼翹先生訪問記錄》，台北：中央研究院近代史研究所，1985 年，頁 4。戢是民國軍政界要人。

19　任鴻雋〈前塵瑣記〉，見《科學救國之夢》，上海：上海科技教育出版社，2002 年，頁 712-713。

20　張資平《資平自傳》，北京：中國華僑出版社，1994 年，頁 40-41。

21　孫科〈八十自述〉（上），見《傳記文學》，23 卷 4 期，頁 9。

22　稽勳留學生的數目約共百餘人。中央的臨時稽勳局因財政困難，分三期派遣，但二次革命失敗，部分未能成行。確知出國的第一批為 25 人。全國實際以稽勳名義留學的，應由二十五到百餘之間。王奇生《中國留學生的歷史軌跡》，武漢：湖北教育出版社，1992 年，頁 143-144。

23　程新國《庚款留學百年》，上海：東方出版中心，2005 年，頁 86。

24　鄭超麟〈鬌齡雜憶〉、〈鄭超麟回憶錄〉，見《史事與回憶》第一卷，香港：天地圖書有限公司，1998 年，頁 184。

25　姜亮夫〈歐行散記〉，見《姜亮夫文錄》，昆明：雲南人民出版社，1999 年，頁 267。

26　楊樹達《積微翁回憶錄》，上海：上海古籍出版社，1986 年，頁 11。

27　張資平《資平自傳》，北京：中國華僑出版社，1994 年，頁 76-77。蔣廷黻《蔣廷黻回憶錄》，台北：傳記文學出版社，1984 年，頁 56。龔德柏《龔德柏回憶錄》，台北：龍文出版社，1989 年，頁 16。

28　謝長法《中國留學教育史》，太原：山西教育出版社，2006 年，頁 120。實藤惠秀，同上書，頁 55。

29　1920 年代前期軍閥內戰方殷，公費停發問題極嚴重。除了庚款留美學生，留學日法德美英各國的公費生，無論是中央、部、省所派，都受到影響。在英的劉半農、在日的錢歌川、在法的詹劍峰及徐悲鴻之妻蔣碧薇均歎過窮。1923 年馮友蘭的河南公費不准，在美國的學生監督囑公費學生自籌生活費。在德的張果為則謂北伐解決軍閥混戰局面後，仍有兩年公費不繼。

30　謝長法，同上書，頁 119-120。汪一駒，同上書，頁 124。

31　朱光潛《大師自述》，香港：三聯書店，2000 年，頁 226。

32　劉半農《歐洲回憶錄》，轉引自《中國百年留學全記錄》二，珠海：珠海出版社，1998 年，頁 627。

公費留學的流言

中國雖然不富有，可是公費學生每月所得的錢不少。除了由國家付學費之外，還有生活費。出國之前，有時還有治裝費。"這種官費錢相當多，可以在國外過十分舒適的生活，往往令人羨煞。"[1] 因此就連富家子徐志摩，也想補上公費。

許多初得公費的留學生立即去做衣服、買傢具，甚至有人捐了一架鋼琴給幾個學生組成的俱樂部。[2] 但是年青人花錢沒節制，而且當時流行借貸，因此有公費生用光了公費，甚至還要借款或找人擔保預支公費，才能回鄉。[3]

公費身份有價。在日本，可以用官費生的證件作抵押借錢。大概這是日本的慣常做法，日本學生沒有錢了，也是去當舖把學生證往上一放，就會有一塊錢出來。[4]

公費的人事關係

雖然中國花在公費留學不貲，但是名額有限，僧多粥少，因此流言很多，都認為沒有人事關係，不易成功。

富有的徐志摩也相信人事請託是必要的，姻舅張君勱給他信，"為予補官費事。云已致信嚴思樵，大概有望。惟此事終賴部內有人幫忙方可"。[5] 勤奮的窮學生沈宗瀚認為自己雖然"留意各方公費遊美機會，如浙省及教育部派遣留學生事，因無人推薦而失敗"。[6]

1920 年代的人對公費生有很多意見，認為不少是不學無術的。

文字尖刻的自費生說里昂中法大學的學生，在每天很舒服的飲食和起居以外，總要做些很特別的事，像當事人為了男女追求的是非而開大會。"這的確是一個有閒階級底青年男女的養成所。我這樣敘述，並不是對中法大學有甚麼惡意，中法大學盡有許多很用功的人，並且現在成為名流和學者的也不在少數。然而這個並不能掩飾這一個所在底留學生和那般被強迫地遣送回國的 M 城（案：即蒙達尼）底留學生的不同之點。"[7]

連慈厚的物理博士生嚴濟慈也忍不住，說在歐洲只有一個留學監督，恐住英國，在法國則由公使代理，事極腐敗，聞說有當巴黎大學二十年官費生的，言雖近謔，事或不免。[8]

尤其是不在中國憑考試取錄，而是到了外國再補省裏的公費的，更容易憑一兩個人的私意。勤奮的嚴濟慈說親耳聽到一個巴黎大學的留學生說，他們三個同縣的鄉里，共享一份公費，因為其中一個人的父親是營長，和省長同縣。這個巴黎大學留學生不怎麼懂法文，讀書更不用說，讀化學三年，沒有考得一科文憑。"彼等之得官費，公文到來，一如天降，更不必說見公使作陳請書之無謂矣。省中辦事，固不必依若何資格與經一定手續。"[9]

不少二十年代多方求公費失敗的，後來以自己的能力，證明確是人才，沈宗瀚、嚴濟慈都在其中，並在讀博士時獲得公費。

種種傳言，並不全是空穴來風。有得到好處的留學生自證人事關係確實存在。1918 年，畫家徐悲鴻在北京結交名彥，透過康有為很吃得開的弟子羅癭公，得見教育總長傅增湘。據徐悲鴻的描述，傅增湘是個恂恂儒者，沒有官場交際的虛偽。聽見徐悲鴻想公費留學，提出要看他的畫。看後答應第一次世界大戰平息，有機緣時不會漏掉他。後來卻沒有消息，徐悲鴻十分不忿，又再經蔡元培關說，傅增湘終於給予他留學之費。[10] 這幕資助公費留學場面，用今天的眼光，是不公平的。一是不經公開比試，其次單憑官員的看畫眼力。不過，人情請託早已流行於清朝官場，當時人未以為怪，而士大夫頗有善習文化、書畫修養不差的。傅增湘身為翰林，後來做過故宮博物院圖書館長，有一定眼力，徐悲鴻留學時亦極用功，後來成為一代大家，"吾學於歐凡八年，借官費為生，……計前後用國家五千餘金，蓋必所以謀報之者也。"[11] 因此說不定有人認為這是一幕識拔人才的好戲。

雖然慧眼可以識英雄，但憑人事關係推薦留學，有時未免滑稽。一個熱望留學的年輕人 1920 年考省官費，初試第二名，在北京覆試時，他認為教育部臨時保送一人，致使他落榜。失之東隅的年輕人入交通部工作才幾個月，一天交通部人事變化，竟然促成他留學：

“北洋政府時代新舊交替時，常有一種陋習，即舊任於去職以前每每借此發表一批人，俗稱起身炮。”這一次的起身炮讓他一天之內成了留學生。交通總長換人命令發佈那天，司長要他當天就寫好摺呈去留學，保證這件公事在該晚就辦妥，因為第二天新總長就會上任。於是小職員忽然成了交通部派的半官費留學生，原薪照支，還有川資治裝費。如此優惠，原來是從中穿針引線的司長有意招他為女婿！後來他在歐洲要求延長官費，去美國讀博士，因為姐夫是政要黃郛，又批。[13]

到 1930 年代，無論是全國或各省的公費，主要通過激烈的考試選拔。[13] “這兩種官費人數都極端少，只有一兩個。在芸芸學子中，走這條路，比駱駝鑽針眼還要困難。”[14] 而全國性的留學官費考試，比如留英庚款、留美庚款之類，更有如金榜題名之難。抗戰勝利前後，留學考試規模大，精英盡參加，據說當時由三間京津名校組成的西南聯大，有老助教也考不取公費留學名額。[15] 可見到三四十年代，公費留學，大致上已憑考試競爭了。“是否有走後門的？我不敢說絕對沒有。但是根據我個人觀察，一般是比較公道的，錄取的學員中頗多英俊之材。”[16]

這些英俊之材，與從前皓首窮經考科舉，實在不遑多讓。第六屆庚款留美考試平均分最高分的歷史學家何炳棣，幾乎用了整個青年時代作留學的準備，大學畢業後一直當助教，光是 1940 年準備第一次考試，到 1945 年真正出國，費了五六年，年近三十才開始讀博士的生涯。其間患得患失，既苦惱於考試因為日本珍珠港事件而延擱，又擔心每屆錄取不同科系的學生，未必開自己那一門。再加上各校的高手都用盡全力，虎視眈眈，競爭十分激烈。[17]

或許我們應該說，經過長期改進，公費留學考試，所選盡多精英人才，然而公費留學考試之外，人事豈能完全避免？

自費留學與官價外匯

不光公費留學有各種傳言，留學政策在逐步收緊時，自費留學也流傳開後門的問題。

抗日戰爭時，對留學嚴加限制，自費留學不光名額有限，還遇到外匯問題。

1940年代抗日戰爭正緊張，物價瘋漲，貨幣貶值，兌美元的黑市外匯價，比官價高10倍，戰後初年情況仍無改善，許多學生就是符合自費留學資格，也沒法得到外匯去留學。[18]

而傳說國民黨官員的親朋子女紛紛開後門，買官價外匯去美國留學。為了平息民憤，1943年和1946年舉辦了兩次自費留學考試，錄取了1500多人。取錄者拿著考試及格證，加上國民黨中央訓練團受訓一個月的結業證書，可以在留學期間每年買一定數額的官價外匯。[19]

官員走後門買外匯的傳聞是否真確呢？據說1944年末的一次歡送自費留學生的大會上，教育部長陳立夫致詞，講到舉行自費留學考試是為了給所有大學畢業生以平等競爭的機會。坐在他旁邊的高級將領、軍事委員會政治部部長張治中站起來插話說："是的，以前是不公平。我有一個兒子，既未經過考試，也未到中央訓練團受訓，就找陳立夫伯伯幫忙，買官價外匯到美國留學去了。"在場的學生說陳立夫一聽這話，忙扯張治中的袖子，請他不要講。學生見到這場面，都頗為驚奇。[20]

至於要先在中央訓練團受訓才能留學的事，也曾惹起一點麻煩。在國民政府，這是為了保證學生遵奉三民主義，但是美國人認為這些學生被國民政府洗過腦，後來經過疏通，才同意接受他們去美國學習，但延遲了約半年。[21]

有官價外匯可買，也不是順利完成學業的保證。有考取自費留學的學生，沒錢多買官價外匯作保險。他讀法國文學，應該去法國，但聽說美國半工讀比較容易，為防萬一，就改去美國。後來大陸政權易手，再買不到官價外匯，他果真要半工讀去完成學業。[22]

註 釋

1　季羨林《留德回憶錄》，香港：中華書局，1993 年，頁 69。

2　蔣廷黻《蔣廷黻回憶錄》，台北：傳記文學出版社，1984 年，頁 52。

3　張資平《資平自傳》，北京：中國華僑出版社，1994 年，頁 75。毛彥文講其清華留美的博士未婚夫，見《往事》，北京：商務印書館，2012 年，頁 41。

4　歐陽予倩用官費生摺抵押給高利廣東藥舖借款，用來籌款演戲；公使館佈告禁演戲，否則停官費，才沉寂，頁 23。黃尊三以留學通脹為擔保，向友借三十元使用，見實藤惠秀《中國人留學日本史》，香港：中文大學出版社，1982 年，頁 89，引黃氏日記廿三日條。1940 年代仍有這種做法，見汪向榮《早年留日者談日本》，濟南：山東畫報社，1996 年，頁 160。

5　徐志摩〈留美日記〉，載《徐志摩未刊日記》（外四種），北京：北京圖書館出版社，2003 年，頁 144。

6　沈宗瀚〈沈宗瀚先生自述〉，載沈君山、黃俊傑編《耕耘歲月 —— 沈宗瀚先生自傳及其他》，台北：正中書局，1993 年，頁 95。

7　王獨清《我在歐洲的生活》，上海：大光書局，1936 年，頁 197-198。

8　嚴濟慈《嚴濟慈：法蘭西情書》，北京：解放軍出版社，2002 年，頁 50。

9　嚴濟慈，同上書，頁 198。

10　徐悲鴻〈悲鴻自述〉，載《藝人自述》，杭州：杭州大學出版社，頁 65。

11　徐悲鴻，同上書，頁 71。

12　沈怡《沈怡自述》，台北：傳記文學出版社，1985 年，頁 51-52。

13　但中山大學因為歷史原因，1930 年代仍然有憑推薦而留學法國里昂中法大學的名額。另外，公費留學比利時亦靠推薦。

14　季羨林，同上書，頁 69。

15　許淵沖《逝水年華》，北京：三聯書店，2008 年，頁 153，158。

16　季羨林，同上書，頁 68-69。

17　何炳棣《讀史閱世六十年》，香港：商務印書館，2004 年，頁 133-144。

18　官價 1 美元兌 20 法幣，黑市則 200 法幣，見劉緒貽《簫聲劍影（一）—— 劉緒貽口述自傳》，桂林：廣西師範大學出版社，2010 年，頁 220。汪一駒謂 1946 年時是兌 2020 法幣，見《中國知識分子與西方 —— 留學生與近代中國（1872-1949）》，台北：楓城出版社，1978 年，頁 141。

19　劉緒貽，同上書，頁 220。

20　劉緒貽，同上書，頁 223。

21　劉緒貽，同上書，頁 222。

22　詹鍈《世紀學人自述》第 5 卷，北京：北京十月文藝出版社，2000 年，頁 222。

庚子賠款的多種作用

1900 年義和團排外引致八國聯軍攻入北京，是中國一椿大悲劇。此後中國要分 39 年向八國賠償白銀 4 億 5 千萬兩，稱為庚子賠款。這鉅額賠款之沉重，雖然比不上德國在第一次世界大戰之後的賠款[1]，但中國平民承受了壓榨四十多年。[2] 當時中國沒有能力像德國那樣鬧成第二次世界大戰，只能不斷賠償，亦不斷談判。所幸中國未致沉淪不起，還用美國退還的一部分血汗錢建立了一間清華大學，成為中國留學史、教育史上的奇葩。

建清華大學是中國人的意思，清華大學的前身是用庚款去美國留學的安排。這源於美國同意退還多出的賠款，用在教育上，尤其是挑選學生去美國留學。有了美國的先例，中國政府和民間都努力運動其他七個國家退款。為了競爭對中國的優勢，後來好幾個國家都有類似的安排。不過所謂退還庚款，不是不收取，而是中國每年賠了，由該國再退還，所以用庚款留學，實際上仍是用中國人民的血汗錢去外國讀書。

美國退款

美國為甚麼要退還庚款，而且提倡用於留學呢？這是國際角力之下的因緣際會。

事緣中國開始賠款不久，美國國務卿就在國內透露美國獲得的賠款本來過多。1904 年底，駐美公使梁誠跟美國交涉以白銀支付賠款，從美方明確得知賠款過多，於是上奏外務部，提出向美國交涉取回。中美兩國開始了就退還過多賠款的磋商。

美國是後起的工業國，又不及日本近水樓台，因此在歐洲列強及日本加緊謀求瓜分中國的局勢中，顯得落後。如果中國滅亡，淪為各國的殖民地，美國很容易被摒出門外，工業品亦會失去一個東方大市場。因此美國在義和團事變前後一直提倡門戶開放政策，謀求平衡局勢，不使中國被瓜分。中國民間負擔沉重的戰爭賠款，容易滋生仇外情緒，也容易產生社會動亂，這對美國亦有不利。因此在駐美公使梁誠的遊說之下，美國退還庚款有了利益基礎。

不過賠款是既得的錢財，中國拿回去之後，對美國有甚麼好處呢？這自然是美國關心的。雖然，在外交口吻上，梁誠堅持中國怎麼用自己的錢，跟美國無關，他的奏章中說「如何用法則是我國內政，不能預為宣告」，但是實際要促成退款，也不能不考慮美國的要求，他認為若果用於教育，包括在中國興學及派學生留學，可較易爭取到。

美國提出用來送學生到美國讀書，這固然是興文教，同時也可以培養親美的中國人才。伊利諾大學校長詹姆士贊成退款，1906 年他給美國總統羅斯福的備忘錄說：

"哪一個國家能做到教育這一代的青年中國人，哪個國家就將由於這方面所支付的努力，而在精神的和商業的影響上，取回最大可能的收穫。如果美國在三十五年前已經做到把中國學生的潮流引向這一個國家來（案，指容閎安排的幼童留美），並

哥倫比亞大學學生胡適（右2）金岳霖（右3）在哥倫比亞大學，二人均受惠於庚款而留美。

能使這個潮流繼續擴大，那麼，我們現在一定能夠使用最圓滿最巧妙的方式而控制中國的發展。……這就是說，使用那知識與精神上的支配中國的領袖的方式！……商業追隨精神上的支配，比追隨軍旗更可靠"。[3]

這"不以軍隊而以精神支配達致商業成果"（Trade follows moral and spiritual domination far more inevitably than it follows the flag）的斷語，真是可圈可點。[4] 而清華留美生梁實秋晚年時處身台灣，讀到這備忘錄，不禁感歎"以教育的方式造就出一批親美的人才，從而控制中國的發展。這幾句話，我們聽起來，能不警惕、心寒、慚愧？"[5]。

美國庚款退還最早，在各國的退款安排裏，美國退款的使用安排也最周詳有效，這是美國人和中國人角力又合作的結果。撇開美國退款的政治用心，由於中美雙方角力，以及中國知識界努力反制，美國的退款確實為中國培養了不少人才，令軍閥混戰下的中國，定期有一筆相對穩定的錢，發展科教事業。[6]

退款最顯著的開支和成就，首先是公費留美的大潮，然後是最終育成清華大學。除了 1910 年即時選考 180 人去美國之外，到 1925 年為止，為留美做預備的清華學堂所招的學生，畢業後都可以留學美國，十多年間達千多人。[7] 但是留美的費用畢竟不便宜，中國人不想片面依從美國的安排，所以參與其事的中國教育家很早就謀求更上一層樓：在中國發展大學教育，而派大學畢業生去美國讀研究院。幾經波折，這一安排成真，1925 年清華學堂轉為大學，還聘請四大導師開設聞名一時的清華國學研究院，進入一個新階段。

半官費

庚款留美也不只是清華學生或考取庚款生的禁臠，清華還有發放半官費的制度，補助自費生。只要有美國大學的成績單證明成績良好，加上教授推薦，就可以申請，每個月領清華官費生生活費的一半，但年期比較短，多是一兩年。前後共計津貼過近五百人。

半官費批核的效率也好，半年就有結果。文學家冰心就曾申請過，但是她填了申請表之後，只上了 9 個星期的課便病倒了，沒有參加期終考試，但幾個教授都在申請表上，寫上優秀的考語，於是糊裏糊塗地得了每月四十美元的零用金。她本已有美國大學的獎學金，可供學費和膳宿。[8]

清華以外的美國庚款用途

清華學堂改為大學之後，不再保送畢業生去美國留學。從 1933 年開始，清華又用庚款送學生去美國深造，這次開放給全國大學畢業生申請，稱為留美公費考試，每年規定主修科目，由教育部與清華共同考選。這個考試一共辦了六屆，競爭很激烈，前後資助了 200 名學生。考取的都是成績優秀的學生，已讀過研究院，或者已在做助教。

清華亦有與外國簽約，選派清華學生去歐洲讀研究生，像國學家季羨林和數學家陳省身都因此在三十年代去德國。雖然生活費不及公費生甚遠，但是對當時進修機會不多的學生也是難得的機會。

美國退還的庚款也不止用於留學。1924 年退還第二批退款，當時為了這一筆款而忙著運動的人很不少，包括畫家徐悲鴻想用來購買藝術品，中國科學社的人認為應該拿一部分來辦科學事業。管理款項的基金會最後議定用來補助有成績的機關做科學的研究、應用和教育，以及永久性的文化事業，主要是圖書館。[9] 所以畫家徐悲鴻想設立法國雕刻家羅丹的美術館，用一部分庚款買羅丹的作品收藏於中國，自然就沒有回響了。[10] 緩不濟急，到 1920 年代中後期，科學事業還是中國的救國希望。

庚款留學與其他國家

美國退款的安排，其他國家也有意仿效。英、法、比利時都有用少量庚款資助留學，但是資助的人數有限，所以大家講庚款留學，都講美國和清華。清華以外的留學資助多數憑考試選才，因此不會像清華學校收生那樣，因應每省賠款的比例分配名額，於是考取的就以沿海各省的人為多了。[11]

日本也有退還的謀劃，但是波折最大，最後中國委員憤而全數退出。

此外，蘇聯革命成功後，在 1919 年宣佈放棄庚子賠款，中國省了一億八千多萬兩，所以沒有退還的問題。但國民黨要人胡漢民對黨員說，莫斯科中山大學的經費是退還的俄國庚款，學生都是中國政府派去，主權似應操之在中國。[12] 這個講法未必準確。

英國

英國早在 1912 年已有意仿效美國，但直到 1917 年英國希望中國對德國宣戰，才得到財政部同意。但怎麼用，怎麼管理又成為角力點。雙方政府力爭控制權之餘，中國教育界則力爭用在教育上。拖了十多年，1930 年兩國才達成協議：英國庚款分為補助和投資兩部分，補助部分的 53% 用於教育和科研；投資的部分，是借錢在中國辦鐵路及其他開發，借款的利息才用於教育。因此留英教育實際上只佔到退款的 15%。

中國教育界用這些錢，舉行留英公費考試，也是規定招考的科系，以理工科為多。雖然總計只派了 193 人，但是它是最難的考試，入選者成績很好，有研究基礎，思想比較成熟，又有董事會幫忙，包括協助考取的人選學校。[13]

1939 年歐戰爆發，這個庚款留英計劃曾經受阻，當年考上的錢偉長等，被安排轉學到加拿大。可是臨上船的時候，他們發現簽證上有日本的簽證，當時中國已全面抗日，於是學生全體罷去，氣壞送船的英國人。這批學生延誤到年中才啟程。

以中國當時的支絀，學界教育界經費短缺，有人脈關係的，常常運動以獲得庚款資助。社會學家費孝通說，抗戰時期搞調查研究的條件十分惡劣，經費也很困難。老師吳文藻從搞到的中英庚款裏撥出一點錢給他們。[14]

法國和比利時

法國和比利時接壤，又都有法語的背景。中國跟兩國都曾商議用部分庚款合辦大學，但是兩國退還的庚款只有少量用在教育上。無論中法或中比合辦的大學，都不是全數由庚款支持的。

在里昂的中法大學，中國人簡稱為里大。初辦的時候，情況非常複雜，中法兩國正就法國實業銀行倒閉以及金法郎案而談判。到 1926年情況明朗，里大才開始得到部分庚款資助。所以這家命途多舛的大學，起初根本沒有庚款，經費由北京政府、廣東政府和法國政府提供。由於北京、廣東與里大有這層金錢上的關係，北京的中法大學和廣東的中山大學，稱里大為中山大學海外部，說中山大學有六十個名額在里大。[15] 北京是首都所在，以中央政府的名義出錢。廣東則是南方革命政府的大本營，當時主政廣東的軍閥陳炯明是新式軍人，有無政府主義味道，早在駐軍福建的時候，已經響應過留法勤工儉學，由福建派半官費生。[16] 於是吳稚暉等又去運動他撥給經費，資助廣東學生去法比兩國留學。但是以後廣東政局多變，陳炯明被逐，結果拖欠里大的費用。

由於許多人都以為里大是用庚子賠款來辦的，所以 1921 年在中國招第一批學生時，引起已在法國的勤工儉學生不滿，認為輿論促成法國國會通過退還賠款，而大批勤工儉學生的存在又大有助於輿論，反對辦了大學，卻不讓他們入讀。勤工儉學生的學潮鬧過之後，里大的自費生見廣東的學生免費，也不肯交費。一個當年拒絕交費的學生回憶，承認廣東學生是官派性質，免學膳費，無可厚非。"我們鬧事的少數人是為自費去，未出國前本已與學校說妥，每年自己負擔 600 銀元的學膳費，這比之留美學生低廉數倍不止，還鬧甚麼？"[17]

不少去里大的學生，本來想留學英美，只是有機會留法，也不肯放過。他們未學過法文，甚至連英文都不夠好。[18] 里大的環境也不利學習法文和法國文化，正如第一任校長吳稚暉所說，它其實是個宿舍，自己的校長名頭是給外國人看的。曾經是里大學生的文學家蘇雪林說，大家稱這學校為里昂中法大學，是受吳稚暉海外大學四字感染的溢美之辭，它實則是一間環境優美的學生宿舍。學校安排學生補習法文兩年，然後到其他大學讀書。但是整天在中國人圈裏，學不好法文，求上進的學生只好跑到當地中學讀法文。[19]

現在不少中文材料仍稱跟法國合辦的里大是中國在海外辦的第一家大學。從 1921 到 1946 年，里大共有 473 個學生。

至於與比利時商議用庚款合辦大學，比利時方面由沙洛瓦勞動大學（*Université du Travail*（university of Labor）in Charleroi）校長 Jules Hiernaux 推動。他是個政界中人，做過教育部長。跟里昂中法大學不同，這家大學不是專門為中國學生開辦的，它本來就是一家工業學校。該校的介紹說因為學校的國際聲譽，1921 年為中國學生開設課程，是比利時取錄較多中國學生的幾間大學之一。不少勤工儉學生因為留法難以實現目標，轉學到比利時這家大學，其中最有名的就是聶榮臻。

比利時庚款用於留學的金額僅次於英國和法國，對三十年代公費留學該國關係頗大，在比利時的庚款生遠多於教育部公費生。比利時庚款助學金採用推薦後核准的辦法，所以獲獎者跟中比庚款委員會兩國的負責人多少有點關係。[20]

此外，在中國懂法文的人數始終未及懂英文的，所以不懂法文的也能獲得留法留比的機會。種種折衷底下，留法留比公費的分配自然有未盡公平的地方，以及種種傳言。畫家常書鴻就認為中國軍閥安插私人，控制里昂中法大學的名額，同情勤工儉學生爭取入校的運動。並說 1927 年政府被迫將里大的名額改為各省選派，他也因此得到庚款資助，收到里昂中法大學取錄通知，而去里昂美專上課。[21]

日本

受美、英退還庚款的影響，日本國會亦在大正七年（1918 年）商議退款，交給大藏省（財政部）擬方案。大藏省建議在中國內政安定之後，用這筆錢來開發中國經濟資源，亦包括教育上的設施，[22] 來中國談判時，則説專用於振興教育及衛生事業。

1923 年，日本以退款的名義，設立"對支文化事業"機構，與中國議定退款用途，其中中國提出希望有留學生補助費，但日本未有答覆。總的而言，當時中國輿論雖然歡迎日本退還庚款，但是頗有戒心，懷疑日本借文化之名，行文化侵略之實，一班老留學生名流因此主張廢除協辦文化事務的協定。[23]

諸多交涉之後，中日又爭論管理機構的人員委任，中國的委員多有抗議、辭職的。延到 1928 年濟南慘案發生，中國委員全部退出，於是管理庚款的權就落在日本外務省。

在三四十年代，有人説當時大部分中國留學生都申請到公費或庚款，每月有 30 至 80 元，所以留學生生活優越，很少人打工。本來考上官立學校的留日學生可以向中國申請省公費，金額優厚，問題是發放不準，可能一欠半年一年。所以有些學生寧願申請庚款。申請庚款的學生，讀官立學校的較容易獲批，亦有少數名額，供私立大學或專門學校的學生申請；還有一種特選名額，專門補助可以獲得博士的研究生，名額不到十名，月給百元，由日本官員面試發給。有個私費學生查閱庚款申請的內容，懷疑有親日派的條件，才可望核准。[24] 不過有些申請到的公費學生並不親日，後來甚至反日。[25]

未來中國人才培育權的國際紛爭

教育是文化事業，同時又有政治實利。

"多培育一名中國青年，即為日本所以進一步擴張勢力於大陸之計。"[26] 1907 年日本人所講的這句話，裏面的日本也可以換成美國或者八國聯軍其他強國。

日本爭取中國留學生大量留學日本，企圖影響中國未來的人才，這一舉動引起美國注意，加入競爭。美國以庚子賠款作為經濟來源，不須本身動用分毫，而做得有聲有色。美國的先例挑動了多方關注，中國政府遊説各國退款，中國文教界也來往穿梭，推動以退款辦文教。

多方就退還庚款的討價還價，歷時二三十年。

由於各退款國的動機、經濟實力不盡相同，所以退款的用途和成效也有差別。英法為主的歐洲列強當時深受戰爭陰霾困擾，從中國獲得實實在在的經濟利益，顯然比控制中國未來人才更為迫切。結果只有美國甘心投入全數退款來建立影響力。

不過哪怕有現實政治的波譎雲詭，還是得說美國在庚款處理上幹了一樁好事。在軍閥混戰、各種經費都挪為軍費的狀況下，中國教育界很重視這鉅額而穩定的錢財。這筆鉅款持續影響中國留學三十年，有兩國的人員監察和互相防範，比政府公費還穩定，對留學生安心求學確實起過作用。

留學教育無論作為立人的事業，或者作為政治的誘餌，效果都不是立竿見影的，但是影響又是深遠的。近代中國的留學大潮歷時達半個世紀，好幾代的留學生前仆後繼，留學教育的影響會是如何錯雜混亂呢？

當年中國瀕於亡國，但是國大人眾，它的市場和利益的規模，仍足以使外國紛紛提供條件，維持對它的影響力。這個衰老大國最初因為市場大利益大而引致侵略，同時又因為市場大利益大而受拉攏。世界局勢如此，試問一個急於求成而權力核心散渙的中國，怎能不亂呢？

註 釋

1 1921 年確定的 1320 億金馬克約相當於 4.7 萬噸黃金。

2 1943 年才完全終止賠付。

3 Arthur Smith *China and America To-day: A Study of Conditions and Relations*, New York, F.H. Revell Company, 1907, p213-218.

4 1920 年美國對華貿易比 1915 年增加四倍。1909 年只有幾十人在美留學,到 1915 年,已達千多人,見程新國《庚款留學百年》,上海:東方出版中心,2005 年,頁 46-47。1931 年中美貿易額達到歷史高峰;自 1932 年起美國是中國的最大貿易國,1934 年美國佔中國入口的 26%,出口的 17%。作者 H‧Y‧Moh 認為中美貿易的興盛有很多原因,但留美學生的貢獻不可忽略。見 Commerce and Industry, *American University Men in China*, 頁 117-118。

5 梁實秋〈清華七十年〉,載《老清華的故事》,南京:江蘇文藝出版社,1998 年,頁 71。

6 1919 年北洋政府中央預算裏軍費佔 42%,教育經費不及 1%。程新國,同上書,頁 47。

7 王樹槐謂 1909-1929 總計高等科畢業留美是 1157 人,另有專科、中等科等,見《庚子賠款》,台北:中央研究院近代史研究所,1974 年,頁 313。程新國謂 1911-1925 年有 1200 人,同上書,頁 32。

8 冰心《冰心回想錄》,海口:南海出版社,1999 年,頁 176。

9 〈中國科學社對美款用途的意見〉,載《科學救國之夢》,上海:上海科技教育出版社‧2002 年,頁 313。王樹槐,同上書,頁 328。

10 徐悲鴻〈悲鴻自述〉,載《藝人自述》,杭州:杭州大學出版社,1998 年,頁 74。

11 劉曉琴《中國近代留英教育史》,天津:南開大學出版社,2005 年,頁 365 有留英公費生表。

12 王樹槐,同上書,頁 559。白瑜〈有關留俄中山大學〉,《傳記文學》,30 卷 1 期,頁 65。

13 劉曉琴,同上書,頁 349-352,383。程新國,同上書,頁 77。

14 費孝通〈暮年自述〉,載《費孝通在 2003 —— 世紀學人遺稿》,北京:中國社會科學出版社,2005 年,頁 56。

15 鄭彥棻《往事憶述》,台北:傳記文學出版社,1985 年,頁 38。

16 鄭超麟《史事與回憶》第一卷,香港:天地圖書有限公司,1998 年,頁 159。福建半官費生赴法,每年學生自籌 300 元,縣知事籌 300 元。

17 蘇雪林《浮生九四 —— 雪林回憶錄》,台北:三民書局,1991 年,頁 57。

18 如蘇雪林,她自言英文不好。留法四年,沒有讀出甚麼成績。

19 蘇雪林,同上書,頁 57。鄭彥棻,同上書,頁 40。

20 王慶餘《留比學生史》,台北:光啟文化,2011 年,頁 173。

21 常書鴻《九十春秋 —— 敦煌五十年》,蘭州:甘肅文化出版社,1999 年,頁 14。

22 王樹槐,同上書,頁 483。

23 時報有此論,朱經農、胡適、任鴻雋、范源濂、胡明復三兄弟、丁文江、陶行知、楊杏佛等都懷疑。胡適在 1924 年 7 月之前曾致信任鴻雋,抗議日本文化事業;范源濂說他個人總覺得日本人不可輕信。但中國缺文教經費,任鴻雋無奈地承認萬一在中國做一兩個研究所,總勝於無。任鴻雋〈關於日美庚款問題的通信〉,載《科學救國之夢》,上海:上海科技教育出版社,2002 年,頁 315。胡適的信見《胡適來往書信選》上冊,北京:中華書局,1979 年,255-256 頁。

24 雷嘯岑《憂患餘生之自述》,台北:傳記文學出版社,1982 年,頁 35。

25 如朱紹文學經濟,傾共,後被捕回國。

26 實藤惠秀《中國人留學日本史》,香港:中文大學出版社,1982 年,頁 51,引青柳篤恆〈中國人教育和日美德間的國際競爭〉。

教會關係

在 20 世紀早期想到留學西洋的，除了庚款留學生，以及在通商口岸或沿海城市感受到新風氣的人家之外，還有一批教會學校的學生。教會學校不光沿海有，風氣開放的湖南等內陸省份也有，所以早期留學生也有來自內陸的青年。

這些學生讀的大多數是美國教會學校。至於歐洲的教會的角色，為甚麼沒有美國的明顯，就要進一步研究了。羅素說中國另一種教育模式由傳教士首創，幾乎都把持在美國人手中，他揶揄美國人一直以傳教士自居，自以為在傳播基督教。[1] 或許因此美國教士引動中國學生去留學的熱情更大一些吧？

不過美國教會很少直接資助中國學生。出手的通常是教友，出錢以外，更常見的是鼓勵、照顧。事實上獲得教會或教會大學的獎學金或教徒資助的人，並不真的很多，教會資助是 1940 年代國共內戰爆發才多起來的。[2]

教會或教徒資助

教會的目標是培養傳教士，著重資助貧困青年，包括女子，所以沒有大量提供獎學金的安排。牧師的子弟可能得到一些減免，但不一定得到教會全面資助。像牧師的兒子顏惠慶在美國讀書，可以減收學費，但是其他費用仍是由牧師父親支出，不計暑期，每年在三百美元之譜。[3]

接受教會或教徒的資助有甚麼條件，是中國受助者最關心的問題。教會資助多數附有傳教的條件。教徒的資助則比較個人，有些是有財力的商人，他們跟教會學校有聯絡，有些是善心的婦女憑個人之力贊助。資助一般沒有條件，捐錢的人當然希望受助者會發揚基督精神，但並不以此作為直接條件。

早期留美的容閎是窮家子弟，教會學校透過校董會找監護人資助他和另外兩個學生去美國。這些監護人本身是報刊老闆或商人。容閎認為這些監護人是基於基督徒的博愛精神而出錢培養中國青年的。但是監護人只準備資助他們讀完中學。容閎想升大學時，監護人只肯資助他讀專業科目。

善心婦女的資助金額未必多，學生經常要同時半工讀來維持。容閎最後是依靠美國老師聯絡婦女協會幫助，加上自己工讀，來完成耶魯大學文科課程。信教的歷史學家蔣廷黻失去省公費之後，由原來教會中學的校長夫人和紐約一個慈祥太太供給他學費，以半工讀賺生活費。[4]

對於有條件的資助，不信基督教的中國老一輩是有顧慮的，尤其是知識分子家庭。學者洪業從教會中學畢業時，校長告訴他，美國一家百貨公司的老闆願意資助他到美國深造。洪業的外祖父富有人生經驗，認為這是個好消息，但是先要問明條件，知道沒有條件，才高高興興接受了。[5]這大概是中國家庭的基本考慮。

即使學生本人是教徒，也不想接受以傳教為條件的限制。容閎就曾申請美國教會學校的助學金，知道條件是學成之後回中國做傳教士，認為這有礙他為中國謀福利，放棄了。信教的經濟學家何廉也是如此，"他們要我簽訂合同，在讀完醫科以後，得回來在長老會傳教團工作。這就使我原來的打算完全起了變化。對於這類羈絆，我是十分反感和不屑於依附的，於是我有禮貌地謝絕了他們的資助。"[6]

幸好不少教徒的資助是無條件的，後來還曾惠及非教徒，像梁啟超的小兒子梁思禮，父親已故，沒有多少錢留下，母親有個好朋友是留美的醫生，跟美國教會學校關係好，幫助他得到一間小的基督教學校的全額獎學金，只自己負擔路費和生活零用。[7]兩年之後，梁思禮為了讀工科而轉校，轉而接受美國政府對二戰同盟國學生的資助。

熱望傳教的教徒，自然會得到較多照顧，但不一定是金錢上的。教育家曾寶蓀在一間英國教會的學校讀書，已經領洗，一心要在中國從事教育和傳教，她的英國老師提出趁休假回英國一年，帶她去英國自費留學。在辛亥革命之年，女子留學還是大事。她得老師處處提點，在英國讀完中學。考入大學之年，教會要求她的老師回中國教書，否則會失去退休金。老師毅然決定放棄退休金，陪她留在英國，因為"教育你一個中國人出來在中國為上帝作工，遠勝我十倍！我培養你，就是做主的工作！"曾寶蓀感動得痛哭流涕。要知道，曾寶蓀是曾國藩的曾孫女，曾家在中國傳統家庭裏聲名赫赫。[8]

教會學校影響而出國

看教會學校對中國留學的影響，不必限於傳教的角度。不少早期留學生並不是教徒，只因為在教會學校讀書，沾了近水樓台的知識啟蒙好處，決定自費出國。

當時許多人送子弟去讀教會學校，不是因為信教，而是因為不滿意中國的學校，而棲身於教會學校求新知。家長期望子弟在教會學校學好數理和英文，至於中文，若是知識分子家庭，自有家庭教育。這些中國家長，雖然不激烈反對教會，但囑咐子弟小心教會的教義和辦學目的。最早譯出《進化論》的翻譯家嚴復就是其一，他深明中西文明消長之理，因為公立學校辦得不好，他的姪孫入教會中學讀書，嚴復說"這是萬不得已的事"，再三告誡姪孫，"外國教會在中國辦教育是別有用心的。你要牢牢記住這點。"即使商人家庭的子弟為方便未來謀生而入教會學校，家長也囑咐他們對教士所講的上帝和耶穌要留心。為謀生而寄讀的蔣廷黻後來受洗為教徒，但他最初對傳教沒有好感，認為聖經的中譯本文字粗鄙，又覺得週日的主日學和上教堂是一種折磨。只是感於學校老師等的熱心，關懷福利事業，認為基督教應該是好宗教，才在美國信徒老師帶他出洋之前受洗。[9]

促成教會學校學生留學的，與其說是宗教，不如說是在學校裏接觸到新思想或新知識，令他們對西方的教育感到興趣，同時在中國的政治亂局中，嚮往變革。

世紀初就去美國留學的外交家顧維鈞，在上海的聖約翰學校讀書，受教師的思想影響，與同學向往變革。同學對西方教育興趣濃厚，一批批去留學，顧維鈞也受到影響。該校成立三十年來，未發生過這麼急切的留學要求，連美國教師也震驚。[10]

這些嚮往新知的學生，家境寬裕的，可以求家人出錢去留學；家境差一些的，聽著美國老師講美國領袖或富豪以半工讀白手興家的故事，[11] 於是帶著年少的夢想，去那遙遠的國度求學。

這些從未有長途旅行經驗的十幾歲大孩子，敢於貿然出洋，往往因為有教會學校老師關照過，知道沿途或彼邦有人照顧。有時是老師趁回國時，陪他們出國。若沒有老師從旁鼓勵、照顧，不要說完成學業，他們甚至不能順利完成旅途。

曾經有一個從湖南出發的青年，在上海上船之前，大意把護照放到人力車上，沒法追回，幸得老師所託的朋友鼓勵他大膽上船闖關。船經停日本時，他和同船的學生上岸作半天遊，遲了半小時回到碼頭，老師的朋友再伸出援手，請一個住在日本的外籍友人在碼頭等候他們，用小船送他們追上大輪船。

> 一登上海輪，我們就安心了，但都覺得很失面子。……又高興，又慚愧，又感激。我才知道一個少不更事的孩子會鬧出這許多笑話，增加年長者這許多麻煩。

橫渡太平洋的漫長旅途中，他為護照而擔憂，得美國老師和他的朋友不斷好言安慰。到了夏威夷，預先代他召中國使館，準備在入境美國時幫忙。到了美國港口，必須拿出護照的關頭，又與他一同焦慮和緊張。

> 萬一移民局不許我進口，不要說我求學救國的志願完全落空，就是回到家鄉，我也沒有面目去見我的父親和三叔。想到這裏，我真的準備登陸不成，立刻跳海自沉，至少可以把我的壯志埋葬在太平洋裏。

請中國使館幫忙不得要領之後，"我急死了。我真以為這便是我結束這個小小生命的時候。"料不到心裏著急，表面冷靜的美國老師，直接領他跟移民官交涉。

我那時也把兩眼盯住那位幾分鐘內便可決定我終身命運的裁判官。他在那一剎那中，真是對我有無上的權威。他透過那副老花眼鏡，望望我又望望二先生，再把案件一查，居然找出了我的護照簽證記錄。

既有簽證，又有兩個美國人保證，於是批准入境讀書。

他還對我補說一句："我的孩子，下次做事小心一點啊！"這句話，我一生沒有忘記。

這個冒失青年在美國期間，老師不斷寫信鼓勵他發憤讀書，一再強調精神生活的重要，叫他不要只重視美國的物質文明。後來老師"他知道我能讀書，能吃苦，又不需要家庭的接濟，認為他對我的扶植很成功，表示無限的安慰和不斷的鼓勵"。[12] 這個深受恩澤的年輕人因此對宗教發生濃厚興趣，勤上教堂。

留學畢竟以求知為目的，宗教對學生有激勵作用，但不是唯一的動力。信教的窮苦學生沈宗瀚，沒有讀教會學校，沒有教會資助，自己籌款去留學，終於成為農科博士。他回憶千辛萬苦的留學生涯時，將個人立志、親師友之助等列為學業有成的主要原因。信教雖然有助他失敗時重振希望，但在他的成就動力上，只列為最末的一點。[13]

註 釋

1 羅素《中國問題》，頁 171，175。羅素認為這跟退還庚子賠款有關。不過，退還庚款之前，據我所見，留學生仍以讀美國教會學校的為多。另外，不時協助留學生辦手續或臨時住宿的青年會，也是美國教會所辦。

2 李喜所《近代中國的留學生》，北京：人民出版社，1987 年，頁 6。燕京大學等教會大學有一些獎學金。非教徒的梁思禮、李禎也因人事關係得過基督教徒資助。據李禎謂國共內戰促成天主教會提供較多資助，認為資助在中國有影響的人的子女讀書，有好處。汪一駒謂 1949-1954 年因為于斌樞機主教之故，歐美天主教大學給中國留學生一千個獎學金名額，見《中國知識分子與西方 —— 留學生與近代中國（1872-1949）》，台北：楓城出版社，1978 年，頁 165。

3 顏惠慶《顏惠慶自傳》，台北：傳記文學出版社，1989 年，頁 23。

4 容閎《我在美國和中國生活的追憶》，北京：中華書局，1991 年，頁 12，23-24。蔣廷黻《蔣廷黻回憶錄》，台北：傳記文學出版社，1984 年，頁 56。

5 陳毓賢著《洪業傳》，台北：聯經出版事業公司，1992 年，頁 61，66。

6 何廉《何廉回憶錄》，北京：中國文史出版社，1988 年，頁 19。

7 梁思禮《一個火箭設計師的故事》，北京：清華大学出版社，2006 年，頁 27。

8 曾寶蓀《曾寶蓀回憶錄》，長沙：岳麓書社，1986 年，頁 43。

9 嚴群〈嚴群自述〉，載《世紀學人自述》第 3 卷，北京：北京十月文藝出版社，2000 年，頁 223-4。蔣廷黻，同上書，頁 35，37-38。

10 顧維鈞《顧維鈞回憶錄》第一分冊，中國社會科學院近代史研究所譯，北京：中華書局，1983 年，頁 20，22-23。

11 非教徒的程天固 1907 年抵美，是受星加坡教會學校的美國教師鼓勵半工讀。程天固《程天固回憶錄》，香港：龍門書店，1978 年，頁 35。教徒賴景瑚因家庭生意不佳，未能供他留學。雅禮中學的美國老師認為美國大學生多自食其力，並講了許多出身寒微而奮鬥成功的故事，如石油大王洛克斐勒、鋼鐵大王卡內基、汽車大王福特，甚至林肯等。雅禮中學是耶魯大學民間團體雅禮協會所辦，當時中國人也理解為教會學校，該校圖書館裏多宗教書，老師也有向學生傳教的傾向。賴景瑚終於在父及親友設法，及賣掉亡母部分首飾後籌得 900 美元去留學。賴景瑚《煙雲思往錄》，台北：傳記文學出版社，1980 年，頁 35-36。

12 賴景瑚《煙雲思往錄》，台北：傳記文學出版社，1980 年，頁 35-40，43。

13 沈宗瀚〈沈宗瀚先生自述〉，載沈君山、黃俊傑編《耕耘歲月 —— 沈宗瀚先生自傳及其他》，台北：正中書局，1993 年，頁 144。

傾家蕩產的自費留學

一般人以為自費留學生都是官宦之家的子弟，非富則貴，不虞凍餒。其實當時的自費留學生，有些並不富有。雖然留學生的回憶裏，常常鄙夷以留學混日子的官紳紈袴子弟，但是這些紈袴子或許是無可回憶，沒有留下文字記錄，或許文過飾非，因此在許多留學回憶裏，真正稱得上不愁生活的自費留學生不多。[1]

不富有的自費留學生，或因國內新教育不良，或因嚮往出洋見識，或因泛濫的留學熱，迫不及待，想盡快出洋留學。他們的經濟來源，最大宗是親友供給，偶然也見有社會名流或者師長資助；留學生也夢想自己可以出力，以好成績搏取公費，或者在美國和法國過工讀生活。

中國人重視後輩的前途，有些父兄為了滿足子弟的留學夢，不惜賣田賣地，甚至借債讓子弟成行。中國當時盛行借債，親友之間借來借去，有借有還，每個人經常是欠著債來生活，有似現在的信用卡透支消費情況。到了外地，窮學生向窮學生借，實行互助渡難關。中國當時國力甚窮，如果計入這樣典賣借貸地付錢留學，中國人在子弟教育上花費之多，實在難以想像。

家庭賣田賣嫁妝

中國人視父母供給子女教育為理所當然，因為教育是美好前途的保障，為了下一代的遠大前程，很多父母都承擔了背後的艱難。當時的人很少有現金儲蓄，要用錢往往要賣首飾或者賣產業。在早期的留學例子裏，賣田賣嫁妝的場面是出國前的一曲。

清末赴日的曹汝霖，聽朋友講日本維新的局面而心動，和父親商量去日本留學。父母雖然贊成，但難以籌措費用，決定"為子留學，不惜鬻產"，賣了在城郊的附郭田兩畝許，得四百餘元，以充學費。[2] 在路礦學校唸書的郝更生因為做學生領袖，外務太多，成績日下，想轉換讀書環境，竟和父親商量遠赴美國求學，"我的要求剛說出口，他立刻點頭應允。事後多年，我方始獲知父親為我的求學，付出了多麼重大的代價。"那時郝家已分家，郝父分產所得，雖然仍是地主，但只是小康，他"瞞著家裏的每一個人，賣掉一筆田產。這筆田產每年可以收到八十擔的租穀——父親把這一筆鉅款全部交給了我，叫我安心的到美國去讀書，以後，他將源源不斷的供給我學費和生活用度。"[3]

有時父親不肯供給，還可以向母親入手。經濟學家陳翰笙的父親經常不在家，而且已娶妾。陳翰笙作為長子，等於與母親相依為命。他一心想去美國留學，中學快畢業時，終於對父親說起這個多年心願。誰知父親一口拒絕，叫他考北京大學，畢業後才考慮公費留美。陳翰笙想盡辦法，都不得要領，最後竟然想到絕食。

> 咬咬牙，硬是三四天沒有吃飯，誰勸也沒用。父親還是無動於衷，母親卻心痛得直掉眼淚。她悄悄問我，這到底是為了甚麼？說清楚可以想想辦法。我看母親心動了，就對她吐露了自己的心願。母親聽完，走了。⋯⋯母親雖然自己不識字，但深知讀書有用，盼望我將來能有出息，所以她終於忍痛賣掉娘家陪送的金銀首飾，又向娘家借了一些錢，湊了兩千塊大洋，交給我做路費。[4]

可以估計，他父母的感情裂痕因此增大；母親沒有了私房首飾，經濟更無保障，還要忍受唯一的兒子遠離身邊多年的孤苦。

如果父母無法獨資承擔留學的錢，就得向外籌措。幸好當時社會猶有重視教育的傳統價值觀，親友認為資助學業是正當行為。甚至宗族裏也有專門用以資助族人教育的錢，因為光宗耀祖的思想仍然有地位：有些規定若讀專門學校，可以得到族裏祭產獎學金二十元；有些公祠本來就辦學校，有宗族的資金，停辦學校之後，族人就打積存資金的主意，希望向公祠免息借三百元留學，訂個期限，以別人田契抵押。[5]以家族裏第一個上現代大學為理由，經濟學家何廉的父親希望宗祠能從教育基金中拿出一部分，負擔兒子到京津上大學的部分費用。

豈料兒子提出反建議，希望父親籌措約 800 元，讓他去美國工讀大學，以後不再要求他更多的支持。

　　我父親被打動了，但是他一時三刻怎能籌謀到這筆錢呢？他聽著我的話沉默不語。後來他就到何氏宗祠去跟那裏的一些族中人談。最後結論是，宗祠可以補助我總數的一半，如果我父親能籌措到另一半的話。幾個月以後，我父親賣掉了一塊地，得價 400 元，宗祠捐助了其餘 400 元。[6]

急於出洋的折騰

這種重視子女教育的傳統，究竟是成事還是敗事呢？

　　父親有時跟我講，某某親友自費送孩子出國，全力以赴，供不應求，好比孩子給強徒虜去作了人質，由人勒索，因為做父母的總捨不得孩子在國外窮困。[7]

1920 年代，留學已經成為社會熱潮，留學生總人數中一直以自費生為多。到 1924 年教育部頒佈〈管理自費留學生規程〉和〈發給留學證書規程〉後，自費生才日漸減少。[8] 汲汲出洋的年輕人，一般在二十歲上下，最多廿四五歲，[9] 多數從未持家，人生經驗不足，易於衝動。他們聽了種種說詞，看見留學回來的光彩，有時不顧一切地要求出國。

　　一個二十歲青年本來是陪考上公費的同學去訂船票，湊巧"所定的船艙中還空著一個艙位，定洋只需五十元，同學和教授們並不清楚我的經濟狀況，見我日常那種恍惚神情，又鑒於德國馬克日落，都勸我何不自備資斧早日出去，經不得這些人的慫恿，未免為之心動"。於是他不加思索訂下船票，然後要求兩個姐姐資助。

　　青年的大姐夫是政治名流黃郛，二姐夫是北京大學教授陶孟和。他的大姐讀了信，足足有一夜未睡，夫婦均不贊成他此時出去，但兩姐商量好久終於讓步，"決定趁此時有伴，還是讓我去罷，希望此去能上進讀書，懂得做人道理，將來也好上報國家，下光門第云云。又說'二姐也不贊成弟此時出去，但如不得不如此決定，則甚願分擔一部分費用，惟弟應知二姐丈在北大教書，薪水時時積欠，加以新置小三條胡同房屋，債務未清，姐殊不忍使其為難姐丈，也說如此不懂事理，出洋回來，亦屬徒然，但均因姐溺愛過甚，故如此決定。'我讀罷此信，慚感交併，淚如雨下"，當日便去把船票退掉。[10]

23歲的巴金也是這類不懂事理的青年，他極不喜歡他的傳統大家庭，朋友勸他留學。"去法國的念頭不斷地折磨我，我考慮了一兩個月，終於寫信回家，向大哥提出要求，要他給我一筆錢作路費和在法國短期的生活費。"當時巴金那一房人正走著下坡路，入不敷出，家裏人又不能改變生活方式，當家的大哥為了家累正在絕望掙扎，希望兩個弟弟早日讀完書，回家幫忙。

> 大哥的答覆是可以想像到的：家中並不寬裕，籌款困難，借債利息太高，等等，等等。他的話我聽不進去，我繼續寫信要求。……（大哥）勸我推遲赴法行期兩三年。我當時很固執，不肯讓步。……（三哥）要我體諒大哥的處境和苦衷。我堅持要走。

《新青年》等刊物的新思想，曾為巴金的舊家庭生活打開一扇呼吸新空氣的窗，作為幼弟，他比哥哥"更進一步，接受了更激進的思想，用白話寫文章，參加社會活動，認識新的朋友"。日夜熱望於社會改革的情緒，令巴金固執於留學，到了難以勸說的地步。大哥拗不過，終於匯來了錢，讓他去法國。[11]

這些新青年的渴望一刻不可以延遲，可是他們在大家庭裏生活慣了，沒有美國子弟自力更生的習慣，年輕人也籌不出一筆大錢，於是把家庭供給視為理所當然。可是1927年時，就連自認生於富裕舊家庭[12]的巴金，家裏也不易供得起他留學，可見那時候中國舊式的大家族經濟，經過長期消耗，已經沒有多少底子了。巴金雖然去了法國，但一年多之後，家裏再供不起，他也就回國了。

大家族的子弟逼迫父兄，小戶人家的子弟一樣吃上輩的資產。當美國以清教徒式的社會風氣，提倡自供自給時，中國的父母還在為一個個成年的兒子張羅前途。

　　一個青年中學畢業，沒有出路，又不想教小學。由於父親無力供他上完大學，只能籌錢讓他去日本一年，期望他考到公費。他不負所望考到公費讀師範，卻又領著公費休學一年，回國遊玩。在日本讀完師範仍然不想工作，又考京都帝國大學，一年後回國，前後共領公費七年。這個青年雖然沒花掉家裏的錢去留學，但是結婚還是由父親張羅出錢。至於他的大哥，在杭州的綢布莊學生意，辛亥革命時逃回家，就沒再出去，家裏為他娶了親，又為他借錢開了一爿小雜貨店，讓他做小老板。"這個店只是為了讓他顯得不是無業遊民而開辦的，以致每年都有小小虧損，家裏得代他償付債務。"[13]

　　另一個年輕人在法國遊學一番，娶了外國妻子，到不能待下去時，要求家裏寄 150 元川資回國。到得他拿到錢時，卻不立即回家，把錢全花在遊覽意大利上，然後叫家裏再寄。青年自知行為浪孟，卻自辯自己唸美術，如果回中國之前沒有去看過意大利，未免遺憾。[14]

　　當時為人父母兄長的責任真有如千斤擔子。所以有一個留日學生得了公費，隨即寫信回家告訴老父，並請他老人家以後不要再寄錢來。"父親回信說：得信很高興，以後若無特別需要，不再寄錢了，可是信中卻附來日幣二百元的匯票一張，大概他老人家頓感肩頭輕鬆，一喜之下，又給錢了。嚴父慈心，使我感激得熱淚盈眶。"[15]

註 釋

1　有家底的學生自費留學的，早期的如顧維鈞，後期有來自天津富家的翻譯家楊憲益，又或父親以黃金交易致富、有金子大王之稱的王念祖，父親是銀行家的趙無極。當繅絲廠富家子同學約顧維鈞一起去美國留學，顧父雖然能負擔，但因為費用可觀，當場也不置可否。楊憲益的留日父親早已去世，但留下巨額財產和幾處地產。中學的英國教師提議帶楊憲益去留學。因為家富，他又是獨子，家人估計可以應付。他去英國之前還先到美國遊覽。王念祖雖然坐三等艙去留學，家裏卻一次給他三萬英鎊以備戰時不備之需。趙無極的父親給他三萬美元去鍍金。顧維鈞《顧維鈞回憶錄》第一分冊，中國社會科學院近代史研究所譯，北京：中華書局，1983 年，頁 22-23。楊憲益《漏船載酒憶當年》，北京：北京十月文藝出版社，2001 年，頁 22；王念祖《我的九條命》，北京：中國財政經濟出版社，2002 年，頁 7，31。趙無極《趙無極自傳》，上海：文匯出版社，2000 年，頁 7。

2　曹汝霖《曹汝霖一生之回憶》，台北：傳記文學出版社，1970 年，頁 13。

3　郝更生《郝更生回憶錄》，台北：傳記文學出版社，1969 年，頁 9-10。

4　陳翰笙《四個時代的我》，北京：中國文史出版社，1988 年，頁 15-16。

5　沈宗瀚〈沈宗瀚先生自述〉，載沈君山、黃俊傑編《耕耘歲月 —— 沈宗瀚先生自傳及其他》台北：正中書局，1993 年，頁 61。賀培真《留法勤工儉學日記》，長沙：湖南人民出版社，1985 年，頁 151。

6　何廉《何廉回憶錄》，北京：中國文史出版社，1988 年，頁 20。

7　楊絳〈回憶我的父親〉，見《回憶兩篇》，長沙：湖南人民出版社，1986 年，頁 48。

8　謝長法《中國留學教育史》，太原：山西教育出版社，2006 年，頁 122。

9　綜合以下記述自己急於出洋故事的曹汝霖、沈怡、黎東方、巴金、陳翰笙、郝更生、豐子愷、徐悲鴻、何廉等。

10　沈怡《沈怡自述》，台北：傳記文學出版社，1985 年，頁 42-43。

11　巴金〈我的哥哥李堯林〉，見《病中集》，香港：三聯書店，1999 年，頁 52；〈信仰與活動〉，見《憶》，中國華僑出版社，1994 年，頁 76。

12　巴金〈信仰與活動〉，同上書，頁 72。

13　章克標《九十自述》，北京：中國文聯出版社，2000 年，頁 32。

14　李金髮《李金髮回憶錄》，上海：東方出版中心，1998 年，頁 60。

15　葉曙《病理卅三年》，台北：傳記文學出版社，1970 年，頁 75。

最折騰人的籌錢留學故事

為了索錢留學而累及家人，其中最令人瞠目結舌的例子，是歷史學家黎東方。他讓一家人連旁枝親友都亂作一團，還間接害死了父親。全因父母溺愛，這個盲目樂觀的幼子才得遂所願，在 1928 年去法國留學。

當時 21 歲的黎東方在清華大學已經讀到三年級，那時清華已是新制，再沒有自動留美這回事，但是仍是萬千人期望入讀的大學。黎東方聽人說巴黎大學不講資格，只講學力，任何人可以直接考博士；而且巴黎的生活費用低，可以半工半讀，有在清華讀書的錢，不如帶到巴黎去花。於是他棄清華大學不讀，一心想躐等，去法國直接讀博士。而且說幹就幹，決不反悔，從動念到走上征途，前後只有十幾天時間。

他的父親是前清舉人，但在 1920 年代末，月入不到一百元。住的只是八個塔塔米的一間房子，牆上的唯一裝飾品，是兒子上學期的清華成績單。如此省吃儉用，每個學期仍給兒子寄錢。黎東方去找父親要錢留學，看見父親如此窮苦，良心不安，以致分手時號淘大哭，可是逼父親幫他去留學的決心不改，終於迫出父親一個月的工資。他拿著這點錢立即上路，做成一件既成事實，路上等家人再匯錢。

他的母親接到兒子要留學的電報，哭了一夜，擔心兒子如果在哈爾濱的中國銀行接不到錢，一定會餓死在哈爾濱，或餓死在法國。他的母親出身富家，但是出嫁近三十年，沒有一次無緣無故回娘家，第二天卻硬著頭皮回去借錢。

向父母借之外，黎東方又向哥哥借。哥哥可不比嬌縱幼子的父母，寫了一封長信責備他冒失糊塗：錢？沒有，縱使有，也不願寄。望迷途知返，速回清華為要。黎東方仍不放棄，又打電報向親友借，借到表姐夫和表叔頭上，而且果然得到所要的錢。

黎東方去到法國，才發現半工讀不易。他本是聽信了勤工儉學的美麗故事而來，及到身上的錢越來越少，知道父母都已被擠乾，不免恐慌，但是也只能繼續請母親想辦法。見到如此情景，連守寡寄住在他們家的表姐也自動拿出全部積蓄。

黎東方在法國備嘗過酸甜苦辣，終於算拿到大學博士。回國之後，才知道父親為了籌措他在法國的生活費而死。他的父親回去河南正陽皮店，想典賣祖父留下的一百畝左右田地。田地典賣不出，卻遭遇到半兵半匪的任應歧部隊洗劫皮店，把他擄走。這些半兵半匪騎在馬上，用繩子扣了他的手，拖在馬後邊走，從正陽一直走到潢川。就這樣，這可憐的父親得了重病，才被解開繩子。他逃走出來，療養了若干天，便去世了。一家人為了促成黎東方的學業，一直隱瞞這不幸的消息。學成回來面對父親去世的現實，黎東方終於感歎：

"我在清華住洋房，睡鋼絲牀，吃牛奶與高麗饅頭，穿西裝，打網球，看電影，養得雪白粉嫩，兩腮白裏透紅。卻還不知足，又要去法國，叫無錢可剩的父親再花更多的錢！"[1]

寫出執拗要家人籌款留學等種種餿事的留學生，無獨有偶，都是家中幼子，幸好他們後來都算是事業有成的人。究竟中國當時有多少個同樣執拗，但是機遇或者毅力不及的青年留學生呢？巴金的大哥文武全才，為了家庭重擔而犧牲了自己的前途，他苦勸弟弟暫緩留學而不得，待巴金去到巴黎時，仍然不忘問弟弟，巴黎是怎樣的。

有雄心而終於留了學的中國男子，回首前塵，會不會覺得自己有點混帳呢？

註 釋

1　黎東方《平凡的我》，台北：傳記文學出版社，1969 年，頁 220-240。

出外靠朋友

中國俗語有謂"在家靠父母，出外靠朋友"。家庭供給以外，自費留學就要靠資助或者借貸。

當時借錢十分普遍，並不視欠債為甚麼可怕的事。比較正式的借貸要付利息，還要有抵押品和中介人。而且要借到錢，須有幾種手段：一交涉廣，二信用大，三交人誠，四言論切實。[1] 講信用，有借有還，就可以再借。

所謂"濟急不濟窮"，親友之間借錢是為了接濟有前途、願自助的人的一時需要。有工作的人，別人不會借生活費。畫家徐悲鴻從日本回國，未去法國之前，住在北京，"既滯留，又有小職於北京大學，禮不能向人告貸。"[2]

社會認為留學是特殊情況，而且是襄助有為青年，因此親友之間互通有無的習慣，也帶到留學生之中。少數學生靠名流資助，像徐悲鴻所謂留學日本，其實是由上海名流姬覺彌資助去日本生活了幾個月。周恩來去歐洲，是由出資辦南開大學的嚴修資助。這畢竟是少數，更多人還是靠朋友互助。"余籌借遊美學費……友人借助佔大多數"，所謂友人，包括同學、老師、族兄。[3]

在傳統中國社會裏，朋友有通財之義，男性外出尋求前途，特別重視朋友關係。

有些熱心人代朋友計劃留學之餘，還代借錢。革命黨人任鴻雋說，"我所準備的留學經費，在當時的上海，留學一年已經不夠，一年以後怎樣？更是不曾想到。少年時代的糊塗，也真可以了！幸而這些困難我雖不提及，已有朋友替我計劃解決。"他的同學在東京與同縣兩個李君約好，每年借出日幣一二百元，讓他到日本去留學，到能考入日本高等學校為止。借款的兩個李君，一個是任鴻雋的中學舊同學，一個則素昧生平。[4] 肯借錢給素未謀面的人，可見四海之內皆兄弟的想法影響多大。

肯借錢的朋友，不見得都是有餘資而出手相助，窮學生借給窮學生，十分常見。

有個由舅父資助的學生，出國之前遇到朋友，見他本來有的資助忽然無著落，分了二百元給他。[5]

在法國的勤工儉學生，經濟困窘人盡皆知，做工的，都穿著破鞋破衣裳。管加工汽車零件的何長工，一天工資六個法郎，當時在巴黎三個法郎就能過一天；因此還可以把掙來的錢，分給同學用。

> 一到發工資的時候，好多人都來了，咀裏叫得怪甜的："老何，搞點東西吃吧。"吃完，抹抹咀，又伸手要幾個，末了，還把你的衣服也穿上，說聲"下月再會"，一溜煙跑了。那時都是如此，互相幫助，互相調劑。不分甚麼你的我的。有的或是三個人做工，兩個人讀書。……也有一兩個懶蟲，硬是嬌生慣養，撕不開面皮，不肯做工，成天愁眉苦臉，躲在帳篷裏，記甚麼日記。熬不住了，就東借一個，西借一個，像個叫化子似的。我和羅喜聞都碰到過這樣的，我們說，得好好治治他；可是往往費不了三句好話，就把我們的口袋掏空了。[6]

中年人明白賺錢之難，在經濟上的考慮自不似年輕人般唯恃勇氣，而更懂得珍惜朋友的義氣。因為對前途迷惘，敦煌學家姜亮夫三十多歲才毅然出國留學。朋友送別上船時，要他不必以經濟為念，聽見朋友這番話"心裏有無限感觸，覺得擇交二十年，究能有幾個忠實的朋友啊！"[7]

人情、面子種種現在視為不良的人際關係，當時確實支持著中國青年去硬闖尋找前途。

理財之道

青年學子在花費上有一個毛病，就是不善理財。

拿著優渥公費的學生，不但用光公費，還要借債。[8]清華學生回國有旅費，有些人可以把錢在路上花光，或者因為欠債，到碼頭就沒有錢，要家人拿錢去接船。[9]有些清華留美的年輕人，看朋友的互助，比供養家庭還重。公費有餘錢，並不寄給家裏，有時借給同學，有時竟隨隨便便借給人用掉，忘記由清華回鄉時，母親在他袋裏發現幾塊銀洋，都拿去當家用的困苦情況。有一次兼職積存下 200 美元，寄給叔父，並請他轉寄一百元給父親，"後來知道四叔接到我寄回的錢，感慨得哭起來了。"[10]

無論公費自費，錢得來都不易，但是青年人思慮不周，容易受外界的引誘。有赴美工讀的學生，因為向來對打字機有興趣，一上岸見到就買。本來剩下不多的錢，一下用掉三分之一，還對朋友說，反正還是窮，就那麼回事。[11]也有考得留學名額後，在廣州候船期間隨朋友遊玩，未出發就把旅費花光的。[12]

那時候的中國男青年，大有千金散盡還復來的氣概。

註 釋

1　賀培真《留法勤工儉學日記》，長沙：湖南人民出版社，1985 年，頁 136-7。

2　徐悲鴻〈悲鴻自述〉，載《藝人自述》，杭州：杭州大學出版社，頁 65。

3　沈宗瀚〈沈宗瀚先生自述〉，載《耕耘歲月 —— 沈宗瀚先生自傳及其他》，台北：正中書局，1993 年，頁 125-126。

4　任鴻雋〈前塵瑣記〉，見《科學救國之夢》，上海：上海科技教育出版社，2002 年，頁 704。

5　程天固《程天固回憶錄》，香港：龍門書店，1978 年，頁 37。

6　何長工《勤工儉學生活回憶》，北京：工人出版社，1958 年，頁 52。

7　姜亮夫〈歐行散記〉七日，見《姜亮夫文錄》，昆明：雲南人民出版社，1999 年，頁 256。

8　《胡適日記全集》第一冊卷四，頁 305 之 3 月 14 日日記謂得美國朋友慷慨借二百美元，急忙拿 100 美元寄回家，90 美元還債。《胡適全集》，23：55，1914 年 5 月 20 日棄母。均見江勇振《捨我其誰：胡適（第一部）》北京：新星出版社，2011 年，頁 211-212。

9　潘光旦〈談留美生活〉，載《大師自述》2000 年，頁 232。毛彥文〈逃婚記〉，見《往事》，北京：商務印書館，2012 年，頁 41。

10　李先聞〈留學時期 —— 一個農家子的奮鬥之三〉，《傳記文學》第十五卷第 1 期，頁 50-52。

11　何廉《何廉回憶錄》，北京：中國文史出版社，1988 年，頁 23。

12　鄧文儀〈留學俄國的回憶〉，見《傳記文學》，28 卷 1 期，頁 70。

最豪氣的窮學生花錢故事

有一個勤工儉學生下了船，才剛從港口轉車第一天到達巴黎，見這花都，大感新奇。

"一個久處在文化落後的東方的青年，一旦能走到資本主義文化發達的中心，他底愉快，是怎樣也禁止不住的。"

為了要多看些地方，竟然一個人叫了一輛計程車，任那個汽車伕駕著滿街亂跑，半天裏竟然把早晨下船時才從同伴那兒借來的 200 法郎盡數花掉。

本來勤工儉學生赴法，規定要備有 600 法郎作求學及生活費，可知 200 法郎不是一個小數。200 法郎 "在當時的留學生手中實在算是一筆大款，一到法國便沒有一個銅板的我，卻把才由朋友借來的這筆大款花在半天的汽車上面。我這人底沒有打算，性情底浪漫，在這件事上也可以看得出來了。"

這個學生後來成為詩人，加入創造社，提倡浪漫主義。如果稱為浪漫不是嘲諷的話，差不多的浪漫行為，這並不是唯一一宗，只是最極端而已。而這個年輕人因為這浪漫豪舉而囊空如洗，當晚就沒錢吃飯了。[1]

註 釋

1　獨清《我在歐洲的生活》，上海：大光書局，1936 年，頁 2

半工讀有可能嗎？

想自費留學而錢不夠，半工讀的美麗故事給年輕人一線希望。

不過"所謂半工半讀，只是說來容易，並且富有引人入勝的浪漫色彩。然而一旦成為事實，就完全是另一回事"。這是中國第一個留美名校畢業生容閎的親身體驗。[1]

留學潮起的時候，去日本的人最多。日本距離中國近，花費比較少，很少學生要做工維持。去歐美求學，路程遠，時間長，能去的人比較少，想去的人卻相當多。但是人地生疏，語言未熟，如果不是有外國老師指點，或者有中國學者大力提倡，年輕人不會貿然想到半工讀這條路。求助於半工半讀來留學，與渴求留學的心態有關，與當時的世界環境也有關。

在半個世紀的留學潮裏，留學生半工讀的主要國家是美國和法國。美國是留學西洋的熱門目的地，早期留美學生大多數出身基督教或商人家庭，不太需要半工讀；到後來大批清華學生去美國，拿著公費，更不必做工。於是在美國半工讀的只是少數家庭經濟不夠好的自費生，人數恐怕比不上去法國的勤工儉學生；但是去美國半工讀持續了半個世紀，直到四五十年代仍有半工讀的中國學生；[2]而去法國半工讀則幾年間生出一個大潮流，但倏起倏落，以失望告終。

半工讀的出現，是教育向平民開展的結果。以前歐洲只有貴族和富人能受教育，他們不必半工讀。但法國革命之後，歐美向平民社會發展。既然人人平等，都有受教育的權利，那麼半工讀就是讓窮人得以受教育的一種解決方法。

當時又流行說勞工神聖，這就不純是平民社會的產物。這個口號應該出自工人或同情工人的歐美知識分子的提倡，大概在二十世紀前後才出現。1903年梁啟超遊美國，看見勞力者的地位日高一日，而"勞力者神聖"成了美國通用的格言。[3]當時歐美資本家大工廠剝削工人，屢屢引起工人罷工，以及歐陸各種反對思潮，因此工人運動跟各種社會主義、馬克思主義、共產主義運動有複雜的關係。這種重視勞工的潮流影響很廣，流佈到亞洲。1920 年代在日本的軍事學校的學生打幫廚的小孩，被中隊長訓斥，說近來世界潮流中勞工的地位已經提高，切不可賤視勞工，隨便欺侮他們。[4]

中國也不落後，早在慶祝第一次世界大戰勝利時，蔡元培就以"勞工神聖"為題演講，表揚華工支援協約國的貢獻，說"此後的世界，全是勞工的世界"。但是在蔡元培的演辭裏，這"勞工神聖"的"工"是針對四體不勤、五穀不分的中國文人陋習：

> 我說的勞工，不但是金工、木工等等，凡用自己的勞力作成有益他人的事業，不管他用的是體力、是腦力，都是勞工。[5]

這是中國對世界潮流的一次轉讀。

半工讀的實踐在美國

中國學生跑去美國工讀的人數並不多，但是很早。1847 年到美國的容閎就是靠半工讀賺錢讀完大學的。當時美國食宿低廉，窮學生有機會半工讀。但容閎自言因為要工作，所以讀書成績不算好。[6]

清末留學潮興起之後，美國雖然也是國人留學的目的地，但是遠涉重洋，能負擔的人極少，直到美國退還庚款，才有每年上百中國學生赴美的浩蕩景象。與庚款留美學生差不多同期，也有自費去美國工讀的學生。[7] 這些工讀生人數少，家裏能夠籌到路費，但未必能負擔幾年的學費和生活費。他們大部分是美國教會學校的學生，在校內或教會聽到美國的情況，興起留學的念頭。

> 1914 年春天，有一次我與同學一起去長沙基督教青年會聽演講。演講人是美國化學教授羅伯特先生。這位美國人，以他淵博的學識，娓娓動聽地勸導中國的青年應該努力學習科學知識。……這番演講，聽得我心往神馳，簡直坐不住，恨不得馬上飛到美國去……這偶然的機遇，使我萌生了去美國學習的

念頭。[8]

有意願不足以成行，還要有門徑。為中國學生指示門徑的是教會學校裏的美國教師。

（老師）力勸我去美國升學，並且告知我，説美國是一個民主國家，貧苦學生有半工半讀的機會，即他本人也是如此苦學畢業的，他在大學唸書時，於課餘代人打字及派賣報紙，藉此來供給宿食，美國社會領袖多有出於此輩貧苦學生的，成材之後，至為社會所嘉許。[9]

"（雅禮學校的美國歷史教師）他給我講了許多美國的風土人情，還給一位朋友寫了信，介紹我到收費低廉的赫門工讀學校學習。"臨別時，這美國老師還拿出自己的四套西裝給學生去美國穿著。[10]

如果讀收費高昂的私立大學，或者住在生活程度高的東岸大城市，都不容易以工讀完成學業。一般想工讀的學生都是由美國老師或者前輩學生指點，入讀可以工讀的學校，或者到生活費低一些的西岸大城市，入讀柏克萊等公立大學，方便到城市找工作。

這些半工讀的年輕人多數能夠完成學業，成功機會率不低。不過話説回來，在美國半工讀的中國學生總人數少，也大有關係。如果是留法勤工儉學運動的規模，恐怕美國也吃不消。

半工讀風氣的成因

美國流行半工讀，有環境和制度的關係。美國是清教徒傳統，沒有貴族，美國知識分子和學生習慣幹活，做下人的工作。

中學生送牛奶、送報；大學生作苦力、作僕役，這些工作已經變成教育的一部分。這種教育，讓每一個學生自然的知道了甚麼是生活，甚麼是人生。所以一個個美國孩子們，永遠獨立、勇敢、自尊……做卑微的工作，樹高傲之自尊，變成了風氣以後，崢嶸的現象，有時是令人難以置信的。耶魯大學有個學生，父親遺產三十萬美金，他拒絕接受。他説："我有兩隻

手，一個頭，已夠了。"報紙上說，"父親是個成功的創業者，
兒子真正繼承了父親的精神。"[11]

私立貴族學校裏也有學生工讀。菲利普斯・埃克斯托學院（Phillips
Exeter Academy）是 1781 年創辦的私立中學，在美國東部新英格蘭的一
個小鎮，有基督教背景。該校被視為哈佛大學預備校，不少學生來自
富貴人家，當時人都認為它是貴族學校，因為當時美國的公立學校不
收學費，公開招生，沒有寄宿，由獨立校區及地方政府管理，而該校
不是。但清華學生認為它不是貴族學校，因為同學裏有工讀生：

> 美國是民主的國家，窮人和富人受教育的機會均等。波士
> 頓人有一句話："今天我的兒子由埃克斯托（Exeter）畢業，
> 明天我的司機的兒子由古魯頓（Groton，富蘭克林、羅斯福的
> 母校）畢業。"沒有甚麼了不起。我同班有個同學名叫彼得士
> （E.C.Peters），是棒球隊隊長，每次快下課時，他總比我們早走
> 5 分鐘，初時我很奇怪，以為這位"隊長"好大的派頭，後來才
> 知他兼任敲校鐘的工作，不能不早走一步。有些同學兼任食堂
> 侍役，有的打掃教室庭園，以賺取課外收入來維持讀書。有錢
> 人的子弟，有的也兼做課外工作賺點錢，同時培養個人獨立生
> 活的好風尚。[12]

美國學生也不盲目崇拜成績優秀的學生。一個清華留美生在明尼蘇
達大學以全校第一名的優等生頭銜畢業，"報紙以顯著地位讚揚，'一
個來自中國的青年獲得了最高畢業生獎'時，我聽到不少我的美國同
班同學們傳到我耳朵裏的談說：'這算甚麼？我們要自己邊工作邊讀
書來維持生活和學習，而他是國家出錢供他全力以赴的'專業'讀書
生！'"這個優異生說"這是多麼正確、多麼深刻的真言！這一評論我
一直牢記心頭，至今不忘。"[13]

留美經濟史家陳翰笙後來成為共產主義者，他用唯物史觀去看美國
的半工讀風氣，認為是社會向資本主義發展的結果，也是杜威的實用
主義產生的土壤：

1918 年製造鋼錠供第一次世界大戰之需的美國鋼鐵廠

當時的美國教育事業正處於新舊交替階段。19 世紀時，美國進行的是歐洲的古典教育，保持人文學科的傳統。……可是，隨著資本主義的發展，美國越來越需要從事實業的工程師和農學家。……各州爭著興辦農學院。同時，也產生了幾所世界上最出色的工程學院……美國的實用主義教育家約翰・杜威……在這種新的教育思潮影響下，美國的教育在傳授書本知識的同時，也注重體力勞動、手工操作等民間教育，出現了許多勤工儉學、半工半讀的學校和學生。[14]

半工讀的實踐在法國

在法國也可以半工讀，這消息在中國青年之間廣為流傳。而且因為法國的科學和藝術水平高，而一次大戰之後，法郎幣值低，所以在二三十年代也是留學的熱門地點。不過留法勤工儉學運動實在影響太大，零散的留法學生半工讀也就不引人注意了。

留法勤工儉學運動是留學運動裏最大的工讀潮流，是一次國內國外交相激盪的運動。

五四運動前，工讀和勞工神聖的觀念已在中國瀰漫，加上號稱先進的西歐在第一次世界大戰下四分五裂；又有俄國革命推翻沙皇，宣稱是工人力量的勝利，這些急風驟雨的政治變化，與本來就洶湧於歐美的社會思潮，一起在急著找出路的中國鼓盪[15]。

> 勤工儉學這一主張，其本來的意義，並沒有錯。讀書求學，原不只是有錢人子弟所專有之物，應該使一般青年人都得以享有。因之窮人子弟或半工讀，或工餘讀，或作工存錢然後讀，都不是不可能的。……因此在五四前後，北京各大學的知識界都在研究工讀互助這件事的可能辦法。[16]

工學互助思潮經過中國知識分子鼓吹、新文化運動的張揚，還轉化提升為青年實踐自我改造，和改造中國社會的方法。

這時知名知識分子提出到法國可以工讀。去先進的法國，一邊在工廠做工，一邊讀書，既符合教育平等的思想，又符合勞工神聖的號召，更可以扭轉中國青年子弟靠父母供養、不夠獨立的弊端，還可以學先進工業技術，於是全國未有足夠經濟能力去留學的知識青年，齊聲響應，終於成為轟動一時的勤工儉學運動。結果這個掀起大波瀾的運動，讓大批青年失望而回，不是無工可做就是能工不能學。

半工讀的成敗

中國提倡有教無類比歐洲為早，向來不止富家子弟能讀書，漢代匡衡鑿壁偷光，宋代范仲淹煮粥一碗分四份吃，宋廉抄書抄到硯都結冰等故事，都是窮學生讀書的勵志故事。在鄉村中，宗族用祠產開辦村學、義學，十分普遍，教育對象雖然是宗族的子弟，但也可以收其他學生。這都是中國農業社會的普及教育形式。

但是這次學習新式的西方學問，既不能依靠父兄的經驗，面前也沒有一條康莊大路可行。當時中國面臨舊教育制度打破了，青年人不想再讀經書，可是新教育並未能有效及全面地推行。教育不良，青年人大受個人前途的困擾，加上外面世界的消息刺激，因此半工讀成為大批青年人的希望。

　　工讀生活的理想，如果看留學美國的工讀生略有小成，會認為成功；看法國勤工儉學運動大鬧學潮，大批青年失望而歸，會認為失敗。為甚麼留法勤工儉學生會失敗呢？旁觀者嘲笑他們是些知識青年，要他們賣氣力，一方面體力不足，另方面心理上也以幹活為恥。我們不否認中國男子確有少爺氣習，但是這不見得是失敗的唯一原因，何況他們是帶著自我改造的理想去法國的。中國男子整體的情況相近，不見得去法國勤工儉學的都是不能做工的人，而去美國工讀的就是有為者。

　　其間區別，首先是所賺的錢起甚麼作用的問題。在美國工讀所賺的錢，有人要來補貼不足，像容閎掙的是食宿費用；有人是被社會風氣感染；有些視為終年伏案的生活調劑，甚至只為多賺些閒錢，補充遊歷觀光的費用。[17]

　　這和在法國靠工作活命，手停則口停的狀況不同。

　　其次，是勞動強度的問題。在美國半工讀，一般是做些小工雜活。在校內的，主要在圖書館、食堂或者實驗室裏工作，最吃力也就是洗刷地板之類，像拉騾運煤在中國工讀生裏是極端情況。[18]校園外的工作，主要是去做侍者、擦盤子，給人家做家務，做商品推銷員。[19]

　　對必須打小工做雜活才有生活費的學生而言，在美國連續幾年既工且讀，又要憂心工作機會不繼，也是考驗毅力的事，但是跟在法國勤工儉學，進入大工廠打工，疲累程度畢竟大為不同。[20]生產大型機械的工廠代表當時先進的生產力，對體力的要求很高。在法國勤工儉學的過來人告誡新來者，他在法國一直勤工，未能儉學，因為入工廠工作了一整天，累死人，下了工便想睡，那有精神看書？那有時間到學校上課？[21]

説做工的苦和累，是不是勤工儉學生能力不濟，找藉口呢？

如果跟美國工科生的實習比較，在美國的大工廠工作也是體力活很重很累的。福特汽車公司招收外國大學生，去接受汽車製造和工廠管理的嚴格訓練，為期一年。曾經參加的留美學生說："我在那龐大的工廠，每一部門都去實習二週至一月。我又到它的狄爾朋農場，學開農業牽引車。不到兩星期，我就被那烈日曬得和黑人一樣。……我的體力當然不能和高大壯健的美國工人比。無論在工廠或農場，每天八小時做下來，總不免精疲力竭；一回到自己的臥室，有時來不及上牀就倒在地氈上睡覺了。"[22] 這只是實習工作，已經累得要死，可想法國勤工儉學的人更辛苦。

何況在美國做兼職或實習，與在法國做全職工人，真的入剝削性的大工廠，辛苦程度和感受都大有不同。在美國工讀，周圍有老師同學做榜樣，受人照顧，即使累得倒頭大睡，美國工科實習生仍然"絲毫不以為苦，反覺得學識增進"。這是可以想像的，因為他可以在一間工廠做各個部門的工作，而且實習有年限，不是永無盡頭，而勤工儉學生卻重複做著簡單技術工作，既學不到技術，又看不到出路，還要因為手藝不熟而看人面色。在法國實習學校讀過相關科目的中國工讀生，暑期時去雷諾飛機汽車發動機廠、雪鐵龍車廠做鉗工，這些都是萬人以上的大工廠。工讀生通過了技術考試和體格檢查，做工時也被惡言相向，感觸頗深：

> 雷諾的管理很嚴，遲 5 分鐘即不能入廠，該班當曠工，要等下一班，那半天就沒有工資。質量要求也很高，不合格要扣工資，三次不合格就減薪，直到開除。因為生產的是特大部件，體力消耗很大，勉強做了一個月，吃不消。在雪鐵龍車廠仍然做鉗工，但計件。流水線操作，每道工序的時間事先由工程師測定過。但是仍不免有人快有人慢。自己是初幹，做到渾身是汗，仍然做得慢，下一道工序的工人很不滿，甚至惡言相向，指為中國豬。雖然內心極為痛苦，但為了生活，只有咬牙堅持下去。[23]

法國實習學校是以培養技工和初級技術人員為目標，校內還有實習工廠。程度雖然不高，但受勤工儉學生歡迎。從這些技術學校出來的中國學生也大受窘辱，可以想見未受訓練的中國知識青年去法國工廠做正式工人，而且靠工錢活命的話，會有甚麼感受。

跟華工比較，知識青年除了體力不及，志向也不同。中國讀書人向來以天下為己任，自東漢以來又有學生運動的傳統。勤工儉學生人數多，而主事者籌劃不當，終於鬧成大學潮。

或許參照其他人的情況，對半工讀的成敗會更明白一些。同樣在法國，入工廠做工的，基本上都失望而回；編抄報刊、譯書、發通訊回中國，又或者在中國餐館找工作，反而能夠完成學業。[24] 在日本，有人遇上好空缺，為上海報刊做通訊員，每月寫三四篇稿的收入，已經足以專心讀書，還有餘錢買書添衣；[25] 沒有好機遇的，雖然不介意做過大街穿小巷的小販，可是忍冷忍餓在寒冬深宵掙幾個小錢，根本應付不了學費和生活費。心神不定，學業也就荒廢，半工半讀變成幻想。[26] 甚至在美國想半工讀，也要好好的謀劃，像東岸生活費用高，就不是半工讀的理想地方。[27] 因此怎樣才能實踐半工讀，得有熟悉的人代為籌謀，然後加上個人的堅持努力，才有成功的希望。

工讀的成敗，固然是求學者意志力的反映，但是世界時勢、所在國環境、主事者的籌劃，以至個人的機遇也有很大關係。在動盪求變的大環境下，一個少不更事而滿腔熱血的中國青年，拿著家人傾全力籌措的一點旅費，到人生路不熟的外國去找出路，其成其敗，豈不等於以青春生命押一次賭注？

註 釋

1　容閎《我在美國和中國生活的追憶》，北京：中華書局，1991 年。（即原商務印書館出版之《西學東漸記》），頁 22

2　詹鍈聽説美國半工讀較容易，於是 1948 年去美國。當助教，改習作，看卷子，教中文等。在亞洲學系教漢語，教育統計助教等。見《世紀學人自述》第 5 卷，北京：北京十月文藝出版社，2000 年，頁 222-223。

3　梁啟超《新大陸遊記》第 47 節，長沙：湖南人民出版社，1981 年。

4　唐筱莫〈五十年前留學日本士官預校的回憶〉（四），見《傳記文學》，23 卷 3 期，頁 114。

5　蔡元培《蔡元培選集》，北京：中華書局 1959 年，頁 65。

6　容閎，同上書，頁 18。

7　五四之前例如程天固，蔣廷黻，陳翰笙，五四之後如何廉、陳科美、陳立夫、賴景瑚。

8　陳翰笙《四個時代的我》，北京：中國文史出版社，1988 年，頁 15。

9　程天固《程天固回憶錄》，香港：龍門書店，1978 年，頁 35。

10　陳翰笙，同上書，頁 16。

11　陳之藩《旅美小簡》，香港：牛津大學出版社，2003 年，頁 63-64。

12　胡光麃《波逐六十年》，台北：文海出版社，1974 年，頁 82。

13　湯佩松〈為接朝霞顧夕陽〉，載《資深院士回憶錄》第 1 卷，上海：上海科學技術出版社，2003 年，頁 22。

14　陳翰笙，同上書，頁 17。

15　略數一下當時的思潮，就有勞工神聖、無政府主義、社會主義、合作主義、泛勞動主義、新村主義等等。

16　李璜《學鈍室回憶錄》，台北：傳記文學出版社，1973 年，頁 55。

17　容閎，同上書，頁 24-25。蕭公權《問學諫往錄》，台北：傳記文學出版社，1972 年，頁 57。

18　陳毓賢著《洪業傳》，台北：聯經出版事業公司，1992 年，頁 68-69。1915 年左右，在校園洗刷體育館地板，在校友辦公室摺信件，替療養院分析泌尿。蔣廷黻的工讀學校則有運煤的工作。《蔣廷黻回憶錄》，台北：傳記文學出版社，1984 年，頁 47-48。

19　蔣廷黻推銷過百科全書，同上書，頁 56-57。方顯廷到大百貨公司做麻將牌推銷員。因美國 1923 年禁酒法令不能飲酒，美國人以中國麻將為戲。《方顯廷回憶錄》，北京：商務印書館，2006 年，頁 39。

20　有些小工雜活，像八小時都在太陽下推草或小雨中漆牆，對中國學生是重活。1950 年代留美的陳之藩說下工以後，覺得人已癱下來，比行軍八小時還累得多。美國同事異口同聲說：美國作工裏這可能是最輕閒的。陳之藩認為中國只有在軍隊裏可以找出這樣緊張的工作。見《旅美小簡》，香港：牛津大學出版社，2003 年，頁 63。但是這恐怕是讀書人的狀況，中國的農民和苦力的體力活一點不輕鬆。

21　黎東方《平凡的我》，台北：傳記文學出版社，1969 年，頁 239。

22　賴景瑚《煙雲思往錄》，台北：傳記文學出版社，1980 年，頁 59。

23　沈沛霖〈我的留法勤工儉學經歷〉上、下，見《檔案與史學》，2004 年 4 期，頁 33-39；5 期，頁 38。

24　黎東方，同上書，頁 240。袁道豐〈重遊巴黎 撫今追昔〉（二），見《傳記文學》，23 卷 2 期，頁 86。胡愈之已有《東方雜誌》的稿費，但 30 年代法朗上升也要離開。胡愈之《我的回憶》，南京：江蘇人民出版社，1990 年，頁 13。

25　雷嘯岑《憂患餘生之自述》，台北：傳記文學出版社，1982 年，頁 25。

26　楊肇嘉《楊肇嘉回憶錄》，台北：三民書店，1977 年，頁 56-59。

27　賴景瑚是和教會中學的美國老師商討多次，然後選定中西部的伊利諾大學，因為學科完備，學費又便宜（50 美元），近芝加哥，方便找暑期工作。賴景瑚，《煙雲思往錄》，頁 54。陳科美則因為紐約生活程度太高，每年需一千二百美元，即使有五百元半官費，還獲得學校免學費，仍須每日去學校餐廳工作兩小時，每週末去中國飯館工作一天半，才勉強維持了兩年。因此雖然博士論文已有基礎，還是放棄寫完論文而回國。《世紀學人自述》卷一，頁 268。

半工讀的中國少爺

面對半工讀的風潮、勞工神聖的思想，以及人在異鄉、囊中羞澀的實際需要，以男性為主的中國留學生對於打工賺錢有甚麼反應呢？

少爺大丈夫

在男尊女卑的中國社會，決定享福或操勞的不是家境，而是性別。女孩生下來就準備嫁人，萬一父親認為一個窮小子有前途，那麼千金小姐也可能嫁到窮人家。所以她們自小受訓，以適應各種經濟條件的婆家。家中的男孩卻生活在另一個世界。

> 根據舊習俗，女孩子的教養要適應將來的夫君；她們得燒飯、洗衣、縫紉，要能做一般的家務，無論嫁到怎麼樣的人家，都能適應環境。⋯⋯男孩和女孩差別待遇的結果，女孩都成為絕佳的妻室，男孩子被人寵壞了，缺乏上進心，都沒有甚麼成就。[1]

社會習慣影響著男孩子。在家裏，男孩不用操持家務。哪怕守寡貧寒，母親也不會叫兒子幫忙燒飯洗衣。在農家，男孩倒是要幫忙農活，但是留學生主要出身於城鎮家庭或者有點資財的鄉村家庭，親自下田放牛的人不多。而且當時中國人口過多，農村有大量勞動力，連不太富裕的家庭，也可以有佣人。因為人力便宜，做小工掙的錢實在太少了，連提倡工讀互助的團體接下洗衣服的工作，仍是交給人洗！在這種環境下，哪怕普通人家的男孩子，也無形中有一種少爺習慣。

另方面，大家族制度也造成不少不懂營生的男人。在未分家的大家庭，自有一套經濟安排，不當家的人，沒來由憂心家計。所以子弟靠父兄十分普遍，父兄亦認為理所當然。

直到留學時，在工廠勤工儉學，這些子弟才曉得"晚間歸來，把涼水麵包的晚飯用了，坐著慢慢的想，才知我往年用的錢，都是祖先用汗水賺來的。那麼為父母者，拿錢與子弟揮霍，是父母的罪過；為子弟者，靠父母，是子弟的無能。我們往年談勞工神聖，那裏知道硬要出汗"。[2]

這些子弟不憚出力，甚至很有雄心，只是從未接觸過賺錢艱難的現實，尤其是在一個政治、社會混亂，生計日蹙的時代，沒有實學或者一技之長，胸懷大志就變成空懷大志。

文學家茅盾的父親在 1900 年之前，就主演過一個一孩之父有大志而無力實行的故事：

> "父親忙於他自己的事，也可以說是他的做學問的計劃。……父親雖然從小學八股，中了秀才，但他心底裏討厭八股。他喜歡的是數學。恰好家裏有一部上海圖書集成公司出版的《古今圖書集成》（那是曾祖父在漢口經商走運時買下來的）。父親從這部大類書中找到學數學的書。由淺入深自學起來。他還自製了一副算籌（用竹片），十分精緻（母親一直保存著直到她逝世）。但當時，曾祖父尚在，父親只能偷偷學習，而且結婚以前，父親沒有錢，不能購買那時候已在上海出版的一些新書。

> 當時，（曾祖父尚在梧州）老三房各房的用度，都由曾祖父供給，家中稱為公賬開支；這公賬包括了老三房各房的一切費用，外加零用錢，每房每月五元。祖父一房，大小八口（祖父、母、包括父親在內的六個兒子女兒），每月零用也就只這五元（祖父是沒有職業的，也沒有收入），統歸祖母掌握，如果父親向祖母要錢買書，祖母就會說：家裏有那麼多書，還要買？"

這個沒有錢的男子漢大丈夫竟然盯上了妻子的嫁妝：

> "父親知道母親有填箱銀元八百元，他就覺得他的一些計劃可以實現了。這些計劃，除了買書，還有同母親到上海、杭州見見世面，到蘇州遊玩等等（父親那時也沒有到過上海、蘇州），甚至還想到日本留學。"

長大後的茅盾一定是一邊聽著母親覆述，一邊為父親的大計在兩方面行不通而感到無奈。一方面：

> 當時曾祖父尚在，除了到杭州鄉試，是不許父親到別處去
> "見世面"的，何況到日本！曾祖父自己三十歲到過上海，後來
> 走南闖北，是最喜歡新環境、新事業的，不料他管教兒孫卻另
> 是一套。

另一方面，沒有實務經驗的男子漢大丈夫，對錢的概念還及不上婦道人家：

> 母親笑道："你沒有當過家，以為八百塊錢是個大數目，
> 可以做這做那。我當過家，成百上千的錢常常在我手上進出，
> 我料想這八百元大概只夠你買書罷了。"……父親暫時只能滿
> 足於買書，求新知識。他根據上海的《申報》廣告，買了一些
> 聲、光、化、電的書，也買了一些介紹歐、美各國政治、經濟
> 制度的新書，還買了介紹歐洲西醫西藥的書。

這個胸懷大志的男子，幾年之後生了怪病，西醫也治不好，留下嬌妻幼兒，去世了。[3]

勞動的改造

青年決心以打工賺讀書的錢，父母也不反對他們去做工，他們如果沒有去外國，說不定還不知道自己有少爺氣習呢！氣習不是改不了，只是實際做起來，首先是心理準備不足，其次是需要時間去適應。

美國的環境相對安寧和少競爭，工讀的學生大都做到自立而有成，我們就以他們的例子來看中國留學生的工讀實況。

沒有苦力！

1912年，一個十六七歲青年決心到美國做工求學，他坐船抵達舊金山港口，見了移民官之後，呆在三等艙裏等苦力來拿行李。等了很久沒有見到人來，廣東籍的服務生告訴他"美國沒有苦力，每人都必須自己扛行李。"青年才知道自己動手。[4]

學做家務

不會做家務，也是一大考驗。準備工讀的一個學生初抵美國，看見中國學生輪流做飯，不由感歎：

> 唉，我盡管出生在尋常百姓家，卻從未做過飯，我父親也沒有做過，這種活，斷然是女人幹的。可是，在那裏每個小伙子都得輪流做飯。這真是怪事。

住下之後，美國房東說：“小伙子們，我知道你們想幹點活，你們這就開始在你們要住的房間裏好好幹吧。”這幫中國學生於是打掃所住的屋子，“反正讓我們幹甚麼就幹甚麼，可惜我們沒有經驗，幹了大半天，還是那麼髒。”[5]

另一個學生做兼職，為一個文學家打掃及準備三餐。可是他雖然做過學徒，卻自出生以來從未做過家務，笨手笨腳，撣灰塵時竟然打碎了一隻漂亮玻璃碗，那是僱主的結婚紀念禮品！[6]

教授和同學就是工人

中國讀書人很少放下長衫去做工，中國青年見到外國知識分子能親自動手，起初都很驚奇。

有學生遷入宿舍時，院長說有任何問題隨時告訴他。於是壞了門鎖時，學生就到樓下的院長辦公室去報告，滿以為他要僱人來修理。“不到半個鐘頭，他自己拿著工具上樓來蹲在門邊迅速地修好了。我們中國的院長先生們肯‘屈尊’去修鎖的，大概很少。他們也未必有這樣的技能”。[7]大概看見教授會勞動幹活這一刻，這個受五四影響的青年才對“勞動神聖”這個口號生出真切的感覺。

中國學生還發現美國學生也不靠家裏。一般大學生的家中無論貧富，父母最多是代兒女繳交學費及住宿費，其他零花錢，都該自己設法。人人皆視打工為理所當然，絕不會受到歧視。工作包括為老教授做家務、改卷、當圖書館管理員，又或端盤子、當家庭教師、到農場打工，有的女生甚至到畫室去做人體模特兒。[8]

不少留學生目睹這種情況，同時為了經濟需要，也打臨時工。有些有獎學金的留學生發現同學大都課餘工作，自己也不願例外。[9]

心理適應

決心工讀，要毅力，也要經過心理調適。

有一個留學生違反父意執意去美國留學，幸好他的心態正面積極，後來終於有所成就。這個學生童年雖不是養尊處優，但是家境也相當舒適，父親做生意，店裏僱用十多個店員和學徒，還有幾個男女傭工。但是家庭變故，父親已不能供他上大學，他按中學的美國老師指點作半工讀：

> 我到美國半工半讀，立刻由大少爺變成勞力賺工錢的工人，心理上自然要有一點準備和改革。我既已自動的出洋求學，如果覺得做工是苦難，那也是自作自受，怪不得其他任何人。我後來看見美國學生那種勤奮做工的上進精神，立刻受到不少的鼓勵。我最初只做輕鬆的工作。過了一些時候，大學附近，無論剪草、洗窗、擦地板、生火爐，凡美國學生所能做的工作，我都去做。

他找工作時曾受美國人白眼，又曾和中國餐館老闆吵嘴而失業，嘗過身無分文，用冷水啃麵包，沒交通費回學校的窘況。

> 邊工邊讀，我不怕。我最怕是工資低，賺錢少，時時為下年費用不夠而發愁。……我咬緊牙關，歷盡艱苦，不但四年工讀生活一直繼續支持，而且我從入學到畢業，沒有缺過一堂課。……我知道祖國和家庭的種種災難，我既立下救國救民的志願，又已經過千辛萬苦才跑到美國來，我決不容許自己改變初衷。

吃過苦的大少爺後來與同省的學友合租廉價房子，家務不再是女人的事，他們分工合作，做飯洗衣，打理房子，經濟亦寬舒多了。[10]

兩種觀念的小尷尬

雖然學會放低身段去打工，但是打工時見到熟人，未免還有行為分寸上的猶豫。做過推銷員的學生，在餐館端盤子時，對接受熟人的小費，覺得不好意思。

> 有些教授到餐廳來，我侍候他們。他們同情我，多給小費。我感到很不安，因為在中國，學生對老師習慣上總是免費招待的。我對心理學系主任史塔生說：'我是你的學生，不能收小費，因為中國習慣是有事弟子服其勞的'。他聽後大笑不止。他說在美國給小費是很普遍的。

招呼女友和她母親時收小費，也令他尷尬，擔心女友認為約會時用的是她媽媽的錢。其他侍者勸他把錢收起來，不必耿耿於懷。[11]

日本也容不下少爺

中國地大人多，風氣變易需要漸次進行。而留學國的風氣，也不一律。日本是個吃飯也有下女服侍的地方，東京車站也有搬運工搬行李。可是 1930 年代進東京第一高等學校的學生，也經歷了一次自己動手的洗禮：

> 我在上海上學很特殊，生活都有茶房管的，鋪蓋捲到門口，茶房就會拿到屋子裏。我就總有個印象，以為到門口，就有服務員來拿行李。……（學校）門房問明我是新生，他不准三輪車進校門。校門全是石子路，就我站在那裏。我想，總應該有人來接我，……可是甚麼人也不來，有行李又有箱子，舉目無親。我無奈，也只好扛起行李往裏走……我是少爺出身，背著鋪蓋走進校門，滿頭大汗，真是等於勞動改造一樣。

那時中國已經廢除帝制二十多年，中國青年仍然未脫少爺氣習！來到這家東京帝國大學的預備學校，青年發現它保留"東方人艱苦奮鬥，志士仁人的生活態度和精神狀態"，令這個來自中國的志士學生受了一趟改造：

"我在一高時，把自己學得堅強又踏實。我原來算是少爺，在那兒真是改造，生活自理了。"[12]

結語

中國的知識分子向來不能吃苦耐勞嗎？那不見得。簞食壺漿，不改其樂，本來也是君子的傳統。

發起留法勤工儉學的吳稚暉，是特別能吃苦的例子，"能惡衣粗食，受一切苦，毫不生病。其生平以'素貧賤行乎貧賤'為信條"。他既是社會名流，自己也到處去學習。亡命英國期間，為了省錢，甚至在菜市場撿剩菜來吃。與吳稚暉同船到法國留學的蘇雪林說："吳先生之表現真令人欽佩。他能吃苦、能耐勞，一點架子沒有。赴法途中陪學生睡四等艙，吃的也是同等伙食。中國讀書人是四體不勤五穀不分的，是醬缸倒了，醬架子不倒的，無論怎樣貧寒出身，這種習慣總是不改。吳先生則講手腦並用，收拾屋子，捆紮鋪蓋，搬運行李總是親自動手。他對學生躬行示範，殷殷勸誡，學生固肯聽從，無奈千百年傳下來惡習慣，一時也改革不了。"吳稚暉衣服寒傖，船到歐洲時，來接船的法國人員以為他是隨役。[13]

吳稚暉當然是特例。但是一般學生能達到個人自理，並不是問題。不慣做活的中國青年，在外國見到誰都動手，就開始改變。起初不會做飯縫衣的，一兩個月後，即自稱家裏井井有條了。連世家出身、在家時有傭人服侍的錢鍾書和楊絳夫婦，1930年代到了牛津，也慢慢學，像"由原始人的烹調漸漸開化，走入文明階段"。

在前途光明的憧憬中，有些學生不止可以做活，還認為自己受過工讀訓練，有獨特的價值：

即使是在現代的中國也很少有知識分子從事體力勞動的。我的經驗非同小可。盡管以後我對許多理論問題感到興趣，但我相信，體力勞動的經驗，幫助我站穩了腳跟。[14]

註 釋

1　林語堂《八十自敍》，台北：風雲時代出版公司，1989 年，頁 30。

2　陳毅〈我兩年來旅法勤工儉學的實感〉，載《陳毅早年回憶和文稿》，成都：四川人民出版社，1981 年，頁 48。

3　茅盾〈父親的抱負〉，見《我走過的道路》香港：三聯，1981 年，頁 24-25。

4　蔣廷黻《蔣廷黻回憶錄》，台北：傳記文學出版社，1984 年，頁 46。

5　何廉《何廉回憶錄》，北京：中國文史出版社，1988 年，頁 22-23。

6　方顯廷《方顯廷回憶錄》，北京：商務印書館，2006 年，頁 39。

7　蕭公權《問學諫往錄》，台北：傳記文學出版社 1972 年，頁 54。

8　潘大達《風雨九十年》，成都：成都出版社，1992 年，頁 66。

9　陳毓賢著《洪業傳》，台北：聯經出版事業公司，1992 年，頁 68-69。

10　賴景瑚《煙雲思往錄》，台北：傳記文學出版社，1980 年，頁 55-57。

11　蔣廷黻，同上書，頁 58。

12　朱紹文《早年留日者談日本》，濟南：山東畫報社，1996 年，頁 51-53，57。

13　蘇雪林《浮生九四 —— 雪林回憶錄》，台北：三民書局，1991 年，頁 53-54。

14　蔣廷黻，同上書，頁 52。

無錢之苦

從沒法留學的年輕人來看，留學生都是天之驕子。可是當時匯兌和通訊都沒有今天方便，這些天之驕子遠適他方，與家人隔著重洋，加上政局動盪，國破民貧，除非家庭極端富裕，任由揮霍，不然很多留學生都有財源斷絕，生活不繼之苦。連富商之子徐志摩在美國留學也有青黃不接的時候：

> 這一月內，著實經驗了些沒有錢用的難處。東拉西扯，借債滿身，好不難過，真不自由。真不說虛話，用一分錢，也要掂掂斤量。周太尉入獄，方知獄吏之尊。我今日才曉得錢財之貴。到了昨日，袋中剩了一塊多錢，吃飯不夠兩天，正在遲疑，救星到了。可是暫時的救星，這還是靠不住。老邱寄來了二十一元三角六分。連前湊足一百五十塊。他說月初再寄我五十塊，以後要還好想法子。這位仁善的債主，真正難得！

> 錢一到手，就活動起來了，信紙也買了，香蕉也吃了（好幾日不吃水果，連嘴唇都乾焦了）。頭也剃了，今日下午下鎮去。錶也取來了，戲也看了，一筆零頭債也還了。真是舒服！[1]

留學生裏，公費生最令人羨慕。其中又以用庚款留美的學生最不必操心，公費不繼的事絕無僅有，他們雖然也有借債的，但主要是自己花費大。其他公費生卻受動盪政局影響，常有斷炊之苦。在法國讀博士的劉半農就身受其苦，到訪的語言學家趙元任想給他一家照個相，劉半農說："我們一家真是在此苦捱著過，就是因為要得這臭博士，中國錢也不來，所以我們過的像叫化子一樣的生活，就給我們照一張叫化子相吧。"於是在牆角照了一張，孿生的兒子還雙手趴在地上扮討飯的樣子。劉半農後來是著名的語言學者，趙元任的太太說：幸虧留下照相給大家看看當年這些學者是怎麼成功的。[2]

公費生再窮，比較之下，自費留學生更常遭受無錢之苦。

百無聊賴窮學生

留學本來是開眼界的機會，但是自費的窮學生天天省吃儉用，沒有錢也就少上街，社交缺乏，對留學國的了解自然受到限制。

即使在巴黎花花世界，缺錢的留學生也要歎一句"花都雖好，但窮學生根本沒有享受過"。勤力的學生只好上圖書館，幸好巴黎是個有文化氣息的地方，如果還負擔得起交通費用，可以參加著名期刊的座談會，有名人演講專題，演講後甚至有茶會。[3] 如果連交通費也躊躇，就幾乎足不出戶。在巴黎附近生活了三年，可以不曾參觀過羅浮宮、凡爾賽宮等名勝，沒有進過劇場。就是朋友來往也自慚形穢。因為家裏生活寒酸，只能請到訪的客人吃一碗麵。[4]

當單身窮學生最苦的莫過於假日。有錢的可以請女同學吃飯、跳舞、看電影。但窮學生卻有無限辛酸，沒錢交不上女朋友，中國同學已經見得太多，不想再見，結果只能一個人看書，枯燥孤寂。[5]

沒錢過多姿多彩的社交生活，除了迫人讀書之外，在運動流行的美國，也可以把時間都消磨在運動場上。有一個學生一星期打幾次網球，結果"年快三十，還能和美國那群鬧肚子還喝涼水、天不怕地不怕的青頭楞在球場上大戰，贏了全校冠軍"。

這個以運動充娛樂的學生已經娶妻生子，留學前有工作經驗，但金錢謀劃上仍然不足。拿著舅父從棺材本裏借給他的兩千元，換了八百多美元，到了可以工讀的學校，只剩四百多元，交了學膳宿雜費，每月一點零用，到年底一算賬，袋裏只剩兩美元。人人回家過年，他一個人留在校園裏，幸好副校長見他孤單一人，請他回家度除夕。談話間了解到他的經濟情況，"老校長夫婦大為驚訝作者的窮，大為嘉許作者的志"，元旦就跑到辦公室為他張羅獎學金。這個沒錢硬要出國進修的年輕父親，對自己的留學竟然喜劇收場，以英語俗諺概括：天使不敢走的地方，傻子一步就衝過去。[6]

斷炊

不少自費留學生所帶的錢只足以維持一年半載，之後要靠家庭接濟，或者靠打工賺錢。但是家庭接濟也受時局左右。像四川在軍閥割據下，除了種種苛捐雜稅，預徵多年田糧之外，還亂鑄錢幣迫老百姓用，由四川匯款到東京要經過多次兌換周折，說不少好話，花很多時間。令到等家庭匯錢的學生，生活費時斷時續。[7]

身無分文，最感印象深刻的，是吃飯問題。

有一個半工讀學生，星期日因為無錢用膳，懶於起牀，索性臥牀看書。到十一時多，房東太太入房整理，見他未起牀，以為他有病，殷勤問候之餘，還拿麵包點心和咖啡送進房來。剛巧中國同學見他未如常參加聚會，來探望他，女房東還以為是來探病，深讚中國學生交情親密。這群中國學生都點頭不作聲，只暗裏偷笑。[8]

這種沒飯吃可以窮開心的日子不多。在斷炊的時節，起初可以向中國同學借錢濟急，但時間長一點就不行。長期支絀，不少學生嘗過一個人淒酸地吃冷水送麵包的日子。

在日本的學生多數租住私人房子，若賒欠膳食費，就要看人面色。九·一八事變後，有學生兩三個月收不到家裏的錢，沒錢吃午餐。因為宿舍老板只供應早晚兩餐，於是早晚盡量多吃。老板娘收拾小飯桌時，總要說一兩句"你們中國學生真能吃飯"，他只能裝著聽不見。老板催問食宿費，面色難看，他只好保證以後連本帶利歸還。"這種捱餓生活，加上學校功課緊張，度日如年，留學生生活美好的幻想早就破滅了。"[9]

生老病死

留學生也免不了人生的生老病死。

沒有錢，生既是喜，也是悲。有法國留學生的妻子臨產，沒錢進私人醫院，於是進可以為外國人免費接生的公立醫院，可是在公立醫院出生的孩子必須入法國籍。今天很多人爭取入外國籍，當年的中國人卻不。兩夫婦回國時，法國政府不給他們的兒子發離境證書，因為他是法國國民。留學生悲憤在法國三年，除了一捆譯稿和一個兒子之外，一貧如洗，於是想盡辦法要把兒子帶回國，最後得到法國共產黨朋友幫忙，才能在證書上補上兒子的名字。[10]

　　至於生而拮据，還要客死他鄉，更容易勾起其他窮留學生的同病相憐之感。"適同鄉蔣君病死巴黎醫院，吾問後事如何處置，則云人死領事館津貼 400 佛郎，有 600 佛郎則可由代葬局料理一切，有佔地權二十五年，聞之能不興悲？彼家離吾處僅三十里耳，且聞四五年間勤工儉學生病死法國者有二百五六十人之多，深足悲矣。"[11]

註 釋

1　徐志摩〈留美日記〉，見《徐志摩未刊日記》（外四種），北京：北京圖書館出版社，2003 年，頁 101。

2　楊步偉《雜記趙家》第四章〈第一次遊歐洲〉，台北：傳記文學出版社，1972 年，頁 34。

3　袁道豐〈重遊巴黎 撫今追昔〉（二），見《傳記文學》，23 卷 2 期，頁 85-86。

4　侯外廬《韌的追求》，北京：三聯書店，1985 年，頁 20，23。

5　袁道豐，同上書，頁 85。

6　李抱忱《山木齋話當年》，台北：傳記文學出版社，1979 年，頁 83-84。

7　彭迪先《我的回憶與思考》，成都：四川人民出版社，1992 年，頁 21。

8　程天固《程天固回憶錄》，香港：龍門書店，1978 年，頁 44。

9　彭迪先，同上書，頁 21。

10　侯外廬，同上書，頁 25。

11　嚴濟慈《嚴濟慈：法蘭西情書》，北京：解放軍出版社，2002 年，頁 119。

留學生養家

家庭是經濟之源，也可能是經濟負擔。家裏窮或者要養家的人，不能任性妄為只管自己留學。

當時中國的經濟實在困難，有些立心上進的子弟屢遭困阻申斥，例如學農的沈宗瀚，本來讀中等的農業學校，免學費，卻為了去美國深造，想轉到北京農業專門學校以獲得資格，還未涉及留美，已經令父親老淚縱橫，對他說"我將為經濟逼死，你即能畢業北農，而於心安乎。"不過父母對於子女的堅定志向，還是不能無動於中的，沈氏備極辛苦自行借錢轉校，始終反對的父母也就在極度艱難中籌錢供他買厚衣禦寒。工作多年後，他才能籌到錢到美國讀書，"遊美前，安排家事之困難，亦與籌款相同，……因家庭經濟關係責我為不孝。大哥亦以遊美為非分，余甚苦之。余竭盡所能，自遊學經費中撥出二百銀元以充家用，使家庭不以余遊美而感困苦"。[1]

對於家中人口的供養，家裏沒有父兄的，不能不考慮怎樣安置寡居的老母、年少的弟妹、嬌妻幼子的生活。胡適考上了官費留美，但家裏有寡母，還幸叔祖答允遇必要時可以墊錢寄給母親供家用，一個朋友也答應幫忙。"沒有這些好人的幫助，是不能北去（指去北京考官費），也不能放心出國的。"[2] 母親孀居的洪業得到美國富人資助留美，把好消息告訴母親時，母親不表示意見，叫了個轎子去見外祖父。因為他們母子剛從外祖父家搬出來，現在"全家又要靠外祖負擔了，那是相當嚴重的事。"外嫁的女兒回娘家寄居，很容易惹娘家親戚的閒話。幸好外祖父對讀書一力支持，對洪業說：

> "這事情應該感謝你們祖先的陰德，你父親做清官；這是古人說有好報應。你將來出國深造有益，好好地去，關於你母親和弟弟，我還可以幫忙。"[3]

至於身在外國的留學生，有些得把所得的獎助學金寄回做家用[4]，有些甚至被家人挪用官費：

> "父親每年從縣衙門支領這三百元官費，一直支領至我從莫
> 斯科回到上海那一年。他曾寄來一次錢，官費之外自己還湊了
> 一點，雖然未曾湊足六百元數目。以後不僅家費沒有寄來，連
> 官費也拿去做家用了。我們縣裏的人很不滿意我的父親，但我
> 原諒他。他不寄錢來，我不會餓死，寄錢來，我也不會進大學
> 或專門學校，因為此時法國生活也提高得多了。但國內一家多
> 口的生活，有這筆款補助，究竟寬鬆得多，我也安心得多。"[5]

註 釋

1 　沈宗瀚〈沈宗瀚先生自述〉，載沈君山、黃俊傑編《耕耘歲月 —— 沈宗瀚先生自傳及其他》，台
　　北：正中書局，1993 年，頁 61，70，129。

2 　胡適《四十自述》，上海：上海書店，1987 年，頁 178。

3 　陳毓賢著《洪業傳》，台北：聯經出版事業公司，1992 年，頁 62。

4 　李匡武《世紀學人自述》第 5 卷，北京：北京十月文藝出版社，2000 年，頁 357。胡適母親
　　曾告訴兒子，家中頗為拮据，要求兒子在美國時，若有餘錢，寄一些做家用，不可以再散漫花
　　用。1911 年 8 月 10 日信，載《胡適遺稿及秘藏書信》第 22 冊，頁 42，胡母信九十一通。

5 　鄭超麟《史事與回憶》第一卷，香港：天地圖書有限公司，1998 年，頁 177。

幣值決定留學地

雖然國弱民貧，可是仍然用銀元的中國貨幣卻有穩定的價值。第一次世界大戰後德國民生凋敝，馬克大幅貶值，掀起一陣留學德國熱。二三十年代法、美、日也經歷大幅經濟波動，這些國家的貨幣的升貶值，影響了中國留學生決定去甚麼地方留學。

佔德國便宜的赴德潮

在留學熱潮裏，德國不是熱門留學之國，但是第一次世界大戰之後，德國是戰敗國，馬克濫發，大幅貶值，通脹劇烈，去餐館吃一頓飯或是發一封信，要的馬克上千上百，但以外國貨幣來計算，卻只是很少錢。[1] 東西便宜得不得了。於是戰後幾年間去德國留學的絡繹於途。[2] 1922 年的時候，一個外國學生在德國生活甚廉，最便宜時一個月一美元就可以維持。[3] 而德國社會上是大量工人失業，貧民陷於絕境。

戰後只餘孤寡、沒有勞動力的德國家庭，因為生活艱難，紛紛出租房子來維持生活。由法國趕去德國的勤工儉學生說，他們租住的新柏林區房子，在法國連半官費生或自費生，似乎都未住過如此漂亮的房子。房東是個軍官寡婦，有個待嫁女兒，她們把家裏最好的房間高價租給外國人以補貼生活，租金折為法郎，在法國只能租恰配勤工儉學生的房子。[4]

於是英國法國的中國學生聯群結隊湧入德國，享受便宜的留學生活。大家不管語文問題，不管學籍問題，全是臨時想辦法解決。

趁馬克貶值避居德國的中國學生有些本來阮囊羞澀，甚至還欠著別人債，這時候卻享用比擬王公，去聽歌劇也只是小支出。[5]

這種窮學生的王公享受，以勤工儉學名義出國的詩人李金髮描述過一番：

> 同學趁戰後的千載一時之機遄往德國遊歷，我們見獵心

喜，不顧前因後果，遂與林風眠等亦貿然往柏林遊學去了。大家不懂一句德文，女侍問我們窗子是否要關上也聽不懂。新柏林區的房屋從老舊的巴黎來的人看來，是美輪美奐了。遊客熙熙攘攘，多是世界各國來此乘人之危享受馬克的便宜的，德國人雖然沒有鵠形菜色，鶉衣百結，但已是外強中乾，有房子不得不出租房子以補家用，自己暗地裏吃假牛油假咖啡黑麵包。有的典當殆盡，只活在飢餓邊緣。他們的生活比中國抗戰時期還苦，因為沒有平價米，物資配給。外國遊客則換廉價的馬克大吃大喝，大買照相機，成了天之驕子，到處放銀彈，有時思想過激些的德國人，真是怒目相視。我們每日坐環城火車去吃飯，如無韁之馬，一日看一兩次電影，或坐小咖啡館，小咖啡館很有詩意，佈置華麗，全有地氈，比巴黎路邊鐵椅咖啡館真如小巫見大巫。[6]

在歐洲的留學生要轉到德國，有交通之便。而在美國的留學生，也風聞德國的便宜，不遠千里渡洋而來。1922年春天，一個自費留美的學生正在選擇博士論文題目時，忽然有朋友從歐洲回來說，戰後德國通貨膨脹，馬克貶值得驚人，一美元可以換好幾億馬克。聽到這消息，他立即開動了腦筋，美國生活費用高，手頭只有兩千美金，夫婦兩個人用不了多長時間，如果去德國，這點錢足夠兩個人舒舒服服地過上幾年，那就可以安心做論文了。經商議，夫婦決定去柏林。柏林的住戶都爭著拉留學生到家中食宿。夫婦租一間房，連吃飯洗衣都包括在內，每個月只要5美元。意大利里拉貶值也是空前絕後，兩人在意大利6個城市6星期，只花8美元。[7]

中國留學生在德國的情況，在一個愛傷感的文人學生眼裏，是一幅末世享樂圖：

在一向本來就是除了享樂以外再沒有別種人生觀的一般留學生真算是碰到再好沒有的機會了。……柏林底跳舞場，賭博場，夜咖啡店，總之所有娛樂的，可稱為銷金窩的所在一旦都填滿了中國留學生底足跡。一個瘦小的黃面孔的東方人帶著三四個甚至五六個的高大女人走進一個最闊氣的飯廳或其他更奢侈的甚麼地方，拿出一捲鈔票來隨手亂丟，這在柏林竟成了很尋常的事了。[8]

這幅享樂圖或許有誇張的成分。有些中國留學生還是窮，其中一些好書成狂的留學生，手頭並不是那麼寬裕，為了請遠客趙元任夫婦吃一頓豐盛的茶點，好幾個人要省下午飯錢；俞大維和陳寅恪要請趙氏夫婦看歌劇，只有餘錢買兩張票，自己不進場，否則就要好幾天吃麵包。他們為了把錢都用來在德國買便宜的書，吃麵包當飯。

這些人以前是英美官費留學生，大戰後因德國馬克正低，這些書呆子就轉到德國去，大買德國的各種書籍，有的終日連飯都不好好的吃，只想買書，傅斯年大約是其中的第一個。[9]

不過馬克貶值的"好日子"沒有維持很久，德國的惡性通貨膨脹到1923年極為嚴重，但馬克暴跌同時物價也飛漲，而德國也有法律禁止完全以外幣付值，該年駐德使館就要求教育部叫青年人不要盲目湧去德國，而許多本來準備在德國讀幾年書的學生也頓感支絀，甚至要中止學業返國。[10]

二十年代的法國和美國

法國雖然是第一次世界大戰戰勝國，但是戰爭結束不久，經濟一時未有起色，法郎貶值。從幣值計，勤工儉學生較容易去法國。一個1920年去法國的勤工儉學生，換了一千五百多法郎，因為中國一元當時可以兌法郎十一元多。他估計可以在法國維持半年基本生活[11]。但是戰後經濟困難，而法國青年士兵復員，勤工儉學生不易找到工作，提倡勤工儉學的李石曾等在中國辦的布里留法工藝學校也在1920年停辦。

隨著德國賠償及割讓殖民地，二十年代中期法國的工農業發展迅速，但是法國鼓勵出口，刻意讓法郎幣值低，中國銀元一元可以換十幾法郎，因此留法費用比其他國家減省很多，同樣的錢，如果去英美等國，絕不夠用。[12] 對留學地幣值敏感的中國留學生因此互相通消息，說法國生活便宜，到法國留學的費用並不比在上海等的費用多，必要時還可以半工讀或者申請中國地方官費。何況當時去法國只須有環球學生會介紹信和一張船票，法國總領事館便發入境簽證，手續非常簡單，[13] 於是赴法留學的人數，一時稱盛。不光勤工儉學生多，自費留學生也增加。重視吸收西洋知識的更認為法國是西洋文化的重鎮，五四新文化運動既然提倡學習西洋文化，那麼不應只看重美國而忽略法國。[14]

不過這種情況到 1930 年發生改變，隨著 1929 年美國經濟大蕭條波及歐洲，英鎊貶值等等，都令法郎匯價變高，逐漸漲到一個中國銀元只能換四法郎。那些趁著幣值低而來、不上學的中國留學生紛紛離開，那些讀學位而未畢業的留學生，則要靠親友接濟，但也力求早一點結束學業。[15]

至於美國，也是美元大跌。1919 年大戰剛結束那會兒，中國貨幣與美元之間的匯率非常有利，一中國元兌一美元多一點，[16] 加上戰後美國勞動力缺乏，可以半工讀。這些都是 1920 年代之交留學美國的有利條件。一個工讀生帶了一千二百中國銀元，作為服裝、路費，登上新大陸工讀了六年。[17]

二三十年代的日本

日元匯率也吸引中國留學生。在日本讀書不比在中國貴，二十年代中期青年之間已經有這樣的比較。1926 年到北京準備考大學的中學畢業生，"聽說在日本讀書，儉省一點，比在北京上學所花錢並不太多。我認為要讀書救國，留日深造可能更好，我為此多次掛號函請父親同意。父親知道我的彆脾氣，他只好同意，並郵匯了路費。"於是跟了三四個老留日學生就上路了。[18]

只要費用承受得了，青年學生頗有一往無前的勇氣。哪怕三十年代中日關係已經很緊張，中國人相信中日之戰不可避免，仍然有很多中國人去日本留學。1930 年代金跌銀漲，有利於銀本位制的中國。[19]
日本是金本位制。以當時的日元幣值，去日本留學跟在中國讀書花的
錢差不多，甚至更便宜。當時中日生活費用差不多，有一陣中國一塊
錢還頂日本一塊一毛錢。在中國上大學，一個月起碼 40 元，日本相同
生活，36 元就夠了。而且在中國大學畢業以後，也是失業；去日本唸
書不要護照，也不要簽證，日本領事館還表示歡迎年輕知識分子去日
本，填個表，第二天就批准了。[20]

註 釋

1　王獨清《我在歐洲的生活》，上海：大光書局，1936 年，頁 170。

2　謝長法《中國留學教育史》，太原：山西教育出版社，2006 年，頁 123。

3　張果為《浮生的經歷與見聞》，台北：傳記文學出版社，1980 年，頁 13。

4　鄭超麟《史事與回憶》第一卷，香港：天地圖書有限公司，1998 年，頁 197。

5　徐悲鴻〈悲鴻自述〉，載《藝人自述》，杭州：杭州大學出版社，頁 68。

6　李金髮《李金髮回憶錄》，上海：東方出版中心，1998 年，頁 56-57。

7　陳翰笙《四個時代的我》，北京：中國文史出版社，1988 年，頁 26。

8　王獨清，同上書，頁 170。

9　楊步偉《雜記趙家》第四章〈第一次歐洲遊記〉，台北：傳記文學出版社，1972 年，頁 28。

10　謝長法，同上書，頁 123。

11　沈沛霖〈我的留法勤工儉學經歷〉上，見《檔案與史學》2004 年 5 期，頁 34。

12　吳俊升《教育生涯一週甲》，台北：傳記文學出版社，1976 年，頁 37。

13　袁道豐〈重遊巴黎 撫今追昔〉（二），見《傳記文學》，23 卷 2 期，頁 81。詹劍峰〈詹劍峰自述〉，
　　《世紀學人自述》第二卷，頁 200。吳俊升，同上書，頁 37。姜亮夫〈歐遊散記〉，見《姜亮夫
　　文錄》，昆明：雲南人民出版社，1999 年，頁 254。

14　吳俊升，同上書，頁 37，43。

15　吳俊升，同上書，頁 44。胡愈之到瑞士住，因生活費更便宜，及至 1930 年代法朗上升也要離
　　開。

16　何廉《何廉回憶錄》，北京：中國文史出版社，1988 年，頁 21。

17　陳科美《世紀學人自述》第一卷，北京：北京十月文藝出版社，頁 266。

18　彭迪先《我的回憶與思考》，成都：四川人民出版社，1992 年，頁 13。

19　王奇生《留學與救國 —— 抗戰時期海外學人群像》，廣西師範大學出版社，1995 年，頁 24。

20　趙安博、朱紹文、米國均所述，分別見《早年留日者談日本》，濟南：山東畫報社，1996 年，
　　頁 36，46，103。

最異想天開的借錢佔便宜計劃

當德國馬克大貶值，留學生都花少錢作大玩樂的時候，一心只記著美術的徐悲鴻竟然生出另一種乘人之危的念頭。

當時留學生多借貸，但最妄想的可算是畫家徐悲鴻了。他本來留學法國，因為第一次大戰後馬克大幅貶值，因此去德國生活。有一天他見一家畫店拿出大批畫家名作，計起外幣來十分便宜。但這時他欠學費已十幾個月，前途渺茫，欠債已近千元，再想借也沒辦法。當時新任德國公使是魏宸組，曾經請徐悲鴻吃飯，於是他雄心勃勃，不揣冒昧，想與新公使商量借錢買畫。那種患得患失的心情，竟使他生平第一次失眠：

"懼其無濟，又恐失機，心中忐忑，輾轉竟夜，不能成寐。"

第二天他鼓起勇氣去中國使館遊說公使，盛稱畫作佳妙，畫家有名，價錢廉宜，請借錢買下來，畫作可以掛在使館，待學費一收到，就還錢。公使婉辭。這次借錢，於是以失敗告終。最後徐悲鴻還是買了兩幅，是向其他留學生借錢，集腋成裘而成事的。[1]

註 釋

1　徐悲鴻〈悲鴻自述〉，載《藝人自述》，杭州：杭州大學出版社，1998 年，頁 69。

東去西去的典型旅途

留學的目的地主要是歐美和日本，留美的往東去，留歐洲的往西走，主要都是坐船，雖然去歐洲也可以坐西伯利亞火車。海程赴歐美，時間較長，是交友、遊覽的重要時機。

這東西兩途，見聞大異。橫渡太平洋去美國的，中途只經過日本，留心的是現代化的線索；若到歐洲，沿途經東南亞、印度、非洲，見到的是殖民的面目。

東去日美的旅途

到美國的，無論學校在那裏，都是從西岸入境，然後轉赴各學校。橫渡太平洋之旅，只有日本、夏威夷可以作陸上觀光。留美學生停留夏威夷的少；而多趁機會在日本作短暫觀光，因為中國人無須檢查證件就可以登岸。

1910 到 1920 年代留學美國的中國學生，在一天半天的東京橫濱觀光中，不少對日本的市政秩序和人民的教育程度留下好印象。

他們看見街道雖然不寬大，但是整潔；火車雖然擁擠，但是有秩序。城市建設不是很宏偉，都是木房子和紙糊門窗。多穿和服木屐，生活並未西化。人民生活儉樸，旅館中洗臉用單布而不是毛巾，牙刷也用木棍打碎一頭做成，伙食簡單，顯示日本獲得甲午戰爭大量賠款後，雖然在軍事、工業和經濟建設都有大發展，但很愛惜用錢，並不大手大腳。報紙很普遍，在 1910 年代已見到教育普及於女性，旅館的下女有閒時，坐在門檻邊讀報。婦女工作的很多，在碼頭可見女工排長隊加煤，郵局銀行也有不少婦女工作。這些青年學生因此得出日本國民教育普及的印象。[1]

許多留學生本來不大看得起日本，觀光之後，態度轉變。和中國比，日本顯出是有組織的社會。更有甚的，是日本的整齊清潔，對比抵達美國三藩市所見唐人街喧囂骯髒的景象，不免令人感觸。[2]

　　有趣的是，與這些短暫觀光的留美學生相比，同期的留日學生，大多對日本的先進程度略感失望。可能因為對當時的中國人來說，留學機會一生一次，追求的是世界最先進的知識，因此留日學生的心境，與途經這個新興國家，趁機認識一下的留美學生，大有不同。

西去歐洲的旅途

海路

"紅海早過了"，這是寫歐洲留學生的小說《圍城》的第一句話。

　　讀到這句話，當年留歐的學生和他們的家人都能心領神會。無論是出發去歐洲，還是像《圍城》的方鴻漸那樣從歐洲回國，一代一代留學生口耳相傳，都知道紅海代表甚麼。赴歐的，經過印度洋的風暴，不免暈船和嘔吐大作，而航近紅海，雖然天氣很熱，但從此風平浪靜，心情舒暢，而距到埠的日子也不遠了。

1935 年蘇伊士運河港口伊斯梅利亞一景，該港位於埃及。

從中國到歐洲，作漫長的亞非歐之旅，當時多是從上海或香港出發，經東南亞的越南和新加坡、南亞的印度（主要是斯里蘭卡——當時叫錫蘭島），抵達非洲東岸港口，過紅海、地中海，抵法國馬賽或其他港口，再轉陸路到歐洲各國。這條路線所見，都是弱國的印象。學科學的看來：

> 離上海後所經各港口沒有一個獨立的地方，西貢及吉布提是法國領地，其他都是英國領地，言之可歎。人一離國門，種族思想油然填胸。[3]

去勤工儉學的說：

> 航程歷經南中國海、印度洋和地中海沿岸眾多著名港口，使我開了眼界，但心頭總像壓著鉛塊似的沉重。儘管這些港口景色綺麗，有數不清的高樓大廈。可是給我印象最深的，是港口上多衣衫襤褸的苦力和乞丐，有些還是很小的孩子，在那裏做工或討飯。這些城市的情況，同在上海見到的情形很相似，大多是英法帝國主義的殖民地，真是那裏有帝國主義統治，那裏就逃脫不了貧窮落後的命運。[4]

去法國的藝術家趙無極說：

> 這次旅行對我來說百無聊賴，每天出現的風景好像都是一模一樣的。我從未對大海產生過很大的興趣，在很長一段時間內它對我來說是外來侵略的同義詞，必須抵抗。[5]

港口情況

香港

香港的夜景大概是令人印象最深的。背山面水，夜裏燈光燦爛，四周全是燈火，確是好看。夜的美景和殖民地的現實，卻又恰成難堪的對比。

> 一座千萬花光的九華仙島，只宜分給美人高士去住。又誰知道一到白天，全是一些鴿籠樣的扁狹的房子，下面一概是些

攘攘為利的人呢！夜竟成了幽美的源泉。[6]

香港是個殖民地的現實，也令中國留學生不自在起來。

> 同為炎黃子孫，語言障礙頗大。港人多講粵語，不懂國語。我們以英語交流，因不熟練，反為港人恥笑，故只有手勢加英文，此為殖民地教育的陋習。[7]

> 我正這樣東方思想式的迷戀著時，香港的美麗已在船尾消失了，一位同舟的人說："香港全都是中國人，還不是屬於中國人的！？"是！是屬於中國人的。你看一群農奴，當他們在烈日下工作時，在我們看來，土地是屬於他的，但是可憐，他的血汗是為了坐在高屋大廈中的主人而流，他何曾想到"耕者有其田"這句話！……奴隸還配說佔有甚麼的權利嗎？[8]

東南亞

航船主要停法屬越南的西貢和英屬的新加坡，也會經過檳城，當時稱檳榔嶼。

西貢的市內建築多歐西風格。但是距西貢只三十分鐘路程的堤岸，華人多，街市建築全是中國式的，還有許多中華學校。[9]

新加坡是英人統治，港口有警察檢驗護照和檢查疫病。[10]居民以華人為主，而整潔程度令人印象深刻，與西貢比較，不可以道里計。"地方明淨得很，新鮮得很，道路羅列在綠蔭之中，滿街的人都配上非常協調的白衣，再點綴一點馬來人的紅裙紅巾，令我這初遊的人非常興奮。街市兩旁的人全是閩廣一帶的同胞，即市招也用廣、林（福建多姓林）諸字為多，外態上還是一個中國人的新加坡，好似已夠舒適了。"[11]

對這個英屬地，另一個突出印象是華僑多，招牌皆用中文，與廣東福建城市無異，令人不覺在異國。有學生到新加坡時已近新年，門上已開始貼對聯。有一副寫：皇恩春浩蕩，文字日光華。他不禁說"這時早已是民國，還寫甚麼皇恩浩蕩，除了表明這些同胞思想守舊一面，更主要是傾吐了他們思鄉愛國之情"。[12]

今天不敢想像的是船離西貢朝新加坡去時，在水天相連的大海，遠遠看到鯨魚噴出的水柱，時噴時停。壯觀的海上奇景，令人忘了旅途疲勞。[13] 才不過一百年的事呢！

可倫坡和印度洋

中國勢力到檳榔嶼（檳城）而盡。過了馬六甲海峽，直過大洋，首度停靠的是可倫坡，護照檢查得嚴，但不必檢疫。[14]

這個同屬英佔的小島，和新加坡完全兩樣。街上看不見一個中國人一個中國字。本是印度國土，而由英國人經營。表面歐化了，骨子裏處處仍存印度風光。一停留甚麼地方，便有人無緣無故問要錢。"中國人是暗地揩油，印度人是伸手要錢。不僅釋迦的精神掃盡，就是甘地、泰戈爾的精神，也有些白白拋棄。貪鄙也當是亡國的原因，我想起我們老大的中國。"[15]

可倫坡之後，大部分船即是橫越印度洋，由可倫坡直駛非洲的吉布提。有人說從握守馬六甲海峽的檳榔嶼到可倫坡，風浪大，船首尾起伏，最厲害的時候，船役亦嘔吐。[16] 但是大部分人最痛苦的暈船經驗，是在可倫坡到非洲這一段，航程長達七天，是全程中最長的一段海路，而海浪甚大，幾乎人人都經歷頭暈嘔吐，吃飯喝水都不成。有一個留學生說可堪告慰的，是臨行前母親準備了一罐雪裏蕻鹹菜，實在吃不下飯時，便吃一點鹹菜。[17]

一個讀西洋文學的，見海浪而吟起詩來：

大風大雨，浪高如山，天翻地覆，人吃不下，也睡不著，一連七天七夜，折磨得年輕人都變老了，使我想起了柯勒律治在〈古舟子咏〉中說的：

水呀，水呀，到處是水，

泡得船板起皺；

水呀，水呀，到處是水，

卻休想喝一口。[18]

非洲

吉布提（Djibouti）是非洲東岸的法國殖民地，在紅海南口，是輪船停靠加油的港口，法人駐重兵鎮守。沿紅海一帶英國人亦如此。雖然是多日海程後的第一站，但大家對這沙漠地方的港口普遍印象不佳，形容為一片荒涼，馬路奇髒，小蟲滿天飛，手一抓可獲許多。沿岸房屋低矮，多是草房。岸上未見街市，商店閉門，或者沙漠地方條件所限，雖經法國人極力經營，尚無足觀。[19] 當地產大如碗的橘子，可能是季節關係，有一個永遠帶著樂觀情緒的留學生說其甜無比，把身邊的錢都全用來買橘吃，很開心。[20]

　　過了吉布提就進入狹長的紅海。紅海兩岸是沙漠，人人都說天氣極熱。紅海兩頭的大海洋大概是個鯨魚世界，有人在近阿拉伯的印度洋見到鯨魚噴水高四五丈，有人在地中海見鯨魚噴水。而在紅海裏，可以見到騰空而躍的飛魚，壯觀無比。[21]

　　進紅海之後，在埃及南部、蘇伊士運河口處，可以停靠蘇伊士港。這個港口城市在沙漠上用人工建起房屋、馬路，種起棕樹，倒也非常美麗。城外除了黃土，似乎甚麼都沒有，連一片草一枝樹都看不見。船泊岸後，小販來售風景畫片。[22]

　　出蘇伊士運河，是地中海岸的塞得港（Said）。這裏也是英國佔領下的埃及土地，大概衛生也一般，曾經瘧疾橫行。[23] 沿河口兩條街較熱鬧，但商店的人或小販常常強人買貨。所賣的紀念品都用埃及圖案，卻是日本貨。意大利的 BRINDISI 民間窮困，上船所賣滿繪意大利的藝術，也大半是日本貨。與在塞得港、蘇伊士城所見滿載埃及畫的情況一樣。[24]

　　進入地中海，天氣比紅海涼快，歐洲大陸已在咫尺，旅程到尾聲，主要的艱難已經過去。可是有一次全程無大風險的旅程，卻在地中海遇險。"遇上大風暴兩天兩夜在巨浪中蕩來蕩去，一會兒拋上浪尖，一會又跌進浪谷，海水呼嘯著從甲板掠過，我們只能蹲在船艙裏，每個人都背上救生圈。這時又聽水手說第一次世界大戰期間在地中海佈的水雷，還未徹底清除，精神上的壓力更大了。"[25]

潛水撈錢的絕活

更引起留學生弱國悲思的，是在貧窮國家的港口，看見不少人表演潛水乞錢。船上乘客投錢幣到水中，讓當地人潛水去撿，以此作樂。一二十年代沿東南亞到非洲的遠洋輪船停靠港口，無一獨立，不是法屬就是英屬，或許這種潛水乞錢的現象在非洲、印度等地的海港流傳。其中在非洲的吉布提港最常見，小孩子一群群在海裏玩，有些專向遊客討錢，遊客扔錢幣到海裏，他們像小魚一樣潛到海底把錢摸起來，並且高舉給你看。[26] 小孩撿錢容易或可以當作嬉玩，但有時卻是成人蜂擁泅水到船旁乞錢。像在可倫坡，當地人划小船來做生意，拿銅板擲入海中，水性好的可迅速潛入海中撈起。[27] 三十年代，也有留學生在新加坡見到一大群馬來人乘小舟，繞著大船討錢，見有錢投到水中，隨手放了小船，往水中一鑽，不到半分鐘就從自己的船邊冒出頭來，口裏銜著所給的錢。技巧是如此純熟，大概已是半生的練習了。"但你所摔下去的若是個銅子，他連眼都不動，讓它千古沉埋在大海中去！"[28]

誰會想到，當日本在二次大戰戰敗不久，由美軍佔領的時候，這種景象竟然出現在橫濱的海上。

> 當遊覽車行至某處下車參觀時，吃香煙的客人故意將煙蒂擲向人群，輒有二三日本人爭著搶拾這隻煙蒂，搶到的人顯有得意之色。離開日本時，將軍號停靠在橫濱碼頭，又有人故意將美元輔幣，五分或十分的硬幣擲投於水中，在硬幣緩緩地下墜時，輒有日本人縱身下水將硬幣拿起。其高興的表現一如之搶得煙蒂者然。[29]

註 釋

1　繆雲台《繆雲台回憶錄》，北京：中國文史出版社，1991 年，頁 8-9。浦薛鳳《萬里家山一夢中》，台北：台灣商務印書館，1983 年，頁 77。蕭公權《問學諫往錄》，台北：傳記文學出版社，1972 年，頁 43。

2　蕭公權，同上書，頁 45。

3　嚴濟慈《嚴濟慈：法蘭西情書》，北京：解放軍出版社，2002 年，頁 17。

4　聶榮臻《聶榮臻回憶錄》，香港：明報出版社，1991 年，頁 14。

5　趙無極《趙無極自傳》，上海：文匯出版社，2000 年，頁 8。

6　姜亮夫《姜亮夫文錄》，昆明：雲南人民出版社，1999 年，頁 262。

7　沈沛霖〈我的留法勤工儉學經歷〉上，見《檔案與史學》，2004 年 4 期，頁 35。

8　姜亮夫，同上書，頁 264。

9　沈沛霖，同上書，頁 36。

10　聶榮臻，同上書，頁 13。

11　沈沛霖，同上書，頁 36。姜亮夫，同上書，頁 273。

12　沈沛霖，同上書，頁 36。聶榮臻，同上書，頁 14。

13　聶榮臻，同上書，頁 13。

14　嚴濟慈，同上書，頁 13。

15　姜亮夫，同上書，頁 283。

16　嚴濟慈，同上書，頁 13。

17　常書鴻《九十春秋 —— 敦煌五十年》，蘭州：甘肅文化出版社，1999 年，頁 12。

18　許淵沖《逝水年華》，北京：三聯書店，2008 年，頁 166。

19　沈沛霖，同上書，頁 36。趙無極，同上書，頁 8。嚴濟慈，同上書，頁 17。

20　徐悲鴻〈悲鴻自述〉，載《藝人自述》，杭州：杭州大學出版社，頁 66。

21　沈沛霖，同上書，頁 36。嚴濟慈，同上書，頁 17。

22　姜亮夫，同上書，頁 295。沈沛霖，同上書，頁 36。

23　趙無極，同上書，頁 8。

24　姜亮夫，同上書，頁 297，301。

25　聶榮臻，同上書，頁 14。

26　何長工《勤工儉學生活回憶》，北京：工人出版社，1958 年。頁 30。嚴濟慈，同上書，頁 17。蔣碧薇《蔣碧薇回憶錄》，南京：江蘇文藝出版社，1996 年，頁 81。

27　沈沛霖，同上書，頁 36。李金髮《李金髮回憶錄》，上海：東方出版中心，1998 年，頁 42。李金髮還說當地有鯊魚，"若將印度窮人咬死，則我們的罪戾大了。"

28　姜亮夫，同上書，頁 271。

29　劉道元《九十自述》，台北：龍文出版社，1994 年，頁 58。

歧視的憂慮

中國窮而且弱，加上前輩種種傳聞，留學生出國前很擔心在外國要受歧視。

中國土地上的惡洋人

除了學校和教堂，留學生未出洋之前，在中國土地上最容易見到外國人的地方，是租界或殖民地街頭。在這種場合所見的，也多是水兵、警察或者趾高氣揚的洋人。尤其在上海租界，外國軍警毒打人力車伕甚至人民的景象，對留學生不無影響。

也有學生身受其害。20世紀初，一個少年在香港路上第一次見到兩個穿制服的英國水兵，好奇地尾隨，給水兵發覺，給他屁股上一個無情而大力的飛腿。當時他憤憤不平，但不敢還以顏色，只得忍氣吞聲回去旅店。店伴說：香港的番鬼佬水兵絕頂兇惡無情，以後應避之則吉。踢你一腳，已是便宜你，就是踢死了，也是當作踏死了一隻螞蟻一樣。[1]

十年後（1914年），一個清華學生在上海準備去美國，在馬路上因為阻礙了洋人坐的黃包車，被洋人一拳打在胸膛上。他也憤憤不平，但亦只能忍氣吞聲，回到青年會寢室大哭一場，想"一個中國人在中國地方，尚且受外國人的侮辱，將來我到外國地方去，一定要受到更大的侮辱"。於是哭得更加傷心。[2]

種種見聞加身受，自然讓留學生對在外國受歧視深感憂慮。

日本由於政治的原因，歧視中國人的情況比較普遍和嚴重，而且成為留日學生反日情緒的底蘊。至於在歐美有沒有歧視，每人講法不同。

有沒有歧視？

入境關和檢疫關

入國先要過關。在中國形象低落、白種人凌架的時代，中國人入境排在後面，被問許多問題，[3] 雖然無奈，還未至於難堪。

中國學生最擔心的是入境受刁難。在歐洲，入境檢查不成甚麼大問題，哪怕是勤工儉學的窮學生，入法國境也很容易。去美國的話就緊張多了，美國由歡迎華工到歧視華工，在 1882 年通過排華法案，專為取締和禁止中國人入境，因此傳聞美國對華人入境限制很嚴，手續麻煩。私費學生常擔心過不了美國移民局的關，因為他們坐船常住三等艙，易被移民官員視為華工而受留難。另一方面，無論公費私費，留學生都要保證沒有患傳染病。

受移民局懷疑，所得待遇是關在木屋裏，待候發落。當年美國移民局設關檢查拘留者的木屋，設在三藩市金門灣叫天使島的小島上。1910 年到 1941 年，一共有十七萬中國人曾被關在這裏。

1907 冬一個上進的學徒以私費生的身份去美國，見到三等艙乘客二百多人裏，有四五十人被撥入木屋拘留問話。由於新加坡中國領事館發給他的護照無效，他也被拘留在木屋內四日，幸好他有教會和學校證書，證明是學生，才准登岸。他見到木屋內的中國人，因入口紙手續未妥而被拘留，並且受到種種苛待，只能感歎國勢衰弱，受人欺負，夫復何言！不過這個在新加坡做過學徒的青年，想起從前的情景，更感歎美國雖然苛待華人，但較英國人管治的新加坡，已勝百倍。當年他坐英國人的船到新加坡時，乘客大半是豬仔客 —— 和招工者訂了合同做苦工，還有一些被帶去做妓女的少女，最小的只有五六歲。為防止疫症傳染，上岸前，要將所有衣服拿去焗硫磺。而且不論男女老幼，都要脫光衣服，在艙面上排隊，由英人用棍撥陰部，認為沒有疾病的方可上岸。[4]

為免被當作華工，惹麻煩和受辱，去美國的留學生盡量留意做三件事：[5]

一是坐頭等艙。頭等和三等費用差三倍以上，公費留學生比較容易住得起。

有公費生住二等艙，也擔心入境時遭留難，不過最後總算輕鬆上岸。[6] 連二等的錢都沒捨得花，住在三等艙的私費留學生，上岸時難免心情忐忑，戰戰兢兢。幸而結果往往是圓滿的：

> 船到三藩市時，他們要我在三等艙等，不久我被招呼到甲板上的房間中去。移民局官員問了一連串問題，說得很快，一時聽不懂。我很著急吃驚，因為是不是通過移民官員的盤問，是留學成敗的關鍵。我謹慎地把名詞和動詞都放在我認為最適當的位置，然後對移民局官員說："如果閣下說得慢一點，我就能夠懂。"移民官大笑，准許上岸。[7]

二是穿整齊西裝，表示出學生模樣。好些留美學生曾經在街頭被誤當是日本人，當他們說是中國人，有時對方的反應是：噢！穿得那麼整齊。

三是先檢查有沒有沙眼、鈎蟲病或其他傳染病，尤其是沙眼。有好多年，中國的沙眼病傳染得很厲害，有學生在上海等船時跑去百貨公司天台的遊樂場玩，用熱毛巾抹面，就傳染到。[8] 所以入境美國時，查得很嚴，有時去日本和法國也查。哪怕坐頭等去美國，港口醫生也特別仔細檢查中國學生的眼睛。[9]

為免到了美國才驗出患沙眼，在中國上船之前，也有醫生做檢查。1909 年，一個學生坐日本的船去美國，上船之前，由美國醫生檢驗身體。他因為眼睛紅，多次檢驗沒通過。後來一個女西醫給他藥丸，用了立即不紅，吩咐他在日本和美國檢驗時各用一片。誰料到美國前一天，他發現藥丸受潮，黏成一片。結果他和七八個有眼病的日本人都不能登岸。船上警察密佈，早晚都要點名，"防範之嚴無異監獄"。他好不容易從管事人那裏打聽到，日人公會會請美國醫生為船上的日本人醫眼病，管事人叫他到時給醫生錢，說明自己是學生。他依言而行，美國醫生果然給他藥，跟女醫生給的一樣，叫他在檢驗之前三小時用。檢查當天，他不聽吩咐，拚命用藥，終於通過。[10]

長期送學生去美國的清華學校，為了萬無一失，有醫生為學生治療沙眼。一個受過治療的學生說：出國前一年，他積極去找校醫治眼疾。外籍校醫認為最有效而最喜歡用的方法，是用白糖塊的稜角尖，猛擦翻開的眼皮數十次，弄得大量流血，甚痛。誰料入境時，並不問有沒有眼疾。清華同學調侃說：我們的遊美資格，是以流血犧牲換得的。[11]

在這三點之外，如果做到第四點：有美國人陪同入境，也很有利。在美國老師周旋之下，曾經有丟了護照的學生也踏上新大陸的土地。

住的歧視

入了境，面對的第二個問題是租房子。在日本這不是一個問題。在歐美，住學校宿舍沒有問題，但是到外面租房子，面對普羅大眾，便有不少人遇到困難。[12]美國無論東岸或西岸，中國學生往往吃閉門羹，有時寫明不租給中國人，或者說房子已經租了。有時先用電話聯繫過有空房，到時房東見是黃種人，竟說剛剛已經租出。[13]

有時房東不嫌，但要考慮其他住客的意見。同是1923年，一個中國學生見房子掛著有屋出租，於是叩門，房東是一對老醫生夫婦，夫人因為以前沒有租過房間給中國人，便客氣地請他稍候，進屋去徵得美國房客讚許後，才租給他。[14]另一個學生的房東是法國移民，他搬入去時，有一個白人即搬出。那房東並不後悔，反而安慰他，說這是美國人的愚笨。[15]

這種歧視還延伸到船上。由加拿大去中國的船上，兩個女青年會的美國女子，嫌同艙的中國女子暈船嘔吐，一定要她搬出去。鬧到船長處。船長認為中國女子有船票，不能隨意要她搬，而且暈船的不止她一個人。美國女子竟然說不能與有色人同住。其他中國學生只好勸中國女子讓步，搬去與女侍應同住。[16]

由於租房困難，所以租到房子，留學生往往代代相傳地租用。有些地方華僑多，會出手幫忙，像美國西岸租住難，於是華僑捐錢在史丹福和加州大學買一間住宅做中國學生會會所及宿舍。[17]

交往

美國

美國是個東西跨越四個時區，面積 900 多萬平方公里的國家，由都會到鄉村，甚至以大學為主的大學城，生活形態千差萬別。留學生散佈美國，遭遇自然各不一樣。總的來說，一個留學生的講法比較近於平均值：黃種人偶然會被輕視，但尚不歧視。絕大多數中部人士不歧視亞洲學生，且往往善意結交或照拂。有些居民時約中國學生到家裏吃晚餐吃茶點。餐廳旅館隨意光顧。[18]

在大學裏，學生普遍感到老師沒有歧視。但是去到更深的社會層面，情況就複雜曖昧了。

不少美國白人同學，在課堂上可與有色人種打交道，可以雜坐交談，但在大街上相遇，就都裝做不認識，特別是女同學。哪怕曾經受她父母所邀，和其他有色人種學生在年節時去她家裏作客，但到了街上，也裝作不識。在西岸，可能華工較多，這種情況尤其明顯。據說加州史丹福和加州大學都是民族偏見較深的高等學府，前輩講到美國一些風俗人情，說是自己應該知趣，行止都得放尊重些，如果不是白人女同學主動打招呼，就不用自己去找釘子碰。在美國東部和中部，情況較好些，但還是不能免。[19]

有些場合，不自招也難免受辱。科羅拉多大學行畢業禮時，照例是畢業生一男一女地排成一雙一雙的縱隊，走向講台領取畢業文憑。有一年有六個中國男學生畢業，美國女生沒有一個願意和他們成雙作對地排在一起。結果學校苦心安排他們自行排成三對走在行列最前端。畢業生說，"我們心裏的滋味當然不好受"。[20]

甚至出了校園做研究，也有不便。心理系學生要研究差別心理學，美國教授建議他專門致力於實驗室內的問題，因為歧視黃種人之故，外國人未便外出接洽實驗。[21]

有形無形的歧視，哪怕出動法律，也不能徹底改變。有個學生進入一家理髮館，半天都沒有人理，而且理髮師說明不伺候中國人。他憤而到法院告了一狀，而且獲勝。那理髮師道歉之餘，誠懇地請他以後要理髮，千萬不要到店裏來，可以通知一聲讓他上門做，以免白人不再光顧他的理髮店。[22]

　　由於聽過許多歧視的傳聞，有些初到美國的學生以為美人均卑視華人，所以一切行為以“你們勿小看中國人”為前提。或者在課堂中以不鳴則已，一鳴驚人為目標，[23] 或者遇事時據理力爭。[24]

　　也有人為了在歧視黃種人的社會裏站住腳，就用西方上層社會的行為舉止來要求自己，熟習各種餐桌、社交、服飾禮儀，以免被視為沒有教養。在加拿大，就以英國紳士的舉止為準，白襯衫洗熨一新，白領子尤其雪白筆挺。[25] 這和印度聖雄甘地曾拚命學過吃西餐的禮節、漿洗衣服達到毫無縐褶的地步，以符合西方文明人的標準，簡直如出一轍。

　　讓我抄錄一個小故事，來體會既有自卑又有自尊的中國留學生，抱著林妹妹似的心情，在美國這個大觀園裏怎樣咬牙苦練：

　　在美國主修體育、回國成為體育教育先鋒的郝更生，出身於富庶的江蘇一個小康之家，營養不比別人差，戶外活動也不比其他孩子少，家人不抽鴉片，但是，二十歲時依然矮小瘦弱，體力比美國同學差很多。他因為花光了錢，想憑勞力來換取生活所需，也因此遭受一次又一次的打擊。

　　許多工廠每週四作求職者登記，以便在週末分配臨時工作。每週四登記處門外都大排長龍，其中不乏富家子弟。郝更生也去排隊，於是發生了別的中國人看來丟臉的事：每一次他都被身材魁梧的工頭從行列中拉出來，俯視著對他說：你，太矮、太瘦、體力不夠，我們用不著你這種小矮個子！

　　頭一次，美國同學爆起鬨笑，郝更生默然地低頭走開。下週四他又去排隊，再被工頭拉出來，美國同學的笑聲比較少了，有人露出訝異的表情。第三四五次他不屈不撓，屢次被拉出來，屢次再排進去，同時仍然默默地不作抗議和解釋。漸漸地，美國工頭不再那麼倨傲，峻然拒絕變成婉言相勸，美國同學更由鬨笑、訕笑、冷嘲熱諷，化為訝異、驚詫、同情與 —— 尊敬。而中國同學就覺得他太差勁了，一次次被人攛出來。

他們哪裏知道，當我排隊再排隊，拉開又拉開的時候，我的眼眶裏何嘗不滾動著眼淚？胸腔中何嘗不泛濫著辛酸？但是我要證明，堅韌不拔的意志力量，可以和壯健體魄同樣的引起人們的重視與尊敬。

最後，招工的職員給了他一份好差使──到圖書館做管理員。同學紛紛祝賀，因為大家都知道，這是堅毅換來的結果。[26]

法國

法國社會風氣比較平等開放，與我們今天認為法國人高傲相反，留學生普遍覺得法國人友善和氣。

他們對外國人無種族歧視，很富於人情味。有些留法同學繳不出房租，房東老太太非但不迫遷，還接濟他們的零用。[27]

在法國的小城鎮尤其感到自在。

在瑪倫河畔的小古城，沒有巴黎人對中國人的那種白眼。校長一家、看門人夫婦、書店店員、花店姑娘都表現友好態度。[28]

混在法國中學生中學法文，也沒有受人恥笑：

法國中學青年很可愛，和氣友善，愛說笑話。除偶然問及中國男人是否還蓄辮子，和女人是否仍纏小腳之外，他們從不發言侮辱。……一般教員知識程度高，對不遠千里而來的青年學生前來吸收法國文化，表示無上光榮，因之予以無限的同情和歡迎。[29]

學藝術的學生在法國的藝術圈子裏也比較快樂。徐悲鴻、常書鴻都沒有為歧視而苦惱。拿著三萬元去法國的富家子趙無極，出國時對法語和法國文化一點不懂，身為長子，本來只想去兩三年，後來不再想回中國，在法國結識的朋友幫他在法國扎根。在法國第二年，他的畫已獲得現代藝術博物館的館長推介：

對於我們這些 1949 年的法國人來說，看到這些年輕的外國藝術家湧向巴黎，像湧向當代藝術的首都，更確切地說是實驗室和聖殿，沒有比這令人欣慰甚至激動的了，而更美妙的是，他們受法國影響之餘，仍然保留自我，甚至更加成為其祖國文化的繼承者。法國的教育和榜樣不但未使他們窒息，反而使他們蓬勃發展。一個世紀以來，成千上萬的藝術家都有如此的經歷，趙無極也不例外。[30]

法國人在 1949 年熱心推介在法國的中國藝術青年，或許有政治的原因，但是法國人對藝術的包容和賞識也不宜抹殺。

弱國之民雖然受到知識分子和小城淳樸人民的善待，但是偶然還是會遇到官員和工人、小市民的勢利眼。

法國政府和所屬的機構，對於外國人尤其弱國的僑民，不免時露鄙夷不屑的態度，我們留法同學對他們從無好感。[31]

在街上行走時，電車月台上站立的工人有時會口出惡言，使人難受，面紅耳赤，心裏只怪自己的國家民族不爭氣。報紙上不是說軍閥混戰，便是說某外國對中國施壓，給人家看不起。[32]

看管藝術品的羅浮宮管理員，也挖苦正在看斷臂維納斯的藝術學生，"在你們國家沒有這些珍寶吧！"比較內向敏感的吳冠中立即反擊：

"這是希臘的，是被強盜搶走的，你沒有到過中國，你去吉美博物館看看被強盜搶來的中國珍寶吧。"這次，我的法語講得意外的流利。[33]

幾乎同期到法國的吳冠中和趙無極，後來各自都成了名畫家，一個說在巴黎經常遭到歧視，一個說在法國絲毫沒有先前所擔心的那樣受到種族歧視，這懸殊之論，恐怕跟家庭背景、當日的際遇、個性傾向都有關係。

個人遭遇可以一笑置之，但是社會輿論和文藝裏把中國人刻畫得形象惡俗，卻很難視而不見。這些形象在公眾之間傳播，加深了外國大眾的偏見。"士可殺、不可辱"是中國讀書人的氣節，留學生不免為了這些惡俗形象而傷心。

1923 年山東土匪綁架了二十幾個洋人，西方輿論激昂，主張列強共管中國鐵路，其中法國主張最力。巴黎各大報一律以頭欄登載，大字標題稱中國是土匪世界。旅法學生和華工都大受刺激，甚至不願出街去餐館吃午飯。因為法國人習慣一面看報，一面吃午餐，而讀到這新聞，必定注視黃面孔座客一下，令中國人感到羞辱，食不下嚥。[34]

一些美國電影裏，中國人都成了歪曲醜化的對象和陰險愚蠢的象徵，讀電影的學生說這是中國學生最感難受的事。[35]

為了改善印象，留學生做了不少親善工作和中國人形象工程。包括平日注意謹言慎行，令美國人知道中國學生是有教養的。他們不但要令知識分子有好感，也要令淳樸但容易狹隘的農民、與華工易有利益衝突的工人認識中國人的其他形象。[36]

另外，做好學生最大的本分，就是爭取好成績。而中國學生經常不辱使命。可是在成績高踞榜首的學生裏，有天才的極敏感心靈，對維護中國形象毫不妥協。

早慧的新月派詩人朱湘（子沅），讀清華時已經文名甚盛。清華同班同學、詩人之子柳無忌盛稱他是個天才青年詩人，極聰明，對功課不大用功，但成績甚好，頗為美國師長所器重。他大部分時間花在翻譯詩作上，幾個月內譯了四首英國十九世紀有名的長篇敘事詩。"最使我欽佩的，是他譯詩的方法。他讀書與翻譯時從不用字典。真的，他去美國讀書時連一本字典都沒有帶去；遇有疑難的地方，他才借我的字典來應用，但是這些次數並不多。他翻譯並不打草稿，……他的詩稿上很少有塗抹的地方"。

有一次，紐約戲劇協會演員來大學演"銀索"一劇，"當我們把原劇先讀過一下的時候，子沅看了劇裏有譏諷華人吸食鴉片的幾句，他就憤恨著把一元半買來的票子撕去了。再有一次，在法文班上子沅讀 Daudet 的遊記，遇到了一段侮辱華人的文章，他氣憤得連課也不去上。後來法文的教授也覺得不好意思，他還親自到我們家裏來道歉，說這不過是書中不經意的一段罷了。到底子沅沒有再去讀法文，他放棄了半年後就可得到的文憑和學位，一個人帶上了輕輕的幾件行裝，就冒雪到芝加哥去了。"[37] 朱湘回國後，孤傲的心又加患病，不足三十歲就投江而死。

再開放的國家裏，都免不了有勢利的人；再包容的文化，都避免不了天才心靈的挫傷。國勢弱則受輕視的陰影揮之不去，既不能掩耳盜鈴，中國學生唯有反求諸己。九·一八瀋陽事變掀起日本全面入侵中國的序幕，這時連無政府主義者都說：人為刀俎，我為魚肉，在民族存亡的關鍵時刻，必須為中華民族打出一個平等的地位。[38]

歧視總論

說了那麼多，那到底有沒有歧視呢？胡適在美國沒有遇到過歧視，而他的小友和學生唐德剛卻調侃胡適活在美國上層社會，所以沒有接觸而已；這兩個都在美國留學生活的人，誰說得對呢？

人類學家和歷史學家看歧視

考古學、人類學教授李濟，以自身清華留美學生的經歷，加上人類學的角度，談過歧視這個問題：

（美國）在自由與民主思想的發展上，也發生很多挫折，這些挫折可說都是由種族問題帶來的。在哈佛當外國學生，固然很少直接接觸這些大問題，而且種族問題表面上也沒有甚麼嚴重的實際問題發生，不過學校裏偶爾也有令人關懷的事件。如一年級學生宿舍，黑人可不可以住進去，就是個大問題。中國學生所受的待遇要看各人的行為而有差別，因為個人行動往往因志趣而有差別，每個人除讀書，還會參與活動，各種活動接觸方面各有不同，在美國做學生或長期住的中國人及許多東方人，若與美國人接觸，很快發現不能超越一種範圍。這點很容易在戲院和一般娛樂場所看出來，若到美國南部旅行，這種範圍更清楚。這類事是每個亞洲來的學生都感覺到的，不過各人敏感程度不同，有的人感覺很快很尖銳很深，有些人可以馬馬虎虎過去。……學人類學的人對種族問題有比較多一點深一點的了解。所了解又不限於現實一面,又涉及很遠的過去未來。[39]

既然涉及很遠的過去,兩個歷史學家陳寅恪、何炳棣又怎麼看呢?在清華和西南聯大讀書,然後考公費出國的何炳棣,有很多師長是留學生。他的老師輩"每有憶及留美期間曾遭種族歧視"。他二戰後在印度等船去美國時,剛巧陳寅恪亦在印度等待赴英,有一天陳寅恪突然有所感觸,說歐洲人看不起中國人還只是放在心裏,美國人最可惡,看不起中國人往往表露於顏色。何炳棣說這促使他長期觀察留意美國歧視華人的問題。而他自己在"紐約兩年多的學生生活中最愉快的回憶之一是我從來未受到種族歧視,反不時受到相關方面的優待。"包括美國上層社會富而不驕不露的竟日接待。因此認為種族歧視不可一概而論,時代、國際情勢、個人行為及機遇都有關係。[40]

在中國比在外國複雜

中國地大,人多。出洋的由苦力到學者;由地位卑微而心志向上,到教養文明而趨求歡呼聲。各色人等,各有際遇。何況還有歧視不必發生在己身而感同身受的人,或者看見同胞的粗俗行徑而望求擺脫桎梏的人。這麼大而立體的中國人性矩陣,遇上一個更大的歐美日社會矩陣,得出的面目自然是變化萬千的。

不過有一點大可概言,在中國本土所遇到的外國人,平均來說,比在外國見到的壞。

留美教授的妻子 1923 年寫給美國朋友的信說:"我們看到一個外國人猛力摑一個苦力,苦力用手撫摸他受傷的臉靜靜地溜走了。在中國的西洋人對中國人的虐待是在美國聞所未聞的。上禮拜我們被邀去吃晚飯,那菜餚的豐盛講究,在美國只有大富豪才能請得起。光是葡萄酒就有五種,可見在此的外國人及高級華人生活不簡單。"[41]

前文那個在上海租界被洋人當胸打了一拳的清華學生,後來在美國五年,去過十多個州,"不要說沒有一個美國人敢來打我一拳,就是連一根頭髮也沒有人敢來動一動呢！但是那次侮辱給我一個很大的教訓。從前我想外國人都是好的。”這印象來自學校裏的外國老師，現在遇上這樣兇暴的外國人，“使我深深地認識了，外國人並不個個都是好的！”[42]

瞎子摸象的結論不是結論，但瞎子只能努力摸象，努力瞎說，以求得一點了解。這篇文章也就是瞎說的一種吧。何況那個年代，再少說都是半個世紀前了，我們離它越來越遠，歧視不歧視似乎已是過眼雲煙。不過，在這個大講文明衝突論的所謂全球化時代，我們也得明白今天是怎麼過來的，而前輩對當時世局的反應和選擇，並不是無的放矢的。

註 釋

1　程天固《程天固回憶錄》，香港：龍門書店，1978 年，頁 15。

2　陳鶴琴《我的半生》，香港：山邊社，1990 年，頁 88-89。

3　曾寶蓀 1910 年代末經過美國，入境時受許多詢問，雖有一切證件，還是將她壓到最後，才放出海關，《曾寶蓀回憶錄》，長沙：岳麓書社，1986 年，頁 65。巴金 1920 年代入境法國，驗護照時洋人先行，《巴金自敘》，北京：團結出版社，1996 年，頁 86。楊生茂則謂 1940 年代受無言社會歧視仍很重，入境檢查，中國人排在行列之尾，見《世紀學人自述》卷五，頁 332。

4　程天固《程天固回憶錄》，香港：龍門書店，1978 年，頁 15，38。

5　繆雲台《繆雲台回憶錄》，北京：中國文史出版社，1991 年，頁 7 所述。他是省公費學生，1913 年坐頭等艙去美國，在夏威夷有領事館派人來接，舊金山入境沒有困難。

6　凌鴻勛《七十自述》，台北：三民書局，1988 年，頁 22。

7　蔣廷黻《蔣廷黻回憶錄》，台北：傳記文學出版社，1984 年，頁 45。

8　李金髮《李金髮回憶錄》，上海：東方出版中心，1998 年，頁 40。

9　蔣夢麟《西潮》，台北：自華書店，1986 年，頁 90。

10　穆湘玥〈藕初五十自述〉，載《李平書七十自敘 藕初五十自述 王曉籟述錄》，上海：上海古籍出版社，1989 年，頁 113。

11　吳宓《吳宓自編年譜》，北京：三聯書店，1995 年，頁 155，162-163。

12　留德的季羨林説德國易，老舍小説裏則説英國難，見《留德回憶錄》，香港：中華書局，1993 年，頁 37。1930 年代童第周在比利時遇到租房困難，《童第周：追求生命真相》，北京：解放軍出版社，2002 年，頁 14。

13　馮友蘭讀哥大時，見《三松堂自序》，北京：三聯書店，1984 年，頁 54。沈亦乾 1939 年任哈佛講師時，見〈懷念六位美國業師〉，《傳記文學》，49 卷 1 期，頁 110。楊生茂 1940 年代加州讀柏克萊時，《世紀學人自述》卷五，頁 332。許靖華《孤獨與追尋 —— 我的青少年時代》，北京：三聯書店，2003 年，頁 191。

14　孫瑜《大路之歌》，台北：遠流出版公司，1990 年，頁 71。

15　沈有乾，同上書，頁 110。

16　曾寶蓀《曾寶蓀回憶錄》，長沙：岳麓書社，1986 年，頁 65。

17　潘大達《風雨九十年》，成都：成都出版社，1992 年，頁 63。沈有乾，同上書，頁 110。

18　蕭公權《問學諫往錄》，台北：傳記文學出版社，1972 年，頁 72。孫瑜認識了做建築工人的德國移民，拜訪他的農村親友，他們第一次看見中國大學生，以前認為在美國的中國人都是開雜碎飯館和洗衣店的。孫瑜，同上書，頁 72。

19　潘大達，同上書，頁 28。孫瑜，同上書，頁 71。

20　梁實秋《談聞一多》，台北：傳記文學出版社，1967 年，頁 48。文中梁以珂泉譯 Colorado Springs，今改用現行譯法。

21　沈有乾，同上書，頁 109。

22　梁實秋，同上書，頁 47。記清華留美學生陳長桐事。

23　沈有乾，同上書，頁 112。

24　李濟認為哈佛大學雖然是最高學府，但執行小事時，仍有歧視外國人的偏見。不過如果據理力爭，他們還是尊重法律的。所以他跟美國人打交道，哪怕小事，如果己方有理，就爭辯到底。有一次他划船，與一個新生撞了，新生的船破了一塊。管船人說對方是新生，要他也賠一半。他覺得不公平，力爭到學校當局，獲勝，但再不去划船了。《感舊錄》，台北：傳記文學出版社，1985 年，頁 41-42。

25　李瑞驊《八十憶語》，濟南：山東畫報社，2006 年，頁 66-68。

26　郝更生《郝更生回憶錄》，台北：傳記文學出版社，1969 年，頁 15-16。

27　吳俊升《教育生涯一週甲》，台北：傳記文學出版社，1976 年，頁 40。

28　詹劍峰《世紀學人自述》2 卷，2000 年，頁 201。

29　袁道豐〈重遊巴黎 撫今追昔〉（二），見《傳記文學》，23 卷 2 期，頁 83。

30　趙無極《趙無極自傳》，上海：文匯出版社，2000 年，頁 49。

31　吳俊升，同上書，頁 41。

32　袁道豐，同上書，頁 83。

33　吳冠中《我負丹青 —— 吳冠中自傳》，北京：人民文學出版社，2004 年，頁 13。

34　李璜《學鈍室回憶錄》，台北：傳記文學出版社，1973 年，頁 93。沈沛霖〈我的留法勤工儉學經歷〉下，見《檔案與史學》，2004 年 5 期，頁 37。

35　孫瑜，同上書，頁 70。

36　蕭公權，同上書，頁 54。孫瑜，同上書，頁 72。

37　柳無忌〈我所認識的子沅〉，載《柳無忌散文選 —— 古稀話舊》，北京：中國友誼出版公司，1984 年，頁 53-54。

38　詹劍峰，同上書，頁 205。

39　李濟，同上書，頁 43-44。

40　何炳棣《讀史閱世六十年》，香港：商務印書館，2004 年，頁 209，214-219。

41　陳毓賢《洪業傳》，台北：聯經出版事業公司，1992 年，頁 112-113。洪業之妻 1923 年寫給克勞弗德家的信。

42　陳鶴琴，同上書，頁 89。

對留學國的第一印象：以日美為例

不少留學生既然以學別人之長以改進中國為目的，他們對留學國的興趣及鑽研，自會影響到學習的動力和成就。留學生追求現代化，努力學東洋、學西洋，他們初踏足日本和美國時，對這兩大主要學習對象的第一印象，卻頗為不同。

對日本的印象：東洋先進嗎？

留日學生對日本的第一印象，與那些船經日本時上岸觀光的留美學生相似：日本儉樸、清潔、教育普及；而對日本的建設，則以交通便利的印象最深，但對城市建築則覺得平平無奇，甚至不及他們初抵上海所見那麼新鮮。

留美學生匆匆一覽，對日本的印象以正面的為多，與留日學生的心情，並不一樣。留日學生雖然欣賞日本的社會建設，但是從硬件看，不覺得日本了不起。幾乎沒有學生踏足日本時，為日本建設的先進而感動的。總覺得看舊東西，氣派比不上中國；看新的建設，又比不上租界先進。

城市印象

留日學生大多坐船在長崎、門司、神戶或橫濱等港口登岸，再轉火車。山清水秀的海港，吸引愛自然的學生。來自江南的，對西南通商口岸長崎的印象是"小島縱橫，山青水碧"，船再行到瀨戶內海，"日本藝術清淡多趣，日本民族刻苦耐勞，從這一路上風景，以及四周海上的果園墾植地看來，也大致可以明白。"門司港對一個東北的學生來說，"在家鄉還是冬景蕭殺時，這裏卻山清水秀，我想日本真挺漂亮。"[1]

可是對更多學生來說，登岸一看，首先映入眼簾的，是地狹人稠的景象，進入耳朵的，是一疊連響的木屐聲。[2] 在 20 世紀，日本已經連勝中國和俄國，留日學生抱著學習開眼界的心情來取經，第一印象卻是小。無論登岸的是甚麼港口，要去的是甚麼目的地；無論是 20 世紀初或三四十年代，都有這種小的感覺：

一方面城市建築並不宏偉，房屋仍多是木造的。另一方面國土小，有從神戶一上火車，就感到日本的狹窄。"我們中國的火車在平原上，一望無際；在日本則一邊是海，一邊是山。"3

有些學生從美的角度，欣賞"日本的木房子也感到似古代中國，挺清爽的"。4

有些從取經學習的角度，看到日本市容似中國而小，就迷惑起來："在長崎的街道上不覺得到了外國，也不像要受他們教育的感覺，總像到了一個遊玩的地方。他們過日子好像在做戲給我們看好玩樣子的，像在西洋景裏似的。房子小，像玩意。很失望地心裏想，這就是我要來學醫的地方嗎？每天問自己好幾遍。"5

明治後期的東京新橋

從橫濱去首都東京的火車上，所見也不比九州的長崎更宏偉。1912 年一個去過香港的廣東學生説 "車外，大部分是用鉛皮蓋屋頂小房屋，再過一會，便是東一所西一所的高低不一的木造房子。火車似乎是在鄉間馳走了。……風景十分幽雅。但是看不出一點偉大的東西來。自明治維新以來，近五十年了，他們的建設，只是如是如是麼？我在那時候，總存著一種偏見，即是覺得日本的人物及事業盡都是小小巧巧的，雖然精緻，但值不得我的崇拜。'我是從有長江大河的大中華來的人物啊。'"[6]

十年後，軍閥唐繼堯的兒子去日本留學，他已到過河內和香港，除了香港的電車令他感到新奇，這兩個城市給他的印象都不好，"在我的想像中，日本一定非常美麗"。可是這期盼落了空，第一個港口 "門司市看來非常陳舊，尤其在晨霧與煤煙籠罩下，看來比不上香港多了。及至上了岸，清晰地看看市容時，只見房屋低矮，馬路泥濘窄狹，使我幻想中的日本破滅。"第二個港口神戶的風景，也和門司差不了多少。[7]

再十年之後，日本仍然是那模樣。1934 年一個從上海去的學生説 "上海當時是殖民地，我們中學在租界裏，洋樓電車司空見慣了，到長崎一看，兩層小木頭房子，日本人穿的和服也差，木屐的聲音響成一片，沒有感到甚麼了不起的現代化。上岸到飯店吃飯，第一個受不了的，是下女跪在旁邊，給你盛飯。我們做學生自己慣了，也不好説，這個印像很深。我覺得日本沒有甚麼了不起，街也破舊。"[8]

另一個從上海去的學生，已經住在日本一段時間。有同學來自舊藩侯家，帶他去參觀藩侯的宅院，見到 "院子是大，但要比中國的還是太小。" 深入到農村，甚至產生了貧困的感覺。"跟食堂老板的親戚去茨城，沿路房子多是草頂的，屋裏東西很少，很窮困，跟中國農村差不多。"[9]

唯有從已經變偽滿洲國的東北、距瀋陽 300 里的縣城去的學生，才自認為 "我們是小地方去的，表面看日本是繁榮"。[10]

不光日本給中國留學生的第一印象，吸引力不夠，連英國哲學家羅素也認為，沒有高樓大廈，歐陸的吸引力也比不上美國。

美國比起其他國家來說，給它的學生蓋上了更明顯的印記；那些從英國回來的學生被所在國同化的程度，遠不及從美國回來的學生，這一點是可以肯定的。對那些想變得現代和追趕時尚的人來說，摩天大樓和花花世界看起來是那樣浪漫，因為這一切與自己的故鄉是如此不同。比起中國的舊傳統來說，保守的歐洲人所珍視的古老傳統只不過是新長出來的蘑菇，無法吸引中國人。[11]

他的講法是有道理的。富家子楊憲益 1930 年代經美國去英國留學，雖然印第安人令他對美國的理想印象改觀，但紐約的摩天樓還是令他印象深刻，當他去到倫敦，第一印象卻是一種破敗落魄之感。[12]

日本之強

抱著日本是強國，維新成功，要向它學習的心情到來，留學生不免會問：為甚麼會是這樣的？日本是貧窮嗎？無能嗎？還是落後呢？

住下而深入日本生活的學生，久後才明白日本的變革圖強體現在深細的地方。日本由明治以來，超過大半個世紀，國民仍過著勤儉的生活。日本的成功，恰恰體現在這種臥薪嘗膽式的刻苦裏。

覺得門司和神戶破舊，曾感到對日本的幻想破滅的軍閥唐繼堯之子，領悟到“日本的一切作風都很實際，陸軍省的被服廠竟是如此簡陋，比較我們中國的機關，來不來先蓋起漂亮的房子，內容如何一概不管，專事表面裝飾的虛浮作風來，實在是大不相同，這也許即是日本比我們強的原因所在吧！”[13]

一個不講表面、刻苦奮鬥的民族本來很值得習染虛浮的中國人尊敬和學習。可惜日本的失敗，也植根在軍國主義下，國民仍然刻苦服從、不加反抗的思想狀態裏。

1910 年代，一個由妓院逃出、跟丈夫去了日本學習、後來做大生意的女強人說，這是個有強烈的民族自尊感的民族。“有些人受了軍國主義的教育，腦子裏充滿了藐視和侵略中國的思想。說我們是亡國奴。事實上，他們自己也是處在被壓迫的地位，而不自知。我在那裏的時候，適逢日本明治維新的建設時期。日本人民非常愛國，為國家的富強，全民吃苦耐勞，勤奮地工作，更願忍受生活上的一切苦難。食住……都極其簡樸節省，從不叫苦。一般老百姓四季衣履，一兩個包袱而已。室內傢具非常簡單，席地坐臥，……吃的東西很簡省，……肉類極少見吃，飯畢還用開水涮碗喝下，一顆飯粒都不浪費，常年如此。老百姓的菜餚，簡直說不上有油脂”。[14]

美國印象

比起日本，較早期去美國的留學生，興奮感很不一樣。

美國給他們的新鮮感，一方面來自全然不同的文化和人種，另一方面是城市的面目。

哪怕隻身到美國的私費留學生，不像清華學生般早已安排妥當，也不像留日學生那樣有老留學生照顧，他們的興奮感還是蓋過了孤單和不安。

> 我在美國的頭一個星期……睜大著眼睛到處逛，對看到的事物常常感到驚奇，印象深刻，一切都使我興奮。[15]

剛剛才被美國移民局從拘囚的木屋裏放出來的青年，也丟開了被囚的恥辱：

> 我遂左手抱住我的棉被，右手挽住舊皮包，昂昂然乘車向西雅圖市中心進發了。當時係冬天，滿街大雪，寒氣刺骨，此是我一生初次見雪景的經驗；本來受慣南洋熱帶氣候的人，碰著這種寒冷的氣候是不容易抵受的，但我當時總不覺得如何寒冷，心裏反覺得十分興奮。城內五光十色，街上來往白人川流不息，此又是初次見到許多白人之經驗。市上販報小童隨街叫賣，尤感奇特。我在城中心徘徊了數小時，總覺興趣叢生。時將入夜，我始計及當夜寄宿的問題。[16]

美國人的友善隨和，也增加了他們的好感。

> 我不知道下一步應該怎麼辦，我該去甚麼地方。我坐在行

李上，自言自語的說：不用著急，反正已經到美國啦！此一想法予我極大的安慰和鼓勵。尤有進者，當天正是一個晴朗的星期天。往來碼頭的人似乎都很友善。[17]

於是他們抱著探索的心情，東試西探：被人帶去坐電車，就想“我對電車並不害怕，因為我已在上海見過”。又鼓起勇氣試乘電梯，“我被領到一個外面看起來好像鐵籠子的東西。我並未害怕，因為我看見還有其他的人被裝在裏面。”但翌晨下樓時，卻不想冒不必要的危險去乘電梯，於是從樓梯下。[18]

至於在清華讀書八年的學生，早已聽過美國許多事物，印象中的美國是：

這21層高的大樓1902年落成於紐約，在建築史上被視為摩天大樓的代表作。本圖攝於21世紀。

聽美國教師說，三百年前美國是一片荒涼大陸，……英國新教徒、法國新教徒，就一批一批地逃到新大陸闢草萊，披荊棘，建立新城市，吸收自由空氣。……（脫離英國、解放黑奴後）甚麼開礦築路、立學校、建工廠、鬧市場，一切應興事業，都是蓬蓬勃勃，如雨後春筍……

聽說人民生活程度是很高的。普通工人每天總有三四塊錢的工資，吃的大餐，穿的西裝，住的洋房，比我們中國有錢的人，著實舒服得多呢！

又聽說人民的知識程度

也是很高的，差不多沒有一個人不讀書，不識字的。……

又聽說世界上最大、最高、最多的東西都在美國。……交通最便利，鐵路最多，公路最長，恐怕也要算美國了。

聽說要發財到美國去，要讀書也到美國去，要看奇聞壯觀，到美國去，要吸自由空氣，也到美國去。那時我一聽見這樣的一個新興的自由國家，不覺神馳心往了。所以那年畢業清華預備上美國的時候，我心中的快樂，真是非筆墨所能形容呢！[19]

這個學生踏足美國，由華僑接待參觀三藩市，沒有留下甚麼印象，但坐火車路過鹽湖城，下車去觀光，還是受到新房子新道路的吸引：

這個城好似人間天堂，看起來是新建設的，甚麼東西都是新的，房屋又新又高，道路又闊又長，有自來水，有電燈，有大學，有教堂。一切近代設備應有盡有。[20]

這種新鮮感不是一時的，雖然 20 世紀初到埗的學生反應強烈一些，但部分 20 世紀中來到美國的學生也有這種感覺。

1948 年抗戰後赴美的學生，在三藩市登岸，覺得"街道整潔而有序，樓宇高大宏偉，很富有現代感。我馬上就感受到了舊中國與這個新天地的差別。我自言自語道：'在這片新國土上，我期盼著享受新的生活。'"[21]

對中國留學生而言，這一個月的海程，去了一個全新的世界，有如發現新大陸：

船終於在美國舊金山靠岸了，不到一個月的時間，我覺得我不僅跨過了一個太平洋，而且跨越了整整一個歷史時代——從一個等級森嚴、思想禁錮、毫無民主自由可言的半封建半殖民地社會，進入了一個注重科學、講究民主自由、平等博愛的資本主義國家。歷史，在我的面前揭開了嶄新的一頁。[22]

註 釋

1　郁達夫〈郁達夫自傳〉，載《郁達夫日記集》，西安：陝西人民出版社，1984 年，頁 406。蕭向前《早年留日者談日本》，濟南：山東畫報社，1996 年，頁 119。

2　陳辛仁《早年留日者談日本》，濟南：山東畫報社，1996 年，頁 87。凌鴻勛《七十自述》，台北：三民書局，1988 年，頁 21。

3　趙安博《早年留日者談日本》，濟南：山東畫報社，1996 年，頁 37。

4　丘成《早年留日者談日本》，濟南：山東畫報社，1996 年，頁 93。

5　楊步偉《一個女人的自傳》，台北：傳記文學出版社，1983 年。

6　張資平《資平自傳》，北京：中國華僑出版社，1994 年，頁 64。

7　唐筱蓂〈五十年前留學日本士官預校的回憶〉（二），見《傳記文學》，23 卷 1 期，頁 105。

8　朱紹文《早年留日者談日本》，濟南：山東畫報社，1996 年，頁 46。

9　汪向榮《早年留日者談日本》，濟南：山東畫報社，1996 年，頁 164，167。

10　米國均《早年留日者談日本》，濟南：山東畫報社，1996 年，頁 101。

11　羅素《中國問題》第十三章〈中國的高等教育〉，上海：學林出版社，1996 年，頁 174。原英文書 1922 年出版。

12　楊憲益《漏船載酒憶當年》，北京：北京十月文藝出版社，2001 年，頁 29，34。

13　唐筱蓂，同上書，頁 103。

14　董竹君《我的一個世紀》，北京：三聯書店，1997 年，頁 69-70。

15　何廉《何廉回憶錄》，北京：中國文史出版社，1988 年，頁 23。

16　程天固《程天固回憶錄》，香港：龍門書店，1978，頁 39。

17　蔣廷黻《蔣廷黻回憶錄》，台北：傳記文學出版社，1984 年，頁 46。

18　蔣廷黻，同上書，頁 46。

19　陳鶴琴《我的半生》，香港：山邊社，1990 年，頁 83-84。

20　陳鶴琴，同上書，頁 94。

21　邵品侹《回憶在中美》，上海：上海交通大學出版社，2005 年，頁 93。

22　陳翰笙《四個時代的我》，北京：中國文史出版社，1988 年，頁 17。

再三興起的留日潮

大潮之興

近代的留學稱得上潮的，是從甲午之戰敗後開始。中國敗於日本，令國人認為透過日本學習西學，可以更快學得建設國家的方法。方法有兩種，一是請日本人來教，一是派人去學，中國當時是雙管齊下的。在南方主政的名臣如張之洞、劉坤一等極力鼓勵自費留學，不限資格，以減省官費開支。

自 1896 年起，中國人陸續到日本留學。由於路程近，生活費用也便宜，又誤以為日本用漢字，語文關容易過，留日大軍摩肩接踵。從二十世紀初，到抗日戰爭全面爆發之間，共有三次留日高潮。

較大規模的歐美留學潮，如持續十多年的清華學生留美，以及大盛兩三年的留法勤工儉學運動，學生人數約各在 2000 人以內，比起留學日本的人數動輒上萬，差距頗大。尤其是留學潮剛掀起的時候，留日的人數佔了絕對優勢。留日潮熱了近半個世紀，如果不是抗日戰爭，說不定還會持續下去。

三次留日高潮

留日高潮出現在 1905-1906 年，1913-1914 年，1935-1937 年。[1]

甲午戰敗之後兩年，清政府帶頭送官費學生去日本留學，共去十三人。由於改革頭緒繁多，清政府想在教育上省些力，於是鼓勵自費留學，以補時艱。[2] 而一些人 —— 尤其是上海江浙一帶的，見勢色不對，也早想轉到日本去謀學業出路，並且互相傳告。

第一次高潮出現在 1905 年，當年宣佈廢科舉，並且舉行留學生考試，於是大家不再觀望遲疑了，都知道留學已取代了讀書人最重視的科舉出身，在這種形勢下，"人人有僥倖之心，勢如潮湧。"到日本留學的人自然多起來，1906 年最高峰時，學生達七千人。[3] "說者謂科舉既停，日本為我國一大貢院，非過語也。"[4]

第二次高潮在 1913 年，反袁世凱失敗後，很多跟革命有沾連的，逃去費省路近的日本，頗有流亡的意味，其中的學齡青年就在日本留學。

1937 年中日戰爭爆發，但之前幾年卻是留日的第三次高潮。

本來 1930 年代初，中日關係緊張，九·一八、一·二八事件，曾引起大批留學生退學回國，留日處於低潮。但是 1933 年開始，軍事衝突稍緩，大家覺得大概一時還打不起來，於是留日學生又增加。1935 年秋季達到高潮，估計新增 3000 人，[5] 東京"神保町下課時全是中國學生"。[6] 兩年之後，抗戰爆發，留日學生才紛紛回國。

在國人大聲疾呼，要求抗戰的時候，學生不會不明白赴日要冒輟學的風險。一個 1934 年赴日並一直留到日本投降的學生說，他從小受的教育，也深明國恥，要為國爭光，"當時的浪潮是抗日，這也是當時內心深處的時代課題。"但他仍然選擇到日本，除了因為留日的老師認為中日必戰，鼓勵學生到日本學習，臥薪嘗膽，更重要的原因，是匯率有利，令留日費用便宜。1930 年代中國貨幣兌日元匯價逐漸上升，1935 年時匯價最高，因此大批學生赴日。[7]

匯率有利之外，留日的手續也較到歐美留學簡便。當時為了管理留學，規定必須有教育部發給的留學證書才能領取護照。但按當時的國際慣例，鄰國無須護照。因此不少留學生只拿著學校介紹信，便赴日留學。[8]

持續發酵的留學夢，也該起了推動作用。三十年代不少青年想當留學生。不過這時的留日學生，面對兩國開戰的嚴峻的局勢，沒有誰聲稱自己在做留學夢。

再三興起的退學潮

留日有費省路近的優勢，但同時也因為路近，中國學生留日波折頗多，動輒因為政局而回國，打斷學習。從留日興起到抗戰爆發，留日學生十一次因為政治原因而集體回國。[9]

清末的時候，留日學界瀰漫抗敵和革命的思想。1903 年，為了聲援中國抵禦俄國，留日學生組成義勇隊，天天操練，不少還回國奔走要求赴敵，稱為拒俄運動。1906 年，清廷要求日本頒佈〈留學生取締規則〉，學生認為是針對革命思潮，憤而大批回國。

及至民國，日本要中國簽署出賣國家利益的二十一條，學生掀起退學回國潮作抗議。主張回國的學生並組織鐵血團，說要暗殺不遵守的人。讀醫的學生說，校門前有人把守，一見中國學生就演說愛國熱忱，結果一班十一個中國學生，七人退學。可是，一個月後兩國交涉完，他們又陸續回日本。日本學校發文憑給留下的中國學生，而退學再回來的則要留班，不許他們按例花十元補考。"學校說要愛國就要犧牲，所以使人更恨。"[10]

第一次世界大戰快結束時，日本藉口德國是敵對國，竟派兵到德國勢力範圍的山東，留日學生又掀全體回國風潮。接著 1919 年巴黎和會，傳來列強承認日本侵佔山東的既成事實，東京的留學生遊行請願，被警察拘留，於是大批慷慨激昂的學生，紛紛回國。有一個學生因為這兩次回國潮，退學兩次，回日被學校留級兩次。他於是離開學校，也因此失去公費留學的資格。[11]

1931 年的九・一八事變最使留日學生憤慨，陸軍士官學校近 300 個中國學生，無一人返校。[12] 可是退學回國的，見到中國政府還是遷延，仗打不起來，保家衛國無從實現，只得悄悄零星回日。

每次這些讓留學生熱血沸騰的事件發生，掀動起退學潮，總令剛到日本的學生心生矛盾，既參與抗議，但又不想失學回國。一部分有活動能力的學生最終確實放棄學業，更多學生卻不得不面對令人沮喪的現實，悄悄偃旗息鼓。有些只回國三數星期，又悄悄趕回日本，大抵在原來學校復課，但要留級。[13]

跟日本學西學有效嗎？

由於留日的人數多，學生質素不免良莠不齊。當年有留日學生寫成暢銷的通俗小說《留東外史》，重點描述留日學生的荒唐，一時間喧騰眾口，令國人對留日的成效大表懷疑。

　　研究留日學生的學術著作，可謂汗牛充棟，焦點主要在於留日對中國早期的改革的貢獻，特別是推翻帝制，建立共和這一段。可是革命並不是留學的本來目的，實際上留學生在日本學甚麼？怎麼學？回國後能不能發揮，留日是不是如張之洞或梁啟超所切望般，更快學得建國的方法？恐怕還待更詳細的探討。

註 釋

1　　實藤惠秀《中國人留學日本史》，香港：中文大學出版社，1982 年，頁 63。

2　　1901 年有〈出洋遊學賞給進士舉人各項出身〉的諭旨。

3　　實藤惠秀據文部省：1902-1908 最多，1906 年達到高峰，為 7000 人，後來人數減少，1909 年仍有不下 5000 人，1912 年減到 1400 人。同上書，頁 51。

4　　1906 年張元濟〈議改良留學日本辦法〉，載《讀史閱世》，西安：陝西師範大學出版社，頁 79。

5　　實藤惠秀，同上書，頁 62。

6　　米國均《早年留日者談日本》，濟南：山東畫報社，1996 年，頁 103。

7　　朱紹文《早年留日者談日本》，濟南：山東畫報社，1996 年，頁 46。三十年代日元兌中國貨幣匯價，可見實藤，頁 63。實藤書謂大批學生留日，與中國學生要了解日本，以及兌換率有利有關。

8　　王奇生《留學與救國》，南寧：廣西師範大學出版社，1995 年，頁 21-22。不少當年留日學生如林林、朱紹文都有此經驗。

9　　汪丞〈近代留學生 "東洋二等" 現象探析〉，載《教育評論》，2012 年第 5 期，頁 145。

10　　楊步偉，頁 143-144。

11　　龔德柏《龔德柏回憶錄》，台北：龍文出版社，1989 年，頁 42。

12　　實藤惠秀，同上書，頁 62。

13　　黃季陸《黃季陸先生懷往文集》，台北：傳記文學出版社，1986 年，頁 499。章克標《九十自述》，北京：中國文聯出版社，2000 年，頁 42。彭迪先《我的回憶與思考》，成都：四川人民出版社，1992 年，頁 20。實藤惠秀，同上書，頁 62。

日本的轉口作用

敗於維新不足三十年的日本，令中國認為求助於日本的富強經驗，是一條出路。留學日本以更快學得建設新式國家之道，這種設想最後有沒有達成呢？這麼多年來，很多人描述過留日產生的大影響，例如翻譯西方文化的書，辦雜誌，論政體，搞革命，可是描述了這種種不在學校的學習之後，卻不見得回答了原來的問題。

大概因為這個問題很難回答。

日本由明治維新到打敗中國，用了二十六年，如果以之為參考數字，那麼 1896 年中國派第一批學生留日，二十六年之後，是 1922 年。當時中國政體改變了，成為亞洲第一個共和國，但是軍閥混戰；教育制度改變了，但是全國新式學校水平仍然頗為參差，學潮此起彼落；國家的主權和關稅還未能獨立自主，因此才有五四和新文化運動。這年代，不要說留日，連留美留法都熱鬧過了。

最初的期望

中國政府希望最早去日本的留學生，集中學習幾個科目：教育、法政、工商業、醫科，又保送部分學生去學習軍事。

但是中國的教育制度，到 1905 年才改變。亦即發動留學作為改革之籲的頭十年，中國仍以傳統教育培養下一代：以古典為內容，文章為重點，科舉考試為目的。因此早期赴日的學生，即使成千上萬，但缺乏新式教育的基本知識框架，數理尤其不行，加上語言障礙，結果很少能入讀大學或大專，試問如何快速學到西化經驗，建設國家？

在追求現代化的路上，中國和日本實在有很多難以講清的差異。中國在軍事上受英國和法國所迫而簽下最初的不平等條約，可是中國留學的目的地以美國為重。迫日本開國的是美國炮艦，可是日本的各種改革，卻主要學英、法和德國。

日本在 1870 年代初已經取法法國教育裏，中央管理、劃分學區的做法，高等教育方面，效法最多。日本頒佈的新式學制，構想將全國分為 8 個區，每區設一間大學，區裏各設多少間中學和小學。不過這個宏圖依樣畫葫蘆的味道很重。日本的基礎不比法國，推行時達不到目標，所以維新的初期不斷修改，後來同時採納德國的做法。

為中國人專設的課程

日本注意到培養中國留學生對本國有利，1900 年正式頒佈法例，納為國策，但是自身的新式教育開展未久，本來就沒有多少空間容納蜂擁而至的中國學生。

應對這種情況，日本開設了不少法政科和師範科的速成班，不少私立大學也增設中國人特別班。而補習學校，更如雨後春筍，教中國學生日語和普通科——也就是中學的學科，以備戰大專或高中入學考試。

在 1906 年，正當留日學生人數達到高峰，速成班和補習班充斥的時候，清政府成立了教育部門，立即推行三種管理方法，對留日有深遠的影響。一是限制留學資格，要有中等以上學歷，且通日語，這惹得留學生大力抗議，認為是兩國勾結打擊革命，但是留日學生當時魚龍混雜，這規定確實有利於提升留學生水平；另一方面，通知日本停止速成科；然後又與日本磋商，付費讓五間專業和有地位的高等官學——第一高等、東京高等師範、東京高等工業、千葉醫專、山口高等商業，每年增加名額收中國學生，計劃十五年內增收 165 人。[1]

這五間官校的協議，為當時二千個讀了普通科而想升學的官費生，增加了入學的機會，也令以後的留日學生有個發憤的焦點，起了改善質素的作用。這五間學校雖然不是東京帝國大學等最高學府，但中國學生新學底子差，兼有語文障礙，因此並不容易考上。拿著官費而荒疏學業的學生，考了兩間都失敗，承認"日本不比中國，成績的檢查（體格在內）比較嚴格，我當然失敗了。""只拿一二本普通科表解來暗記，而不徹底地進學校補習科學，欲考上日本的官立學校，那比中彩票還要艱難。"[2]

這個安排影響長遠，到二三十年代，留日學生仍在這約定五校的框架下為公費而努力讀書。[3]

> 當時到日本考學校，唯一目標在公費，學科志願不在乎，
> 考到醫就讀醫，工就讀工，師範就讀師範。[4]

訂立這個五校協議時，中國各省請了三百多個日本教習，已比高峰時五六百人為少。清政府教育部門的打算是：讀了協定五校回來的畢業生，兩年已經有三百多人，可以取代高薪的日本教習，而令各省有足夠的高等教師；再有四五年的畢業生，各省都可以有完備的中學，不必花錢去日本學普通科了。[5]

這盤算結果未有如願，第一批學生畢業的時候，清朝已經風燭殘年，最後壽終正寢，以後是軍閥混戰局面，有錢都拿去做了軍餉，那來充足的教育經費辦好中學？

轉口的新知識

縱觀近四十年的留日潮裏，中國學生去日本學習的二手新知識，文理社工商都有，科目十分全面。但正如前面所講，清末中國急於求新學的時候，去日本學軍事、法政、師範教育的人特別多。入軍事學校要由中國保送，所以法政和師範是當年一般學生的熱門科目。法律政治是為了立憲改制，以及應對清廷所不熟習的新外交秩序等的需要；師範則是為了開設新式學堂，教授新的知識體系。

學軍事

著名的留日學生多數在軍政界活躍，跟早期留日學生多學軍事和法政是有關係的。

日本的軍隊是向德國學的。[6]清末民初的著名軍人，無論是軍閥或是革命者，不少出身於早期留日的軍事學生。他們大多出身於各地的武備學堂，由政府保送留日。他們在日本並非直入陸軍士官學校，而是先入它的預備學校。後來日本還為中國學生另設一間預備學校。

官派留日學軍事，共派了三十多年，到抗戰才停止，前後畢業 1600 多人。[7] 他們回國之後，參與改革軍事學校，參與革命，但也不免參與軍閥混戰，自己成了軍閥或者幫兇。[8] 這不怪向日本求學，只能怪中國中央權力崩潰後，社會環境的複雜。1924 年蘇聯協助成立黃埔軍校，雖然仍用留日的軍事人才施教，但他們一時無兩的風光不免減退了。

除了軍隊，留日也有學警察的，回國之後，則確實取代了中國警察學校的日本教官。[9]

學法政

歐洲的法律系統、政治體制跟中國截然不同，中國既然被納入歐洲的國際秩序裏，相關的知識系統自然要適應這套新體制。不過，據說大力主張留日的張之洞，從未辦法政學堂，也反對留學生學法政，他認為政治之學，中國已近於完善。[10]

早期留日學法政的，無論官派私費，大多讀幾所私立的法政學校，它的畢業生自然認為這些學校質量不差，很多是帝國大學的教授兼課，功課差不多。[11] 日本在學習西方國際秩序方面，早著先鞭，而且用力，因此在利用西方體系的知識上，處處比中國顯優勢。一個清末從法政大學畢業的學生，上國際公法課，對日本教授講清末中日琉球交涉的經過，印象深刻，說他述事詳盡，理證充足，見解精闢，純以學者態度，發揮商朝臣子仲虺攻取政治昏亂之國的原理，啟示不少。

可憐這個被攻取的政治昏亂之國，正是中國。講課的教授中村進午1870 年才出生，1894 年從東京大學畢業，然後留學德英法等國，專修國際法和外交史，曾與其他教授聯名上書要求政府與俄國開戰。

這個聽課的學生後來做了中國的政界要人、大學校長，多年後他再感歎琉球談判：

> 二次大戰開羅會議中，中國未要求收復琉球，實應歸咎中方代表缺乏學養。張之洞經常提醒 "名位或可倖致，事功必賴實學"，不是虛言。[12]

早期留日學生譯很多法政書籍，畢業生回國也有不錯的仕途，像私立大學畢業的曹汝霖、章宗祥都得到清朝授與科舉出身，民初時在外交界也很得意。民國時，法政學校在中國遍地開花，而體系大受日本的影響。

但是法政是最多速成班的其中一個科目。1904年日本開辦不少法政速成班，學生人數大增。第一個師範速成班由日本教育界設立，而第一個法政速成班據說是由中國留學生促成。學法政的曹汝霖說當時學師範的范源廉跟他說：

> 我們今年都畢業回國，我學師範，你學法律，回國後各在相關方面有所貢獻。但"政治不良，教育亦無從著手，兩者相輔而行，政治比教育還要緊。但人才缺乏，又不能立刻造就"，我來找你商議，想在日本辦一個速成法政班，雖然不完全，總比沒有學過的好。

這兩個人後都在民國政界、教育界大展拳腳。曹汝霖的反應是：

我很贊成，但日本法學家，自己用功的多，寫寫著作，不多管閒事。這件事要找一個法學大家，又熱心教育的去領導提倡，才能成功。

結果他們說服法政大學的校長辦成法政速成班，而且得到中日兩方面的官員同意，這速成科辦了五年，近一千八百人報讀，一千一百多人畢業。

學師範、工商、醫學

中日約定的五間高等學校，除了第一高等是大學預科之外，其他四間都是專業學校，師範、商業、工科、醫科學校各一間，名額亦有規定，由此可見中國政府期望眾多私費學生用力的方向和大概比例。

教育在中國人心目中向來重要，地方上不乏熱心的教育家，只要培養大批新式師範人才，就可以建設學堂，大力推行新式教育。在這方針下，清政府派好些教育家去外國考察新式教育，考察者的身份不能說低，考察不能說不詳細。京師大學堂總教習吳汝綸一次就考察近四個月，看了各種等級各種門類的學校44間，聽了19次講座或報告，還見了明治天皇，都記了詳細的筆記。[13]

同時政府又多派學生去日本學師範。1896 年首派的十多個官費生，全部被送到東京學師範。在早期留日教育裏，師範是熱門科目，而日本也相應設了許多師範速成班。

清末大量建立各級新學堂，確實得力於留日師範學生。從專業科目到中小學堂，不少教科書仰賴於從日本翻譯，科學標本也從日本進口，甚至小學的體育課其實是軍操課，連口號也是日語的，可以說是過於依賴，無必要地依樣畫葫蘆。但是，全面學習日本的中國新學堂，並沒能快速全面地改變教育的狀態，教學水平也很參差，以至於有些重視教育的世家大族，不把子姪送進新學堂，而請新式人才回家，做現在流行嘗試的家教（Homeschooling）。至於入學率、識字率的成就，更跟日本當時難以比擬。可以說，在日本育種是做過了，但栽種在廣大的中國卻沒有達到原初設想的效果。應了政治不良，教育亦無從著手的常識。

在約定五校的學額裏，工業的名額比師範多，師範只跟商業同列第三。可見清朝提倡農、工、商、礦、醫等實業。工業科的範圍很大，從重工到輕工，從化學工業到偏近藝術的染織，林林總總。但在 1903 年之前，中國實業未發展，政府雖然提倡，大家還是重視法政和師範。經過多番推動，才漸成潮流，但是不少學實業的學生仍然中途轉科，改學法政、師範。雖然政府下令轉科的不給官費，但大概沒有徹底執行。從日本畢業的工科人才，最著名的是帝國大學畢業的范旭東，號稱中國化學工業之父。

清朝也重視商科的留日學生，新設的商部努力羅致，還未回國已經約定他們到商部工作，不過清末讀商科的人數仍然偏少。[14] 中國的商界以銀行較有發展，由於留日學生發力早，銀行界裏留日學生比留美生多，出了不少名人。[15]

不過，讀工商科的留學生要開展事業並不容易，尤其學工業的，不光學了技術就完事，因為中國的西式工商業還受外國控制，民營公司不多，畢業生要面對保守舊技術的業界，甚至還要設法自己成立公司，身兼營運和技術兩重身份。

日本的西醫是學德國的。五校協議裏有一間醫校，而名額最少，但是對促進中國學生在日本學醫還起過作用[16]。最初留學生選醫科的並不發達，後來漸有增加，可惜不易堅持到畢業。我們所熟知的文學家魯迅、郭沫若都放棄學醫。郭沫若甚至兩次學醫，最後還是沒有在醫學上發展。

留日學醫，時間長而少精進，其原因郭沫若講得很合實況：在日本讀一個醫學學位，要十年時間。實際只讀了四年的醫科和一年實習。前面五年用在預備考高中、讀高中和高中的預科。而且要走種種紆路，日本的醫學是學德國的，在日本學醫非要學德文不可，而中國人去日本學醫又非先學日文不可。[17]

但是因為費省路近，留日學醫的人還是不少。他們回國做了不少醫學知識普及的工作，推動了解剖實習，也開辦了中國最早的民辦醫藥學校，逐步改變了醫療與外國教會緊密結合的情況。

經濟和其他冷門科目

日本政界和帝國大學的經濟學是德國體系的。私立的慶應大學經濟系也有名，但是旨在培養經管人才，相應地偏重英美經濟學。[18]二三十年代去日本學經濟的中國學生很多。

留日學生也有讀比較冷門科目的，這也圖了費省路近的好處。像畫家多是留法，但也有留日的豐子愷；音樂人才固然留德留美，也不缺留日學畫而兼音樂的李叔同；現代舞當時不是向美國學，開風氣的是三十年代的留日學生吳曉邦，他三去日本學習，既師承德國的體系，又透過書籍吸收美國現代舞大師鄧肯的理論，成為中國著名舞蹈家：

> （學舞兩年）還剛剛入門，懂得不多。但在當時的中國，學習舞蹈藝術的人也只有我一人。

第二次去東京時，日本各種文藝思潮很活躍，舞蹈老師也順著各種思潮在變化，這一點給他的印象很深。這老師雖然教芭蕾舞，但可能在巴黎時曾接受過鄧肯的現代舞影響。老師鼓勵學生創新，說藝術上的師承，應該青出於藍，不能老師說了算的。

第三次去東京，想熟悉日本舞蹈界各種藝術流派。那時德國舞蹈在日本風靡一時，因此也想了解德國現代舞蹈。[19]

還有民俗學，被譽為中國民俗學之父的鍾敬文是三十年代在研究生課程裏打基礎的：

> 這兩年裏，對於搞民俗學所需的知識結構，得到補充，像社會學、人類學、民族學、語言學、原始社會史等等一些知識，都有所涉獵。……總算對這幾門學科粗略學習了一下，幾十年做研究工作，它一直在起作用。沒有它們（指基礎工夫）是不行的。[20]

世界的知識沒有停下來等戰亂下的中國人，所以到三十年代中國仍然在透過日本吸收新發展。

註 釋

1   1908 年起增收 165 個中國學生，名額分配為一高 65（但從未真的達此數），高工 40，師範 25，商業 25，醫科 10。除學費外，中國政府為每名學生付 190 日元特別培養費，相當於日本學生學費的四到七倍；日本學校擴建校舍等設備的費用，由日本免息貸款給中國。詳見實藤惠秀《中國人留學日本史》，香港：中文大學出版社，1982 年。黃福慶《清末留日學生》，台北：中央研究院近代史研究所，1975 年。嚴平〈近代中國留學日本大學預科研究 ── 以"五校特約"為中心〉，《清史研究》，2012 年 11 月，頁 53-62。

2   張資平《資平自傳》，北京：中國華僑出版社，1994 年，頁 75-76。1911 年山口高等商業因為留學生同盟退學事件，不再成五校特約，見王嵐《戰前日本の高等商業學校における中國人留學生に關する研究》，東京：學文社，2004 年，頁 231。

3   特約五校的協議應在 1922 年屆滿，1920 年 12 月教育部有〈關於解除留日五校特約的通知〉，準備期滿後不再續約。《中國近代教育史資料彙編・留學教育》，上海：上海教育出版社，頁 360。

4   錢歌川《苦瓜散人自傳》，香港：香江出版公司，1986 年，頁 16-17。

5   黃福慶，同上書，頁 97。引清光緒朝中日交涉史料卷 72，頁 22。

6   日本軍隊一切都向德國學；雲南講武學堂的教育方法採德國式。見唐筱莫〈五十年前留學日本士官預校的回憶〉（四），見《傳記文學》，23 卷 3 期，頁 87，114。

7   自 1898 年首批到 1942 年日本陸軍士官學校停收中國學生為止，獲少將以上軍銜或相當職級，又或卓有建樹的，已有 1600 人以上，見陳予歡《中國留學日本陸軍士官學校將帥錄》，廣州：廣州出版社，2013 年。汪一駒認為在日本受訓的軍人極少真能說日語，能吸取皮毛以上的日本文化的有如鳳毛麟角，因此他們的眼界較在國內受訓的，是五十步與百步。汪一駒《中國知識分子與西方 ── 留學生與近代中國（1872-1949）》，台北：楓城出版社，1978 年，頁 7，自序。

8   舒新城在 1930 年代說"現在執政的軍人，十之七八可從〈日本士官學校丙午同學錄〉與〈振武學校一覽（光緒三十三年）〉中求得其姓名，軍閥如此橫行，留日陸軍學生自應負重大責任。"見《中國近代留學史》，長沙：湖南教育出版社，2010 年，第十五章結論。

9   汪向榮《中國的近代化與日本》，長沙：湖南人民出版社，頁 103。1907 年，警察學校有 213 個中國學生，見王嵐，同上書，頁 42。

10 張知本《張知本先生訪問記錄》，台北：中央研究院近代史研究所，1996 年，頁 14-15。

11 曹汝霖《曹汝霖一生之回憶》，台北：傳記文學出版社，1970 年，頁 13。

12 張知本，同上書，頁 16。

13 整理出版了十餘萬言的《東遊叢錄》（歸國前就由日本三省堂書店於 1902 年出版），但 1903 年吳汝綸就病逝了。

14 1907 年 6393 名留學生裏，讀高工的 98 人，高等商業學校的 41 人。讀帝大 45 人、官公立大學 19 人、私立大學的 2628 人裏也會有讀工商科目的，但未列明。見王嵐，同上書，頁 42。

15 中國銀行總經理張嘉璈畢業於慶應大學，浙江實業銀行總經理李銘畢業於山口高等商業學校。

16 《二戰前留日學醫回國的人數約 789 人，其中 20% 畢業於五校特約的千葉醫大。東京大學醫學部亦有 11%。據見城悌治〈中國醫藥學留學生與日本〉，載《近現代中日留學生史研究新動態》，上海人民出版社，2014 年，頁 70。

17 郭沫若《櫻花書簡》，成都：四川人民出版社，1982 年，頁 170。

18 彭迪先《我的回憶與思考》，成都：四川人民出版社，1992 年，頁 22。

19 吳曉邦《留學日本》，載《藝人自述》，杭州：杭州大學出版社，1998 年，頁 232，234-236。

20 鍾敬文《早年留日者談日本》，濟南：山東畫報社，1996 年，頁 32。

跟日本學習的問題

第一批中國留學生到日本時，日本的時事評論就說，"從費用觀之，留學日本比較便宜；但直接從祖家所得者，當遠較經重譯得來之學問為可靠也。"[1] 雖然這不能一概而論，卻是老實話。

作為一個轉口港，當兩方能夠直接貿易的時候，轉口港的價值就會減低。1905 年中國第一次舉行留學生考試，留日學生獨領風騷，但以後各次，有英美留學生同考，雖然取錄人數仍然以留日生最多，但是頭幾名全是歐美留學生。

此外，留日學生也懷疑他們選科或進修受到限制。學軍事，雖然科目很廣泛，但是沒能修讀當時的前沿軍事學科。[2] 在限制留日學生成就方面，可以肯定的一件事，是中國付錢約定五間學校，其中最多名額給第一高等，期望畢業生可以進入東京帝國大學接受最高級教育，但來回交涉，爭執很大，最後並不能完全如中國所願。

速成班

早期留日另一個惹人詬病的地方，是學生讀法政和師範速成班的特別多。速成科的本意，是短時間裏培訓出一批人才。除了課程濃縮，上課還用譯員傳譯，學生不必先掌握日語。當時開辦速成科如雨後春筍，由專門為中國人而設的弘文書院在 1902 年早著先鞭，三年的本科之外，開辦課程長半年到一年的速成師範，接著法政大學開法政速成班，明治大學、早稻田大學又另設學堂或留學生部，收中國學生。[3] 速成學習有多興盛呢？光是弘文書院，短期間就擴充到 5 間，前後期有 7000 多人入學，3800 多人畢業。1908 年中國的報告，60% 留日學生學速成科。[4]

日本人裏力主速成的，認為中國發展新教育，比日本晚三十年，應該用明治初年的方法，推行速成教育，努力在短期裏培養師資，遞傳遞廣。反對的則認為速是速了，但未必能有成。[5]

速成班本來是權宜之計，也有它合理的一面，卻被日本學店和中國留學生弄得面目全非。為了競爭學生，竟然有日本學校競相減短授課時間，不少混文憑的中國學生跑到這些學店買證書，[6]令到速成教育變質。"近見江蘇附生徐嘉湘等留學速成師範畢業回國，叩請批示一稟，列名者凡七十人，稟中詞意無非欲得舉人進士出身，心地卑污，實為學界之玷。"[7]中國國內主張變通的呼聲此起彼落。

1906年中國宣佈不再派學生學速成科，這些速成班或學校就紛紛停辦。[8]

日本西化之初可以速成，中國的速成之路卻迅速消失。這固然可以歸究中國人的科舉思想過重，但是日本政府辦速成班給日本民眾，未必容許學店式的速成。更何況日本人上速成班，上課不必靠翻譯，課堂之外，還有出版得快而多的日文翻譯書，足以鞏固和提升。無論留日學生如何努力從日譯本把新知再譯成中文，這些條件中國還是沒有追趕上。

長期受中級教育

在日本留學，雖然費省路近，但是要獲得歐美同等的資格，卻不容易。

以同是1891年生，接近時間出國的一個安徽、一個湖南留學生比較，他們一個留美，一個留日，獲得的學術資格就有天壤之別。胡適考了留美資格，1910年去美國之前，"雖然換了三個學堂，始終沒有得著一張畢業證書"，[9]他去到美國即進名校康乃爾大學讀農科，1917年以博士候選人的資格回國，在1919年的五四運動中大出風頭。比他晚三年出國的龔德柏，在中國的高等工業學校讀書，考省公費去日本，先要讀一年日文，再投考第一高等，連預科計要讀四年才能進大學。1919年他因為五四運動抗議回國，被學校留級，他憤而放棄學業。當時他已在日本六七年，連高中也未畢業。

如果說胡適名滿天下因為他是優秀的人才，那麼高中未畢業的龔德柏也終於成為著名報人、總編輯，也教大學，在抗日戰爭時期，以他對日本的了解，一力主戰，幾跟胡適筆戰。

龔德柏留日的時候，公費留日早已有很多前人；胡適留美的時候，大規模的公費留美才剛發軔。以所投入的時間而論，這兩個都屬人才的留學生，只因為留學國不同，所獲得的學術資格，差距如此大，這豈是偶然的？

留學日本一個長期問題是受教育的起點低，獲得的資格低。留日學生比留美學生至少多十倍，但是在美國得到博士學位的人數卻至少是在日本的二十倍。[10] 1935 年的資料，留日學生大學畢業的只有十分之一強，而同期留學歐美的，八成讀完大學或研究院。[11]

想到日本快捷獲得轉口知識，其中的困難，恐怕不是國人所深知的。

日本人學新知識的態度

檢討中國人留日遇到的困難之外，也應看一看日本自己學新知識的態度。

為我所用的態度

戰前日本的尖精學問，主要學習歐陸，尤其是德國。認為日本跟德國都是從落後處起步，學德國易見成效。不光憲法、陸軍等學德國，經濟理論也傾向德國：

> 他們不要跟英國走，不跟自由主義走，他們引進李斯特（按：德經濟學家）的國民經濟學，講一個國家的國民經濟怎樣才現代化。另外，同時也注意德國出的工人階級勞工運動思想。當時，德國和日本，有相同的底子。[12]

學語言有清楚目的

日本要求精英學生能夠以原文吸收知識。現在中國學外語，同時要求聽講讀寫四種能力，但是日本精英學外語主要是為了看書吸取第一手資料。

> 日本人學外語是為了看書，不是為了說話。所以老師教了

一個禮拜德語，發音還沒教完，文法還沒教，就立即唸歌德的小說，突然得很。剛學德文 ABC，我還在悠哉悠哉，突然老師就叫唸歌德的小說。[13]

東京大學的預備學校，分為德文班和英文班，但是分班只是更側重其中一門外語而已，實際上這些高中學生兩門外文都要懂得。[14] 戰前日本的醫科、經濟、哲學等以德國為楷模，學生必須懂得英語和德語。直到今日，在日本學西洋哲學，仍然要學德文。

由於學外語主要為了看書，所以日本外交官、甲級戰犯重光葵第一次派駐德國時，講德語也不靈光。重光葵是專攻德國法律的，他們一行人本來對自己的德文十分有信心，不料火車由法國到德國境時，問德國車長火車何時到達柏林，車長卻回答說不懂法語！這個東京帝大畢業生後來找人重頭教他外語發音。[15]

趨步西方的高等教育

日本大學的教學方法對西方亦步亦趨：實用科目重視實習，不光理科醫科重視實習，工科學生也要到工廠實習；有類似 seminar 的課。[16]

日本的研究室制度與留學歐美等地學生所見的，幾無二致。理科的研究院採用講座制，講座教授配有助理教授，研究生在研究所做各種工作、跟其他資深人員學習，共同為教授廣泛的研究作努力。連學會會誌也仿得與德國一樣：

日本病理學會會誌完全仿效德國病理學會會誌，所有論文，大都是演說稿般的形式，詳細的歷史性文獻介紹，分項討論，一概從略，連文獻目錄亦不登載。[17]

認真、全面、深入

跟中國不同，明治維新並不是日本人第一次改換文化，他們曾向唐代學中國文化，對學習西方文化，也稟持同樣謙虛認真的態度。

頂尖的大學教學，對一個字詞也一絲不苟。在東京帝大，一個學生寫秋水仙鹼寫錯一個字母，教授就在講堂上說，字都寫錯，還是東京大學的學生嗎？

另一個東京大學學生説，日本教授向西方學習、了解西方的發展是從很根本做起的。一個學者要研究英國從封建社會到資本社會的過程，勞動者怎樣現代化，就從原始檔案搞起，成為西洋經濟史一個學派。[18]

> 我在東大經濟學部，看到他們教授向西方學習，他們本身沒有現代化文明，同傳統中國人一樣。但是他們主要學習英國和德國，這就和中國轉學日本是不可比的。他們學習得非常地道，認真學習第一流學者的書，非常認真系統深入地做工作，所以德國歷史學派在經濟學部猶如官學一般。……我在學習中體會到，一個國家民族要現代化，不認真學習，不尊重科學，特別不尊重社會科學，……很危險。我們還是應該認真叫青年人向全人類學習先進的歷史的學問。日本的東方知識沒有放棄，史實擺在那裏，它的儒家研究比中國還深，它的資料保存比你還好，它的生活方式保存很多中國唐代的東西，而我們早就沒有了，連埋在地下的也破壞不少。[19]

當然，我們也不能説日本的精英教育就是日本教育的全部面目。日本也有不認真的學校和教授，尤其是私立學校。在私立學校兼課的名校教授，可以遲到，説笑，唸講義。不過考試倒很嚴，雖然都是背筆記抄書，仍然有很多人不及格。即使官立的千葉醫大，教授熱心於研究，而不太重視教學，學生上課就是拚命抄筆記。審查博士論文也可以很隨便，竟然幾乎通過有以 50% 鹽水做實驗的論文。[20]甚至中國政要後人入的陸軍預備學校，教師也不好。漢文教師語言粗鄙，沒有學者風度；數學老師年近古稀，説話不清，精神不濟，能省力則省力；地質教師不正經教書，最愛向學生討郵票，經常受學生作弄。

> 我心裏想這種教授怎能在軍事學校任職，更不明白為甚麼培植陸軍幹部的重要軍事教育機關，不請一些更好的人物，偏要集老廢於一堂。[21]

日本的硬件建設不比中國先進，難以立即激發留學生向先進學習的精神；日本現代化成功的精髓在它的軟件裏，故此不少長期留日或者進入最高學府的留學生，會稱美在日本學習的經歷。

> 要想學習日本，就要引進，就要深，……把西方學術學
> 到手，嚴復沒有這個力量，這不是文化搬家就行了。前輩對西
> 方社會科學不太理解，引進翻譯似是而非，更渺茫了。而日本
> 在明治維新以前，就有學西方的基礎，理解多，翻譯恰當，人
> 數也多，質量也好。日本在翻譯後就東方化了，比如一個經濟
> 學，中國翻譯成計學、生計學，日本用中國漢學，經國濟民，
> 創造又拿過來，變成自己的財富。中國通過日本研究現代化，
> 吸收人類文化財富，看來是一條必經之路，也是捷徑。[22]

中國人時常稱讚日本人認真，自己卻不肯認真，這是自強之路上的
一大毛病，直到現在還沒有改。然而中國學生的認真程度問題，卻未
必是日本的西化經驗未能如願轉口的根本原因。

中國之求新學，最初是出於救亡圖存，想不再受列強欺侮，如果一
直維持這個清晰目標，上下共舉，用日本的方法，中國的精英不見得
就不能有仁人志士的精神。那麼中國在二三十年內富強起來，也不是
虛幻的企圖。

可是中國想維新的時候，境況跟日本明治初期已經大不相同了。清
政府宣稱改革，但民間對它的決心疑慮重重，既然互不信任，日本西
化的上而下的模式根本無從談起。而日本對於傳播新知識於中國，雖
然有出力，但是關卡也不少，帝國大學本科也只開一條小縫，遑論取
得博士了，這迫使中國學生長期處在較低學歷的學習裏。中國人花在
日本留學的錢不比花在歐美少，效果卻恐怕遠遠不及。

至於日本的西化是不是成功，有日本人認為要看時間界線劃在那
裏，如果以甲午或者日俄戰勝為界，那麼日本快速富強，西化確實成
效顯著；如果以二次大戰作為日本西化的完整階段的了結，那就是未
必得到同一結論了。

在建設良好的現代化社會這個目標上，近代的中國和日本都摔了一
大跤。

註 釋

1　實藤惠秀《中國人留學日本史》，香港：中文大學出版社，1982 年，頁 10，引大町桂月。

2　野戰重炮科、山炮科等當時最前沿的新型兵科，沒有中國學生派遣，因為清政府不認識這些兵種的作用，也可以看出日本在前沿軍事學科上對中國人的防範。傅中瑋〈清末留日士官生與中國近代軍事變革〉，載《安徽文學》，2010 年第 3 期。

3　實藤惠秀，同上書，頁 32。上垣外憲一《日本留學と革命運動》，東京：東京大學出版會，1982 年，頁 68。

4　實藤惠秀，同上書，頁 39。

5　實藤惠秀，同上書，頁 32，36。

6　實藤惠秀，同上書，頁 37。

7　1906 年張元濟〈請勿將變通獎勵學生章程與變通獎勵混而為一〉。

8　黃福慶《清末留日學生》，台北：中央研究院近代史研究所，1975 年，頁 94；實藤惠秀，同上書，頁 49。法政大學速成班由 1904 辦到 1906 年、弘文書院 1907 年關門、明治大學的學堂由 1905-1910 年。上垣外憲一，同上書，頁 67。

9　胡適《四十自述》，上海：上海書店，1987 年，頁 154。

10　〔美〕史黛西・比勒《中國留美學生史》，北京：三聯書店，2010 年，頁 47 註 3。

11　汪丞〈近代留學生"東洋二等"現象探析〉，《教育評論》，2012 年 5 期。

12　朱紹文《早年留日者談日本》，濟南：山東畫報社，1996 年，頁 65。

13　朱紹文，同上書，頁 55。

14　朱紹文，同上書，頁 52

15　重光葵〈外交回想錄〉，載《傳記文學》，100 卷 5 期。

16　帝大的經濟系研究生每週有一次經濟演習，即經濟討論課。彭迪先《我的回憶與思考》，成都：四川人民出版社，1992 年，頁 25。

17　葉曙《病理卅三年》，台北：傳記文學出版社，1970 年，頁 52。

18　賈克明《早年留日者談日本》，濟南：山東畫報社，1996 年，頁 135。朱紹文，同上書，頁 67。

19　朱紹文，同上書，頁 65。

20　葉曙，同上書，頁 17，38，451。

21　唐筱莫〈五十年前留學日本士官預校的回憶〉（三），見《傳記文學》，23 卷 2 期，頁 105。

22　朱紹文，同上書，頁 70。

廣求知識於世界的學習環境

日本維新的精神，具載在明治天皇五條誓言，其中一條是：廣求知識於世界，大振皇基。

在這一點上，日本是充分做到了。他們翻譯出版最新的思潮，不斷追步先進國的學科發展，並且為了掌握該學科，下死工夫學該國文字。

如果考上認真的學校，那麼在日本求學，學習環境是好的，教學認真[1]，學風自由，圖書出版豐富，世界最新思潮、最先進的學習方法，日本都採用。連經常諷刺日本的學生也說：

> 那些日本的科學家，你不能不說還他，到底他們也很有世界的眼光的。至少他們談學問的時候如此。……他們除了教書之外也使我們很尊敬他們的。

因為受這些科學家的影響，她心目中的世界醫學的中心從英國轉到了德國。[2]

中國留學生去日本學習的學科也是很全面的，理、工、農、醫、法律、政治、經濟、教育、文藝、體育、軍事、警察都有。文藝也不止文學和繪畫，還有音樂和舞蹈。

大學的系統

日本也有學店，但是帝國大學的系統和相關的高等學校，質素很高。

從明治維新初期，日本就規劃了八個學區，準備每區設一間大學。不過，限於資財，實際上只能慢慢建立。第二間帝國大學 —— 京都大學，要遲到 1897 年才出現，所以有留日學生說它是用甲午戰爭的賠款來設的。

到二戰為止，日本本土有七所帝國大學，遍及南北。這些帝國大學都是日本引以自豪的重點大學。師資、圖書設備、教室、實驗室等以及校紀校風，在日本是一流的。因此每年入學考試競爭非常激烈。[3]

在這幾家帝國大學裏，又以首先創立的東京帝國大學最重要。號稱東京帝大預科學校的第一高等學校，畢業生入東京大學要考試，入其他帝國大學就不用考。[4]

除了帝國大學，日本還有專門的官立高等學校，例如東京高等師範、東京高等工業，水準也不低，因此曾反對和帝大待遇上有大差距，後來都改稱為大學。

雖然學者的視野是世界的，方法上緊跟西方大學，日本卻不重視外國學位。他們把自己的大學搞得和外國一樣嚴格先進，並不以畢業於外國大學為榮。

以醫科為例，最初專採取德國醫學為模範，論文不在德國做的話，很難在日本申請醫學博士學位。後來接受用日文寫論文，研究風氣才增加。[5] 但這不代表他們重視在外國獲得的學位：

> 日本人自視甚高，只有日本國產的才稱醫學博士，外國的舶來品則只許稱 doctor medicine，而不得譯作醫學博士。[6]

據說當時德國也有這種情況，只有德國的博士才能稱博士。[7] 與中國重視外國學位的情況大有分別。

自由學習

當年日本的高中管理得很嚴，但是進入大學，就截然是兩個世界，學習十分自由，以自學為主。"上課自由自在，也沒有人管，只要你考試及格。"[8] 這種情況，今天日本仍然如此。

那並不代表你不用上課，或者光讀教科書就成。有學生"上生物化學課，再用心也聽不明，只好找德文原書看，覺得很清楚容易。才明白大學教授講課常是講自己研究心得，各人自己去體會。老師要求嚴格，考試多是口試，用誘導的方法問學生。"[9]

在研究院，"教學方式就更放任而散漫，沒有太多形式上的考試，自修的時間較多，教授們指定許多不同的參考書，完全要靠自己研究與體認。"[10]

不光東京大學如此，另一家九州帝國大學也如此。"在當時帝大校園內，如果是學術問題，在討論中，各種觀點都可以拿出來爭鳴。即使是馬列主義的觀點，也可以在課堂上或文章裏發表，因而爭論相當激烈。如果問題難於一時解決，就再次討論，這種自由爭論的學術空氣，對我很有啟發，大大促進了我的研究工作，我對經典著作的學習更加引向深入。"[11]

對中國歷史的判斷，也容許爭論。東亞史研究的著名學者矢野仁一完全是御用思想，說中國只是一個地名，不是一個國家，但容許一個正請他寫推薦信的中國學生提出反駁，聽過後認為那"想法還是很有一點見解"，不光寫推薦信，還留他吃飯。[12]

> 我覺得我在東大打下了基礎，分析問題，研究方法，做學問都有了。第一，老師教我們思考問題，必須歷史地考慮，從發展歷史思考；第二，不要公式主義，不要拿教條公式、模式，套到自己身上；第三條，任何事要自己主動思考，不要盲從，不要僅聽別人的，要獨立思考，這幾條我一輩子都牢記，受益無窮。這裏有方法論，也有人生觀。[13]

但是所謂有人生觀，不是說要灌輸一套人生價值，這在日本的精英教育裏是很獨特的，與社會上的軍國主義教育氣氛不完全一樣。

> 我學的是哲學、倫理學。是屬於西方體系，同我的觀念沒有一點抵觸。我在上海時一點也沒有學過，只學過似是而非的三民主義。日本人是從學問上學，並不是灌輸人生觀，教材也多是教師自己編的，他們（一高教師）多是第一流的學者，可以當東大教授的。[14]

書的方便

明治的基礎教育工作令日本人的識字率提高了很多。日本社會的讀書風氣，即使遊客也能體會得到。留學生住下來，更會見到下女亦能讀報，車上的中小學生一面用手扶著車，一面拿書在看。[15]

那麼日本人是怎麼得到書籍的呢？日本有很豐富的研究性圖書館，像東洋文庫就藏有許多中國古籍。帝國大學和相關的高中，圖書館也很不錯，"一高的圖書館很方便，就在校內，日夜開放，用功基本就在圖書館裏。"[16] 但是私立的學校圖書館就比較差，尤其是早期，哪怕學生強調所讀的大學有名望，但講到參考圖書，也不能不說少。[17] 東京女醫學校是私立的，當時醫書非常貴，不能人人有，圖書館也不好，所以學生全靠講義，上課時日本學生都低下頭來拚命地寫，中國學生跟不上，只好向日本學生借筆記。[18]

　　要看書，還可以逛書店，尤其是舊書店。一個教授乾脆叫中國學生去逛舊書店，不用費時間去圖書館。[19]

　　東京大學、早稻田大學附近都有舊書店。而神保町書店街，書店有新書有舊書，在留日學生裏大有名氣，到今日仍是中國愛書人遊日本時，必去的地方。

　　神保町街兩邊伸長一里多，有各種書店，日本共產黨解散後，仍有一個合法的書店"那烏卡"（科學）。待得星期天，從一頭開始走，一家家圖書看過去，那是讀書人很大的快樂。在書店可以從早看到晚，過道有幾張小凳子，你可以拉出來坐著。店員很有禮貌，見你看得太久了，還倒一杯日本茶給你喝。你想在店裏抄書，隨便你抄。[20]

　　立志研究的人則視之為尋寶地。"週末常去神保町逛舊書店，獵獲許多難見的資料，為以後的研究工作打下基礎。"[21] 高中學生可以由淺入深，點滴浸淫。"一高離舊書店很近。舊書店老板看你進去也不理，買不買全可。我就買一點淺顯的書，慢慢看懂了。"[22]

　　除了週末可以大逛書店，神保町還有發達的夜書市。有開門的店舖，也有擺地上的小書攤。小書攤是在大路旁的小胡同裏，每天晚上在地上鋪上書刊，一個人擺幾十本，點個小煤油燈，甚麼書都有。內容從古到今，方方面面。有的譯西文新書出版幾天，就有上夜市，哲學、經濟學甚麼都有，一塊錢的書花一兩毛錢就能買到。所以好學的學生每天晚上都要去逛夜市。[23] 中國留學生初期多住在神保町，吃完晚飯走五分鐘，就逛舊書店了。"進去隨便看，主人還介紹你要看甚麼，好像不是做買賣的，很親切，非常舒服地隨便看書。""我就在這兒學到不少日本文化，也不需要買，站在那兒看行了。"[24]

在這種社會氣氛和環境之下，留學生看見"日本人大都很愛學習，一般社會上的人也是用功的"。連早稻田大學圖書館工作的小學徒一有空，都在讀外語準備考試。而愛學習還不是愛一般地看書，而是愛研究性的書。一個中國教授託留學生在東京買德文本的名著《勞動與節奏》，各書店都找不到，一天進了小街上的一家小書店，坐在櫃台上的中年人背後書架上正有該書，問他賣不賣，"他抬頭望望我，然後說：'這本書是我自己要看的'……這是一本很專門的書，一般人是不會看的。我想，這麼一個中年人，開個小書店，竟然要看如此專門的書。"

更令這個研究民俗學的留學生驚訝的，是普通人不光看專深的書，還立志做研究。他請的一個日語老師，正職是在電台做廣播，一個月掙 30 元，不是甚麼研究機構的人，家裏卻有幾百個鳴子木偶（一條棍上安個木人頭），是他研究用的，他未發表論文，因為"現在日本研究的人不太多，但有一人是權威。我現在寫文章不能夠超過他。要等到能夠勝過他時，我才發表文章。"中國學生感慨說："你看看，厲害不厲害。和有名學者比賽，還要勝過他才行。""可見日本學術文化空氣，已經深深透入一般老百姓的心中，大學者們就勿論了。日本戰敗後，很快能夠恢復，主要就在教育、文化根基厚。""那不是一個簡單的民族！日本人做學問，我們看著狹窄，但很深。我們現在大而無當的東西太多，空話連篇，沒有意思。"[25]

藝術氣氛

除了圖書，日本社會的文藝氣氛也很濃厚，繪畫展覽、音樂、舞蹈、戲劇表演，都很豐富，而且緊接世界潮流。

靠親友接濟而留在日本不足一年的青年，後半年時常請假，寧願參觀展覽會，聽音樂會，訪圖書館，看歌劇，以及遊玩名勝，鑽舊書店，跑夜攤。"因為這時我已覺悟了各種學問的深廣，我只有區區十個月的求學時間，決不濟事。不如走馬看花，呼吸一些東京藝術界的空氣而回國。" [26]

巴黎是那時世界公認的藝術之都。而東京每年的沙龍展覽會，是把巴黎入選的現代藝術家每年一次的沙龍畫展，拿到東京來展出，每張畫都印明信片大的複製品。愛藝術的學生每次展覽都去看，說是一種眼福，一種享受。[27]

由於文藝表演興盛，日本啟發了中國第一個現代舞蹈家：在早稻田大學正門前有個可容 1200 人的會堂，每星期六都有演出，有歌劇、話劇和舞蹈，買票也很便利，成為未來的中國現代舞蹈家開始接觸藝術的場所。他本來學音樂，因為在會堂看見日本大學生創作的舞蹈，大受影響，幾天都睡不著覺，從此立志獻身舞蹈，常常去看舞蹈表演。[28]

吸收世界和創造性模仿

在廣求知識於世界方面，日本十分用功。日本不是第一次大規模而且全面地向外學習，這方面它比中國有經驗，雖然沒有創造世界新知識，而常常被人詬病為抄。欠缺原創性，可以說是日本的未足之處，但它的向外學習成果，文學家郁達夫說得好：

> 日本的文化，雖則缺乏獨創性，但她的模仿，卻是富有創造的意義的。[29]

日本人的善學和活用，令留學生印象深刻的，不光在吸收西洋文化，而同時在活用中國古文化做名詞翻譯，像經濟、範疇。"範疇這個詞是從中國古文'洪範九疇'引來的，大田野變成抽象的大範圍，比概念還大。這一類的用法很多，日本學者發展了中國古文的近代應用。" [30]

或許在追求現代化的過程裏，中國人和日本人的分別，確如一個留學生所講，"他們不把西方學問當做西方學問來學，他們是當做人類學問來學的！" [31]

註 釋

1   日本部分語文學校騙錢，但也有認真的，像松本龜太郎當作畢生事業去辦的東亞，家庭與松本有舊交的汪向榮說，他在東亞 8 個月就解決了日語的問題，會講會寫。汪向榮《早年留日者談日本》，濟南：山東畫報社，1996 年，頁 147-148。

2   楊步偉《一個女人的自傳》，台北：傳記文學出版社，1983 年，頁 151。

3   彭迪先《我的回憶與思考》，成都：四川人民出版社，1992 年，頁 22。

4   賈克明《早年留日者談日本》，濟南：山東畫報社，1996 年，頁 132。一高畢業生入京都大學，可以免試。葉曙《病理卅三年》，台北：傳記文學出版社，1970 年，頁 60，皇親貴族從學習院畢業，皇太子、親王入京都大學不必考試，入東大要考。一個宣佈放棄直升，非要像普通學生那樣考東大的親王還弄得滿城風雨。

5   杜聰明《回憶錄》上，台北：龍文出版社股份有限公司，1989 年，頁 70。

6   葉曙，同上書，頁 37。

7   王光祈〈留學與博士〉，載《王光祈旅德存稿》，上海：中華書局，1936 年，頁 459-460。

8   朱紹文《早年留日者談日本》，濟南：山東畫報社，1996 年，頁 63。

9   賈克明，同上書，頁 134。

10 雷德全《我的母親 —— 宋英》，台北：桂冠圖書股份有限公司，1996 年，頁 57。在東京帝大研究所。

11 彭迪先，同上書，頁 26。

12 汪向榮，同上書，頁 157，159-160。對矢野的判斷是汪榮祖引松本龜太郎所説。

13 朱紹文，同上書，頁 67，72。

14 朱紹文，同上書，頁 56。

15 丘成《早年留日者談日本》，濟南：山東畫報社，1996 年，頁 94；陳辛仁《早年留日者談日本》，濟南：山東畫報社，1996 年，頁 87。

16 朱紹文，同上書，頁 56。

17 曹汝霖《曹汝霖一生之回憶》台北：傳記文學出版社，1970 年，頁 13。

18 楊步偉，同上書，頁 139。

19 汪向榮，同上書，頁 155。實藤惠秀對汪向榮所講。

20 鍾敬文《早年留日者談日本》，濟南：山東畫報社，1996 年，頁 31。陳辛仁，同上書，頁 87。汪向榮，同上書，頁 155。

21 傅衣凌《世紀學人自述》第 4 卷，北京：北京十月文藝出版社，2000 年，頁 117。

22 趙安博《早年留日者談日本》，濟南：山東畫報社，1996 年，頁 38。

23 朱紹文，同上書，頁 48-49。陳辛仁，同上書，頁 87。

24 朱紹文，同上書，頁 48-49。

25 鍾敬文，同上書，頁 32-33。

26 豐子愷《豐子愷自敍》，北京：團結出版社，1996 年，頁 108。

27 錢歌川《苦瓜散人自傳》，香港：香江出版公司，1986 年，頁 37。

28 吳曉邦〈留學日本〉，載《藝人自述》，杭州：杭州大學出版社，1998 年，頁 230-231。

29 郁達夫〈郁達夫自傳〉，載《郁達夫日記集》，西安：陝西人民出版社，1984 年，頁 409。

30 丘成，同上書，頁 95。

31 朱紹文，同上書，頁 56。

天下秀才的高中

在日本讀書的學生，想進入日本大學裏首屈一指的東京帝國大學，先要設法進入第一高等學校，簡稱為東京一高或一高。

根據高等學校令，高等學校學制是三年，本來的宗旨是"完成男子的高等普通教育"，而不是大學的預備學校。但是制度和實際有別，從高等學校高等科畢業的學生，幾乎全部上大學，尤其是帝國大學、官立大學。[1]一高可說是東京帝大的預備班。因為日本實行男女不同學，所以是間男校。東京帝大是日本第一間現代大學，也是治國人才的培養之所，支配了日本的政壇。出自其中的有日本首相岸信介，內閣總理大臣近衛文麿。這一高和東京帝大系統在日本的重要性不言而喻。

在1910年代，日本的官立高等學校有八間，以一二三四編號，一高在東京，三高在京都，其他六所不在大城市；1929年擴展到32間。[2]中國留學生很早就有進一高的，而清末中國政府也很重視一高和帝大的系統，跟日本訂定官費五校協定時，一高的名額最多。本來一高畢業就可以入帝大，等於中國政府借助日本來培養最高級人才，可是一高專門為中國學生設了預科，[3]及格了才入本科，郭沫若、郁達夫、張資平都讀過一高預科，考試之後沒能留在一高，派到其他高等學校。

早期的畢業生比較少提及一高的精神，但是三十年代進一高的學生，都強烈感受到這裏有一種天下秀才感，似乎社會公認一高是日本最高級的秀才的雲集之所。

> 東京大學學生是以天下秀才自居，是國家的棟樑，事實也是如此，是第一流的。在日本概念中，提到是東大畢業生，不算稀奇；提到是一高東大畢業生，就是日本精華了。[4]

據說一高的學生進其他帝國大學可以直升，但進東京大學就要考，有些一高畢業生為了進東京大學，一考再考。由於一高和東京帝大的特殊地位，所以在這家學校裏讀書的體會，給中國留學生深刻的印象，甚至比上東大時還深刻。[5]

自治生活裏的精神

從學費來說，這家高中不是貴族學校。三十年代中，學費只要十多元，很便宜。[6]這些準東大學生、未來日本的棟樑，提倡過一種質樸剛健的樸素生活。有認為這種精神是日本人哲學思想裏提倡的日本主義，甚至是武士道精神。[7]

> 房子全是二層木頭的，破廟似的，比古色古香還破爛。這是東方儒家的生活味道，我想到的是顏回陋巷的感覺。外面是馬路，現代化的；旁邊是東京大學，西洋化的；只有我們裏面是日本式的。……睡覺的地方就是兩排長長的榻榻米，上面睡幾個人也不一定。釘了些板子放箱子。[8]

教室也是在兩層樓的矮房舍裏，只是比宿舍好而已。宿舍的生活有一種自治的意味，規定有一套學生自治的辦法。[9]

日本第一高等學校學生，前排左二為中國學生朱紹文。

學生的衣裝也反映同樣的生活態度，穿破衣破帽才吃香，大家光著頭，穿長黑袍或制服，光腳穿高木屐或破草鞋。走路一歪一歪的，但很神氣，表現一種青雲之志。自認是天下的秀才，以蠻為榮。[10]

除了生活上講究艱苦奮鬥，高年級學生也不斷提醒學弟保持志士的精神。一高學生自治會經常貼出通告：必須高唱寮歌！（按，寮指宿舍）因此校園內歌聲不斷。有一首歌唱"眼下的榮華俗世陶醉於太平安逸的美夢中，我們五寮的健兒卻高高站在山崗之上，意氣衝天……一旦奮起，世間偉業何事不成？"[11]

除了學生自治會正式的提醒之外，還有日本式的頗有蠻氣的提醒。日本學生的生活是頗輕鬆的，經常鬧啦喝酒啦。晚上自修完，就去附近的小舖喝酒，喝完酒成群結隊唱歌跳舞，把已睡的同學都鬧醒，然後又亂七八糟地亂睡一通。喝醉的高年級生會半夜進宿舍，叫大家起來，聽他們喊，經常申斥低年級同學，申斥的內容包括以粗野的話教訓新生：為甚麼要進一高，是否知道一高的精神？[12]

這種做法，有時會引起中國新生的反感，覺得沒有禮貌。但有時日本同學看到是中國同學，反而來了興趣，常常講：你將來回國會成為偉大的人物，領導中國老百姓；我將會成為日本偉大的人物，領導日本老百姓。將來中日要合作，東方要興旺起來。[13]

這種一代一代傳下來的帶有玩新生味道的做法，是日本的還是從西方學校來的，當事人也沒法深究，只能說中國沒有這個傳統。

奇怪的是在這樣一家提倡日本精神的高中，飯菜卻不全是日本的，有韓國菜，有平民化的西式飯菜。有個留學生說，飯食的多元化，使他逐漸擺脫中國的一元化生活方式。[14]

學習

一高的學習很認真。開學禮很莊重，早上列隊，一站就五六小時，校長老師在上面講，學生在下面聽，如果表現出累的樣子，旁邊的老學生看見就會吃喝。[15]高年級生對新生既申斥，又鼓勵。一進學校，學生裏的"老前輩"在桌上用粉筆寫認真學習等鼓勵說話。

按規定，高等學校的教師，除了某些特殊科目，都要合乎資格，得到許可狀。一高是名牌高中，一高的教師本身也是有學問的學者，備課認真，講得很細緻。教材也多是教師自己編的。[16]

學校分文理科。修身、日文、漢文、兩科外語、體操是共通的。文科課程有歷史、地理、哲學概論、心理及論理、法制及經濟、數學、自然科學；理科課程有微積分、物理、有機化學、無機化學、動物、植物、礦物、地質、心理、法制及經濟、製圖等。[17]

一高既為進大學做準備，外語要學得很扎實，文理科都要懂兩門外語。日本主要學德國和英國。德國在文學、哲學和科學方面都有高成就，所以當時日本很重視學習德國。一高的文理科班都分甲乙班，甲班以英文、乙班以德文為第一外語。但是英文班的學生也得會德語。第一外語是每天上課的。上德文班的，字母、文法都未學好，老師就迫著讀小說。這種教法也可能學自德國。[18]

一高的老師不但教西洋學問很認真，教漢文也很認真。漢文有類中國古文，理科學生也要學，而且講解得很細緻。有一次中國學生寫作業，錯把"概"寫為"慨"，老師在黑板上糾正。中國學生深愧寫中文字還讓日本老師來糾正，"以後我就發憤，凡有字句上一點問題，我都去查字典，搞個明白。我從日本老師那裏學習認真的作風。"大概當時國語還未普及，這個廣東學生還慚愧於有個老師的中國話講得比他還好。[19]

日本老師迫學生養成自學和處處追深求問的精神，學校裏圖書館很方便，學生自由讀書的風氣也很盛。教師並不強迫學習，學外語時，學生前一晚就得查字典搞清楚。第二天上課，就會隨便指叫學生把某一段給說說，他自己是不講的，只最後講幾句。

我在一高學習時養成的習慣，就是從不滿足於自己的學習。[20]

軍事教育

1930 年代日本軍國主義盛行的時候，一高也有軍國主義教育。要求學生扛著三八式真槍跑步、行軍，用假子彈，但有聲響。出門旅遊也是行軍訓練的味道，半夜吹喇叭緊急集合，很快穿上制服，坐火車去很遠，然後走上山頂。行軍要帶背包，一直扛著槍，打著綁腿。老師要求把槍擦得很乾淨，認真擦要擦幾個鐘頭。若擦得馬馬虎虎，老師見是中國學生，也就不管了。因為有這種訓練，所以日本學生體力好。[21]

中國學生在一高

1930 年代是日本加緊侵略中國的時代，但這時候一高的同期中國學生由三數十到近百人不等。[22] 中國學生在特設高等科集中上課，仍然有文理科和英文德文班之分，專門有一棟兩層樓給中國學生上課用。在生活上例如住宿舍則仍然和日本學生一起，不過上課不同一處，令中國學生跟日本學生少了來往了解。[23] 雖然學習上有中國學生特設班，但是對日本歷史和古典的認識並不減輕，讀日本古典的要求，與日本學生一樣。入學試除了英文、數學等外，外國留學生必須加考日本歷史。[24]

由於當時日本在中國東北扶植偽滿洲國，所以由東北去的學生不少。一高要求中國學生組織學生會，而要求東北學生另組偽滿洲國的學生會，但是中國學生很團結，誓不分設學生會。學生會有不少救亡演講會等有抗日色彩的活動，學校不干涉，日本學生也裝看不見。[25]

不光抗日活動在舉行，共產主義思想也任由散播。日本學者翻譯不少馬克思主義著作，因此日本成了德法兩國之外，中國學生吸收馬克思主義思想的重要來源。在社會上，日本軍國主義政府打擊共產主義思想，拘捕看馬列著作的學生。一高的日本和中國學生都有傾向共產的。[26] 學校的旁邊就是舊書店，學生要看馬列書籍很容易。一高本身並不干涉學生看馬列書籍，但一高的學生曾被告知，上課時憲兵會去宿舍搜查他們的書籍。在外面租房子，不住宿舍的中國學生，則公開看馬列著作。

在學校隻眼開隻眼閉之下，學生可以抗日，可以看馬列書籍，教員對中國學生也沒有惡感，但是在日本入侵、兩國對抗的壓抑氣氛下，一高的中國學生不想表現為弱者。在日本生活的學生，都充分明白日本人只敬強者，不同情弱者的民族性格。

> 天天同日本學生在一起，我必須趕上他們，壓住他們，以免被他們看不起。我要表現中國人的好強。[27]

這間培養日本統治者的高中，既產生過侵華的日本政府官員，也在日本化了的東方志士氣氛中，培養著自由閱讀、認真學習的風氣。1934 年抱著臥薪嘗膽之志到日本讀書的朱姓中國學生，第一天在校園裏走著路，就遇上朱舜水的墓。

> 我一看見這塊碑字，十分震動。我本來感到很寂寞，孤苦伶仃似的，一看見這個碑，橄欖樹下中國人的祖先，也姓朱，我忽然覺得這個地方並不見外，有了一種親近的感覺。這個印象一輩子都很強烈，有一種崇敬的東方人的精神的感覺。當時在上海讀書學習，眼睛全盯著西方，崇洋媚外。畢業就只想進銀行、海關、郵局這三個地方。現在我到了日本唸書，金飯碗置之度外，只有追求真理。[28]

朱舜水是日本人敬重的人物，他明亡不降清，東渡日本，對德川時代的儒學影響很大。舜水是他到日本後起的名號，是浙江故鄉的一條河流，以示不忘故土。

要論東方志士，中國本來也有很多人物的。

註　釋

1　高田休廣、小笠原豐光《日本教育行政通論》，上海：商務印書館，1935 年，頁 81-82。

2　郭沫若《櫻花書簡》，成都：四川人民出版社，1982 年，頁 65，時為 1915 年。詳並見《日本教育行政通論》相關章節。

3　中國推算，如果協議順利實施十五年，一高每年收中國學生 65 名，畢業後進入帝國大學學習，須費不少。可知清政府對該協議的寄望之大。可是日本在一高多設一年預科，又不保證畢業生能入東京帝國大學，引起多番交涉。嚴平〈近代中國留學日本大學預科研究 —— 以 "五校特約" 為中心〉，《清史研究》，2012 年 11 月，頁 53-62。

4　朱紹文《早年留日者談日本》，濟南：山東畫報社，1996 年，頁 54。

5　賈克明《早年留日者談日本》，濟南：山東畫報社，1996 年，頁 130。

6　丘成《早年留日者談日本》，濟南：山東畫報社，1996 年，頁 94。

7　朱紹文及丘成都提過剛毅質樸的評語，朱紹文認為是武士道精神。朱紹文，頁 53。丘成，頁 95。

8　朱紹文，同上書，頁 52-53。但搬到駒場後改了，沒有本鄉校舍那種東方味道，頁 59。

9　賈克明，同上書，頁 130；丘成，同上書，頁 95。

10　朱紹文，同上書，頁 53、58；丘成，同上書，頁 95；趙安博，頁 38。賈克明謂 1939 年時穿黑袍的已不多了，頁 130。

11　丘成，同上書，頁 95。

12　趙安博，同上書，頁 38，丘成，同上書，頁 95。

13　朱紹文，同上書，頁 54；趙安博，同上書，頁 39。

14　朱紹文，同上書，頁 59。

15　丘成，同上書，頁 94-95。

16　丘成，同上書，頁 95。

17　高田休廣、小笠原豐光《日本教育行政通論》，頁 82；賈克明，同上書，頁 130。

18　朱紹文，同上書，頁 52。季羨林在德國學梵文也是如是，教學法是典型德國式，第一二堂唸一唸字母，第三堂就讀練習，語法要自己去鑽，準備一堂課往往要用一天。一學期四十多堂，就讀完一本梵文教科書，學會全部複雜的梵文文法，還唸了大量從原典中選出來的練習。"這個方法是十分成功的。"，見〈我的老師們〉，載《留德回憶錄》，香港：中華書局，1993 年，頁 107。

19　丘成，同上書，頁 95。

20　朱紹文，同上書，頁 57。

21　趙安博，同上書，頁 39，朱紹文，同上書，頁 58。

22　朱紹文，同上書，頁 59，趙安博，同上書，頁 38。

23　趙安博，同上書，頁 41；丘成，同上書，頁 95。

24　賈克明，同上書，頁 129。

25　朱紹文，同上書，頁 59；趙安博，同上書，頁 40-41。

26　趙安博，同上書，頁 38，41。

27　朱紹文，同上書，頁 57。

28　朱紹文，同上書，頁 52。

留日學生之反日

為甚麼留日學生往往反日？這已經是長久以來日本人的印象，也是他們常常問外國學生的問題。多年以來，中國人也流傳一個講法：留日學生往往不是反日，就是做漢奸。在這糾結裏，又混了一個令人迷惑的現象，就是日本人的友善，既有表裏不一的偽善，也有出自真心實意的善良。一心要向日本學習的中國學生為甚麼反日？和氣的日本人為甚麼發展出軍國主義，而且掠殺的兇狠比歐陸不遑多讓，甚至猶有過之？這麼長時間了，這糾結未有解開多少，中國和日本還沒有互相了解過。

有一個留學生懷疑是明治教育對日本人的影響。

> 我的總結是：日本人單個時候，非常和氣，非常有禮貌，這是他們所受中國儒教的影響，在實踐上又比中國人深。當時中國人對人也是非常好的，彼此關心。日本人民的確很友好，可是三個日本人以上，就非常兇狠，這應該說是明治教育的力量，強調團結一致。你只要看一點，日本學生穿制服上街，一個人隨便走，兩個人走腳步就一致了。日本教育在這一點非常成功，所以那時日本軍隊這大集體，就成野獸了。可你要說單一個日本人本性的話，就一點也不壞，許多事做得比中國人還好。[1]

強凌弱

日本文化重視強者，要求弱者自強，對於鋤強扶弱，並不視為美德的首位。這種取向被軍國主義思想抓牢，並貫徹到中小學教育裏。

甲午戰爭既以中國戰敗告終，掀起中國學生留日的大潮，當時的留日學生都面對著兩面一體的日本：一方面一般交往裏，覺得日本人挺和氣甚至友善，另一方面又處處感受到兒童嘲笑、特務監視，大感困擾。

兒童追喊支那人

從 1896 年第一批學生到日本，就有上街時被兒童追喊豬尾巴及支那人的苦惱。三個星期後就有四個學生受不了侮辱而回國了。[2]

留學生都感到日本人哪怕不大看得起中國人，可是見面還不覺得太壞，相處起來還隨和。如果有實際來往，像教師、房東等還表現得友好。可是日本的軍國主義教育很厲害，兒童不用管表面客氣，直接就表現出來，路上總是支那人支那人地叫。[3]

中國人還被稱為亡國奴，因為清朝是異族統治漢人。哪怕穿著日本女學生校服去上學，"也是經常被一群群孩子嘲笑，跟在我後面叫喊：支那人亡國奴，亡國奴！"小女兒在院子裏玩，鄰居五六歲的男孩來逗她，"男孩的母親兇惡地跑過來邊拖孩子邊責備兒子說：'支那人，不許再和她玩耍'。"[4]

情竇初開的中國青年，則神經質地覺得日本少女也充滿了嘲笑的口氣，"弱國民族所受的侮辱與欺凌，感覺得最深切而亦最難忍受的地方，是在男女兩性，正中了愛神毒箭的一剎那。……這些無邪的少女，這些絕對服從男子的麗質，她們原都是受過父兄的熏陶的，一聽到了弱國的支那兩字，那裏還能夠維持她們的常態，保留她們的人對人的好感呢？支那或支那人的這一個名詞，在東鄰的日本民族，尤其是妙年少女的口裏被說出的時候，聽取者的腦裏心裏，會起怎麼樣的一種被侮辱、絕望、悲憤、隱痛的混合作用，是沒有到過日本的中國同胞，絕對地想像不出來的。"[5]

由 1896 年到 1940 年代，這都是中國留學生的不快記憶。而 1896 年以來那一批一批喊支那人的小孩，在日本侵華時也已經長大成人了。

1940 年代還受小孩侮辱困擾的中國學生，有個鄰居是缺了一條腿的退伍日軍，開一家小藥舖。有好幾次，鄰居見到小孩跟在他後面罵，就撐著柺杖從舖子出來，轟走那些小孩。這個曾經在中國殺人強姦的士兵，說看見小孩子在背後罵中國人，就覺得很討厭，很慚愧。[6]

社會上既然對中國人以輕蔑侮辱為主，在大街上走也會受到無端的侮辱和欺凌，在這種氣氛下，"民國以後的留日學生，差不多沒有一個不是反日的。"[7]哪怕中日兩國都有認識正確的人，但阻不了雙方敵意的發展。

器小易盈

中國學生亦不滿在日本見到的很多不友好小動作。

大家都知道魯迅是在日本上課時，看見日本人殺中國人的電影，憤而放棄學醫的。

> 第二年添教霉菌學，細菌的形狀是全用電影來顯示的，一段落已完而還沒有到下課的時候，便影幾片時事的片子，自然都是日本戰勝俄國的情形。但偏有中國人夾在裏邊：給俄國人做偵探，被日本軍捕獲，要槍斃了，圍著看的也是一群中國人；在講堂裏的還有一個我。

同一篇《藤野先生》裏，還有一件令他氣憤的小事：

> 有一天，本級的學生會幹事到我寓裏來了，要借我的講義看。我檢出來交給他們，卻只翻檢了一通，並沒有帶走。但他們一走，郵差就送到一封很厚的信，拆開看時，第一句是："你改悔罷！"……其次的話，大略是說上年解剖學試驗的題目，是藤野先生在講義上做了記號，我預先知道的，所以能有這樣的成績。末尾是匿名。……中國是弱國，所以中國人當然是低能兒，分數在60分以上，便不是自己的能力了，也無怪他們疑惑。

魯迅這篇文章紀念日本的好老師，同時也憤恨日本一般人的蔑視。類似的小動作和氣憤感，在留日學生裏不難見到。

另一個學醫的女學生說，解剖時分配屍體，一個屍體由一組四五個人解剖，對中國學生，故意不按姓名音序排，讓中國人都排在後面，輪到時已近暑期，屍體已發臭。又或違反日本法律，派有結核病的屍體，同組的唯一一個朝鮮人鬧到學校裏，中國學生才知道。做化學試驗組織學標本等等的時候，分派到中國人的時候，材料不是份量缺乏，就是沒有了，但中國人的實習費沒有少收。"好學生他們嫉妒，壞學生他們看不起。……所以日本留學生回國一部極恨日本，一部做漢奸，都是從這種因果上得來的。不像留學英美的學生和留學國親善。一句話，日本人做事和行為小器，專在小事上招人恨。這些大大小小刺激，在日本是天天的家常飯菜。"

在她眼中，日本戰勝了，就到處炫耀，也是一種小器的表現。

有時也有同學談中日親善，但總提醒你甲午之戰中國敗的那麼樣。男學生講親善還勸中國女學生嫁日本人。[8]

靖國神社有不少甲午戰時被擊毀的中國軍艦煙囪作為戰利品陳列在神社門前，其他俘獲品則陳列在室內。當時見這情景，心中難受無法形容。中國也曾強盛，也曾東征西討打勝仗，卻沒有像日本這樣小器，把一時得意視作永恆的榮耀。中國留學生對所留學國家多有好感，唯獨留學日本的不少後來成了反日最激烈的分子，其原因雖多，但日本人的器小易盈，像社前陳列勝利品之類的行為，的確給人印象至為惡劣。[9]

像魯迅的學校不介意給中國學生看見日本兵殺中國人一樣，日本人一直備戰，也不介意中國人知道。

到軍醫院看見他們好多的準備戰爭的東西，救護的方法，和救急的材料。……陸軍屯糧看他們那些飯乾不知有多少堆的像山樣的，他們告訴我們用開水給米泡十五分鐘，給水去了，用手捏成一個一個的團子。……這都是預備打仗時用的。並且告訴我們，不管人民米荒到如何程度，他們陸軍部總是照數屯糧的。他們以為我們中國女人無所謂，告訴也沒有關係。[10]

那時才是第一次世界大戰，日本人已經準備對付歐美，所謂大東亞共榮圈的輝煌美夢，早已做起來：

日本人對中國留學生說，黃種人要協力同心對付白種人，中國人要聽日本人指導，幫忙打仗，不要受英美欺騙。日本陸軍是對付俄國，海軍對付美國。日本人以為征服中國不要軍隊，只須鼓勵中國人投降就是，否則也不過少數軍隊幾天就完了。其時我們也覺得很動聽，可是日本人的行為使我們反感。他們說話時的舉動使我們覺得驕傲萬分，若幫日本人征服世界，不知要拿中國人怎麼欺負當奴隸看待。[11]

這種形勢，直到七七事變之前，略無更改。"日本普通人民對中國留學生表面和善而內心極不友好，如不知自愛，行為失檢，更是取侮召慢，為人輕視。……日人氣焰囂張，得寸進尺，固無時不憂心如擣也。"[12]

競爭心理

中國留學生有一點自尊心的，在這種環境下，易孳長一種不能被人看扁的心理，尤其是青年男子。

被留日的政要父親送到日本讀書的十一歲少年，1914 年在一家貴族學校上課。雖然老師盡責任，沒有偏心，教課嚴格，一視同仁，但他跟同學沒法合得來：

> 教室裏有二十多人，十幾歲的，全是日本貴族子弟。我進去之後，感到很彆扭，日本人看不起中國人，我就有一種壓迫感，我反抗，幾乎不肯去上學。……我在那兒可以聽課，沒有要求我同別人一樣來往。有些課不要上，武士道課則是絕對不許我上的。……我只能學一學相撲，是上課學的，但是真正比賽是沒份參加的。所以我一上來就反感。[13]

另一個由並不親日的留日政要父親安排去留學的青年，最初跟陸軍士官學校預科的同學合不來：

> 年齡都在十七八歲，可以說都是頑皮的孩子，他們對我們自然有一種歧視的心理，也和我對他們一樣，所以有時常常因此而爭吵，乃至於打架，雖然隊長告誡他們不可歧視我們，但實際上仍然是無法辦到。

他的反抗方法就是逞強：

我有一個念頭，決不在日本人面前塌台。所以無論如何辛苦，我總是把牙關咬緊，在學科上或雖趕不上日本人，但在操行和術科上，日本人反而不如我。我也不知道少年時哪裏來的一股蠻勁，凡是日本同學有對我稍不客氣，我必和他們爭執打架，無形中把我的氣質改變了不少。修學旅行中……看看同學們有的都在愁眉苦臉，我心裏想，這正是鍛煉自己吃苦耐勞的機會，要把中國男兒的精神給日本人看看，因此我即咬緊牙關，一聲不響地跟著隊伍走。結果走到腳長水疱，穿鞋痛得淚水直流，也不肯向隊長告病休息，為爭中國男兒的面子，回說可以走動，同學們看見我忍痛的表情，又見我不肯告病，都覺我有點不可解。[14]

強者才受敬重，許多留日學生經過許多事例，對此深有體會。出乎他們意料的，是敬意的誠懇："有一次，和一個日本同學言語衝突，他說話中近乎輕視中國人，我即罵他是沒有種的東西。那時華盛頓會議正討論軍縮問題，日本人因不能爭得優越條件，常在報上罵美國人，並說日美戰爭將不可免。不久一批美國議員來日訪問，報上即轉變口吻，說日美戰爭為一種無理性的衝動，日美仍是要互相攜手合作的，大拍美國人的馬屁。我即根據這點痛痛地罵了他一頓，氣得他臉色發青。"被罵的同學報告了隊長，隊長報告了校長。幾天後，校長召見，問了很多關於時局和思想的問題，覺得回答合乎常識，對中國學生說：希望以後多在學術上努力，為貴國的未來多盡責任。又對隊長說，以後要以客人的態度相待，稱呼亦可免去軍隊中的習慣。從此隊長給他異乎一般同學的優遇，在任何場所，總以敬語相稱。"我和日本學生相處，漸漸地習慣……又因我在學校的表現不錯，他們都對我不敢輕視，所以漸漸地也認識了幾個朋友。……只是他們對我還有戒心，恐怕我的思想影響他們。中隊長每次訓話都說中國的歷史和日本的不同，……意思是不要傳染到中國的革命思想，混亂了他們的國體。"[15]

不明白為甚麼留學生反日

當年一代又一代中國學生就是抱著壓抑和反抗的心情上學。

　　像這樣子，日本人還常常不明白為甚麼中國的歐美留學生回來說歐美好，而留日的多半回國比去以前說的壞。[16]

留日學生對留學國沒有好感，"常常使日本人驚訝和不滿。"[17] 大概日本人習以為強凌弱是常理，並且是舉世皆然的。

中國人對所受輕侮心生反感，有些日本人是明白的。與孫中山有來往的宮崎滔天早在 1906 年就對日本人說過：你們旦夕欺侮、譏笑、榨取、剝削、誘惑的"清國奴"中國留學生，將是新中國的建設者。他們今日含垢忍受著你們的侮辱，你們心中沒有一點慊焉之情嗎？侮辱他們，勢將受他們侮辱。互相侮辱必將以戰爭相終始。[18]

但是主流的日本人 —— 哪怕是知識分子，當時並不明白，在強凌弱這種人情之常之外，還有更常有的人情。

一個留日的國民黨人因為五四運動時參加反日而憤然離開日本，他引用孫中山回答日本知識分子所問，來說明中國人的心情。日本人問："我們有一個極為不解的問題，就是日本固然凌辱了中國，侵佔中國權利，但是歐美各國也同樣凌辱中國，侵佔中國權利，何以中國人恨日本，遠較歐美為甚？"

這一個問題，日本人到今天還在問；部分日本人也還持有為甚麼歐美能做、日本人卻不能做的委屈感。

而中國人的答案，與孫中山當日所答，也基本上一樣：中日情同手足，本當提攜協助。中國和歐美，只是泛泛的朋友。歐美凌辱中國本已難堪，日本不僅不同舟共濟，反而像個年輕弟弟夥同外人來劫掠上了年紀的哥哥，且手段較外人還厲害。試問中國在情感上是恨朋友多，還是恨手足多？[19]

戰爭的腳步迫近

三十年代當日本的軍國主義越趨嚴重，中國留學生不光受到兒童侮辱、一般沒深交的人鄙夷，還感到便衣、特務、警察的滋擾。

在赴日的車船上，就已懷疑有特務。左傾的文藝青年坐日本船，同艙的日本老人就告訴他一個穿西裝的年輕人是便衣。不過那人並不直接找學生，所以他只能半信半疑。[20]

踏足日本國境，便衣警察便公然現身了。

從長崎去東京的火車上，夜晚有穿警察制服的人來盤問。"所以我的第二印象是：日本是一個警察國家。我們當時還是小孩子，警察也來盤問。警察也知道沒甚麼，但還是問來問去。他是一直跟蹤我們的。……感覺日本警察怎麼追蹤這麼厲害，在人家睡覺時，他來盤問你，心裏非常不痛快。"[21]

另一個坐火車從神戶到東京，忽然有穿西裝的日本人進入車廂，摸出一個證件揚了一下，然後查問學生的背景。最後他站起來，說："你真大膽，才十幾歲，語言又不通就往外國跑，你大概也曉得我們日本帝國不像你們支那，社會秩序好，不打仗，沒有土匪，不會出事吧！"他那傲慢的態度，使我感到一種說不出的味道。[22]

對於有懷疑的學生，入境當下固然嚴加查問，入境後還根據入境登記表上填寫的地址，通知該區的警察。一抵埗，轄區的特高科警察（即秘密警察）就來問，警察的嚴密和行動的快速，使人吃驚。這個留學生住處常有人來聚會，引起注意，不時有著黑色衣帽的警察登門，或乘他們外出時，突然來向下女盤查。不過，這些日本秘密警察也不全是窮兇極惡那種，有些只是東拉西扯，絮聒不休。有個好辯的學生時時爭辯，竟然無形中使日語進步了。最後這些喋喋不休的警察還可以用點小禮物打發走。[23] 而學生受到騷擾時，有些討厭特務的房東又會幫留學生設法擺脫，甚至不客氣地驅趕。[24] 另一個學生的經驗更有趣：在路上碰到熟悉的便衣，還會被拉著喝茶去，各自掏腰包。有一次他和早稻田大學教授實藤惠秀同行，便衣不認識，一看名片，就又鞠躬又行禮，連聲說對不起，請兩人喝茶，自己掏錢之後就先溜走了。教授對他說："你不要怕警察，他們就會欺負中國留學生。這一個還可以，在北京的日警更可惡。"[25]

對有政黨背景或者看左傾書刊的外國人，監視偵察尤其嚴密。

日本當時是左傾青年研讀馬列著作的好地方。1930 年代大學裏氣氛還比較自由，但對看左傾書刊的學生防範很嚴。傳說書店有特務監視。40 年代，馬列著作在日本書店仍然可以買到，但中國人看，就有被警察抓走的危險。[26] 學生去上課，宿舍可能被搜查。甚至東北的學生向大陸投稿，到郵局領稿費時也會被抓走審問，搜查房子。得到大學保證之後才放人，但說明限制投稿大陸，因為滿洲國成立了。[27]

生病進醫院，特務就到醫院探聽情況。醫護也成了警察的人，外出買東西，值班的護士再三問去了哪裏，並且告誡以後出醫院大門先要打個招呼。[28]

1936 年日本少壯派軍人發動二・二六事變後，形勢更急轉直下。下半年起，社會流行歌曲也變了，收音機播的軍歌多了。[29]

眼見這樣的形勢，不少留學生都明白已是戰爭前夕，"我忽然清醒了！此時不是讀書時；此地不是讀書地！"[30]

註 釋

1　汪向榮《早年留日者談日本》，濟南：山東畫報社，1996 年，頁 169。

2　實藤惠秀《中國人留學日本史》，香港：中文大學出版社，1982 年，頁 121。李喜所《近代中國的留學生》，北京：人民出版社，1982 年，頁 118。

3　楊步偉《一個女人的自傳》，台北：傳記文學出版社，1983 年，頁 129。汪向榮與日人相處隨和，但認為日本的教育厲害。同上書，頁 161。

4　董竹君《我的一個世紀》，北京：三聯書店，1997 年，頁 66-67。

5　郁達夫〈郁達夫自傳‧雪夜〉，載《郁達夫日記集》，西安：陝西人民出版社，1984 年。

6　汪向榮，同上書，頁 161。

7　章克標《九十自述》，北京：中國文聯出版社，2000 年，頁 42。

8　楊步偉，同上書，頁 140-141。

9　黃季陸〈憶往與借鑒 —— 留學日本時期的一段回憶〉，載《黃季陸先生懷往文集》，台北：傳記文學出版社，1986 年，頁 498-499。

10　楊步偉，同上書，頁 146。約在 1915 年前後，廿一條時。

11　楊步偉，同上書，頁 146。

12　沈雲龍〈早年留學東瀛的經過〉，見《傳記文學》，28 卷 3 期，頁 62。

13　湯佩松《早年留日者談日本》，濟南：山東畫報社，1996 年，頁 2-3。

14　唐筱蓂〈五十年前留學日本士官預校的回憶〉（三），見《傳記文學》，23 卷 2 期，頁 104-105；〈五十年前留學日本士官預校的回憶〉（四），見《傳記文學》，23 卷 3 期，頁 113。

15　唐筱蓂，同上書（四），頁 113-114。

16　楊步偉，同上書，頁 141。

17　章克標，同上書，頁 42。

18　王奇生《留學與救國 —— 抗戰時期海外學人群像》，廣西師範大學出版社，1995 年，頁 33 引宮琦滔天〈關於中國留學生〉，載《革命評論》1906.9.5。

19　孫中山的比喻於 1919 年 6 月 22 日書面發表於朝日新聞。黃季陸謂 1915 年日本迫中國簽訂廿一條時，孫中山向日本學人名人演講時曾作此比喻，黃季陸〈憶往與借鑒 —— 留學日本時期的一段回憶〉，頁 499。

20　陳辛仁《早年留日者談日本》，濟南：山東畫報社，1996 年，頁 87。

21　朱紹文《早年留日者談日本》，濟南：山東畫報社，1996 年，頁 47。

22　彭迪先《我的回憶與思考》，成都：四川人民出版社，1992 年，頁 14-15。

23　沈雲龍〈早年留學東瀛的經過〉，見《傳記文學》，28 卷 3 期，頁 62，64。雷嘯岑《憂患餘生之自述》，台北：傳記文學出版社，1982 年，頁 26，

24　汪向榮《早年留日者談日本》，濟南：山東畫報社，1996 年，頁 160。米國均《早年留日者談日本》，濟南：山東畫報社，1996 年，頁 108。

25　汪向榮，同上書，頁 155-6。

26　蕭向前《早年留日者談日本》，頁 120。米國均，同上書，頁 107。

27　李迺揚《早年留日者談日本》，濟南：山東畫報社，1996 年，頁 115。

28　彭迪先，同上書，頁 32。

29　米國均，同上書，頁 104。

30　何茲全《愛國一書生》，上海：華東師範大學出版社，1997 年，頁 88。

留完東洋留西洋

中國的留學求新知浪潮，長達半個世紀，波折很多。而且留學目的地很多，隨著時勢轉移，曾經向多個國家取經。

在這波濤洶湧的留學浪潮裏，留學的理想地固然由東洋而變為西洋，在個人的層面，也有部分留日學生學成不久，再找機會留學歐美。這種情況在 20 世紀頭二十年最多。

這些學生為甚麼兩次留學呢？清末所設想的，留學日本以求西洋新知的種種好處，像省錢、效速，是不是出錯了呢？同時，在留學機會如此稀缺，資源費用如此難籌措的狀況下，甚麼人有這樣的能力及機會呢？

日本學者將中國學生轉而留學美國，歸究於各國爭奪中國未來人才的培養權。1906 年清朝頒佈留學生取締規則，引起留日學生歸國風潮，各國認為是改變日本獨佔中國新教育權的好時機。特別是美國，1907 年紐約的每日導報文 Chinese don't want Japanese teachers 公開攻擊日本教習，[1] 美國除了在中國招收學生，還在日本招收中國學生。美國基督教青年會在美國駐日公使的協助下，向中國駐日公使館及中國留日教育有關的日本學校詳細調查。又在神田青年會館設華人青年會，教英語，於是留日後再去美國深造的學生似在增加。[2]

如果留學日本已有所成，為甚麼中國學生又要留學歐美？這個問題日本學者沒有解釋。

當時在中國進新學堂的學生很注重教員的留學資格，東洋二等的觀念非常普遍。1920 年，南京一間農業學校的學生鬧學潮，為的就是學校改組，留美老師都到別校，該校只剩下留日的教師。[3]

社會上更可哀的風氣是西洋一等，東洋二等之餘，還有被貶為三等的中國畢業生。

民國初年曾留學日本後來嫁到美國的學生認為，日本本身的原因，也做成中國人另求出路。"從中國來上釉子留學的漸多，日人有時就特別組織容易畢業得文憑的學校給中國人入學。他們說中國留學生不在乎認真唸書，所以藉詞不讓中國學生進這個進那個。留日學生的名氣在中國漸成了次等留學生。所以有好些日本回來的學生要到歐美上一層第二道釉子。"[4]

留東洋不如留西洋？

近代的留學目標既然是求西學，那麼留學東洋不如留學西洋，似乎是不言自明的。可是，考慮到中國民窮財盡，而且幾乎面臨瓜分，為求快速有成，清末許多有識之士曾經大力提倡留學日本；從一個國家的政策來說，忽然又追求留學歐美，而且留完日再去留學歐美，不能不說是耗用國力。

革命黨人任鴻雋就是先留日，後留美的。年屆五十作回憶，他的論斷是留東不如留西。他說他們留學日本覺得不滿足，經過千迴百折，非要遠歷歐西不可，並不是出於世俗淺見，認為留日學生及不上留西洋的學生，也並不在於博士碩士的頭銜資格。

他認為問題在於東西方的社會、文化完全不同，中國是東方文化的大宗，一旦去到西方，會耳目一新，發覺由家庭組織到個人發展，兩種文化的方向完全相反，但都不失為一種準則，只有身入其地才能收到觀摩的效果，才能全面了解西方，而可以評論東西異同。日本既然只是轉手西洋文化，不能起到耳目一新，啟發新意的效果。[5]

這是從社會整體求新發展的角度，來看留日的不足。從革命黨人建國的角度或許是有這需要的，然而如果要觀摩了解一個文化不同的國度，那麼經商也可以身入其境，又或者鑽研西洋學問，然後去參觀考察，也有耳目一新的作用，不必要長期留學，花費鉅額金錢吧？

跟日本人深入地做過西洋學問功夫的留日學生，就未必同意任鴻雋這種看法。

從一開始想用日本作為西洋文化的轉口港，要短時間求速成的辦法，那是為了救亡。如果中國是像任鴻雋所想的，求全盤理解西方文明，耳目一新，然後為中國尋找融合的新出路，那就不是救亡，而是文化更新，需要在和平階段作長時間的往來交流。只是當時的形勢，不見得容許中國有這樣的環境。

註 釋

1　汪榮祖〈日本教習〉，載《中國的近代化與日本》，頁 104。

2　實藤惠秀《中國人留學日本史》，香港：中文大學出版社，1982 年，頁 51。但是書中沒有列出留日之後留美的人數，只在註 69 舉了胡彬夏作為例子。

3　沈宗瀚〈沈宗瀚先生自述〉，載《耕耘歲月 —— 沈宗瀚先生自傳及其他》，台北：正中書局，1993 年，頁 118。

4　楊步偉《一個女人的自傳》，台北：傳記文學出版社，1983 年，頁 142。

5　任鴻雋〈五十自述〉，見《科學救國之夢》，上海：上海科技教育出版社，2002 年，頁 682。

在中國的美式小社會

用美國退還的庚子賠款成立的清華學校，是一個建立在中國的小型美國社會。

1920 年英國哲學家羅素參觀了清華，説：清華氣氛同小型美國大學相似。校長是中國人，但完全是一副美國腔。教員有美國人也有在美國受過教育的中國人，中國人人數逐漸增多。一進校門就可以發現中國慣常缺少的美德，如清潔、守時和高效。清華很重視英語。清華留美學生辦事的能力，清白的人品和精湛的技藝，無疑大有助於國家進步。[1]

預備留美的小社會

清華學堂是一家培養留美學生的預備學校，因為以賠款支持，所以費用低廉，尤其早期，幾近包吃包住[2]。課程分中等及高等科，各四年。高等科畢業可以留學美國，深造五年，經批准也可延至六年。

由於眼光都看著將來選送留學的機會，學生學習十分努力，競爭劇烈。每級 80 人，能夠經 8 年畢業的，大約 60 人。清華對學業成績抓得很緊，課程要求不低，完成各作業要費相當時間和精力。打分嚴格。必修科不及格，要重修；平均總分不及格，要留級，兩年不及格，要開除。

> 當時我們省 1916 年考進清華的五個人，按成績我是第四名，到 1924 年畢業時，只留下我和原來第五名的兩個人。[3]

經過多年淘汰和不斷遴選補充插班生，高等科學生都有一定水平。經過頭兩三年派送之後，美國的大學知道他們的程度，都接受清華學生插進大學三年級。他們跟班上課困難不大，而且許多人的成績很快就達到優秀。

由 1911 年正式開學到 1929 年最後一批學生畢業赴美，清華學堂這個留美預備學校的角色維持了近二十年。考入清華的少年，住在安靜的清華園，在人生的重要成長階段，接受長達八年的美式學習。

清華園中無疑形成一小型社會，有其特具的校風習尚。使學生在不知不覺中，具有成為面面俱優的學生的志願：即中英寫作俱佳，學分與活動均優。[4]

生活

清華的校園遠在北京城的西郊，校園甚大，有小賣部賣零星雜物，全體學生住宿，很少進城，過著與外界隔離的生活。清華的生活，也有很中國式的一面。一日三餐，吃的是粥飯饅頭、醬菜、中式菜餚。廁所是北方的坑廁。

清華的校規嚴格，對中等科學生尤其嚴厲，不許離開校門，平日要想進城玩一次，非有保證人來信不可。對高等科學生稍為放鬆，有未請假進城，未受處分的。[5]

為了訓練學生的自理能力，對很多生活細節都有規定，由齋務處負責。每週強迫洗澡，即寫家信、用錢這些細事亦要干預，學生要學理財，每月收支要記賬，呈齋務處閱，發還時有戳記註明查閱的日期。若犯盜竊等即行開除。不過據說也有齋務處長因為開除學生，在食堂裏捱了打。[6]

學校這麼嚴格管理，很難說是東風還是西風，法國對寄宿的中學生管理甚嚴，中國則重視師嚴道尊，在學生管理上可說是同道。

最惹學生談論的，是強迫洗澡的規定。校內建有特別設計的洗澡間，用種種方法強迫學生每週洗澡。曾經印了票，規定在每週的固定時間，到澡堂去繳票洗澡；也試過要學生洗澡時簽學號。一週不洗，宣佈姓名；再不洗，監視勒令就浴。[7]

奇怪的是，有不少的同學，因為嫌這一辦法，干涉了個人自由，就串通了澡堂的管理員，繳票而不洗澡，逃避記過的懲罰。[8]

羅素到清華參觀，說見到在中國極少見的整齊清潔的習慣，清華學生李濟說，這話聽起來好像中國人就習慣骯髒似的。"現代的中國人，尤其是入了美國籍的中國留學生，讀了這段話，作何感想，是一個值得考察的課題。"

李濟後來成了人類學家，於是以社會科學家的態度來評說。他認為中國地方大，各地習慣不同。不喜歡洗澡的同學認為汗、積垢和異味，都是身上的元氣，不應隨便洗掉。這是接近沙漠地帶、華北乾旱區所產生的人生哲學。但是大多數魚米之鄉的中國老百姓，並不接受，哪怕窮得常常斷炊，但所穿的破舊衣裳，總是乾乾淨淨的。中國傳統對於清潔，雖然沒有固定的標準，但古書講祭祀時候要齋戒沐浴；古禮所說的已婚婦女的職責，大部分與清潔有關。若要恭維當家的賢婦人，總要說她操井臼之勞。

> 清華的清潔運動以及守時刻和講效率的習慣，大致說來，並不是短期培養成的；但行到十年後，確在校內發生了若干具體的成效。所以大為哲學家如羅素等人所注意。我是在這一訓練風氣中長成的，等到民國七年放洋到美國時，洗蓮蓬浴、做健身操、守時刻，可以說已經成了一種固定的個人習慣。[9]

美式教育的內容

清華的氣氛有如小型美國大學，因為它的籌建和規劃大得力於留美學生。清華的規模、方式、風氣及特點，大抵都由留美回國的第一任校長周詒春擘劃和倡議。除了國文和中史之外，課程和教材都參照美國，基本上用美國的英文教材，用英語上課和考試。早期的教師基本上是留美人員或直接從美國聘來的外國人，若有中國教師教中國文史之外的課，也往往用英文講課。

為了讓學生逐步適應英語教學，中等科限於上午課用英文，教法也遷就學生的英文能力，有中國人老師用英文講課，但講解慢，反覆多遍，逐一指定學生照背或回答，力求班上各程度不同的學生懂得。高等科則視課程及教師國籍而定，逐年英文漸深，老師亦以美籍為多。由於慣用英文學習，學生在美國上課沒有大問題，至多弱於口頭表達。

當時清華為國人詬病的一項，是不重視國文。清華有國文課，上的時間也不短，但是很少學生在意。[10]

美國教師

以待遇而言，美國的教員遠優於中國教師。他們在清華自有一片地方居住，俗稱為美國地。一個老師住一套房子，家裏甚至有個大師傅做飯。跟美術老師熟稔的學生留學美國時，曾去過她在俄亥俄州的家，所見境遇和在清華大不相同。[11]

由於清華當時還不是大學，所以聘用的美國教師也是教中學程度的，學問並非突出。一個為人厚道的學生甚至覺得，幾十個美國教師，是託基督教青年會請來的，原來都是美國高中教員，由私人介紹，有些在美國找不到工作，才不遠千里到中國來。有些全無學識，而且平日言談舉止俗鄙，令大家駭異。[12] 即使比較詳細寫美國教師的學生，也很少講到他們的教學水平，大抵這些老師教學還認真，但教法還是以死記硬背為主。歷史教師總是叫死記史實和日期，不過教到英法聯軍之役時，會帶全班去看在清華旁邊的圓明園。[13] 化學老師則要學生背公式，引不起學生興趣。當他勸一個學生讀化學時，學生乾脆回覆：背公式，我不選。[14]

這些美國老師不少是基督徒，對學生還不錯，在週日開查經班，教學生求學做人，處世接物的道理，也經常請學生回家玩。像許多學生提及的美術女老師四十多歲，未婚，熱心宗教，待學生有如子弟，既教繪畫也教做人。她一再勸有興趣於美術的學生學美術，但擔心生計的學生沒有聽進去。"現在我還記得清楚，她當時那種沮喪的神情，眼淚都幾乎要落下來。她雖是一位外國老師，但她對學生的關切，卻是那樣的淳樸和深厚。每每憶及，我都深受感動。"[15]

這個女教師還曾為殘疾學生出頭。常考第一名的潘光旦在清華受傷致殘，他有一次問曾做代理校長的嚴鶴齡，他一條腿能否出洋，嚴說："這怕不合適吧！美國人會説中國人兩條腿的不夠多，一條腿的也送來了。"這可能是玩笑話，但把潘光旦氣死了。美術女教師抱不平，説潘光旦不能出洋，誰還能出洋？[16]

清華與教會學校不同處，是由中國人主持校政，一般美國教師不大干涉。[17]不過，雙方也會鬧矛盾，像美國人要多教美國史地，中國人反對，認為無益於中國。而庚款既是美國退還的，美國老師有美方支持，可以佔上風。有一次，美國教師跟剛從康乃爾大學回國的教務長胡敦復不和，請美國駐中國公使出面要他辭職。胡敦復開創選課制，將各門課程由易及難，訂立不同程度，頒佈全校課程表。由教師逐一詢問學生，作考察、鑒定之後，發給每個學生一紙上課時間表。學生認為這個新制度能適應每人的能力和需要，也沒有繁雜凌亂的問題。學生很喜歡胡敦復，為他講好話，認為他雖然聘請不少他的舊同學到清華當教師，但他們擅長教數理化，認真負責，學生欣服。而美國教師待遇遠比中國教師高，但只能教低淺的課程，而且教不好；英語課是他們專長，但歷史、文學也教不好。學生心裏輕視他們。對於美國教師迫走胡敦復，學生很有意見，級代表向校長力爭，可惜不成功。[18]

清華有不少中國教師。許多學生記得的體育老師馬約翰，是中國人。"馬約翰是很有吸引力的人物，多數學生願意響應他的號召。"[19]而學生異口同聲讚揚的師長，大概要數辦事認真、誠懇切實的首任校長周貽春了。

演講和會議辯論

英美的傳統很重視演講和辯論，於是清華亦照辦如儀。

清華的倫理演講，學美國大學的做法，請中外名人來講；五四時，就請過胡適、徐志摩、辜鴻銘。也有基督教青年會安排的演講，比較有系統，講各種題目，不過最後不免有傳教的成分。[20]

多年之後，很為清華講好話、後來還當上清華大學校長的學生浦薛鳳，回憶校中的名人演講，也認為殊無特色。或則跡近應酬，空洞無物，或則枯燥乏味。當時不覺得，回憶時卻有這印象。[21] 清華也請過杜威去演講四次，連優秀學生都説，杜威演講像和尚唸經似的，聽了四次，也睡了四次。[22]

除了聽別人講，清華也訓練學生講。中等科有公眾演説課程。[23] 高等科則有演説辯論的課，在實踐上，辯論跟開會議事結合在一起。議事規則本身也是一門課，中等科高等科的學生都有上過。詳述主席、發言、提案、辯論、表決、複議等民主社會中人人應守的程序，教師還隨時並逐段在課堂中試驗練習。清華的學生學會這套依照議會規則辯論的藝術，而遵守這民主形式。[24] 在 1921 年，清華的學生罷課，聲援北京城內大學的學潮。校方宣佈當年要畢業的一級，若不參加大考，就不能畢業，一律留級，不得出洋。於是由級長召開級會討論，激辯長久，幸好雙方都有民主精神，運用會議程序，依規則發言。表決後，通過提案。

清華著重群育，鼓勵集會結社作為議事規則的實習，讓學生習慣群體生活應有的態度。級會自行選舉級長和班長，學校還安排各班各級按時作各種比賽，英文拼字、辯論、演戲、演説、運動競賽等，全校學生自由報名參加，養成勝固足喜、敗不為辱的良好爭競風度。[25]

強迫運動

美國重視體育，因此清華亦很重視運動。

學校體育設施完備，有泳池、足球場和體育館，籃球場、網球場更各處設置。每天有規定的運動時間。早上有必修的晨練，全體學生按編定的時間，到草地上，在編好號的小方木上，跟隨體育老師作十分鐘柔軟體操。[26]

上課到下午 4 時，所有教室、實驗室、自修室、圖書館以至寢室，無論晴雨，全部關閉。各處搖鈴，學生必須到戶外或體育館內自由選擇各種運動。不少學生換了短衣褲、運動鞋，也有學生仍是長衫馬褂，在周圍散步。[27]

中等科有偵察鍛煉。高等科規定選習軍訓或加入童軍，各有制服，定時操練，不能缺席。[28] 學校也聘拳師。每年還另請人來作十八般武藝的表演。

大概在 1930 年代，清華取消了下午四時強迫運動的安排，不再鎖上圖書館、宿舍等，但仍然很重視體育。由於長期鼓吹，所以北京各校的體育比賽，清華常名列前茅。

然而無論如何強迫，還是有學生既不擅長也不愛好運動的。後來做文學教授的吳宓是個書生，出國前一年他的五種運動考試都不及格，他猜測自己能夠出國，是因為最後一年與校長周貽春親近，校長對他的印象變好，才不過問他的運動成績。[29]

清華有專門人才主持體育。體育主任是個洋人，副主任馬約翰則是中國人，他畢業於教會大學，沒有留過學，本來不是讀體育的，但他很熱心指導學生體育，於是轉為體育教師。他幾乎是最受學生愛戴的中國教師。中國植物生理學奠基人之一湯佩松在清華成績好，又是出色的運動員。他念念不忘的老師就是馬約翰，"我在那時及以後的學習和工作中能克服許多困難和挫折以及在生活和工作中的優良運動競賽作風、態度及精神，是和在清華八年間的強迫性體育制度分不開的。具體地說，體壇巨師，已故的馬約翰教授的培養起了極大的影響。"[30]

中國書生被譏為手無縛雞之力。清華要培養人才，課業很重，重視體育雖然是美國風氣，但對補救讀書人的文弱，有積極意義。"清華學習負擔重，但大家身體健康未受影響，因為重視體育鍛煉。"[31]

全人教育

美國重視通才教育（liberal education），清華也實行通才教育。學校提供良好的環境，圖書館供給大量書刊和寬敞的閱覽室，供給古今中外值得學的東西，給年輕人去自由探索。八年中等教育，是各方面打基礎、養成習慣、擴大眼界和考慮學習前途的時期。到圖書館亂翻書，廣泛涉獵，這種通才教育出來的人，甚麼都能搞一點，各種文化知識都掌握一點。[32]

除了上課和閱讀之外，學校很鼓勵課外活動，周貽春尤其大力提倡，[33] 有各種興趣會、各省同鄉會、宗教會 (孔教、佛教等)。學生編輯學報、週刊，參加演說、辯論、演戲等活動。清華的體育和美育對學生也有終生影響，"體育、音樂、美術課佔的比重不大，可是這幾方面的訓練卻使我終身受益。留美期間經常打網球，買歌劇和交響樂的季票，一有機會就去參觀藝術展覽。終身堅持晨操鍛煉，始終聽音樂、看藝術品來調劑和豐富自己的生活。"[34]

> 清華給了我方方面面的教育：精神上的，身體上的，智力
> 上的。[35]

學生赴美時心態

清華學生有沒有因為受了八年美國式教育，於是變成崇美？優異生潘光旦說，崇美思想是當時國內的潮流，學校無須特別做工作。他當學生時，對洋人，起初是望而生畏，後來則是羨慕。那時候很自然的想法，是能出洋就出洋。[36]

對於少數人享受了庚款讀書和留學，一直讚美清華的學生浦薛鳳認為美國歸還庚款，旨趣光明正大；認為美國的內政外交，信仰及社會，均有長處：人生而平等，有不可割棄的權利，生命自由與求樂是美國獨立宣言的精神；美國科技進步，國富民強，社會安寧。他赴美時衷心喜悅，認為自己不是盲目醉心。[37]

喜歡給美式教育抬抬槓的潘光旦，則認為從一般人的心理出發，說美國退了款，蓋了房子，辦了學校，很自然會覺得它不錯。他說美國就是那一套，自己在中國也能讀，於是這個優異生在美國沒有用盡五年的費用，不拿博士就回國。[38]

應該說，清華的亮麗成就不全由美國造成，留美回來主持清華的人，也不是崇洋貶中派，他們主持清華，還是以中國為本心的。

當時清華學生覺得自己沒有教會大學學生那麼洋氣，連英語演說都差得遠。出國前歐美同學會歡送官費和自費生的午宴上，清華同學代表致謝詞時，"開始是背的很流利，後來忽然背不出來了，越急越背不

出。我們在座的也替他乾著急，無奈愛莫能助。自費生代表，是上海聖約翰畢業的，講起來真是口若懸河，……這樣相比之下，我們不免就相形見絀了。"[39]

為清華奠下良好學風和根基的校長周貽春身上可以嗅到中國氣味。他是標準洋學堂出身——上海聖約翰大學畢業，留學美國碩士，英語流利。可是他為人嚴肅，同學和他講話，不許站在對面，得站在一旁講。[40] 看來還很有中國傳統師嚴道尊的味道，不太美式呢！

清華的學生也不是封閉在清華園裏的小美國人，而是跟全國的學生同呼吸的。學生自言：

學習的目的性，不能不說受到辛亥革命、五四運動的影響，要把國家搞好，多少受到點讀書救國，實業救國思想影響。[41]

在清華頭幾年，循規蹈矩接受美國那一套教育。五四運動使我的思想受到很大影響。[42]

妄猜清華出身的人一定崇洋，留學生帶回來的洋學和經驗一定是好高騖遠，不了解本國的實況，那就有些無的放矢，也未免小看自己。[43]

1915 年清華校長周詒春與教職員

註釋

1. 羅素《中國問題》第十三章〈中國的高等教育〉，上海：學林出版社，1996年，頁172-3。（原英文書1922年出版）

2. 吳文藻，頁390；浦薛鳳謂包括膳宿一切免費，頁50。

3. 胡毅《世紀學人自述》第2卷，北京：北京十月文藝出版社，2000年。頁296，1924年留美。

4. 浦薛鳳《萬里家山一夢中》，台北：台灣商務印書館，1983年，頁60。

5. 潘大逵《風雨九十年》，成都：成都出版社，1992年，頁48。

6. 潘大逵，同上書，頁48。浦薛鳳，同上書，頁55。

7. 浦薛鳳，同上書，頁55。梁實秋〈清華七十年〉，載《老清華的故事》，南京：江蘇文藝出版社，1998年，頁188。

8. 李濟《感舊錄》，台北：傳記文學出版社，1985年，頁9，頁8，10。

9. 李濟《感舊錄》，同上書，頁8，10。

10. 任之恭《一位華裔物理學家的回憶錄》，太原：山西高校聯合出版社，1992年，頁16。

11. 楊廷寶《楊廷寶談建築》，北京：中國建築工業出版社，1991年，頁94。

12. 吳宓《吳宓自編年譜》，北京：三聯書店，1995年，頁102。

13. 陳鶴琴《我的半生》，香港：山邊社，1990年，頁74。任之恭，同上書，頁21。

14. 楊廷寶，同上書，頁102。

15. 陳鶴琴，同上書，頁75；楊廷寶，同上書，頁102。

16. 潘光旦〈談留美生活〉，載《大師自述》，頁234。

17. 潘光旦，同上書，頁598。

18. 吳宓，同上書，頁102-3。時為1911年，清華設立未久。

19. 任之恭，同上書，頁19。

20. 潘光旦，同上書，頁234。

21. 浦薛鳳，同上書，頁63-64，頁55。

22. 潘光旦，同上書，頁234。

23. 浦薛鳳，同上書，頁55。

24. 沈有乾〈回憶學習英美語文〉，《傳記文學》，57卷3期，頁101。浦薛鳳，同上書，頁54。顧毓琇《一個家庭兩個世界》，上海：上海人民出版社，2000年，頁27。

25. 浦薛鳳，同上書，頁54。

26. 浦薛鳳，同上書，頁54。顧毓琇，同上書，頁29。

27. 潘大逵，同上書，頁47。浦薛鳳，同上書，頁5。

28. 浦薛鳳，同上書，頁64。顧毓琇，同上書，頁29。

29. 吳宓，同上書，頁156。

30. 湯佩松〈為接朝霞顧夕陽〉，載韓存志主編《資深院士回憶錄》第1卷，上海：上海科學技術出版社，2003年，頁4。

31. 劉緒貽《簫聲劍影（一）——劉緒貽口述自傳》，桂林：廣西師範大學出版社，2010年，頁95。

32. 胡毅，同上書，頁294-296。潘光旦，同上書，頁235。

33. 陳鶴琴，同上書，頁77。

34. 胡毅，同上書，頁294-6。

35. 顧毓琇，同上書，頁29。

36. 潘光旦，同上書，頁236。

37. 浦薛鳳，同上書，頁76。

38. 潘光旦，同上書，頁236。

39. 李先聞〈留學時期——一個農家子的奮鬥之三〉，《傳記文學》，第十五卷第1期，頁49。

40. 潘光旦，同上書，頁599。

41. 楊廷寶，同上書，頁95。

42. 吳文藻〈吳文藻自述〉，載《世紀學人自述》第一卷，北京：北京十月文藝出版社，頁390。

43. 黃蔭普《憶江南館回憶》柳存仁序，香港：廣宇出版社，1989年。

甚麼人能進清華

舊制清華學生真是天之驕子。[1]

凡是在 1925 年清華開設大學部或之前進入清華，如果沒有被開除，都可以留學美國。這在人人巴不得能夠留學的時代，能夠讀清華，不是天之驕子嗎？

清華學校的學生，約有 1200 人留學美國。[2] 這些天之驕子是甚麼人呢？

收生

由於庚子賠款是按省攤分的，所以用退還的賠款來送學生去美國，學校也是分省收生，以每個省負擔攤派的比例分配，所以各省的名額不一樣。江蘇負擔賦稅最重，所以名額也最多。清室的祖源地東三省不必負擔攤派，但可以有名額。新疆西藏亦有名額，但有時派不出人，於是有冒這些省份的額的。

連插班補替的名額也根據各省原來的數額。山西每年只取一名，山西籍的物理學家任之恭 1920 年考了第三，卻得到覆試入學的機會。因為前一年清華有幾個山西學生考試不及格退學了。[3]

學生來自各省，等於是中國各省人的小集合。對少年學生來說，東西南北各省學生，方言不同，習慣互異，薈萃群居，相互接觸，不知不覺中，增益了見聞，擴大了胸襟。[4]

清華是男校，這個小集合只有男生。但是清華有在上海公開招考，錄取男女專科生，在美國留學的時間與清華生大約相同，費用一律。算是讓女學生也有公費留學美國的機會。

清華的入學考試消息登在報上，在大城市生活的，消息靈通一些，所以京津滬不少中學和教會大學的學生去考；已在清華讀書的，亦指點後輩親友去考。南開等著名中學的學生，例行報考。亦有重視教育的地區，老師用心於學生的，為學生籌謀。[5]為了留美，考生不怕重讀，有時城市考場裏，幾十個考高等科的考生多是大學生。[6]

除了在北京、上海、南京、廣州、漢口等大城市招考之外，清華要按省額收取學生，所以各省也實行初試，然後推薦學生去覆試。

清末的時候，各省沿用清代的教育系統推薦學生：各省的學堂畢業生，由省的提學使考試。考得最好的少數學生，發給路費，到北京報到，驗體格之後，由學部覆試。覆試是把在北京考取的百多學生與各省考取送到北京的學生約三百人，合併考核。[7]

有些地方，學校組織老師帶領成績好的學生去考，而且同一個學生不只考一次，畢業去考，畢業之前一年也去碰機會，以得點經驗。[8]當年除了清華，有些省份像河南或雲南也設留學的預備學校。但是這些學校並不能像清華般保管送出洋，學生能不能出洋，除了看成績，還要看省裏的經費是否足夠。有一個在河南的歐美預備學校讀書的學生，上了兩年半課，河南省就沒有經費了。老師和校長召集學生，叫他們考清華，如果考上了，可以減輕本省的負擔。[9]

清華的考試，科目繁多，考中等科和高等科的要求不同。時間推移，科目也有變化。在北京覆試時英文、算術、國文、中國史地、理化都要考，所以清末的時候，覆試的考期長達幾天到一星期，真有點考科舉的味道。天未亮，幾百個參加覆試的學生就出發到考場，考官戴大紅頂子，穿馬褂，唱名的把名字一個一個唱出來，考官用大紅銀珠筆在名冊上一個一個地點名，然後考生就各按座位坐下考試。考取之後，還必須由同鄉官做保。[10]

初辦的時候，除非來自沿海教會大學，否則能用英文答卷的人不會多，何況還要照顧偏僻省份的考生！除了英文作文，估計考卷還是以中文回答的。到後來，考清華的高等科插班的，除了國文歷史之外，都用英文考，這對中學讀英文不多的學生是一大難關。科目尤其難猜難答，語言學家李方桂說，第一考衛生，他們打聽考試用書，幾個學生合買了一本清華上課用的英文衛生課本研讀。第二考勞作、木工，中國的中學沒有做過木工。還考地理、算術、外文及其他科目。[11]

權貴的學校？

既然畢業就能夠留美，留美之前又能夠接受多年的良好教育，清華的學位自然是人人嚮慕的。有錢有勢的人難保不用各種方法入學。那時候中國是個人情社會，甚麼人能進入清華，裏面有沒有插隊的成分，外間也不免有各種傳言。

考上的學生說取錄一以考試成績為標準，不受請託。考了備取的，則認為：[12]

"各省有權勢的軍閥、官僚、政客、學閥都想把自己或親友的子弟硬塞進去。……我沒有八行書的介紹，考了個備取第一名。我氣壞了，我痛恨政治的腐敗和社會的不平。"

但只靠傳聞，難有證據。清華裏確實不缺滿漢王公大臣等子弟，例如端方兒子、郵傳尚書的孫子等，民國的權貴和名人子弟也有不少。雖然權貴子弟人數不多，已足以使人誤以為清華是貴族學校。傳說有特別生制度，是為總統馮國璋一家子弟而設，馮的十三四歲小兒子及孫子，向學校繳了巨款，未經考試進中等科一年級。全校只有這兩個特別生，無先例，亦無來者。當時清華已被人稱為貴族學校，因為有不少顯貴人物的子弟常冒名頂替邊遠地區學籍騙取入校資格，"不過他們雖利用權力暗中作弊，表面上還是要經過考試，借以掩人耳目。"又說當時清華的權門子弟，還有國務院高級官員梁某的三個兒子及薩鎮冰之孫，以及梁啟超三個兒子。諸人除馮國璋兒子外，後來都留學美國。[13]

家族、鄉里、科舉同年等種種聯絡，曾經是中國的血緣地緣及士人社會的基本網絡，所以人情請託避免不了。有些人也以能夠受人請託而沾沾自喜。一個清華留美讀教育的博士，二十年代初回國做教授，他的清華好朋友吳宓說，他常常穿新做而華麗的藍緞錦袍作學術演講。這個教育博士兼任教務處長時，對好朋友說，他的職位雖然不算高，但在辦公室裏，每日一定有數十以至上百人來見，有所請求。

事情都要由他決定准行與否，他的決定就是這些人的得失苦樂所由判分，自己的權力可謂不小了。聽到這番說話，耿直的好朋友也認為他淺薄虛榮。[14]

據說清華學校首任校長周貽春遇到過不少請託入學的事，不過，他為人正直、爽快，有本領，基本上都拒絕了。

後來當了清華教務長的潘光旦，也遇到請託的事，那時候已經不送學生出國了，但清華還是有名的好學校。省主席要求給兩個兒子到清華旁聽，"我說，承劉主席看得起，但清華之被人瞧得上眼，全是因為它按規章制度辦事，如果把這點給破了，清華不是也不值錢了嗎？在昆明也有人想把自己的子弟塞進聯大來，我都拒絕了。"可惱的是這個教務長懷疑自己當年考入清華，"此中不可能沒有關節"，因為他的舅父在南京管教育，結果二百多人考，只有十一個名額，而他和表弟就佔了兩個。[15]

議長湯化龍的兒子是清華優異生，也說"由於父親當年任北洋政府的教育總長，我於 1917 年'考進'了在那時極難擠入的清華留美預備學校"。[16]

1923 年學生去旅行前在清華學堂門口合照。門口有當時中華民國國旗（五色旗）及美國國旗。

學生自己的經歷，則可以見到想子弟入學的人，在請託與舊式人情之間努力活動。

　　一個原來在上海讀中學的學生，兄長是政界學界都有點地位的潘大道，一日他收到兄長由成都突發電報要求他去北京考清華。因為是四川人，他先遵兄長的指示拜見四川省住京的京官，請他帶到清華園，找同鄉學生協助辦理入學。先參加林語堂主持的覆試，考試的內容只是分辨英文"美"字的形容詞和名詞。[17]

　　革命詩人柳亞子的兒子柳無忌則是明明白白地走後門。他原是上海聖約翰中學的學生，1925 年因為五卅慘案，學生群情激憤，集體離校。十八歲的青年對前途沒有一點把握，在清華教書的舅父為他設法走後門，不經考試送進清華。當年清華改為大學，新入學的學生都屬新制，畢業後並沒有留美的資格。而柳無忌竟然沿用舊制，可以留學美國。"我與他們同時入學，卻插在舊制高等科三年級，兩年畢業後，仍能出洋，這是因為家庭為我付了巨大的金錢代價。在這裏，我不免懷念著祖母與父母親他們對我的溺愛和期望。哪怕父親是革命人物，他們對走後門是沒有罪惡感的。"[18]

　　雖然有學生走後門入學，不過，清華考試也確實招收學生，裏面不乏窮學生。清華的窮學生也說，"唸清華的，大多是一批富家子弟，也有些像我這樣家境窘困的子弟。"[19] 也有農家出身的學生，認為清華不是貴族學校，強調自己一直是窮學生，有時人家請客，還要向朋友借紡綢長衫裝體面。他們級同學出國之前，用學校發的四百元製裝費定制西服和大衣，料子差不多，像制服一般，他自稱是窮酸相留學生。[20]

　　其實所謂富家子弟，未必就是鉅富，在窮孩子眼中，不像自己般捉襟見肘，已經是富家子弟。在清末民初經濟日趨凋敝下，有點資產的人家也逐漸枯歇，還要養著人口頗多的家庭，餘資也不多。像吳宓生於陝西商人家庭，在族中可稱富厚。其他族人已成為貧賤的小商販、小手工業者。但他小時候，聽到家人說他們只是小康之家，田地無多，而商業接連倒閉。家人住在上海一年，也感到生活拮据。[21]

憑印象，人言人殊。大概諸多回憶裏，以下由清華舊生、著名社會科學家潘光旦的概括比較接近真相：

> 當年清華學生的階級成分，未經調查研究，是不可能作具體的說明的；但從各方面的跡象看來，也不難認識到一個大概。工農出身的子弟，如今回憶起來，竟想不出幾個明確的例子來。這可能是由於我自己受了階級出身的限制，交遊的範圍狹小，但也不盡然，記得在小學裏，我是有過幾個過從很密的來自工農家庭的同學的。官僚、地主、買辦、士紳與小資產階級的子弟佔壓倒的多數是無疑的。……但反過來，大官僚、大地主、大買辦家庭出身的似乎也不太多。……當時一般學生的消費水平也似乎說明了這一點……少數奢華浪費的學生有，……但一般是較儉樸的。[22]

洋派留學生？

無可否認，跟中國其他大學比，清華是洋派，但清華取錄收生，並不專取洋氣的學生。1919年考清華的南開中學畢業生，覺得清華一派洋氣，和南開比較樸素的校風不同。由於高等科錄取插班生的名額極少，幾百人只取錄幾名，他以為自己肯定落第：

> 應考的幾百人中，至少有四分之一是西裝筆挺，滿口英語，趾高氣揚，他們自然是京津各校的"高材生"了。我穿的是一件舊藍布長衫，相比之下，實在有點寒酸相。我想，像那些穿西裝、滿口英語的人，才考得取呷！……後來我才知道，原來我對之自慚形穢的那些穿西裝、神氣活現的考生，錄取的並不多。[23]

另外，清華學生名額有省份限制，也令清華的學生成分不可能全屬洋氣的學生。就在京城旁邊的山西，經濟不發達，賦稅交不多，入清華的名額也少，通常每年只有一人錄取。物理學家任之恭不是來自山西甚麼地方望族。他考上清華之後，有生以來第一次搭火車到北京，著淺藍色破舊長袍，穿手縫布鞋，只會講山西方言，是個典型土包子。和較發達的江蘇福建城鎮的同學比，他像個鄉下孩子突然陷入大城市，不合群，要一段時間才適應。[24]

就是權貴子弟，入了學校，作風還是比較樸素的。

馮氏叔姪（總統馮國璋的子弟）在校中生活還較樸素，讀書也能用功，未有嬌生慣養惡習。如我有時為他們補課，他們就爭著為我擦皮鞋。[25]

清華在當時中國的初級大學教育裏，可說是既重洋風，又起著招引各省人才的作用。比起教會大學，清華的"土包子"較多，校風淳樸；比中國其他自辦的大學，它又自成一格。而有了保證留學的招牌，令清華能夠從嚴管理學校，保證畢業生的水平。有些早熟青年，容易倔強執拗，但為了留學機會，還是妥協。像詩人朱湘入了清華，又離開工作了數年，再入清華，以得到留美機會。[26]

但青年性情，也有倔強不屈的。清華規定考試不及格要留學，有學生因為活潑好動，畢業的一年考試不及格，被學校留級，不能隨班出洋。該學生不願留級，不肯返校，竟然犧牲赴美留學的機會。[27]

後來成了中國考古學之父的清華留美生李濟，說秀才父親在宣統末年即毅然地讓他考清華。在當時中國的政治與社會，這些教育子弟的方法都需要具有進步思想的父兄推動。

與我童年所交的朋友相比，我並不算特別聰明；但是這些幼年朋友們，大半都像洪濤中的砂礫一樣，沉澱到海底去。我卻幸運地被包工的運送到建築場所，構成了三合混凝土的一份子，附屬在一個大建築的小角落上。這不能不謝謝一群先進的教育家——像藍圖設計人、工程師和包工的這一群人們一樣，把我當著了一種有用的材料使用。[28]

註 釋

1　梅貽寶《大學教育五十年 —— 八十自傳》，台北：聯經出版事業公司，1986 年，頁 27。

2　程新國《庚款留學百年》，上海：東方出版中心，2005 年，頁 32。王樹槐《庚子賠款》，台北：中央研究院近代史研究所，1974 年，頁 313。

3　任之恭《一位華裔物理學家的回憶錄》太原：山西高校聯合出版社，1992 年，頁 12。

4　浦薛鳳《萬里家山一夢中》，台北：台灣商務印書館，1983 年，頁 52。

5　吳文藻是江蘇小商人家庭出身，父親沒唸甚麼書。他讀高小得第一名，得老師賞識，考上江蘇省的中學，一年後那個老師勸他考清華以留美。同宗代籌了旅費，並帶他進北京。見《世紀學人自述》第一卷，北京：北京十月文藝出版社，2000 年，頁 390。

6　陳鶴琴讀聖約翰大學，1911 年小司看報見到招生，叫去投考，見《我的半生》，香港：山邊社，1990 年，頁 71。蕭公權 1918 年在青年會中學畢業，讀清華的族兄鼓勵考清華高等科。考生六七十人，幾全是各大學（包括南洋和聖約翰）一二年級學生。見《問學諫往錄》，台北：傳記文學出版社，1972 年，頁 31。

7　吳宓《吳宓自編年譜》，北京：三聯書店，1995 年，頁 93，98。

8　浦薛鳳小學畢業前曾到南京考清華，備取。1914 年小學畢業後，跟幾個同學由老師率領去北京考清華。見《萬里家山一夢中》，台北：台灣商務印書館，1983 年，頁 36。

9　楊廷寶〈童年的回憶〉，見《楊廷寶談建築》，北京：中國建築工業出版社，1991 年，頁 92。

10　陳鶴琴，同上書，頁 72。

11　李方桂《李方桂先生口述史》，北京：清華大學出版社，2008 年，頁 4。

12　黃薲普《憶江南館回憶》，香港：廣宇出版社，1989 年，頁 15 之註六。王造時〈王造時自述〉，見《上海文史資料選輯》第 45 輯，頁 100-101。

13　胡光麃《波逐六十年》，台北：文海出版社，1974 年，頁 74。潘大逵《風雨九十年》，成都：成都出版社，1992 年，頁 52-53。

14　吳宓，同上書，頁 243-244。

15　潘光旦〈清華初期的學生生活〉，見《潘光旦文集》第 10 卷，北京：北京大學出版社，2000 年，頁 564。

16　湯佩松《早年留日者談日本》，濟南：山東畫報社，1996 年，頁 3。

17　潘大逵《風雨九十年》，成都：成都出版社，1992 年，頁 46。

18　柳無忌〈古稀人話青少年〉，見《柳無忌散文選 —— 古稀話舊》，北京：中國友誼出版公司，1984 年，頁 84。

19　楊廷寶〈學生時代〉，同上書，頁 95。

20　李先聞〈留學時期 —— 一個農家子的奮鬥之三〉，載《傳記文學》第十五卷第 1 期，頁 49。

21　吳宓，同上書，頁 5，45。

22　潘光旦，同上書，頁 565。

23　孫瑜《大路之歌》，台北：遠流出版公司，1990 年，頁 61。

24　任之恭《一位華裔物理學家的回憶錄》，太原：山西高校聯合出版社，1992 年，頁 12，15，17。

25　潘大逵，同上書，頁 52。

26　柳無忌〈我所認識的子沅〉，同上書，頁 52。

27　浦薛鳳，同上書，頁 57。

28　李濟《感舊錄》，台北：傳記文學出版社，1985 年，頁 5。

庚款留美的優渥生活

清華學堂本來是一間留美預備學校，程度約等於中學加兩年大學，但是它的經費，可以媲美北京大學，有時甚至超過，比北京師範大學更超過一倍，而學生人數比這兩間大學少。[1] 因此在清華讀書，比起當時經濟凋敝的中國民眾，生活是很優裕的。不必交學雜費用之外，伙食豐富，每餐八菜一湯，四葷四素，饅頭、米飯、小米粥俱備。最初伙食是免費的，因為社會有微詞，1916 年起才收費。住宿條件也好，即使中等生也住寬大的四人間，睡鋼絲牀。

清華學生去到美國，生活也很寫意。旅費他們不用管，出發前有充足的治裝費；在美國公費讀書五年，既不用管學費，每個月還穩定拿到生活費，只用作住宿和零用，生病另外有醫療費。

美國有私立名牌大學，有鼓勵自食其力的平民大學，學費差距很大。像二十年代私立名校史丹福的學費，一年三季，每季要交幾百乃至上千元，[2] 自費學生不敢輕言入讀。但是清華留美生不必管這些問題，可以任意選校和選科。由於學費是直接匯付學校，學生不必盤算所修科目的學費，也就不虞影響選科的意向，不虞學生為了省錢自用而選學費低廉的學校。[3] 為了早日達成國家自強的目標，本來鼓勵清華留美生讀實用科目，但是他們在美國事實上可以各自籌劃，發展興趣，轉變主修科。

就是不轉系，學生也可以用公費去學外語或選讀與主科無關的課。有讀新聞和政治哲學的選音樂課，既學樂理，又學小提琴和鋼琴，還學作曲；音樂之外，還學西洋畫，全人教育得很。[4]

五年公費的安排，除了起初一兩屆的清華生因為不知底蘊，入美國高中或大學一年級，此後清華畢業的，不少已等於大學二年級程度，因此公費可供他們讀完碩士，甚至完成博士。五年公費期滿，可以酌情延期。如果拿了博士還未夠五年，可以申請讀夠五年，而不是提供給其他人，造就更多人留學。1920 年代一個文科生用四年讀到博士，因為公費尚餘一年，得到留美學生監督認可，到德國進修一年。德國學校未開課的中間時間，又用公費到昂貴的語言學校上德法文會話班，每班一個教員教一個學生，效率很高。享受如此優待的學生自然大讚清華為造就學子，實在很寬厚。[5]

清華生學成歸國時，公款給予路費。大概一代一代經驗累積下來，到二三十年代，好些精明的清華生，回國時有足夠的路費繞道歐洲，或坐火車經西伯利亞，或坐船經紅海，等於環遊世界一周。[6]當然也有不懂歐遊、拿了幾百元路費全花在路上，到中國碼頭時，還要打電話要家人來接的。

雖說有以上種種優待，駐美的清華監督處對公費的使用還是有一定管理的：年輕人對前途選擇總不免三心兩意，也有不少人總是走彎路，而轉系是會被縮減生活費的。[7]這個監督處每個月要處理大量現金，分別匯給學校和學生，大概這種常規的進支賬還管得清楚，一向很少失誤。但是非常規的項目就出過錯，試過因為監督外遊兩三個月，又不交待負責的職員，結果沒有把畢業前要清繳的各種費用匯給學校，弄得學生在畢業禮前一晚收到學校通知當年不能畢業，第二天不必行畢業禮。受害學生認為這個監督是老牌留美生、外交官施肇基的姪兒，將這個職位當作一個肥缺，因為管理出入錢財甚多，可以中飽，又可以不常在辦事處，到處遊樂。[8]

1911 年到 1929 年清華派送官費生留美期間，中國處於清朝覆亡，民國初立，軍閥混戰的亂局。享受如此厚待的清華學生，無論在中國或者美國，都可以不理世事，埋頭讀書。人類學家李濟自稱在清華八年不問政治，但清華學生包括李濟自己未必不能培養出報國的思想。1914 年由清華送到美國的教育家陳鶴琴說：

> 在童年時代，我的人生觀無非在顯親揚名。在中學時代，
> 我的人生觀在濟世愛眾。在大學時代，我的人生觀除濟世愛眾
> 外還能注意到救國呢。這種救國的觀念是在清華裏養成的。清

華創辦的歷史我很明白。清華的經費是美國退還的庚款。庚款是甚麼呢？無非民脂民膏而已。所以我覺得我所吃的是民脂民膏，我所用的也是民脂民膏。將來遊學美國所有的一切費用，也是民脂民膏，現在政府既然以人民的脂膏來栽培我，我如何不感激呢？我如何不思報答呢？愛國愛民的觀念從此油然而生了。[9]

20 世紀初的美國約翰霍普金斯大學醫學院

註釋

1　王樹槐《庚子賠款》，台北：中央研究院近代史研究所，1974 年，頁 311。
2　潘大逵《風雨九十年》，成都：成都出版社，1992 年，頁 64。
3　吳宓《吳宓自編年譜》，北京：三聯書店，1995 年，頁 164。潘大逵，同上書，頁 64。
4　蕭公權《問學諫往錄》，台北：傳記文學出版社，1972，頁 55。
5　梅貽寶《大學教育五十年 —— 八十自傳》，台北：聯經出版事業公司，1986 年，頁 37。
6　1926 年或以後，浦薛鳳、李方桂、吳文藻、柳無忌、任之恭都曾繞道歐洲回國，湯佩松則歐遊探索植物生理功能學科的國際水平，訪問權威學者。
7　胡適《胡適口述自傳》，北京：華文出版社，1989 年，頁 59。
8　吳宓，同上書，頁 204。
9　陳鶴琴《我的半生》，香港：山邊社，1990 年，頁 82。

演講的風氣

如果中國文人擅長上書，那麼歐美的知識分子可謂長於演講，特別是英美。

重視演講，是希臘、羅馬時代的風氣。西歐各國視希臘羅馬風為文化根源，演講是很常見的活動。[1] 留學西洋的中國學生，尤其是留美的學生，經常被邀就中國情況作演講，而留日的學生幾乎沒有類似的活動。[2] 熱衷請人演講的機構有鄉鎮的教會，有大大小小各色社團，尤其婦女團體。在電視和電台都未出現的時候，請人演講以了解一下外界情況和社會議題，既是教育，又是娛樂。

體育和演講都是美國大學重視的課外活動，所以早年美國東部的中國留學生大會除了討論會務，還有演說和體育比賽，愛好此道的駐美公使梁誠還親任演講比賽的裁判。[3] 比較之下，演講不受設施限制，比體育更易舉行。[4] 由於演講在美國這麼普及，清華學堂預早就訓練學生熟習演講術。

演講中國情況

中國是一個東方大國，對很多未去過中國的美國人而言，中國有神秘感和異域色彩。美國又有不少傳教士和商人在中國活動，鄉鎮居民週日在教堂禮拜時聽聽中國學生演講，偶然有去過中國或者有親友在中國久住的居民，順便了解美國教士在中國各地傳教的情形[5]。令年輕學生訝異的，是聽眾的反應。一個暫代牧師作主日學的學生，大抵還欠點自信，結果"出人意料的是能掌握住聽眾，他們極欲從一個到美國一年的中國孩子那裏了解中國"。[6]

美國人請中國學生去介紹中國，不要求這些學生是中國問題專家，也不要求他們是演講家，所以大學新生也有人邀請。[7] 接受邀請的學生也覺得像市郊教會邀請演講，極易應付，不需準備，又可以得個機會，了解美國農村生活情況。[8]

　　有時學生演講的內容極簡單，講講中國家庭和讀書的情形。也有些學生就自己所長，為鄉鎮的居民介紹中國：讀文學的可以演講中國生活和風俗；讀政治的，選的題目通常是聽眾和自己感興趣的，比如中國的形勢、中國的問題、中國的前途等。[9]

　　除了介紹一般的中國情況之外，中國的政局新形勢也會引起好奇和關心。像 1911 年中國革命後，很多人對新興的共和政府和中國感到興趣，演講邀請很多。有時是中國學生激於時局，積極爭取演講機會，以表達中國人的看法。像凡爾賽和約簽署，中國被出賣時，"從 1919 年到威爾遜總統 1920 年 11 月落選之間，我至少演說過一百次……，甚麼地方有人肯聽，我就去講。"[10]

　　在演講中國情況的場合，不免也會遇到譏評中國的人。中國學生若有口舌便給的，便起而為中國的名聲而辯。

　　一次某教會請中國學生去聽新從中國回來的一個傳教士報告中國近況，該傳教士把中國社會描寫得黑暗無比，幾乎與野蠻社會無別，並且大肆譏評。當傳教士講完之後，聽眾中有略知中國情況的，立即建議主席，請在場的中國學生發言。清華學生杜欽辯才無礙，常被請去公開演講，中國學生自然公推杜欽為發言人。他站起來，從容不迫地作了十幾分鐘亦莊亦諧的談話：

　　　　他不直接駁斥傳教士的錯誤，也不直接為中國辯護，但請大家注意，任何學識不夠豐富，觀察不夠敏銳，胸襟不夠開擴的人到了一個文化傳統與自己社會習慣迥然不同的國家裏，很容易發生誤解，把歧異的看成低劣的。中國學生初到美國，有時也犯這種錯誤，他本人就曾如此。他於是列舉若干美國社會裏，眾所周知，可恨可恥或可笑的事態。每舉一樁之後，他便發問：那就是真正的美國嗎？他略一停頓，又自己答覆，說：我現在知道不是呀。

　　　　說完之後，會堂裏掌聲雷動。傳教士滿面通紅。而在場留學生對他的妙語和急才，欽佩不已。[11]

清華的學生的表現

中國本不缺辯的傳統，春秋戰國時周遊列國的説客、歷代折衝樽俎
的外交人員，都能辯，但青年學生畢竟不比千錘百煉的政治老手。生
來就辯才無礙的青年，無論有沒有上過演講方法的課，也能夠如魚得
水，至於向來木訥於言的，受過訓練，畢竟比較有信心。來自清華的
學生就佔了這訓練準備上的便宜，雖然仍然有講得散漫零碎的。[12]

一個清華生説，初到美國時，以為美國人都看不起中國人，所以
不想被人小看，在課堂上想一鳴驚人而苦無表現機會。及至教授指定
學生都要講解一篇心理實驗報告時，他除了在內容上作準備，還對聽
眾"可能提出的問句，也都想好怎樣回答。至於發音、聲調、姿態、手
勢，早在清華有演講一課，都已經過訓練。而且我曾參加全校英語演
説競賽，也曾參加校際英語辯論，無不勝利得獎。所以屆期照計劃進
行，完全滿意"。老師稱賞，同學另眼相看。[13]

邀請清華學生去演講的人既多，他們也普遍樂於接受[14]。因為清
華校長周貽春常常叮囑，叫學生到美國時擔負宣揚中國文化的責任。
然而在校園外的實際演講，比諸學校裏的演練，會有意外的挑戰。一
個學生在清華曾參加英文演説比賽，因此響應校長的號召，除了隨時
與美國人直接接觸外，"還到各地講演，務使矯正錯誤觀念，增進友誼
感情。"不過他的第一次嘗試是一大失敗。他應邀去向一班女生演講
孔子學説，一上台就大聲演説，幾乎三四百人聽也要有發聾振聵的影
響，女學生都抬頭瞪目，以為他是大演説家。不料一刻鐘之後就聲嘶
力竭了，他厚著臉皮啞著喉嚨喊下去，女生都垂著頭不好意思再看。
他回到住處，十分懊恨。後來總結經驗，認為比賽和實際演講不同，
不能以演説的聲調去對三四十人演講。一年之後，英文改進之餘，演
講能力也加強了，暇時到各處講演宣傳中國文化，便處處受人歡迎
了。[15]

另一個清華學生到美國只一年，就入選美國大學辯論隊代表，曾得全校演說比賽第一名，並代表學校參加全州比賽。教授介紹他到州府為工會講中國情況。到場發現會場很大，有數百聽眾，都是工人，多數不結領帶，香煙味很濃。他說當時幸好正選讀演說學，警覺要適應現實，調整資料，於是側重講中國受列強侵凌和工人農人開始抬頭兩項，總算應付過去。但問答時，還是略為受窘。因為有人問他是否生於資本主義家庭，中國會不會產生無產階級革命等。"予當時深刻體會，馬克思主義已開始在美勞工界散播。"[16]

講出兩個外交家

在美國的留學生裏面，能夠像前述的杜欽那樣，講得滿堂風動的大抵不止一二。然而他們只視演講是美國的習尚、留學生活的點綴，再甚的是提升為學習的一項內容，或者為中國人爭一口氣的機會。但是在二十世紀頭二十年的留美學生裏，有兩個人自承因為演講，講出參與政治的興趣來，結果改變了自己的學習取向。兩人回國涉足政治，後來都做過駐美國大使，他們是顧維鈞和胡適。

顧維鈞是職業外交家，巴黎和會時的中國代表之一。他讀大學時，決心放棄工科，主修政治和國際外交，因為讀一年級時，許多俱樂部和社團請他去演講，講的多是中國問題，於是他的興趣就逐漸傾向政治。[17]

而新文學運動中冒起的胡適，把他由理轉文的一個原因，歸於辛亥革命。其實細看一下，應該歸因於美國人請中國學生去講辛亥革命。"（辛亥革命）建立民國。中國當時既然是亞洲唯一的共和國，美國各地的社區和人民對這一新興的中國政府產生了濃厚的興趣。校園內外對這一問題的演講者都有極大需要。在當時的中國學生中，擅於口才而頗受歡迎的演講者是一位工學院四年級的蔡吉慶，蔡君為上海聖約翰大學的畢業生。留美之前並曾在其母校教授英語。他是位極其成熟的人，一位精彩的英語演說家。但是當時邀請者太多，蔡君應接不暇，加以工學院課程太重，他抽不出空，所以有時只好謝絕邀請。可是他還是在中國同學中物色代替人，他居然認為我是個可造之才，可以對中國問題，作公開演講。"

這麼一講令胡適對公開演講大感興趣。他為頭幾次演講花很多時間準備，"這幾次講演，對我真是極好的訓練。蔡君此約，也替我職業上開闢了一個新的方向，使我成為一個英語演說家。同時也由於公開講演的興趣，我對過去幾十年促成中國革命的背景，和革命領袖的生平，也認真的研究了一番。"[18] 由於沒有受過演講訓練，他還在 1912 年夏選修演講訓練課。

胡適對公開演講大表讚揚，認為強迫他對講題作有系統的構想，作有邏輯和有文化氣味的陳述，又可以訓練寫作。胡適甚至自撰一句格言來概括公開演講的好處："要使你所得印象變成你自己的，最有效的法子是記錄或表現成文章。"[19]

幾年間，他講演的地區由波士頓到俄亥俄州，為了演講和準備，還經常缺課。因為多年來演講太多，申請延長本來領的研究院獎學金，不獲大學批准。[20] 不過胡適本是清華公費生，所以沒有美國的獎學金，不成問題。

胡適甚至說，因為公開演講太多，他在康乃爾大學變成人盡皆知，熟人太多，又經常收到演講邀請，覺得應接不暇，因而轉校到哥倫比亞大學。[21] 不過他在哥倫比亞大學還是作演講，而且繼續享受盛名的榮譽感。1917 年，私立 Haverford College 的校長來自康乃爾大學，大概和胡適在康乃爾時相識。因為原定的講者康乃爾大學校長不能來，他找胡適代替。胡適從紐約跑到費城，事後喜不自勝，在日記裏說，另一講者是美國前總統塔虎脫（Taft）。胡適認為"異常優寵，卻之不恭，故往赴之"。[22]

演講甚至成為職業

中國學生對美國的演說活動頗為投入。對演說有興趣的，喜歡參加校內的演說比賽，比賽得了獎，校方和居民會介紹到附近教堂和民間團體去演講。[23] 除了訓練膽色、口才，在美國演講，還可以得一點錢。有時比賽也有獎金，有私費留學生用校內演說比賽的獎金，解決了轉校的旅費問題。[24] 教會或民間團體的演講，也有象徵式的演講費，[25] 對私費留學生是意外的小錢財。

一個留學生洪業因為演講，還加入演說公司，放棄了博士學位的學業。他曾多次演講反對總統威爾遜，有一次演講下台後，一個聽眾跟他搭訕，說美國有不少演說局，替演說家做經紀，叫他以演說為職業，益己益人。於是洪業便寫信給一個演說局，這家公司的主管來聽他演說後，跟他立下合同。洪業從此展開一段巡迴演說生涯，走過美國不少地方，聽眾包括扶輪社、共濟會、基督教堂、猶太教堂、大學等。[26] 更有趣的，是美國那時有專門的公司為鄉鎮組織文娛活動，稱為韶達圭運動，而活動的核心是演講。據洪業的介紹，在未有收音機、電視的時候，這運動對美國的成人教育很有貢獻。

這運動也很有意思，每年夏季在美國各地組織長達一週的娛樂及教育活動，事前派人跟小鎮上的牧師或商會聯絡，付一筆錢給韶達圭，若賣門票不足，則韶達圭補上，若門票賣多了，餘錢便供教堂或社區使用。韶達圭的活動有音樂會、戲劇、孩子戲，但節目的中心是關於國際時事、科學、倫理、宗教的各種演說。結果韶達圭賺了錢，演說家賺了錢，受聘賣門票的大學生賺了錢，而鎮上居民得了娛樂，還多受了點教育，皆大歡喜。因為有這些機構，洪業天天都去這個那個鎮演講，每次講一小時，題目是中國語言、風俗、歷史。開始時週薪 85 美元，後來名望高了，升為 185 美元。[27]

鄉人學時髦

中國留學生把美國的演說風氣帶回中國，明確見到的，是促使清華重視演說訓練；其他的零散影響或許難以知道。然而請留美學生演說，明顯已在中國人活動裏佔了一個位置。在美國以巡迴演說為業的洪業，回到福州被邀到處演講。[28] 有個 1923 年回國的留美博士，則記下湖南邵陽一次正式的家祠歡迎宴會，可以讓我們看到當時中國鄉村對這些新風氣的態度：

> 我聽說族人要出郭三里歡迎，有樂隊還有旗幟。他們的意思是表示族人中出了一個留美博士，不論從那方面說都和古時慶賀進士翰林榮歸一樣。……歡迎大典算是取消了，但其他傳統習慣還是不能免的。……舊年，族人要在家祠中為我舉行一個宴會……我敢說，我進家祠實在有些恐懼，簡直比我在哥大得博士學位還緊張。

進家祠首先是敘禮，然後宴會開始。西洋新科進士被讓到第一桌的首席，他認為違反了中國長幼有序的傳統，辭不就坐。終於推推讓讓下，他坐了第二桌的首席，而讓伯父坐第一桌首席，結果伯父只坐第一桌第二個位置，把首席空出來，博士認同這不失是解決禮俗問題的聰明辦法。在這麼傳統的場合裏，鄉人卻引入西俗的風氣：

> 家祠宴會終了，族人為了學時髦，要來一段演講。在舊時代，並非每個人都能在家祠演說的。但當時他們堅持如此，於是我站起來，談了一些留美的情形，以及中國需要教育等等。如此這般，我完成了那次中國鄉間的宴會大典。[29]

註 釋

1　留學英國、德國的黃佐臨、張果為都受邀演講，曾寶蓀讀的英國女校也重視演講和辯論活動。法國留學生較少提及。

2　日本留學生少談演講，但日本學生曾熱中公開演講。黃季陸謂 1918 年一戰結束，民主思想瀰漫日本社會，年輕學生很嚮往。慶應大學的日本學生在校內站在高處作慷慨激昂的政治演講，很多人圍觀，或笑或罵。日本人的説法這是在學習民主，預備將來選舉參政。如果不經過這樣學習，遇到政敵攻擊便會手足無措。黃認為應是學英國海德公園的方法，日本人能虛心學人長處。見黃季陸〈憶往與借鑒——留學日本時期的一段回憶〉，載《黃季陸先生懷往文集》，台北：傳記文學出版社，1986 年，頁 420。

3　羅香林《梁誠的出使美國》，香港：香港大學亞洲研究中心，1977 年，頁 8。

4　蔣廷黻在派克學堂沒有體育課，社交也很少。課外活動只有演説和辯論。見《蔣廷黻回憶錄》，台北：傳記文學出版社，1984 年，頁 51。

5　吳宓《吳宓自編年譜》，北京：三聯書店，1995 年，頁 172。蔣廷黻，同上書，頁 51。

6　蔣廷黻，同上書，頁 51。

7　1905 年在哥倫比亞大學讀一年級的顧維鈞，就時常被各俱樂部和社團請去演講。

8　浦薛鳳《萬里家山一夢中》，台北：台灣商務印書館，1983 年，頁 85。

9　顧維鈞《顧維鈞回憶錄》第一分冊，中國社會科學院近代史研究所譯，北京：中華書局，1983 年，頁 31。

10　陳毓賢著《洪業傳》，台北：聯經出版事業公司，1992 年，頁 89。

11　蕭公權《問學諫往錄》，台北：傳記文學出版社，1972 年，頁 52。

12　吳宓，同上書，頁 172。

13　沈有乾〈懷念六位美國業師〉，《傳記文學》，49 卷 1 期，頁 113。

14　沈有乾，同上書，頁 101。清華生在美常受邀演講，邀者多為小團體。

15　陳鶴琴《我的半生》，香港：山邊社，1990 年，頁 125。

16　浦薛鳳，同上書，頁 82、85。時為 1922 年。

17　顧維鈞，同上書，頁 31。

18　胡適《胡適口述自傳》，北京：華文出版社，1989 年，頁 43。

19　胡適，同上書，頁 60。

20　胡適，同上書，頁 58-59。

21　胡適，同上書，頁 61。

22　胡適〈三〇在斐城演説〉，載《胡適留學日記》，合肥：安徽教育出版社，1999 年，頁 459。

23　蔣廷黻，同上書，頁 51。

24　程天固擬由中西部的大學轉學西岸加州，但無旅費。參加校中演説比賽得第一，領獎學金 150 元，除了酬謝曾借錢予他的好同學，剩錢作旅費，見《程天固回憶錄》，香港：龍門書店，1978 年，頁 44。

25　辛亥革命後，孫中山的兒子孫科常被邀作中國革命的演講或座談，有酬，見孫科〈八十自述〉（上），《傳記文學》，23 卷 4 期，頁 9。小地方附近教堂和民間團體的演講，每次有二至五元。暫代主日學，有二十美元，見蔣廷黻，同上書，頁 51。李抱忱各處演講中國音樂得一點錢，連著妻子寄來的中國東西，由學校青年義賣，解決零用問題，見李抱忱《山木齋話當年》，台北：傳記文學出版社，1979 年，頁 85。

26　陳毓賢，同上書，頁 99。

27　陳毓賢，同上書，頁 101。

28　陳毓賢，同上書，頁 119。

29　蔣廷黻，同上書，頁 91。

體育關

美國重視體育，大概是各留學國之最。中國學生到各地留學，唯有留美學生常要過體育這一關。提到美國大學不重視體育的，只有麻省理工學院的學生，說是理工學生向來不重虛文，所以既不重運動，也不玩新生，畢業時不戴禮服禮帽。[1]

在美國，體育已經由鍛鍊身體的項目，變成娛樂的節目、社交的話題。深於美國文化的中國學生，會明白箇中三昧。駐美公使梁誠，曾經是容閎幼童留美計劃的一員，當年在安多弗（Androver）的私立高中菲利普斯學校（Phillips Academy）讀書時，是棒球隊的三壘手。據說1881年與另一家同為十校聯盟的高中——菲利普斯・愛克特（Phillips Exeter Academy）對賽，他的最後一擊，令校隊贏得勝利。[2]他為了退還庚子賠款事，在離任前見美國總統羅斯福，據說曾跟羅斯福提到他這件光榮的事，並說從此總統和他的關係增強了十倍。[3]

普遍而言，留美學生都按學校的要求來鍛鍊，活躍的學生還很投入，參加校內校外的運動比賽。不過，中國學生的體質普遍及不上美國同齡青年。來自江南小康之家的青年，沒有不良嗜好，也比美國同學為矮小瘦弱，體力差很多，全中國的人的體質就更不堪問了。"在中國所見，男孩子一成年，許多便抽鴉片煙，女孩子才六七歲便得纏足。在貧窮困苦，災禍頻仍，而無數富源亟待開發的國度，用這種殘忍的方式來自我戕害健康與生命，使全國國民的勞動力大打折扣，民族健康一代不如一代。"[4]因此當時中國被嘲為東亞病夫，政治上和體質上都不如別人。[5]

同時，體育不是每個人都應付裕如的，在清華就害怕體育的學生，不認同美國大學的體育要求。他在美國讀到 Richard Rice Jr. 選編的 *College and the Future*（《大學與未來》），論美國大學過重體育、跳舞及課外活動的流弊，十分認同，認為這本書有益世道人心。[6]

游泳考試

有些大學要求學生要考畢業游泳考試，這對一些中國學生是個難題。

一個對體育鍛煉沒有興趣，而進大學前從未在水中嬉戲的學生，每當被老師和同學推到泳池中鍛煉時，幾乎都嚇得要死。[7]

在美國東部，康乃爾大學的畢業游泳考試只要求能游 60 英尺（20公尺），而且外國學生可以免除，但據說當時中國學生表現頗佳，每星期規定的兩次慢跑兩三英里固然做得到，還照樣學游泳。[8] 哥倫比亞大學在 1910 年代初新設的游泳畢業考試卻相當嚴格，除了游各種泳式，還要考跳水。趕著畢業的學生就碰到了大難題：

> 我不發愁上體育課，可是通過游泳測驗卻有一些困難。雖然每星期我跟班上游泳課，我卻感到跳台跳水很難。日子久了，教練就著急了，因為同班幾乎所有的人都及格了。臨到年終，由於我一再推遲，我還沒有參加考試。最後，教練不客氣地對我說，"顧維鈞，你要知道，游泳考試在大學課程中和其他科目同等重要。你要是不考，你就不能畢業"。這可把我嚇壞了；我說，我要在下週找個時間進行測驗。他說下週可是我最後的機會。同時他建議我在週一進行，到了星期一，大部分項目如俯泳、仰泳和側泳都及格了。最後，該上跳台跳水了，我走上去又下來了，沒有跳。他問："怎麼回事？"我說我跳不了。他說："不行，不行，你跟我來。"然後他喊道："跳啊！跳啊！"我不敢跳，又下來了。他跟著跑下來，把我抓住，說："上去！"我又第三次上去，覺得這台比以前更高了。他說："好啦，勇敢些，閉上眼跳！"他還說："我知道你不敢頭朝下跳水，你就閉眼邁腿吧。"我這樣做了。[9]

積極參加

中國學生是不是天生體育特別差勁呢？少年時期在美國生活的留美幼童裏，出了幾個運動健將，如耶魯大學划船隊舵手鍾文耀，兩次擊敗哈佛大學划船隊；棒球好手有梁敦彥、梁誠，梁敦彥是耶魯大學棒球隊隊員，他的曲線投球與腦後長辮形成的優美幾何曲線，被駐美公使施肇基形容得活靈活現。而他們被召離美，在舊金山候船時，接受加州奧克蘭市的棒球隊作友誼賽，竟然大勝。[10]

可能留美幼童在美國家庭長大，身高或有不及，但身體條件未必輸於美國人。而後來的中國留美學生，雖然並不怯於參加體育活動，划船、賽跑、球類、溜冰都參加，頗為活躍，但受到身材矮而瘦的限制，往往努力鍛煉而成績不突出。[11] 據說曾代表中國參加遠東運動會的棒球投手，1910 年代在美國一間中學，還不夠資格列入一年級班隊。[12]

雖然受限於身高體格，難以加入美國隊，但中國學生有自己的各項球隊，每年的中國學生夏令營，也會有運動會。[13]

另一方面，和美國學生比拼高度和力度的運動既然吃虧，來自中國最南省份的學生反過來利用身材矮小的特點，選擇體操和摔跤等有優勢的項目。

清華畢業而愛好體育的廣東學生，因為身材矮小，於是參加學校體操隊，每天練習兩小時，練得胸肌發達，兩臂粗壯。參加中西部的十間大學比賽時，得到木馬冠軍，獲得有 P 字標誌的毛衣作獎品。穿這件衣服看體育比賽可以坐特別座位，可以參觀閉門備戰的籃球隊練習。他感到無上光榮，清華的體育老師馬約翰也來信恭賀。[14]

這個稱雄體操比賽的學生，參加中國學生的籃球比賽，意氣風發，和美國人打籃球，就一敗塗地。有一段時期，他和另外四個中國學生被一個美國同學利用，每週去不同地方打籃球，門票賣得相當貴，比賽起來，中國學生這隊總是百分之百輸了，但是"中國人被人稱為東亞病夫倒改觀了"。這支百戰百敗的中國學生隊，其中一個隊員是後來讀軍事，成為著名將軍的孫立人。[15]

另一個廣東學生也因為個子小，就放棄籃球，選擇練摔跤。後來成了摔跤隊的最輕量級隊員，自詡與同重量的美國人摔跤，一點不差。他還練游泳，包括一米板跳水等等全學會，還考了救生員執照，暑假跑去度假聖地當救生員，免費吃住，不花錢而像度假那樣享受了一番。[16]

大概中國人的體能正逐步改善吧。1930年代一個音樂系研究生，不是從清華出身，以快三十歲之齡，也能憑著努力練習，和青春少艾的美國學生比賽，得到全校網球冠軍。"美國向來崇拜英雄，當天晚飯時，同學們還大唱洋歌的為我慶祝。我當時也頗為得意，彷彿真做了一件甚麼大事似的。"[17]

主修體育

春田大學體育系在美國一直享有盛名。中國學生郝更生，不憚身體條件不及美國人，一改科學救國的初志，1919年前後決心到春田大學讀體育。這一方面是因為原來的學科和大學不適合他，另一方面，他到了美國，驚訝為甚麼這麼多人都跑到戶外，為甚麼無分男女老幼，一個個都高大強壯。中國的暮氣沉沉與美國的生機勃勃，形成尖銳的對照，使他對自己國家的落後與孱弱極為痛心。

他在美國聽到一個故事，覺得中國人之不懂體育，已到可悲的程度：1900年左右，廣東一個知縣去看一個外國朋友。外國朋友正好在打網球，請知縣老爺等一等。移時，外國人滿頭大汗打完球進來。知縣看了，十分關懷地說："你的事務已經夠忙的了，不必如此每事親躬，像這種打打網球的小事，你就叫傭人去打，何苦把自己累成這個樣？"

他沒有交代故事是不是美國人說的，但不懂體育的中國人大抵編不出這個笑話。

> 我由同胞體質普遍孱弱的中國，來到運動精神蓬勃發展的美國，體育救國乃在我心目中形成一個強烈的願望和堅定的信念。我認為若不早日體育救國，在行將見及的若干年後，中國人不但要亡國，而且更有滅種之虞。

他於是轉去讀體育。美國的體育與他小時在中國新式學校的體育課不同。當時新式學校的體操課，有軍國民教育的目的，[18]是由日本轉口到中國的歐美潮流。"幾乎跟軍操合而為一了，體育教師大多是日本軍操教官，請不了這麼多日本人，又找些中國軍官或士官來充數，也有請國術高手來教學生打拳的。"影響所及，國人長期把體育和軍訓混為一談。[19]

　　一個體弱膽怯的少年，在新式學堂吃過日本式軍操苦頭，留學美國時正當第一次大戰。美國陸軍部派六十多歲的上校到大學設立後備役軍官訓練團。開始的時候，他對跑步、越溝跳澗猶有餘悸。幾天後就覺得很容易而且寬舒。因為美國人和日本人習性根本不同。隊裏的連長、分隊長、排長等由同校的高年級學生充當，結果每日下午幾小時的兵操，各級指揮官訓話的時候多，行動的時候少，也沒有快跑長跑，更少伏地練習射擊。[20]

　　在美國學過體育，郝更生知道 1900 年左右歐洲發展出器械體操和柔軟體操，加上後來英美首創田徑競賽，成為體育運動的主流，"使體育停滯於兵操階段的觀念丕然改變，體育教育也進入活潑愉悦，充滿新奇和刺激的自由活動階段。"當時體育科新穎有趣，吸引的程度不下於後來的太空科學。[21]

　　這個離開中國時做夢也沒想過主修體育的學生，1924 年領到大學畢業文憑後所做第一件事，便是買船票回國。

　　　　我知道：擺在我面前的是一條康莊大道，但是因為多年荒
　　廢——我為它經過科舉制度下死讀書、讀死書、讀書死的毒
　　素，提倡體育事業這一條康莊大道，一直荒廢到了今天——目
　　前正是遍佈荊棘，崎嶇不平，但是我有勇氣，我有決心，相信
　　我也有毅力，能夠追隨在許多先進和朋友的後面，一步一步的
　　從事清掃路面的工作。[22]

　　他成為中國體壇的拓荒者，後來獲母校春田大學頒予榮譽博士學位。

註 釋

1　胡光麃《波逐六十年》，台北：文海出版社，1974 年，頁 97。

2　〈中國駐美公使施肇基博士紀念容閎抵埠五十周年的講詞 —— 1925 年 10 月 13 日於康州哈德福城〉，見高宗魯譯《中國留美幼童書信集》，台北：傳記文學出版社，1986 年，頁 130。

3　程新國《庚款留學百年》，上海：東方出版中心，2005 年，頁 9，謂是梁誠對菲利普斯學校的校友所講，但沒有註明出處。又，羅斯福的後輩雖有在菲利普斯‧愛克特讀書，但羅斯福本人上哈佛之前一直在家受教育，不是該兩校的學生。不過，菲利普斯‧愛克特向來被視為哈佛大學預備校，因此羅斯福作為哈佛校友，又喜歡戶外活動，大概也會對梁誠講及兩間高中的棒球比賽往事表示興趣。

4　郝更生《郝更生回憶錄》，台北：傳記文學出版社，1969 年，頁 14。

5　1910 年神戶高等商業學校的中國學生成績一般，尤其涉及日語能力的商業應用文等科目，但體育科成績一致地差劣，100 分裏只得二三十分，見王嵐《戰前日本の高等商業學校における中國人留學生に關する研究》，東京：學文社，2004 年，頁 132-133。語文不及可以理解，體育也差就只能説是文化取向。

6　吳宓《吳宓自編年譜》，北京：三聯書店，1995 年，頁 164。

7　方顯廷《方顯廷回憶錄》，北京：商務印書館，2006 年，頁 34。在威大預科。

8　趙元任《趙元任早年自傳》台北：傳記文學出版社，1984 年，頁 99。

9　顧維鈞《顧維鈞回憶錄》第一分冊，中國社會科學院近代史研究所譯，北京：中華書局，1983 年，頁 40-41。

10　〈溫秉忠：一個留美幼童的回憶 —— 1923 年 12 月 23 日給北京稅務專門學校 D 班同學的講辭〉，見高宗魯譯《中國留美幼童書信集》，台北：傳記文學出版社，1986 年，頁 80。

11　顧維鈞，同上書，頁 40-41。

12　胡光麃《波逐六十年》，台北：文海出版社，1974 年，頁 83，指同學名李郭舟的。

13　趙元任，同上書，頁 99。

14　李先聞〈留學時期 —— 一個農家子的奮鬥之三〉，《傳記文學》，第十五卷第 1 期，頁 51。

15　李先聞，同上書，頁 51。

16　梁思禮《一個火箭設計師的故事》，北京：清華大学出版社，2006 年，頁 32-33。

17　李抱忱《山木齋話當年》，台北：傳記文學出版社，1979 年，頁 83。

18　詳見拙著《另一種童年的告別》，〈最引人注目的新學科 —— 體操〉。

19　郝更生，同上書，頁 15-18。

20　吳宓《吳宓自編年譜》，北京：三聯書店，1995 年，頁 168。

21　郝更生，同上書，頁 18。

22　郝更生，同上書，頁 19。

馬約翰與清華足球隊

中國學生在加州柏克萊大學演阿依達

留美學生的先鋒思想

1910 年代，兩個後來在中國以新文學聲名鵲起的年輕人胡適和徐志摩，都在留美日記裏，聲稱留學生是中國的先鋒。

胡適在 1917 年的日記裏，引英國宗教改良運動幾個領袖未成就之前，互相期許的事，他們的詩集上題著希臘荷馬史詩〈伊利亞特〉的詩句：

> 如今我們已回來，你們請看分曉罷。(You shall know the difference now that we are back again—*Illiad*, xviii, I. 125)

26 歲的青年胡適讚歎："其氣象可想。此亦可作吾輩留學生之先鋒旗也。"[1] 1918 年他回國，又把荷馬這句豪氣干雲的詩跟林語堂講了一次。

富家子徐志摩經過電視劇的描繪，儼然一個只管談戀愛的大情人。可是他在美國留學時，卻是個時常以中國命運為念的青年。1919 年他在日記寫 "按中國情形，我們留學生，都是將來的先鋒領袖。但是最後的成功，是在通力合作。"[2]

這兩個年青人，當時還不是五四運動旗手或者新詩大家，卻都自信未來中國由他們領風騷。他們的先鋒想法不是個人的，毋寧說是當時一大批留美學生的。胡適和另一個留美學生朱經農連牀夜話時，朱經農對胡適說："我們預備要中國人十年後有甚麼思想？"胡適認為這個問題最為重要，不是一人所能解決，但 "吾輩人人心中當刻刻存此思想"。[3]

留美學生不過二十多歲，憑甚麼認為自己和朋輩可以塑造十年後中國人的思想呢？

請注意一個事實：他們是 1870 年代幼童留美之後，近 40 年來第一批人數眾多的留美學生。每年以百計的庚款留學生，加上零散的教會資助生、工讀生和私費學生，組成鼎盛的留美學生隊伍。無論公費的胡適、私費的徐志摩，以至其他留美學生，都感到自己的機遇獨特。

哈佛燕京學社的洪業回憶當年，令他的傳記作者對那一代留美學生的躊躇滿志留下深刻印象：“中國也許再也不會出現一群這麼有自信、有抱負、充滿著愛國熱忱的青年。1910年代在美國為數兩千左右的中國留學生，個個都以改造中國為己任。祖國的政治社會制度瀕臨瓦解，當時軍閥橫行，但在他們的眼中這都是暫時的障礙，他們堅信不疑將來的中國將向西方的科學、民主看齊，而當時絕大多數的西方人也深信科學民主可解決人類一切難題。誰比這群中國的菁英分子更能領導中國走向這光明的前景？他們飽受中國傳統教育，兼收了西方最新的知識，沒有人比他們更有資格了！”[4]

當時留學美國並不容易，他們在中國人中，罕有其匹。處身的美國是中國追求富強的模範之一，青年留學生直登堂奧，進入名牌大學，怎能不認為自己已經接觸最先進的文明，獲得不經日本轉口的第一手經驗？量變引起質變，1910年之前只有零星數量的私人留美生，現在結合大批公費生，這些年青人對自己未來在中國的地位確乎充滿信心。

自從容閎安排的留美幼童被召回之後，中國人留學的熱情一直沒有高昂起來。直到甲午戰爭戰敗，震動知識界，留學的大潮才突然掀起。第一個目的地是日本，當時日本也鼓勵中國人去留學。在最高潮的1906年，有近一萬學生在日本。留日潮未衰的1908年，美國政府忽然宣佈一項新政策，提出把多賠的庚子賠款退回給中國，聲明要用在文化教育上，在中國辦學和資送學生到美國。

庚款留美是中美近代交往的一件大事，除了一批又一批的學生被送到美國，還促成了清華學校出現，後來變成清華大學。在國際間，也造成連鎖反應。

談判退還庚款，變相促成留美大潮的，是中國駐美公使梁誠。在這裏，容閎的幼童留美和三十年後的庚款留美，巧妙地接上了，因為梁誠就其中一個留美幼童。

美國答應退還庚款，這不能不說他們有長遠的眼光，養成人才的理想，但也不能忽略當時的世界大勢。在留日熱的背景下，1907年青柳篤恆以〈中國人教育和日美德間的國際競爭〉為題，提出培育中國青年，為日本進一步擴張勢力於大陸之計。1908 年美國提出退回庚款促使留美，是對日本計劃的回應。由此可見，近代中國活脫脫是世界強國角力的一個據點。若由留學去看，又活脫脫是世界性思潮激盪的縮影 —— 就在留美學生人數孳長，雄心勃勃的時候，不意歐洲的德法等國的社會主義思想，又生出另一個世界大潮，而且同樣席捲中國年輕知識分子，於是 1920 年代留法又成為新的熱點，最後導致的結果，完全在留美學生意料之外。

當日的留學生，雖然因為在留學國習染不同，不免有點互相看不起，但只要稍有志氣的，都想中國好，都想作貢獻。奈何留學生雖然是天之驕子，是時代弄潮兒，但世界大潮才是真正的主宰。於是，信心十足的時代弄潮兒也免不了為時潮所弄。

註 釋

1 是牛津運動領袖引荷馬詩，見胡適 1917 年 3 月日記〈吾國留學生之先鋒旗〉。林語堂《八十自敘》，台北：風雲時代出版公司，1989 年，頁 101-109。頁 27 則謂 1918 年他自意大利歸，引荷蘭學者伊斯拉莫斯（案：應為 Erasmus）的話説：＂現在我們回來了。一切將大大不同。＂

2 徐志摩〈留美日記〉1919 年 8 月：＂我一向信心，是在合群。按中國情形，我們留學生，都是將來的先鋒領袖。但是最後的成功，是在通力合作。不錯，這話誰也會説，誰也知道是對，不過這條理想的康莊大路上，起了無數的障礙，非但不能通行，而且風起沙揚，往往發生危害的結果。這是我們最大的仇敵。仇敵在哪裏呢？就在吾們自己心裏。這是一種破壞的，摧殘的，塞絕的一種大力。我説是有生俱來，涉世益深的自利心。自利心消極的表示，就是嫉妒心。這就是我們最大的仇敵，這就是將來國家發展的大障害。＂，見《徐志摩未刊日記》（外四種），北京：北京圖書館出版社，2003 年，頁 110。

3 胡適 1917 年 1 月 29 日日記〈中國十年後要有甚麼思想〉，載《胡適留學日記》，合肥：安徽教育出版社，1999 年，頁 458。但並不是所有留美學生都認同胡適等人的意見，吳宓、梅光迪或及陳寅恪就對胡適一派自認得真象，及提倡的新文學表示反感。梅光迪在哈佛讀文學批評，師事白璧德，1918 年仍在美國，時胡適已回中國，且在《新青年》提倡白話文，寫新詩。梅極反對，與吳宓多次長談，慷慨流涕，極言中國文化的寶貴，歷代聖賢儒者思想的高深，中國舊禮俗、舊制度的優點，胡適所言所行的可痛恨。從前伍員自詡我能楚，申包胥説我必復之。我們現在但應勉為中國文化的申包胥。見吳宓《吳宓自編年譜》，北京：三聯書店，1995 年，頁 177。

4 陳毓賢《洪業傳》，台北：聯經出版事業公司，1992 年，頁 73。其實亦不見得個個如此，也有清華留美生説自己是沒有大志的。

留法勤工儉學大潮

"勤工儉學生，在中國，在外國，幾乎同共產黨，同流氓的意義差不多；然而勤工儉學生中非共產黨者居大多數，惟青年熱血，有時過度，則難免耳。"[1] 身為勤工儉學生的盛成，後來留法成名，他在勤工儉學運動落幕之後十年，説了這番話。

這個留學運動在一兩年間澎湃而起，席捲全國，不過兩三年而沒落。它哄動中法兩國，鬧得滿城風雨，注定是三千年未有的留學潮裏，最為人爭議的事件：爭議涉及多種社會思潮，爭執的意氣加劇共產黨和青年黨 —— 民國兩個最大在野黨的敵對，對這個運動的評價又涉及憑之而實力大增的現行執政黨。近一百年過去，當年的意氣、恩怨還影響著對這個運動的論述。

自 1919 年初到 1920 年底，兩年之中，去法國勤工儉學的人數達到 1600 多人，加上第一次大戰之前到達及 1921 年還上路的，總人數達到一千七八，甚至近二千之譜。[2] 比 20 年間清華送去美國留學的人數還要多。

學生遍及除甘肅以外漢族聚居的本部十八個省，以及東北的奉天（遼寧）。以四川和湖南最多，分別有三百多人。[3]

這麼一個澎湃的留學運動，結果在法國大鬧學潮，終於迅速落幕，對全國盼著留學的青年是多麼大的理想幻滅？

周恩來 1921 年報導勤工儉學失敗原因，説：

> 普通都感於環境的痛苦為大，感於教育的不良為次，動一時之感情，受潮流之支配，慕勤工儉學之名，為衝動盲目的出國。[4]

這是中肯的報導。但是作為學潮首領、被強制回國的陳毅，就不認同，他説自己不是"聽別人的鼓吹，去作勞動神聖的嘗試"。[5]

勤工儉學的時機和理想

勤工儉學的潮流不是幾個熱心名人拍拍腦袋弄出來的。留法勤工儉學運動可以視為歐美變革的餘波。

十九世紀，歐洲社會連番遞變。法國大革命之後，貴族勢力逐漸衰落；工業革命之後，產生了許多工廠工人。變動引起各種社會磨擦，知識分子也紛紛提出變革的主張。在教育上，要推動義務教育，打破貴族壟斷知識，甚至變革高等教育，例如拿破崙將大學由教會辦變成國立、英國的費邊社在 1895 年創辦倫敦政經學院，培養工黨的骨幹。各種社會主義者還組成國際組織，發起工人運動，要求改善勞工環境，包括推行八小時工作制、成立五一勞動節等。

當歐美處在變動的時節，各種帶有理想色彩的思想也紛紛傳入中國，形成錯綜複雜的面目。其中影響了赴法留學運動的，包括無政府主義、泛勞動主義、空想社會主義、實用主義、工團主義等等。這形形色色的主義對當時的中國人都是新鮮的，它們描繪的理想社會面目，混合了當時歐美的半工讀實踐、工人運動抬頭的訊息，經過席捲全國的五四運動的推廣，為青年改造社會的願望提供了思想出路。

種種世界潮流在民國初年已經匯成一股工讀、儉學的思潮。而勞工神聖的呼聲，在五四運動前後響徹雲霄。據說 1917 年初，蔡元培到北京大學的第一天，校工們排隊在門口恭恭敬敬地向他行禮，他一反以前歷任校長目中無人、不予理睬的慣例，脫下禮帽，鄭重其事地向校工回鞠了一個躬，就使校工和學生大為驚訝。[6]

五四時，受工讀思想鼓舞的青年，紛紛組成工讀團體，希望改造社會。提倡者認為，半工半讀可以培養出工作認真、生活作風良好的新人類，而且體現到互助、平等的無政府主義價值觀。不過這些工讀團體並不持久，因為他們的工作沒有高技術，結果既搶了小商販的生意，賺的錢又不多；同時忙於做工求生活費，也不易求學。然而，工讀思想、勞工神聖同步並進，互為表裏，結合青年熱切的留學願望，卻推動了留法勤工儉學成為一股大潮。

成功先例

選擇法國去勤工儉學，也有其根源。因為無論去法國儉學或者做工，都有成功先例。

推動勤工儉學運動的華法教育會，在民國初年，曾推動過以百計的儉學生去法國讀書，[7]雖然規模不大，但持續進行，第一次大戰前後人數增加了不少。留法儉學是要先作準備的，儉學生要交一點學費，最少在留法預備學校學法語等半年，並籌得一定的川資，以及每年約六百元的費用，才能出發去法國過儉樸的學習生活。除了第一次大戰時因為家款匯不到，到工廠做工之外，他們不必做工來支持求學。

留法儉學的成績是不錯的，像數學家何魯就是第一批儉學生，他本來有相當根底，曾經讀過南洋公學和清華，又在留法預備學校準備了半年，最後取得碩士回國。

至於在法國做工，勤工儉學的組織者也有成功經驗。第一次大戰時，法、英、俄國的壯丁都去了前線，缺乏勞動力，到中國招募農村青年去做工，稱為華工。去法國的最多，達十五萬人。他們在法國做工廠、耕種、採礦等體力活，法國甚至利用灰色地帶，派他們在前線做支援後勤，這些農村青年並曾在戰場上捨命救過一個英國軍官，又曾經在畢卡第（PICARDIE）以手中的工具，與德軍搏鬥。[8]根據招工合約，法方要為他們安排業餘教育。

華工刻苦耐勞，很受好評，加上法國在大戰中犧牲很多壯丁，欠缺勞動力，令好些知識分子憧憬推動青年到法國半工讀。於是各個方向的涓涓水滴，匯而成河。

1918年蔡元培、吳稚暉、李石曾、汪精衛這些有名望的人簽名向華法教育會提出，又在社會上鼓吹。四個人裏最熱心、始終其事的，是李石曾和吳稚暉。吳稚暉年紀比李石曾大，在五四時候已是五十許人，李石曾則未及四十。兩個人都很有個性色彩，又都是無政府主義者。

吳稚暉是清朝的舉人而主張革命。生平以素貧賤行乎貧賤為信條。他亡命英國的時候，在倫敦雜處黑人區中，惡衣粗食而甘之如飴。他力主移家就學，認為中國的新式學校一時難以完備，如果全家移居外國，以中國人的勤儉作風，一家人住陋室，一鍋熟食，所費不多，而全家人生活在良好的環境，子女可以受新式教育，中老年人也可以擴闊眼光。[9]

李石曾是清朝大臣李鴻藻的兒子，年輕時跟中國駐法公使去做使館學生。法國少種族歧視，他的法國教師又是無政府主義者，故此他深信人類互助與世界大同，甚至佩服法國地理學家 E.Reclus 的人種混合足致世界大同的說法。他與法國的淵源如此深，又熱心推動中法交往，又有幫助儉學生，協調招募華工這些成功經驗，又熟悉法國不少政界文化界人士，所以主責在法國為勤工儉學作交接規劃。支持他的法國政界及學界朋友，或是社會黨人，或是右翼裏的左派人士，關注新成立的中華民國，熱心中法文化交流。例如急進社會黨領袖、里昂市長赫里約（Herriot），願意照料中國留學生，所以華法教育會在里昂有會所；小城蒙達爾市（Montargis）的董事夏波被一些勤工儉學生視為"中國人的保護者"。蒙達爾又是李石曾留學的農業實用學校所在，學校的老校長也很熱心幫忙，用一間農業大學空餘的房子設學校，讓熱心教授做教師。所以里昂和蒙達爾的中國學生特別多。[10]

未有勤工儉學運動之前，吳、李兩人在 1912 年已經鼓吹學生大量去法國留學，還估計能出每年六百元供子弟讀書的中國家庭很多，五年之內有三千中國學生去法國，決不是妄想。除了設法文學校，代青年謀劃出國的交通，以至介紹工作，他們甚至熱心到代學生借錢，引起華法教育會其他會員不滿。[11]

為甚麼要鼓吹大量交流呢？因為他們認為人數多，對改造中國有好處。學生傳聞吳稚暉在上海給勤工儉學生演說，說縱使將來回國改良茅廁，亦是好的。[12]

青年的響應

社會鼓吹，加上嚮往新生活方式，使留法勤工儉學獲得青年熱烈響應，成為一時潮流。

　　當時勤工儉學生有一千七百多人，經濟情況大都不好，在中國很難進大學唸書，一聽到留法勤工儉學，便以為這是一個上大學的好機會，於是踴躍響應，不顧一切，爭相赴法。[13]

　　在普遍貧窮失學的青年滿坑滿谷的中國，誰不想做一個便宜得來的留學生呢？[14]

響應之熱烈反映在人數上，自 1919 年中第一批 89 人到法國，本來每次只是數十人，但年底已有一次 162 人，1920 年更有一次接近 200 人的。不少學生是從香港上船。

經過五四新文化運動的洗禮，中國的青年普遍都仰慕新思想。勤工儉學生裏有不少各地五四運動的活動分子或領袖。"他們一定是同我一樣，想飛，想走出本省，甚至本國；但也一定是同我一樣沒有'翅膀'去飛。勤工儉學的呼號，決不是對著曠野叫喊的。"[15]

這些懷抱理想的新青年，相信到了法國可以學到先進的工業技術，於是帶著一種知識分子洗心革面、尊奉勞工神聖的情緒出國。祖父是秀才的、自己本來信仰孔孟的陳毅說，他到法國的初志，是要解決生活問題，及調劑不勞而獲生活的罪過，這是他希望的工學美滿生活。[16]

連思想成熟的中年人也受到這股風氣感染。40 歲的老師徐特立，也信奉"須知世界第一等人都是作工的人"[17]，跟著青年學生去勤工儉學。

學習鑄造的齊笏屏在克勒佐施乃德（Schneider-Creusot）鋼鐵工廠鑄造車間，該廠是法國重要的軍火生產工廠。齊笏屏赴法較晚，1923 年到法國，1928 年回國。後曾任北京鋼鐵廠總工程師。

第一批學生到了法國，年底發回中國的報告，語調很樂觀，說法國在大戰裏死了三百萬男丁，向西班牙等許多地方輸入勞力，而中國人善於用手，許多法國工廠試用之後，多要求加派，有些工廠還為中國學生設免費的語文及技術課。[18] 當年年底到法國的勤工儉學生說，他們住在華法教育會一個美軍撤退後留下的大布篷裏，"大家極為高興，以為又工又學，將要過合乎理想的新生活了"。[19]

但其實當年年底，上海的儉學會已主張嚴加考驗才送人；次年初，任法國儉學總會會長的李石曾已電中國阻止派送，並說要親自回國向國人說明法國的實在情況，以免對勤工儉學有許多誤會。[20]

形勢開始不對勁，因為提倡者的如意算盤沒有打響。

時機的變化　現實的落差

關於工作，實際的情況是，大戰結束不久，各國全力醫治戰爭創傷，法國工商業不景氣，有些工廠甚至要裁員，而且法國士兵復員，也需要工作。這些變化都不在提倡者的計劃之內，而勤工儉學生已經一船一船地到達，令這個理想色彩甚濃的留學運動變成不合時宜。[21]

在學生本身，本來出國之前應該學過法文，掌握一些工業技術，各地也確實設了預備學校，全盛期設了二十多家，甚至要考試入學。現實則是在大力號召出國之下，青年之間流傳：與其在中國學法文，不如去法國學更有效；至於學工藝技術，既不是一時三刻可以學到，而且設備和工藝也難言先進，在急於出國的氣氛下，也沒有貫徹執行。

> 交學費買了一套織工工具，決意實行勞工神聖，沒有幾天還未上課，即有傳說有第六批的勤工儉學生的放洋，有志者從速進行。乃將學費轉給一個廣西朋友，不約而同有四個小同鄉，可以一同破釜沉舟的。[22]

於是上千學生到了法國，既不會法文又沒有技術，有些人甚至沒有錢，有些人對勤工儉學有誤解，以為半工讀是指半天工作、半天讀書，沒料到是工作後有了積蓄去讀書。

這些青年抵埠之後，經過查詢意向和狀況，有餘資的，被送到小城鎮的中學學法文；沒有餘資的便要設法找工作安置。靠打工掙的錢，只能夠讀一陣書，錢用光了，又要再打工。

　　我們獨立生活，又要繳納房租費，又要支出伙食費，再加上要用一部分零用錢，完全靠做工的收入，勉勉強強可以維持生活，餘下的就很少了。所以，留法勤工儉學的學生，做工的多，讀書的少，做工的時間長，進校學習的時間是有限的。[23]

工餘想自修吧，做了八小時的體力活，回家還要做飯，弄得自修時間都沒有。

在學校讀書的勤工儉學生用帶來的一點錢讀了幾個月書之後，便成為真正的‘無產’階級，也要安頓。間有少數人找到工廠工作，找不到工作的便不得不到華法教育會請求救濟，每日領二三法郎津貼，吃麵包和開水。有些學生乾脆不再上學，實行自學。所謂自學是讀中國寄來的新雜誌、新書。[24]

華法教育會為了解救困局，不斷去接洽工廠，找一些較簡單的技術工作，例如鉗工、車工。但因為學生多半沒有技術，只能夠做雜工，做粗活，包括在大洪爐前鎔鐵煉焦，熱度甚高，又髒又累，或去搬運笨重的材料，常常弄傷手足。農村招來的華工可以做的工作，勤工學生去做時，就像打入煉獄。[25]

李石曾又為體力差、做不來粗工的學生，向做釣竿漁線或黏紙花等的小工廠交涉輕鬆的工作，但小工廠用人少，廠裏盡是女工，學生擠了進去，成為青年女工嘲笑的對象。幸好中國人手巧而力勤，比法國女工成績高明，才能混下去。[26]

有少數學生不肯做工，寧願借錢度日。

很多沒有工作也沒錢讀書的學生，只靠一點華法教育會的維持費，艱難度日。其中在一棟捐給華僑的帶花園小洋房裏，那場面是“地窖住滿勤工儉學生；花園搭了布篷，篷裏也住滿了勤工儉學生；花園樹枝間拴著繩索，繩索上晾著衣、褲、襪子、被單。喧嘩吵鬧引起了隔壁鄰舍聯名請求

由穿西裝的勤工儉學生變為挖煤工人。圖為羅承鼎在法國拉馬西煤礦升井後,與同伴合影。羅曾在學潮中從羈押遣返學生的兵營救出趙世炎。

警察局干涉。" [27]

整個留學運動在經濟上已經沒法繼續。

爆發大學潮

原意在幫助更多青年學習西學的勤工儉學運動，終於在 1921 年以爆發衝突告終。

由於華法教育會沒有經費長期供給維持，於是在 1921 年 1 月發出通知，要求學生自己解決問題，引起恐慌。於是 2 月爆發學潮，學生向中國公使館請願，要爭取生存權和求學權，演為暴力，被法警棍棒相加驅散。

中國政府的善後方法，是向願意回國的學生發放旅費。但學生懷疑政府企圖將他們送回中國了事，大都不願立即回國。然後又有傳言說北洋軍閥政府派員向法國借款，於是爆發華人示威，學生亦有參加。而北洋政府則叫中國公使館斷絕對勤工儉學生的維持費，說是按法國外交部的要求。[28]

火上加油的，是里昂中法大學的出現。這家中法兩國合設的大學，傳說部分經費來自法國退還的庚子賠款，又由勤工儉學運動發起人吳稚暉做第一任校長，卻不接受已在法國而窮途末路的勤工儉學生入學，反而在中國另行招生。[29] 於是學生憤慨，風潮再起，9 月爆發佔領里昂中法大學的事。部分學生被拘禁，強制回國，不少加入剛成立的中國共產黨，包括後來的中共領導人陳毅、李立三。

對激憤的學生來說，這些嚴酷的事實打破了青春的理想。整個勤工儉學運動隨著這種種衝突和失望而結束。

為甚麼不讓已在法國的學生入里昂中法大學呢？似乎中法兩國政府，甚至鼓吹勤工儉學的知識界領袖，對部分勤工儉學生日益傾向共產主義，抱有很大疑慮。

事實上，這個留學運動確實正趨向政治化。勤工儉學生裏的活躍分子，組成各種小團體，讀當時的新潮理論，就工讀的可行性、學生的前途、救國和自救的方法，而激烈思辨。而旅歐的共產組織在 1921 年初由周恩來及勤工儉學生趙世炎等成立了。但是即使在學潮中，運動也不是完全由共產主義者領導的，傾向共產主義的蔡和森一派提出爭生活權、讀書權的說法，李立三等另一派並不贊成，他們堅持工讀有可能，認為依靠他人勞動來生存和求學是可恥的，破壞了勞動神聖的無政府主義理想。然而經過連番的運動，尤其是爭取入讀里昂中法大學失敗之後，堅持工讀的一派也轉成傾向共產主義的鬥爭路線了。

一個當時信仰共產主義、後來轉成托洛斯基派的學生回憶說：勤工儉學生內部有激烈的鬥爭，是以政治思想結合的黨派，而不再是中國從前的那種地域或背景分歧之爭。里大運動失敗促成馬克思主義者團結。為勤工儉學問題引起的爭論沒有了，代之而起是主義的爭論：與無政府主義、國家主義之爭。[30]

於是勤工儉學落幕，主義之爭上場，影響了歐美留學生活多年。

註 釋

1　盛成《海外工讀十年紀實》，上海：中華書局，1932 年，頁 46。盛成十多歲參加辛亥革命，1920 年勤工儉學，參與法國共產黨創黨。1928 年以法文寫的《我的母親》，在法國風行一時，一般法國人驚悉原來中國也有優良傳統，不光是當時報刊所見的野蠻兵匪世界。回國後任教授。

2　黃利群《留法勤工儉學簡史》，北京：教育科學出版社，1982 年，頁 19 引張允侯、殷敍彝、李峻晨《留法勤工儉學運動》頁 812。賀培真說當時有 1700 多人，李璜、吳俊升、沈沛霖則說 2000 人。見賀培真〈前言〉，載《留法勤工儉學日記》，長沙：湖南人民出版社，1985 年。吳俊升《教育生涯一週甲》，台北：傳記文學出版社，1976 年，頁 38。沈沛霖〈我的留法勤工儉學經歷〉上，見《檔案與史學》，2004 年 5 期，頁 38。

3　黃利群，同上書，頁 20，據周恩來〈勤工儉學生在法最後之命運〉，載《天津益世報》1921.12.20。從總數來說，廣東學生人數僅次於四川和湖南，但廣東的多是儉學生，只有二十多人要勤工儉學。又，研究留學史的舒新城及汪一駒都指責當時中國的留學以沿海學生為主，按理勤工儉學運動可以補救這一偏重的狀況，但是按黃利群《留法勤工儉學簡史》頁 20 的表，勤工儉學生仍是以訊息流通的省份為主；重視教育的浙江、江蘇仍排在第六、七位。

4　清華大學中共黨史教研組《赴法勤工儉學運動史料》第 1 冊，北京：北京出版社，1979 年，頁 8。

5　陳毅〈我兩年來旅法勤工儉學的實感〉，載《陳毅早年回憶和文稿》，成都：四川人民出版社，1981 年，頁 48。

6 顧頡剛〈蔡元培先生與五四運動〉，載《蔡元培先生紀念集》，北京：中華書局，1984 年，頁 179。

7 有說兩年間去了 140 多人，據法國的里昂中法大學回顧展網頁。

8 陳三井《華工與歐戰》，台北：中央研究院近代史研究所，1986 年，頁 179。

9 吳敬恆〈胐鑫客座談話〉，載《吳稚暉先生全集》卷二，台北：中國國民黨中央委員會黨史史料編纂委員會，1969 年，頁 436-437。

10 吳敬恆〈答友人問留法儉學會書〉，同上書，頁 279。鄭超麟《史事與回憶》第一卷，香港：天地圖書有限公司，1998 年，頁 174。

11 吳敬恆〈述破天荒之西洋私費學生大出洋〉、〈致勤工儉學諸生書〉、〈答友人問留法儉學會書〉，同上書。

12 1919 年 7 月在上海的環球學生會演講。陳毅〈我的早年經歷〉，載《陳毅口述自傳》，鄭州：大象出版社，頁 12。李金髮《李金髮回憶錄》，上海：東方出版中心，1998 年，頁 40。

13 賀培真〈前言〉，載《留法勤工儉學日記》，長沙：湖南人民出版社，1985 年。

14 李金髮，同上書，頁 40。

15 鄭超麟，同上書，頁 168。

16 陳毅〈我兩年來旅法勤工儉學的實感〉，載《陳毅早年回憶和文稿》，成都：四川人民出版社，1981 年，頁 47。

17 徐特立〈留法老學生之自述〉，載中央教育研究所編《徐特立教育文集》，北京：人民教育出版社，1979 年，頁 4。

18 沈宜甲〈第一次報告〉，載《安徽教育月刊》24 期，1919 年 12 月。轉引自舒新城《近代中國留學史》第八章〈勤工儉學與留法〉，長沙：湖南教育出版社，2010 年。沈宜甲是 1919 年中去法國的第一批勤工儉學生，後來留在歐洲。

19 賀培真，同上書，前言。

20 《赴法勤工儉學運動史料》第 2 冊上，北京：北京出版社，1979 年，頁 117，載時報 1920 年 1 月 11 日文〈留法儉學生電止選送〉。

21 賀培真，同上書，前言；李璜《學鈍室回憶錄》，台北：傳記文學出版社，1973 年，頁 48；鄭超麟，同上書，頁 168。

22 李金髮，同上書，頁 41。

23 陳毅〈我兩年來旅法勤工儉學的實感〉，同上書，頁 51。

24 鄭超麟，同上書，頁 166，168。

25 李璜，同上書，頁 67；聶榮臻曾做過煉焦工作，《聶榮臻回憶錄》香港：明報出版社，1991 年，頁 17。

26 李璜，同上書，頁 67。

27 鄭超麟，同上書，頁 168-169。

28 黃利群《留法勤工儉學簡史》，北京：教育科學出版社，1982 年，頁 72。

29 據說李石曾是想讓勤工儉學生入讀的，風潮鬧大時，吳稚暉曾想收 20 個勤工儉學生以平息風波，但是法方反對。（見 http://www.bm-lyon.fr/lyonetlachine/ 里昂中法大學回顧）

30 鄭超麟，同上書，頁 175，177，179。

重傷的熱情

勤工儉學本來是一個好主意，誠如同情者所總結，它突破以往的留學途徑，使留學平民化，讓更多沒機會受良好的新學教育、不是富有家庭出身的人能夠留學；留學的目也不僅僅為了獲得技能和文憑，而含有法國共和思想和進步觀念，為培養勤儉的良好生活方式而學習。

這麼一個創新的留學方法，如果回歸到留學運動來看，結果卻是失敗的。它送出去許多學生，卻沒法令他們學業有成，還讓學生產生了浪費光陰、為人奴役的印象。陳毅被強制回國後即說：

> 留法的勤工儉學是寄在敵人（資本家）底下，僅可供吾人的苦工訓練，不是解決問題的主義生活，差不多我來法的初志完全是失望了。因為勤工所得不能儉學，做十年八年於智識無補益，而時光可惜。[1]

組織不周

勤工儉學運動在組織上有很多不足之處。推動的華法教育會沒有基金，辦事的人也不多，執行規章不嚴，沒有按規定要求先學好法語及作技能準備，就在短時間送去大批學生，在法國的中方人員甚至有賬目不清以至違法投資等種種嫌疑，受學生詬病。吳、李兩人事前極力推動，獲得熱烈回應之後，雖然多方奔走，竭力促成其事，但勤工儉學生的指責是合理的，主事者"事前沒有整個計劃，事先調查，及研究成功和失敗的可能性，徒事在報上宣傳如何樂觀，如何美好，說得天花龍鳳，不問後果。"[2]

法國是個科學發達的國家，按理辦事應該很嚴謹，對於這個充滿理想色彩的留學運動，怎麼會接受呢？

法國人跟英國不同，本來就有接受殖民地人到法國讀書、入籍甚至參政的傳統，法國人的種族歧視也不嚴重，在殖民時代，只要受法國教育，信天主教，就可以入籍，之後視為平等的國民，可以當議員。法國人雖然設計構思很嚴密，但不像英國人那麼重視行政，執行輕鬆是常事。曾經做華工教育的留學生說，英法兩國管理中國工人的方式有許多不同。法國官員和工人往來多，甚至和工人開玩笑，給他們講故事，有時與他們共食，但是營區管理卻相當馬虎。工人都抱怨不能和中國家中定時通信，不知家人是否收到寄回去的安家費和錢。[3]

對這一個熱情的留學計劃，法國人大概也是包容有餘而輕視管理。

當學潮鬧大時，里昂市長林里約在報上說，他以為"中國學生來後，總得先學好法語與技術，可以在工廠當工頭技師，然後徐圖深造，如法國多數貧家子弟一樣。"他並不知道李石曾和吳稚暉的大量交流計劃。[4]這個大力支持勤工儉學運動的里昂市長，在運動徹底失敗之後，並沒有被千夫所指，1924年還當上法國總理呢。

怎樣評價這出人意表的運動？

這個留學運動的結果，催生了一大批中國共產革命的領袖人物，像聶榮臻、陳毅、李立三、鄧小平等等，所以中國共產黨很推崇。而反對共產黨的，即使不是當事人，也對這個運動大加撻伐。

這爭拗為時甚久，以至於說勤工儉學生在中外，幾乎同共產黨的意義差不多。

當事人的吳稚暉既是勤工儉學的發起人，卻又在勤工儉學學潮之中，以里昂中法大學校長的身份，帶新生去這家新大學，令勤工儉學生極度不滿，視他為背叛者。

李石曾協調華工、辦豆腐公司、鼓吹赴法勤工儉學、運動法國政府退還庚款辦中法大學，則被一些激烈的旁觀者說是為了謀利、欺世盜名。[5]

汪精衛作為四個簽名提議者之一，曾經分析過勤工儉學失敗的原因，吳李二人卻少對運動的失敗置喙。不過，這個運動的結果顯然不是他們所願見的。他們二人信仰無政府主義，反對共產主義，幾年後吳稚暉甚至主張國民黨清黨，而李石曾附和。那次清黨，令一大批信仰共產主義的熱血青年橫死，包括趙世炎及陳獨秀兩個兒子等勤工儉學生。

主張國家主義[6]的中國青年黨，領袖人物也多是當時的留法學生，在法國與共產黨人爭持激烈。李璜是該黨的核心人物，當年也身處法國，幫忙接待過勤工儉學生，被視為辦事人員。他贊成勤工儉學的本意，但是他批評鼓吹者魯莽，不加擇別送去大批學生，認為運動是百分之百失敗。對於國家主義者的論敵——共產黨人，他大加貶抑，說大部分勤工儉學生獲得各式公費或親友接濟之後，剩下少數人，在失望之餘，心有不甘，而成為憤怒的一群。不幸這少數的一群，又為俄國共產黨有意赤化中國者所乘，加以誘惑收買，無端端為中國共產黨造就了一大批早期幹部。[7]

為甚麼加入共產黨？

把轉向共產主義的學生描繪成沒有人救濟的少數不幸者，當時很多反對共產主義的人或許都同意，但是這個說法帶有意氣。事實上，李璜也承認轉投共產主義的學生，有能吃苦、能做粗工的人，"李立三與李不韙兩個湖南佬，幹滿一年的工廠粗工，可稱好漢！"[8]李立三是學潮中被強制回國的，後來成了中共領導分子，可是他在學潮之初是堅持工讀的，並不贊成傾向共產主義一派的學生的主張。

另一方面，又有從家境來探究，奇怪學生多數出身小資產階級家庭，何以去搞無產階級革命。勤工儉學生中四川人最多，成為共產黨人的也很多，李璜身為四川人，則批評他們自招困境，得不到家裏支持，才憤而投共的：以四川而論，民初能讀書至中學畢業的子弟，其家非商人即地主，絕少赤貧之家。為甚麼四川勤工儉學生到了法國會陷於困境？於是他申論，這些學生不是因離家未得父兄許可，恥於以苦狀報告家中求援，就是本來行為不佳，父兄不滿的人。相反，廣東學生比較有錢，困難時候又得到廣東省公費支持，學而有成，所以甚少變成共產黨。[9]

說勤工儉學生不會來自赤貧之家，這講法沒有大錯。據說 1916 年在上海的旅店包食住一天不過幾毛錢，1918 年上海的茶葉店夥計，一天做十六七小時，一個月平均只拿得兩三塊錢。[10]能夠拿出或借得上百元川資去法國的勤工儉學生，不會來自赤貧無知識的家庭。但是勤工儉學生不是赤貧之家出身，不代表家庭經濟沒有困難，[11]更不代表在法國陷於困境全是他們的錯。自力更生、勤工儉學本來是這些學生的理想，現在叫他們向家人求救，不也是違反勤工儉學本來的理想，而讓他們感到幻滅和氣憤嗎？

到底是甚麼原因，令部分有志青年變了共產黨人呢？

知識青年的志向

勤工儉學生不像提倡者所想，安於在工廠做工。攻擊者說“他們大都志大言大，不像華工頭腦那樣簡單，如果一旦錢用完了，便須送入工廠去當工人，則是否能甘心勞作，且服從法國工頭指揮，大是問題。”[12]

沒錯，勤工儉學生確實與華工不同，按學歷，中學畢業或專科生佔大多數，[13]甚至有少數是大學生，我們怎能要求他們跟華工的思想一樣呢？至是否甘心勞作，根據學潮中被強制回國的陳毅在當年的講法，他進廠的第一個影響，就是除掉虛偽心。

> 我頭一天入廠門，工頭兒拿一張命令狀來指揮。我心裏想我墮地以來，這是頭一次供驅使了。聯想到我的初心，那裏是來法國受使喚的？學生的身價簡直不好放下來。繼後想著自己要吃飯，難道不作工嗎？別人之對我如此，無非不互相了解所致，於是我的火氣便得了安慰，登時按住了。……過了幾天，有了工作習慣，便覺稍有趣味。只是我作的是雜工，不是能學技藝的工作，每日所操可算毫無意義。後頭得同伴的指導，倒把耕田機的全部了解清楚。[14]

問題是除了體力不及來自農村的華工之外，主事者和攻擊者都忽略了一個情況，就是這大批知識青年未出國之前，受過五四的影響。及至來到革命氣氛濃厚的法國，又受了世界思潮的衝擊，世界觀更不同了。而促使他們接受更激進的世界觀的，又是他們身處其中的工廠。一個無政府主義學生說：

> 這一批留法勤工儉學生在國內受過五四運動洗禮，頭腦裏有了許多新的東西，因此即使進了工廠的人，也不滿於資本家的剝削。為資本式生產而勞動，覺得有損於勞動的目的，但為麵包所驅使，不得不斂氣而入工場。加之又受資本家奴隸的工頭驅使，更加一層精神痛苦。所以我每每不願意作現在的工作。[15]

他們紛紛自行退出工廠，以為入學校學法文也比做工強。

哪怕留在工廠裏，這些知識青年也不光是一個工人，他們雖然反孔，卻是個小士大夫，以天下為己任，常常想著救國救民。他們想學技術之餘，也觀察社會。陳毅當年被押回國後立即發表文章，他的說法不全是成名後的回憶：

> 我不是一個純粹勞力者，我常常把工廠內四周用冷靜眼光去透視一下，那資本罪惡，我便看穿了。[16]

他們所見的工廠已經不是狄更斯小說裏那種情況，而是每日八小時工作，加班會加工錢，廠內有急救的醫生，受工傷有半日的工價，天熱有咖啡解溫及風扇，天冷有火爐。陳毅說這是勞動家流血的結果，是他稱歎不置的。工廠也沒有剋扣工資，無論計時計件，每兩星期計一次工資，從未算錯一點點。[17]

但陳毅眼中的工廠，實行工頭制，階級森嚴。工頭"常常拿身份來凌辱工人，這是我極不滿意的"。而勞工神聖的說法也不值得誇大其詞去鼓吹：

> 廠主的威嚴，在在令小工人失色。中等階級之承上啟下，尤令人討厭。工人中之無識者，只有坐受劏割了。
>
> 營業暢達時，他便僱用多數工人，營業停止，他便大批退

出。我見那些工人被退出廠的狼狽，真令人寒心啊！就用神情喪失、面若死灰都形容不盡致，令人表無限同情，覺社會革命是極合道理的事。……資本家完全為自己利益起見，實毫無人心，我才知歐洲資本界，是罪惡的淵藪。

工人有飯碗威脅，不團結，所以罷工不容易成功。

法國工廠生活是在資本制度下面的，不容工學者有發展餘地。我學無根底，又無有求學經費，住在法國工廠內。我受的痛苦，就是不能求學的痛苦。所以我兩年來的痛苦，就是國內舊社會的痛苦，與資本制度的罪惡相加。

雖然法國社會種族歧視不嚴重，但是工廠裏是另一面目，與理想大為不同，不能用法國社會上的平等、自由、博愛，去推想工廠內的情況。

對外國工人難免不歧視的。勤工學生能力不強，技藝不熟，言語不通，當然大吃其虧。廠中有班無意識的工人，常說些話來諷刺我們。[18]

細看兩個人的轉變

試以聶榮臻和陳毅兩個共產中國重要人物的自述，來看看他們的工學實踐經驗，是如何令他們變為共產黨人的。

兩人都是四川人，從家境來說，都來自破落的地主之家。但經歷頗有不同，成為共產黨人的過程也大有分別。

多方嘗試未見出路

陳毅的祖父是秀才，陳家家道本已中落，更因為家人持家不善，幾年間由地主變富農，再變為赤貧，他去法國的時候，家人在鄉下窮得要住祠堂。外祖父有錢，卻買官魚肉百姓。陳毅是個反叛性強的學生，但並不搞學生運動，也沒有怎麼受新思潮影響。他是到出國前在上海的演講會上，聽了吳稚暉的演講，聽到反孔孟、寫白話文的言論，才開始反思及改變。他自稱是考入留法預備學校，拿官費去法國的。在法國，他雖然不滿工廠的環境，但有去做工，可是法國經濟不景，工廠當然先拿他們來解僱。他雖然接觸到共產主義，但沒有加入共產黨，還夢想有朝一日可以在法國讀書得到文學博士。但因為參加佔領里大的學生運動，被押返中國。回國之後，他仍然做文學夢，入北京的中法大學，是逼於眼見社會上沒有出路，而參加共產黨的，他曾經上山打遊擊，出生入死。所以他說自己覺悟很遲，但是一覺悟就堅定不移了。

懷疑工讀未能救國

聶榮臻早在四川時，就受新思潮及五四運動影響，他是學生運動的活躍分子，反對軍閥，又參與罷買和燒毀日貨。因為參加這些活動，他擔心人身安全，於是抱著工業救國、科學救國的想法，想和同學去勤工儉學。由於他是獨子，父母本來捨不得，最後也同意了。他到法國後，具體實踐了勤工儉學的企圖。他在法國中學讀書，讀到沒有錢則做工，在大洪爐前煉過焦，也做過鉗工、車工，"做鉗工我老銼不好，做車工倒還容易些。"他肯拼肯試，認為 1920-1921 年法國做工的機會很多，但是學不到技術。經過反覆地上學及做工，他摸出門道，知道分配不到好工種，淨幹粗活，是學不到技術的。於是頻頻轉工，一旦看見合適的招工廣告，馬上寫信去，工廠一答覆，他立刻收拾簡單行裝，趕到新工廠。但進過很多工廠後，他的結論是，"各個工廠的情況大體相近，想真正學到點技術，那是很難的。"進工廠學不到技術，賺得的工錢又不夠長期讀書，於是"不僅經歷了求學和做工的艱苦，思想上，也在進一步探索著國家和個人的出路。"

他不是無法自給而轉向共產主義的。勤工儉學生時常爭論各種社會思潮，對聶榮臻有觸動，但沒有改變他實業救國的想法。1921 年勤工儉學生已佔過里大，要遣返的已遣返，其他學生亦各自找出路，運動已經落幕。這時他想繼續讀書，於是該年年底轉到比利時，半年後正式考入工科大學。卻是在這可以安心讀書的環境，可謂勤工儉學如願已償的時候，他卻逐漸感到從前實業救國的願望不現實，1921 年在法國的幾次大規模學運在他腦中發酵，認為不改變軍閥統治，一切工業發展不了。在法國和比利時，接觸到馬列主義的機會很多，於是他跟傾向共產主義的朋友經常討論政治，又看了以馬列思想剖析中國現實政治問題的報刊，世界觀改變了，他主動要求加入旅歐的中國少年共產黨，1923 年初決心放棄讀書，轉到蘇聯學習，1925 年回國。

以留學運動始　以政治分裂終

撇開互罵，細看底蘊，會見到勤工儉學運動中，不少有思想、有能力的青年學生，被處身外國的經驗所困擾，卻又因在外國的經驗而更痛感中國存在的問題。被遣返中國的陳毅甫回國就撰文說：中國何以獨有勤工儉學生呢？中國教育不良，不夠學生的需要，求不到真正學問。學校之外沒有好師資，得不到觀摩參考之益。"看著巴黎的華美與彼邦文明，才知祖國毛病太多，自己不能不以改造者自任。但是改造能力毫無預備的機會，此種痛苦，真非我筆能述說的了。" [19]

這是青年學生內在的尋求，這尋求的時間又碰上國際社會的風雲變幻，而處身的法國更是向來以帶領近代思潮而自豪的國家，當時對政治急進主義滿有熱情。[20] 誰會料到，因為這個留學運動，中國的青年學子忽然被投到世界思想風暴的中心？

法國是社會主義思想的大本營，它的社會主義思潮是馬克思主義的三個來源之一。而第一次世界大戰之後，則正當第二國際與第三國際（共產國際）轉折交鋒的時刻。不同的改造社會思想在爭持，無政府主義已開始褪色，主張改良議會的派別與主張階級鬥爭的共產主義者在爭奪主導權。留法勤工儉學恰恰發生在這個時間。

置身法國的勤工儉學生自視為處在更前端的思潮中，而自豪地說，他們在法國讀新出版的《新青年》，作者已經是傾向馬克思主義的人，"但促進我的思想繼續發展的，還不是這種從日本販來的第二國際馬克思主義，而是經過《光明》雜誌介紹來的第三國際馬克思主義。" [21]

漩渦裏的救國者

檢點歷史，因為這個運動而敵對的兩方知名人物都是人才，都有一番理想，都勇於任事，有所作為。以活到暮年，能見出一生功過的幾個人來看：

吳稚暉是國民黨元老，認為共產黨陰謀滅亡國民黨，因此 1927 年力主清黨。國民黨大力搜捕共產黨員，處決很多年輕人，因此共產黨人視他如寇仇。但他一生不任官職，在國民黨名望很高。

李石曾則也是國民黨政壇中人，亦主張清黨。他與學術機構的關係頗大，故宮博物院和中央研究院的成立，他都有參與。尤其在 1924 年溥儀被逐出紫禁城後，他立即主張設立委員會保管古物，但此舉又有人指責是為了盜竊文物。

在共產黨人中，與勤工儉學運動關係密切的周恩來成了總理[22]，被認為在文革中保護了不少知識分子。身為勤工儉學生的陳毅和聶榮臻都位列中華人民共和國開國十大元帥、副總理。聶榮臻秉持科學救國的初志，主持國防工業，研製兩彈一星。

比利時洛瓦工業專修館實習工場

鄧小平參加留法運動時只是小青年，但是在對國民黨的戰爭中有相當角色。文革後更是中國改革開放的總設計師。

甚至坐牢幾十年而不悔的托派鄭超麟，雖然沒能夠作出貢獻，但也稱得上堅持理想的硬漢。

在主張國家主義的中國青年黨一邊，曾琦、李璜創辦報刊宣揚反共反蘇聯主張，但九‧一八事變後，立即呼籲一致對外，還籌款北上支援抗日。

當年這些中年、青年、少年都以救國為目的，而在一場充滿理想的留學運動中，竟致水火不容，互相指責醜詆。從黨政立場看，當然各有所是；從中國人立場看，捲入世界思潮的漩渦，分歧撕裂，豈非積貧積弱的中國的更大損失？

註 釋

1 陳毅〈我兩年來旅法勤工儉學的實感〉，載《陳毅早年回憶和文稿》，成都：四川人民出版社，1981年，頁52。原載1921年8月晨報。

2 李金髮《李金髮回憶錄》，上海：東方出版中心，1998年，頁40。陳毅亦認為應改良的地方甚多，一味說勤工儉學絕對可能的人，未免武斷。〈我兩年來旅法勤工儉學的實感〉，同上書，頁53。

3 蔣廷黻《蔣廷黻回憶錄》，台北：傳記文學出版社，1984年，頁71。

4 李璜《學鈍室回憶錄》，台北：傳記文學出版社，1973年，頁62。

5 羅章龍《羅章龍回憶錄》，休斯敦：溪流出版社，2005年，頁14。羅並非勤工儉學生，他是新民學會成員，初亦擬赴法，後來和毛澤東等留在中國。

6 留美的政治系教授浦薛鳳說，國家主義是"以提倡民族自決（美國總統威爾遜所使用之名詞），亦即意大利馬志尼所鼓吹之民族國家主義，簡稱國族主義，在二十年代普遍亦將此譯作國家主義。"浦薛鳳《萬里家山一夢中》，台北：台灣商務印書館，1983年，頁87。

7 李璜，同上書，頁48，55。

8 李璜，同上書，頁67。

9 白瑜〈有關留俄中山大學〉，《傳記文學》，30卷3期，頁71；李璜，同上書，頁63，70。廣東學生確實較少需要做工，像詩人李金髮，家裏生意不錯，答應源源接濟，所以不曾打算做工。雖然有錢，但他用華法教育會的公費，支持了一年多，然後才用家裏的錢在法國讀中學。李金髮，《李金髮回憶錄》，頁40，45。

10　潘大逵《風雨九十年》，成都：成都出版社，1992 年，頁 20。胡適〈歸國雜感〉，載《胡適文存》第一集卷四，台北：遠東圖書，1953 年，頁 659。

11　部分學生是由政府出資的，或請人捐助的，不是自己付錢。又，當時家用支絀的中國家庭不在少數。陳毅及聶榮臻均稱家道中落，陳毅家甚至在幾年間變成無處容身。中國當時大家庭制的經濟破產，社會向下流動情況，還待經濟史家去探究。

12　李璜，同上書，頁 64。

13　事實上，勤工儉學生的學歷，按 1920 年材料，以中學師範各種實業學校等最多，為 860 人，高小 30 多，大學 90 多，各地留法預備學校 300 多。子暉〈留法儉學勤工兩年來之經過及現狀〉有各種統計表，載《赴法勤工儉學史料》第 1 冊，北京：北京出版社，1979 年；張洪祥、王永祥《留法勤工儉學運動簡史》。

14　陳毅〈我兩年來旅法勤工儉學的實感〉，同上書，頁 48。

15　賀培真《留法勤工儉學日記》，長沙：湖南人民出版社，1985 年，前言頁 2，頁 49。

16　陳毅〈我兩年來旅法的痛苦〉，見《陳毅早年回憶和文稿》，成都：四川人民出版社，1981 年，頁 56。

17　陳毅〈我兩年來旅法勤工儉學的實感〉，見《陳毅早年回憶和文稿》，成都：四川人民出版社，1981 年，頁 51。沈宜甲〈第一次報告〉，載《安徽教育月刊》24 期，1919 年 12 月亦説有些法國工廠為中國學生設免費的語文及技術課。鄭超麟《史事與回憶》第一卷，香港：天地圖書有限公司，1998 年，頁 180。

18　陳毅〈我兩年來旅法勤工儉學的實感〉、〈我兩年來旅法的痛苦〉，同上書，頁 47，50，51，55-56。

19　陳毅〈我兩年來旅法勤工儉學的實感〉，同上書，頁 55，57。

20　汪一駒《中國知識分子與西方 —— 留學生與近代中國（1872-1949）》，台北：楓城出版社，1978 年，頁 128。而法國自大革命以來，嘗試了很多種政制，不斷全面變革前代的新制，到 1950 年代第五共和才算穩定下來。

21　鄭超麟，同上書，頁 189。

22.　周恩來並不是赴法勤工儉學生，他是由資助南開大學的嚴修資助去英國讀書的，準備作通訊員半工讀及申請公費，後因生活費，居法時間較多。

最天真的留學經費計劃

1918 年，在中國辦的留法高等工藝預備班的一個青年，在日記裏寫下青春的計劃：我的志向在於工業，如果能留法作工，我一定進飛機工廠，學飛機製造。如果有機會入大學，則入工科大學。如果不能，就以所得工資約同志回國，要求各先生提倡集股開工廠，造民用飛機、摩托車及一切機器。這是我的事業計劃。

這個期望到法國學先進工業技術的勤工儉學青年，不是沒有計算過費用，但是他相信了偏向樂觀的宣傳品：

到法國勤工是否能足夠四年學費，這問題已籌劃成熟。據說明書所說，每日可得三四元，則用五六十元，每月可存四五十元，有些熟悉的人說日得六七元，則每月可得二百多元。今折衷二者，每日五六元，每月儲百元，一年可得千餘，兩三年就可夠大學學費了。即使工資不敷入學也不要緊，因為所得工業知識也不少。到法國工廠做兩三年，亦可算得頭等工徒的價值。這些以後的事，現在不考慮，工廠雖然不便於研究，但在工作中，對於機械構造和製造方法亦易於諳熟，可以驗證學校學的理論是否正確。西人的工徒而成大發明家的也不少。對這個問題暫時無過慮的必要。

待得他到了法國，進過工廠，1920 年的日記說：作工難，作手藝工更難，法國老工人，是積六七年的經驗，才能作上等工人。現在的中國學生，想作數月的學徒就成好工人，談何容易。

勤工儉學生想求學，同時過理想的社會生活 —— 工讀生活，但現實是兩者都有困難。做工因為沒有技能，工資不多，加上生活費上漲，更無餘資上學；其次在工場工作，工時長，沒有精神時間讀書，工場管理法亦予人難堪。"沒有經驗，遭人輕視，工頭尤其神氣"。

沒錢上學，唯有自修。"學法文總無善法，魯莽滅裂的亂拼，終難免虛費腦力時光，但已在經濟命定中，不能自延教員，另無法去尋良途。"

他想譯中國所欠缺的工藝專書《銅鐵冷作業實用工藝》，以練習法文，也得點翻譯的錢。同時，他認為視工藝為秘密是世界通例，做幾年學徒都不得要領，要使中國實業界實地製造，人才發達，要多譯此類書出版。出一本書，可以使工藝公開，只要識字，就可以領略大概。

但是這種自修的銳氣不易在貧困焦慮的環境裏堅持。

1921 年中，他自歎"年長失學，頹唐不振，受環境的打擊，惰性越長，無聊生活過日"。

自忖早在離鄉到北京時，兒子已死，今在法國，歸期無定，令到妻子憂鬱而死。想到兩人結婚幾年，聚少離多，連樣貌都記不清。想到自己老年的父母，一身重債，面對孫兒、媳婦之死，兒子遠在外地，情景何堪，望兒子回國急於星火。哥哥來信大罵，直數他的罪狀，而且盼他匯錢回家。

這時本來雄心壯志的青年，已生起不如歸去的情緒，想儲錢供路費和買書，然後回國，以安慰父母，調解家庭，籌錢還債。但又擔心從此失去讀書機會，將來再難出國，只能做個無大前途的小學教員。回國利在於家，而害在於己，終日思量，難於取捨。[1]

註 釋

1　賀培真《留法勤工儉學日記》，長沙：湖南人民出版社，1985 年，頁 22，29，52-53，86-87，89，102，122-3；附錄，頁 119。

242　尋路東西

留學蘇聯的政治熱潮

到蘇聯留學去！1920 年代，約有 1400 人到苦寒的莫斯科去留學。那是新生的蘇聯大受世界關注的時候。無產階級政權既是新事物，蘇聯顯得既神秘又吸引，許多人想去實地看看它能不能成功；中國則處於軍閥混戰之中，國共兩黨都期望到蘇聯學習，以解決中國的問題。

如果稍早的留法勤工儉學潮是以留學始，以政治終，那麼持續近十年的留學蘇聯熱從一開始就是政治性的。留蘇學生不用選科選校，他們學的就是有用於革命的政治、經濟、歷史，少部分人則學軍事。

留俄的念頭

傾向共產主義的青年是由剛成立的中國共產黨或者由歐陸的組織選派去的。可是 1400 個留蘇學生，並不限於共產黨人。為了學得蘇聯經驗，大批國民黨員去蘇聯接受培訓。這是 1924 年孫中山聯俄容共政策下的措施。

對孫中山來說，這可能是權宜、是無奈，但又是不得不試的一步。他年近六十，雖然號稱是革命政府，代表南方六省，而實際上他在廣東的政府無經費、無軍隊，不要說打敗北洋軍閥，連廣州也不受他控制，不久前還被廣東軍閥陳炯明背叛，要匆匆逃亡。他的黨員紀律鬆懈，組織力不足。他一生心血所繫的共和國，分崩離析。十多年來，他寄望英美協助。但是英美寧願支持軍閥政府，也不支持這個在美國成長、在英國獲救的革命者，當孫中山提出要列強撥出廣東的稅收交給他的廣東政府，列強甚至將軍艦駛到江裏來示威。蘇聯派來中國的代表，取笑他像第一國際的傅立葉盼望財主降臨等了二十年那樣，期待有個自由國家有朝一日闖進他的大本營來賜福於他的人民。[1]另一邊廂，蘇聯剛成立不久，要尋找盟友和輸出革命，不光廢除對中國的不平等條約，還答允在人力物力上支援。於是孫中山決意聯俄容共，由蘇聯幫助國民黨建立軍隊、加強組織力和培訓人才，促進中國統一，而中國共產黨員則以個人身份加入國民黨。然而兩黨的方針南轅北轍，這樣的安排不光許多國民黨人反對，許多共產黨員也反對，包括總書記陳獨秀，他們認為國民黨是個老朽的黨，毛病很多。然而列寧和孫中山力排眾議，在他們生命的最後時光推行這項政策。

兩黨的合作後來並不長久，但是當日決意實行又不能說沒有成果。一個國民黨留蘇學生說：

> 中俄共商創辦留俄中山大學，是一遠大的國際政策，可能影響世界政治。在蘇俄固別有用心，而我國政府與國民黨則一本至誠，以為蘇俄一反帝俄前非，真能以平等待我共同奮鬥。國父聯俄容共之前，日英兩國雖有矛盾，而謀我則一；美國孤立主義極盛，戰後歐陸諸國，瘡痍待復，且北洋軍閥日本政府勾結日急，國家命運，危在旦夕，聯俄容共，自有立場。[2]

留蘇的資格是要考的，[3] 尤其是南方國民政府所在的廣東。在北方政府以及敵對軍閥控制的地方，有時靠推薦。報名人數相當熱烈，第一批二百多個學額，有一千多人競爭。考上留蘇，也是出洋留學，是件光榮的事。有一個加入軍隊的學生考上了，在軍中突然聲價百倍，一個副隊長極力套近乎，毫不掩飾地說：

> 兄弟，留洋回來，可別把兄弟忘記了。你們前程遠大，將來我們是要依附你們的。[4]

在各種留學旅途中，由中國去蘇聯是最危險的，有機會被扣留甚至殺害。最多人採取的途徑是從上海坐船到海參崴，然後坐火車到莫斯科，這條路花費少，但是要掩飾身份和目的地。從上海去海參崴，先窩在貨船上偷渡出境，到了公海才敢走出貨艙；走東北陸路經滿洲里出境的，會受日本軍隊以及張作霖的東北軍盤查；在中國境外，早期蘇聯紅軍與俄國部隊還在作戰，留學生會受俄軍攻擊。然而危險並不能減低青年的熱情。張國燾是中國共產黨創始人之一，他腹大便便的妻子聽聞派青年到莫斯科學習，立即要求參加。她也是從上海偷渡出境。

莫斯科的兩間大學

中國留學生主要進東方大學和莫斯科中山大學，從軍隊來的——無論是北方的國民軍或廣東的黃埔軍校生，則進入軍官聯合學校。[5]

東方大學是培訓政工幹部的學校，1921 年創辦，全名是東方勞動者共產主義大學，收共產黨人或相關者入讀，學生來自東西亞，包括蘇聯境內的烏克蘭、格魯吉亞、西伯利亞、烏茲別克等，境外的中國、日本、韓國、蒙古、越南、印尼、印度、伊朗、土耳其、南斯拉夫等。當時蘇聯向歐洲輸出革命遇到挫折，於是改向亞洲發展，不過蘇聯境外的東方學生不算多。中國學生有幾十人，可以自成一班。[6]

莫斯科中山大學則是實行聯俄容共政策次年辦的，原名是中國勞動大學，專門培訓國民黨幹部。共產黨員在聯俄容共的政策下，以國民黨員身份入學。中山大學開辦之後，東方大學的中國學生都轉到這裏。中山大學前後辦了 5 年，花了近一千萬盧布。

除了 1920 年代最早期的一兩批學生，因為蘇聯還剛從戰爭中恢復，所以食宿條件較差之外，中國留蘇學生的生活是很好的，中山大學比東方大學更好，可以說受到特別照顧。一天三餐，早餐奶茶、麵包、魚子醬、黃油，午晚餐有菜有湯，還有水果和甜品；為免不對胃口，中山大學每週還為中國學生做兩頓飯。

校舍和宿舍在古式古香的老洋房裏，房間很大。中山大學甚至利用舊日王公邸宅做男生宿舍。學校提供衣服、被鋪、洗浴用品，每月還有零用錢。東方大學甚至曾經有托兒所，方便女學員。

> 我在西歐、美國所見，中國留學生的食宿，皆有不及，甚至牛津、劍橋的餐廳，因傳統所限，亦不如中大精緻。暑假且到舊日皇室暑假勝地消夏。這是國內朋友常問到（他們皆以為很苦），使我難於答覆者。[7]

這樣好的食宿環境，大概在近代中國留學生中，只有清華學生可堪比擬。

在學習內容方面，因為兩家大學都是以推動革命、培訓政工幹部為目的，學生也以學習革命理論為重心，所以課程側重政治、經濟、哲學、歷史。[8] 由於偏重於蘇聯以為放諸四海而皆準的革命理論和經驗，所以課程裏，蘇聯共產黨布爾什維克的歷史是重點。有認為課程裏，真正涉及馬恩經典著作和馬克思主義理論的是少數。[9] 為了遷就學生的水平，教政治經濟學，沒有用《資本論》作教材，而用較淺白的考茨基（Karl Kautsky）的《馬克思的經濟學說》。有些從法國去的學生，認為只教些粗淺常識，是小看了他們的水平。[10] 有國民黨學生則不滿於不教三民主義，反對校長拉狄克講中國革命史時，說辛亥革命只是政變，不是徹底的革命。雖然如此，這個國民黨員後來做了大學教授，對蘇聯留學的總評價是"課程精約，教學深入"。[11] 總的來說，學員普遍認為教學水平是不錯的，但是與中國革命實踐相關的課程太少。

在教學方法上，採取授課和討論結合的方法，重視啟發，雖然功課和活動繁重，但學生的精神卻很愉快，學習很用功。[12]

> 凡基本課程或學術講演，同一年級的各班學生共三百餘
> 人，齊到大教室聽講，備有英法德俄四種語言的翻譯。再由分
> 班教授領導討論，頗似英國制度，亦似美國的 seminar。[13]

這翻譯的語言恐怕還包括中文，因為中國學生大多沒有直接聽講俄語的能力，其他西語的能力也有限。而派發的講義是有中文的。有人將這個學習過程細分為四個步驟：講授、自學、辯論、總結，認為在培養學生獨立思考和自學能力，訓練學生表達、演說、辯論能力方面，卓有成效，符合培訓職業革命家的目的。[14]

論師資，兩間大學的教授有不少出色學者。尤其是中山大學的首任校長拉狄克，年紀不大，學識淵博，本身也是開國的老臣子，國際地位很高，是個有深度的知識分子，很多中國學生都喜歡他。有一次接待美國教育考察團，他就老氣橫秋地問，在美國的中國留學生，歷年一共有多少？考察團答大概六千人以上。拉狄克說中山大學只有六百多學生。美國的中國留學生，歸國大都是工程師、教授、醫生，而他的學生回中國後，很多會是政治上、社會上領導改革的。經常聽他這

類倚老賣老言論的國民黨學生説："一個國家的各大學校長人選，是如何的重要啊！大學校長的氣識不夠宏大，要貽誤許多英才的。"並認為蔣經國在中山大學能受拉狄克的啟迪，很難得。[15]

這兩間大學能夠找到一流人才任教，與當時俄羅斯的學術水平有關。國民黨員說中山大學有些教授來自德國法國的大學，不是共產黨員。他參觀理工科為主的大學時，見到一個生物學老教授，研究白鶴的變種，指導員説他三十多年未出校門，簡直不知有世界大戰似的。參觀列寧學院，見到研究生的案頭有普列漢諾夫的名著《唯物史觀》，問與莫斯科中山大學所用的布哈林著作的優劣，出人意外的，是這些研究生沒有黨的顧忌，都說普列漢諾夫的書比較好，還略加解釋。他因此得出結論：蘇聯十月革命，並沒有破壞學術研究，大學依然完整；而真讀書人到底是讀書人，對學術還是客觀公正。[16]

除了上課，中山大學還有很多名人演講，蘇聯著名理論家托洛斯基、布哈林，蘇共總書記史太林都曾到校演講，所講"當然是著重宣傳，也可啟發青年器識"。[17]女士到校演講的還有列寧的遺孀，以及三八婦女節的發起人。上課和演講之外，還參觀樣板企業和農場。這些樣板並不真能代表 1920 年代未全面工業化的蘇聯的水平，有些國民黨員認為是演戲，但也有些學員深受感動。

無論在東大或中大、是國民黨或共產黨員，學生間或提出尖鋭的問題，教授並不爭論。像校長拉狄克說中國自西周到民國都是封建制度，奴隸盛行，認為丫頭、佃戶都是奴隸。學生反問，如果是奴隸，為甚麼丫頭出嫁，主人陪妝奩？孫兒稱年長的丫頭為姑姑？為甚麼佃戶分租穀？地主的兒女稱佃戶為叔叔伯伯？地主家辦喜事，佃戶又出力幫忙？拉狄克只是笑笑。

甚至在東方大學，學員都是共產黨員，師生之間仍然有商榷餘地。當中國學生為國民黨軍隊開始北伐而興奮，問俄共黨史老師革命軍能不能成功，教授得意地説，北伐軍若失敗，紅軍可以從海參崴打到上海。這種話立即引起中國學生不滿，認為紅軍打到上海去成了帝國主義侵略，不是馬克思革命的理論。那個教授不置可否，假裝不懂。

從這些例子可見，那些中國學生即使是共產黨人，還是帶有民族立場的。而國民黨學生甚至認為"中山大學的言論、思想，也很自由"。[18]

蘇聯並非沒有自己的想法，有時候說溜了嘴，史太林演講及俄文女教師都說過中國及全世界將來也是蘇聯的盟國。[19]同時，兩校的教員也有一個問題，就是不算熟悉中國，大多也不會中文。因此為了方便，每個留學生一到達，先給取一個俄文名字。

由東大到中大，不斷累積經驗，從中國留學生的角度，應該說受到很不錯的高等教育。尤其中山大學辦得很認真，傳說籌備了兩三年，課程和教法都經過縝密的討論。研究室設備齊全，圖表標本幻燈片俱備，多由牛津出版，比之倫敦政經學院等處所見，並無遜色。[20]可見當時蘇聯對中國學生頗為重視，對他們回國後發揮蘇聯的影響，是寄予厚望的。

跟其他人留學不同之處，是這兩家大學雖然有學制年期，但是學生都要服從中國革命的需要，不時會應國民黨或共產黨的要求，提前回國；兩家大學也不頒發學位。[21]不考試、不發學位本來有利於中國學生擺脫拿學位作敲門磚的心態，可是也有人認為這是學校管理疏忽，結果只憑俄語好的中國學生的意見，來判斷學員的學習成果，給俄語好的學生得以弄權和控制同學的機會。[22]

鬥爭和回國

這個從一開始就著眼於政治的留學熱潮，本身也受各種政治局勢的影響。除了共黨學生之間有派系之爭，中山大學的國共兩黨學生也有矛盾，第一、二批出發的國民黨員在船上已經和共產黨人衝突，不但相罵打架，據說國民黨人多，幾乎還要把共黨學生抬起來丟下海，弄得以後的學員要延遲出發。在學校裏也少不免遊說轉向，以至互相提防，自組小組等等。奇怪的是國共兩批黨員有矛盾時，連國民黨員都說，校長拉狄克"對國民黨的學生，總是寬容，每逢國共之爭，他必站在我們的立場。"[23] 中山大學迴避介入國共兩黨學生的爭拗,極力避免讓紛爭升級,而且較為偏袒國民黨學員,可能是為了達到爭取他們的目的。[24]

更大的紛爭在學校以外。1927 年蔣介石領導的國民革命軍北伐成功之後,立即與共產黨決裂,搜捕共產黨人,已從蘇聯回國的趙世炎、陳延年等許多青年都被逮捕處決。國共分裂之後,國民黨召回留蘇的學生,中山大學的使命不得不變為訓練共產黨員,1930 年終於停辦。蘇聯自己的政治風雲也影響到中國學生,首先是 1927 年史太林要肅清托洛斯基的支持者。中山大學校長拉狄克和許多教員支持托洛斯基,認為國共分裂是史太林錯誤領導所致,他們向學生宣揚洛托斯基的理論,學生也積極回應。就在國共分裂後不久,拉狄克被免除中山大學校長職務,不少被判定為托派的學生被判刑、流放,有些客死異鄉,有些羈旅二三十年才回到中國。中山大學最有名的學生蔣經國,也因為有托派的嫌疑,被派到工廠工作多年,而預備黨員的身份也經過多年才能轉正。

受中國學生愛戴的拉狄克校長,1936 年在史太林的大清洗中被處決。

這次獨特的留學蘇聯運動,以政治始,亦以政治終。

在莫斯科的東方大學

註 釋

1　鮑羅廷 1924 年 1 月 25 日給加拉罕的密函，見陳惠芬輯《孫中山與共產黨 1918-1925》（二），
　　香港：陳惠芬，2010 年。頁 8。

2　白瑜〈有關留俄中山大學〉，《傳記文學》，30 卷 3 期頁 72。

3　重點考政治思想和外文，只略考自然科學。鄧文儀〈留學俄國的回憶〉，見《傳記文學》，28 卷
　　1 期，頁 69。鄧文儀是黃埔軍校畢業生，從政，國民黨派赴莫斯科的學員。後曾任蔣介石侍
　　從秘書。

4　師哲《我的一生》，北京：人民出版社，2001 年，頁 14。師哲是共產黨人，曾任毛澤東等的俄
　　語翻譯。

5　師哲，同上書，頁 22。教官全是沙皇時代的軍官，有實際經驗，而且不乏飽學之士。

6　鄭超麟《史事與回憶》第一卷，香港：天地圖書有限公司，1998 年，頁 201-202。季陶達《世
　　紀學人自述》第 2 卷，北京：北京十月文藝出版社，2000 年，頁 315-316。東大負責教育帝
　　俄境內高加索、西伯利亞一帶民族的勞動者。另有西方勞動者共產主義大學。季陶達曾由共產
　　黨派到莫斯科學習，經濟學者。

7　白瑜，同上書，頁 65。

8　科目有馬列主義、政治經濟學、社會發展史、革命運動史，其他科目還有經濟地理、法律、科
　　學、語言學、俄文及其他西方語文等。中國學生還會上中國革命史；女學員則有婦女運動史。

9　張澤宇《留學與革命 —— 20 世紀 20 年代留學蘇聯熱潮研究》，北京：人民出版社，2009 年，
　　頁 115。

10　鄭超麟，同上書，頁 206

11　白瑜，同上書，頁 64-65。

12　鄧文儀，同上書，頁 72。

13　白瑜，同上書，頁 64。

14　張澤宇，同上書，頁 116-117。鄧文儀，同上書，頁 72。

15　白瑜，同上書，頁 65。

16　白瑜，同上書，頁 103-104。

17　白瑜，同上書，頁 104。

18　白瑜，同上書，頁 64，65，103。當然白瑜認為底蘊是有他們這些國民黨學生在。楊子烈《張
　　國燾夫人回憶錄》，香港：自聯出版社，1970 年，頁 165。楊子烈由共產黨派赴蘇聯，其夫是
　　共產黨領導人之一張國燾。

19　白瑜，同上書，頁 65。

20　白瑜，同上書，頁 69-103。

21　白瑜謂中大無學位，同上書，頁 65；楊子烈謂共黨當年不著重考試，同上書，頁 163。

22　張澤宇，同上書，頁 189。

23　白瑜，同上書，頁 63，65。

24　張澤宇，同上書，頁 211。

奇特的學批判

留學蘇聯期間，中國共產黨學生有一種特別的學習內容，就是學習批判和自我批判。它沒有在課程表上，不是教授的意思，也不施於國民黨員。

這種特殊的學習是 1922 年底成立的中國共產黨旅莫斯科支部主持的。中共先在東方大學、後來在中山大學，都成立了一個旅莫支部，管理中國留學生裏的共產黨員和社會主義青年團員。這兩個支部都仿效中國共產黨，把學批判視為大事，甚至比學校的課程還要緊張。

開檢討會自我批判，是中國共產黨對黨員的訓練方法之一。在上海大學：

> 黨的組織生活很嚴格。每逢星期六都要開一次黨小組會，由組長講形勢，每個黨員都要匯報自己在這個星期讀了甚麼書，有甚麼缺點，檢查小資產階級氣習、是不是無產階級化了、在鬥爭中是否勇敢等。那個時候倒是受了點訓練，要保守秘密，要絕對服從黨的組織。[1]

旅莫支部大概也想把留學蘇聯的黨員團員都訓練成職業革命家，強調職業革命者要時刻自我檢討和批評，以淨化靈魂。這種淨化靈魂的要求，可能是受到當時蘇聯的革命氣氛影響。

旅莫支部反對學習，認為要戒除知識階級的學習，才是真正接受無產階級統治。他們甚至反對學好俄語！"旅莫支部流行一種口號：'我們來這裏是受訓練的，不是來這裏學做學院派。'所謂訓練就是開會，批評；所謂學做學院派就是學俄文，看理論書。"[2] 互相批評的會議，有全體的，也有小組會。每個星期開一兩次，每次幾小時，佔用了課外不少時間，對留蘇學員的學習和生活不無影響，以至中山大學的教授批評中國留學生不用功讀書。

開會的氣氛大概每組不一樣，有些開得緊張、興奮、熱烈。但不是所有組員都習慣這種批判會，有些嫌沒做甚麼工作，也沒研究甚麼學問，大多數時間消磨在"個人批評"上，拿生活瑣事來互相批評。所批評並不是具體事實，而是一些抽象的心理狀態，例如個性強、驕傲、有小資產階級氣習、有無政府主義傾向等等。被評者也想出類似的批評以批評對方。結果大家面紅耳赤，記下仇恨種子。[3]

有些很疑惑，認為中國是禮義之邦，人與人之間很有禮貌、很客氣。尤其在共患難的同志之間，少有惡言厲色互相罵架。開會學無情鬥爭，中國同志原來不會，後來都學會了。每個人都要找點事情批評一下別人，被批評的人必須起而答辯。受過這種訓練，中國學生也改變了待人態度。有一個管理被服的俄國工人粗聲粗氣，專門給中國學生派破被單，"最初大家都忍耐著不說甚麼，馬馬虎虎用。之後學會了鬥爭，就同他吵，用中國話大聲吼罵，不管他懂不懂。其實他用俄語罵的話，中國學生又何嘗懂呢？大家像野獸一樣亂吼一陣，真是何苦來！誰知這樣一來，那位高大傢伙的態度反變好了，下次去換衣被時，竟和顏悅色，連呼同志，破被單看不見了，吵過一點不記恨，反而好起來。"[4]

不學習，老是開會，違反了大多數黨員留學的目的，引起很大的不滿。一個社會主義青年團員投訴說，旅莫支部沒有按第三國際的章程，加入俄國共產黨，甚至懷疑它的合法性，但是沒有人敢提出來問。[5]

為甚麼沒有人敢反抗呢？有人說因為大學只是按旅莫支部的領導學生對同學的口試成績，來決定同學的去留。[6]

由法國轉學而來的學生領袖人物趙世炎、王若飛、陳延年等，本來生龍活虎的，在法國反抗過張崧年，到此也不敢反抗旅莫支部。趙世炎甚至是東方大學旅莫支部的幾個委員之一，而跟他一起從法國來的學生，好像不知道趙世炎是委員似的，他回憶說：

> 那裏面分出了領袖和群眾，領袖出令，群眾受命，領袖不像是群眾的同學，倒像是群眾的師長，不論如何裝得和顏悅

色，總有不可親近的神氣。我們在法國的時候也有領袖，一路
上也視趙世炎為我們的領袖，但他們的領袖地位是在群眾工作
（勤工儉學生和華工）當中自然表現，自然建立的。⋯⋯莫斯科
同學那種領袖觀念，我們根本沒有。[7]

驚異於這種新局面而且不適應的學生，雖然自認"我們新來的人究
竟與原來的群眾不同，並非盲目服從的，⋯⋯曉得在服從之下貫徹自己
的主張。"但也把這種蘇聯味道的共產主義氣氛當作必須學習的內容：

中國同學中那種命令和服從的關係，以及這種個人批評，
是我到俄國後最認為新奇的事情，⋯⋯其他從法國來的或從中
國新來的，是否有這個感想，我不知道。我想他們也許同我一
樣，會解釋說這是俄國革命經驗之一，應當學習，並帶回中國
去的。我們都學著適應環境，都學著承認既成的權威，都學著
搜索枯腸來批評他人的缺點。[8]

1926 年，由於大家對旅莫支部的做法很有意見，群情洶湧，鬧到
大學處。終於中山大學校長主持了一場中國學生大辯論，論了幾日，
然後這個精於理論的校長作了幾小時的總結發言，批評這種修道院式
的訓練，並解散了旅莫支部。而東方大學的同一組織也被共產國際解
散了。

註 釋

1. 楊尚昆《楊尚昆回憶錄》，北京：中央文獻出版社，2007 年，頁 20。是為 1926 年。
2. 鄭超麟《史事與回憶》第一卷，香港：天地圖書有限公司，1998 年，頁 210。
3. 鄭超麟，同上書，頁 209。
4. 楊子烈，同上書，頁 154，157。
5. 鄭超麟，同上書，頁 209。
6. 張澤宇《留學與革命——20 世紀 20 年代留學蘇聯熱潮研究》，北京：人民出版社，2009 年，
   頁 189。
7. 鄭超麟，同上書，頁 203。
8. 鄭超麟，同上書，頁 210。

語文關

在外國用外文來學習，語文流利程度關乎學習成果，是迫切要跨過的第一關。

學甚麼雖然重要，但是懂不懂當地的語言，對選擇留學國，也有參考作用。可是，當時中國外語老師不足，水平低，學生之間流傳，去外國學更有成效。由於大部分學生出國之前，只有薄弱的留學國語文根柢，去到外國要先補習一番，讓語文過關，才能真的開始留學。

日本也有語文關

中國留日學生多，但日語流利的少。

由於當時日本使用很多漢字，加上張之洞、梁啟超等鼓吹，梁啟超甚至說幾個月就能看懂日文，青年以為日文容易學，因此不少人選擇到日本留學。學生受梁啟超說影響，對學日文等閒視之。平常說日語的機會不多，遇到必須說日語時則胡亂拼湊，於是鬧出許多笑話。[1] 其實日文與中文屬於不同語系，雖然用了不少中文詞語，但是文法不同、讀音不同，正式用日文來學習新知識的話，與梁啟超等志在看書及翻譯，效果大異。甚至學日本的漢文對中國人也不易，因為是用日語的唸法來唸漢文。再加上中國學生常常住在一起，都不利於學好日文。

可是，日文易學的想法根深蒂固，直到 1930 年代，仍然有影響力。[2]

另一種誤會，是不懂英文可以去日本。

早期有些英文程度不足的學生，老師建議不要考留學西洋，改考留學日本。可是考試時，竟然要考英文，日文反為隨意。這個學生後來學日文的文法變化，覺得比英文還難。學了的簡單會話向店員或下女講時，總引人發笑。[3]

其實考留學日本時要考英文是有道理的，因為日本學生也要學外語，投考好學校，像東京的第一高等，入學試要考日、英、數。所以學生到日本也要學英文。

三四十年代時，中國也流傳說在日本可以用英文，一些遊記說可以用英語到處遊玩。有個留學生於是跑去日本船公司，問賣票的人，不會日文會英文去日本行不行，對方說完全可以。於是他一句日語也不會就跑到日本。[4] 另一個學生在去東京的火車上跟一個乘客講英語，對方根本聽不懂。[5]

許多中國學生學的外語是英文，到日本以前未學過日語，所以初抵日本，都得先進日語學校半年左右，能讀書聽課了，才去考學校。

由於留日的中國學生多，從很早期，日本就有專為中國學生而設的學校，這些學校有些就是日語學校；有些是中學性質，像同文中學、弘文學院等。

早期留日的，因為中國的新式學堂不發達，他們進這些中學一方面學日語，同時也為了得到中學畢業文憑，以便考高中或專科學校。後來中國的新式教育進步了，辦了不少新式中學，兼有中學性質的日本學校就消失了。

專門為中國學生而設的日語學校卻一直存在，最有名的是松本龜太郎開設的東亞預備學校。松本自任校長，自己編日語教材，後半生一直投入這學校的工作，經驗豐富。中國留學生互相引介，往往一住下，老留學生就帶新學生去報名。東亞預備學校入學手續簡單，報名只要交費、交相片。[6] 教得倒是很認真，進度不慢，今天教的，明天就要背出來，每個月考試，成績送給學生將去的學校。不過學生若果不好好學，它也不管，所以也有半數學生不很認真。認真的學生進去半年大半年，就算學成了。[7]

跟房東講話，也是學日語的輔助方法。日本的房東對中國學生還不錯，即使兩國交戰時也如此。

西方語文

西方語文與中文差距更大，用在學語文的準備時間較長，尤其準備讀文科的。中國學生看書較好，口語一般不成。不要說一般學過外語的了，連主修德文的學生季羨林，在德國也要補口語，否則像啞巴。

英文口語

在西方語文裏，英文是中國人準備較足的語文。按理說，在中國有英租界，但也有法租界、德租界，為甚麼英文特別流行呢？似乎不光是租界的問題，可能跟美國教會傳教也有關係。不過中國留學生的英語水平對學習的影響，還是得留意。

早期有一個使館學生，在上海時讀的是教會辦的聖約翰學校，中學時去美國的中國使館做譯員，每天譯新聞百多字，還要經常陪同欽差及欽差夫人拜客赴宴，任傳譯，按理說英文應該很好。可是他到美國的高中繼續學業時，初入學，英文程度不夠，每每在暑假補習英文。補習的重點似乎是發音，女補習老師教法嚴謹，每日要他高聲誦讀小說散文一兩篇，將讀錯的字一一畫出，令他更正。[8]

另一個也在教會學校讀過幾年書的中學生，在美國學堂的最初幾天，所過的生活是一連串聽不懂的課程，吃飯時受窘，無處訴苦。兩個月之後，他患流行病，進了醫院。養病期間他讀了好幾本小說，於是奇跡出現了，英語的門突然打開，並且對英語感興趣了，跟護士和同房病人談話也感到清楚有趣。他在病房中學會很多英文成語。從前令他感到困難的發音問題，經過十週住院已經窺得梗概。[9]

外國人辦的教會學校，向來不重中文只重英文。它們的學生考留學試，向來為中國學生所畏忌，認為他們英文好。從上述兩個早期教會學校學生的情況，可知道發音仍然是他們的弱項。至於清華留美的學生，早已為有朝一日去美國接受英語教育而苦學八年，但是在美國也感到初期只會聽，未能講。[10]

由於英語受限，與人交流是主要的苦惱。美國學校重視討論，每當老師口頭提問，中國學生不能流利表達觀點，只好用力於讀書、考試、寫論文、交報告上。"書面測驗時，總得榜首，因為私下準備功課默記內容。"[11]

但這也要付出加倍的精力，尤其是美國的文科學生要應付一大堆閱讀書目。在燕京大學讀了三年的碩士，在哈佛讀書有兩大難關。第一是語言關：

> 雖說日常交往語言沒太多障礙，但從聽課到看書，完全進入英語世界，對我來說困難重重。每門課都有一大堆參考書，不但有個消化理解問題，也有閱讀速度問題。唯一辦法就是抓緊時間多讀、反覆讀。一天到晚不上課就看書，吃飯也是三口兩口緊趕時間，午睡不敢問津。經過一段時間，英語的困難便克服了。[12]

直到四十年代，考到留美資格的清華大學畢業生，覺得清華學生在適應教學上沒有問題，如果專業對口，學術水平是完全沒有問題的，"唯一不太適應的是英語的聽、說能力。英語的閱讀和寫作能力可謂達標，我寫的讀書報告有時還受到授課教師的表揚。但上課時記不全筆記，往往得課後借同學的筆記抄；由於說英語的能力較弱，常常難以及時而順暢地進行課堂提問和答問，課外和美國同學討論問題也一樣。為此，我用英文寫日記，我和妻子及同學寫信用英文，還盡量和美國同學交往，鍛煉英語聽、說能力。但是情況雖有好轉，我也基本上順利地完成了學校規定的各種學習任務，獲得碩士學位。不過，直到此時，我的英語聽、說能力仍不能令人滿意，更說不上達到用英文思考、用英語做夢的境界。所以我奉勸有意到國外留學的青年朋友們，一定要對前往國家的語言打好聽、說、讀、寫、譯的扎實基礎。"[13]

法文

在西洋語文裏，法文的文法比英文複雜，中國學生學過法文的不多，所以很多學生都以留學英美為首選，只有少數學過法文的學生選擇去法國。

只是世事有時未盡如意，對拚命想留學的中國學生來說，等不到去英美的機會，那麼能夠去法國，也先抓著機會出國再說。除了勤工儉學生、主修藝術的學生以法國為目的地之外，中法里昂大學的出現，也令二十年代留法學生增加。

> 我雖想出國，但想留學則想赴美國，並不想赴法國，為的
> 我們在女高師總算學過二年英文，程度雖淺，究竟自有門徑，
> 法文則從未學過一個字，從頭來太不經濟，況英語在中國在世
> 界均風行，法文則否。學了法文將來回國無甚用處。不過既考
> 上了，機會放棄亦可惜。第二個原因，青年人誰不想出國讀書
> 做個留學生。[14]

除了招考，1926 年開始中法里昂大學也接受中山大學派去學生。
中山大學跟國民政府有關係，學生視中法里昂大學為中山大學的海外
部，但是對留學法國也沒有作過很好的準備。

> 我當時留學的目的地本來是美國，留法並不是我的志願；
> 但是現在留學機會既然來臨，我也就不肯把它輕易地放過；幾
> 經考慮，結果接受了學校的選派。[15]

這個學生 24 歲才到法國，所以法文的基礎很差。里昂中法大學
並不真是學校，其實是宿舍，住在那裏的都是中國人，好處是不致語
文不通；但是在那裏，吃的中國飯，說的中國語，過的也是中國式生
活，沒有接觸法國人的環境。

理科生的語文關或者容易一點。清華大學學生錢三強，臨急抱佛腳
去留法，他沒有提及語文學習問題。1936 年他大學畢業，在物理研究
所工作，所長是留法的嚴濟慈。"有一天星期六的下午，嚴先生找我去
談話，問我是不是學過法語。我說在初中時學過。他就到圖書室取來一
本法文科技書，讓我唸給他聽聽。他聽了一會兒，說我'法語程度還不
錯嘛！'"原來所長之意，是要他去考留學法國公費。[16]1937 年 5 月他
去考留法，竟然考上了。8 月就去了法國，進了世界先進的居里實驗室。

當年法國的科學成績不在美國之下，但是留學法國的中國學生卻以
文科社科學生為主，都是最要語文能力和知識背景的。在中國已學過
法文、一心留法的學生都不易應付。一個學過法語十年的文科生到巴
黎後，立即向巴黎大學文科去試聽講大課，因為在上海震旦讀盧梭與

拉馬爾丁散文感到興趣，便選"19世紀法國羅曼派文學及其淵源"一課去試聽一下，立刻在這大課中感到，法國語文修養雖已有十年，能夠勉強聽懂，但自己的西方古典知識訓練有限，驟然去研究法國近代文學，便感到浮光掠影，不能深入，興趣為之大減。[17]

整體而言，留法學生在法國用不少時間作語文準備，學習成就不免受到影響。為甚麼不在中國學好法文才去法國留學呢？本來勤工儉學計劃是這樣安排的，提倡者在各地辦了留法預備學校或工藝學校。學校不光教法文，還有簡單的實習工廠，學膳費用很便宜。但是師資和學習時間是一個問題，當時能有多少好的法文教師呢？有一個學員說他的那個教師做過華工翻譯，法文程度不好，用的雖然是正式課本，只能照本宣讀，學了半年，只懂發音和簡單會話，就去留學了。有學生是在候船去法國期間，被安排住在一家工藝學校，由一個廣東女士教，學了三週就出發。[18] 更有完全未學過的，因為幾個同學去打聽之後，認為"在預備學校又主要是學法文，大家商量說，與其如此，還不如直接到法國學法文，比在國內學效果好"。[19] 這個想法未必錯，雖然華法教育會已經盡力籌辦，但條件所限，還真是不如直接到法國學。華法教育會大概也有這考慮，所以勤工儉學生去到法國，就成批地安排他們去中學讀法文。

入法國中學學法文是普遍採用的方法，選小地方的中學，既省錢，在隔離的環境裏學語文，收效較快。不但勤工儉學生採用這個方法，私費留學生也口耳相傳。[20] 即使攻讀語言學的研究生，也聽從中法協會的秘書長相勸，先去沒甚麼中國人的小地方讀法語專修科，打穩法語基礎：

> 大學附設的法語專修科分小班中班師範班三程度，小班幾個人從字母教起，自編講義，用新方法教學，不管學習長短，到一定程度就可以升班。中班也不過十來個人，師範班卻多達百多人。雖然曾經學過兩年法文，但只能看，因食宿自理，住老百姓家，在一家庭飯館包伙食，一早起來無論去甚麼地方都

免不了要和法語打交道，所以進步得特別快。一週就由小班升中班，半年升師範班。師範班除語文教材和作文、翻譯等練習外，還經常約請一些知名人士來用幻燈等向學員作法國史地和文化的報告。大家都覺得很受教益。補習完法語之後回到里昂，情況可與上次來時完全不同了，上次初來時，像聾子，人家說話一點也聽不懂，我說的法語人家也很難聽懂。這一回卻可以隨便交談，沒有甚麼障礙了。[21]

至於沒錢去中學或法語專修班作系統學習，而要硬闖語文關的，那真是聽天由命，幸運的才可以讀出一點成績來。

我每次上課，均於聽到十幾分鐘時昏昏入睡。睡了差不多足有半年。……自家毛病自家知，我猜到這大概是我的法文程度不夠。於是請了一個年輕的小學教師補習法文。老師十分嚴厲，像教小孩一樣，糾正發音，並選了一本法文觀止要我非背不可。又命令每天作文一篇，詳加改正，每天統計所犯錯誤數目。讀完法文觀止，指定讀一本小說，天！我哪配？於是整個上午花在查字典與背生字的工作上。這樣補習了三個月，錢用光了。[22]

這個幸運學生只好再天天去巴黎大學聽課，他形容自己是頓悟地闖過語文關的：

有一天，正當我在迷迷糊糊中，……忽然之間，老師的每一句話，每一個字，都被我聽懂，這確是奇跡。我記得清清楚楚，在這一天以前的一天，我仍是聽到十幾分鐘，便昏昏入睡的。怎麼睡了半年，總是不懂，一懂，就句句都懂？[23]

理科生的語文關比文科生要易。然而最易過關的，卻是學藝術的學生。法國既然是藝術之都，不少中國畫家都曾經留學法國，他們都是直接入學，很少提到要過語文關，也不提去中學學法文。這並不是因為學藝術的能力超人，吳冠中就提過他的法文不夠好，聽美術史的課不全明白。一個主修法國文學的學生一語道破其中的關鍵：學藝術的同學都不需要通過論文。[24]

德文和俄文

留學德國的人數比較少。德國沒有法國那麼浪漫，不管程度就接受中國學生登記，不管法語水平就接收了那麼多勤工儉學生。中國留學生若要進入柏林大學，要先在補習學校或大學的德語班補習德語，得到畢業文憑，才能正式進大學。[25]一般都要讀半年左右。

上過柏林大學德語班的學生，認為很有用。由於很有經驗，因此效率高，重視發音和文法，要學生反覆練習以達到純熟使用，又用掛圖在課堂作形象教學，學生大聲讀出圖中的事物，當場糾正發音和文法。每週出外參觀遊覽，當場練口語。[26]蔣介石的兒子蔣緯國，是沒有學過德文就出國的，他認為留德最大收穫是在柏林大學讀了四個月語言訓練班，該班是濃縮型教授法，成績遠超過在國內學習十年。[27]

留學蘇聯的學生也是不懂俄文的為多。去到蘇聯，有俄文課，但是各人程度不同，有人嫌慢，有人嫌快，甚至有人主張不用學，因為留俄的，重視所學的內容以搞政治，不在學好語文以後進修做研究。而除了俄文課之外，其他經濟學、唯物史觀、工人運動史等，上課時都有人翻譯，教一段，就譯一段。上幾百人的大班教學課，甚至有英、法、德、俄四種語言的翻譯；分班討論時，發英、法、德、俄、中五種文字講義。[28]譯者的水平不是絕對保證的，可能自己也不是句句了解，亦未必句句譯出，甚至方言味重，中國其他地方的人聽不懂。

爭取中文可以當作外語

除了應付留學國的語文問題，留學生也要應付大學的外語要求。在日本，這個問題還不嚴重，只是醫科或哲學主修的，不免要讀德文。或許語系接近，又經常來往，在歐洲大陸讀書，沒有外語的要求，但是在英美大學，早期的大學入學試，不少要考英文以外的外語。

英國大學入學試很早就可以考中文科，算作外語。[29]同一時期在美國，中文還不在制度之內。1912年考加州大學，入學要考德、法、拉丁、希臘文。對在夏威夷讀書長大的孫科，前三者都沒問題，但希臘文沒有把握。這個貴為臨時大總統兒子的學生，嘗試以中文代希臘文。當時加州大學東方語文教授傅蘭雅（Fryer），曾在江南製造局工作，他用英文問四書五經的內容，然後給孫科合格證明，可以入加州大學。[30]

美國的研究院後來要求讀博士懂兩種外語，這是早期留學生沒有的問題。直到今天，這規定還存在。這個要求對做研究有幫助，而且對英文為母語的學生來說，多學兩三種歐洲語文，不是很大的問題。可是，拿這個標準來要求中國研究生，就不同了，"我就連一門所謂的母語——英語而言，也還有點麻煩。"[31] 應付英語之餘，還要頭痛怎麼應付其他語文，不免有怨言。"以華裔學生的觀點，我們學習英文和另一外文已是沉重的負擔，分散了在專業上的目標，如再加第三種外文，似乎太苛求了。"[32]

中國的博士生自然就想到以中文算一門外語。1930 年代，這個想法還行不通。中國學生認為"由於中國落後，漢語也受歧視"。[33]

四五十年代，似乎有點轉機了，而關鍵就是中文是不是一種有助研究的語言。花一年讀了一門外語得到合格的商科博士生，諮詢研究生院院長能不能用中文作為第二外語，向院長強調"我是中國人，將來肯定會用漢語作商務研究。此外我還認為，漢語在商務管理中要比德語重要"。院長問了一個簡單問題：國語與上海話有甚麼區別。聽了中國學生的長篇解釋後，同意讓他以中文為第二外語。[34]

在哈佛，這一關沒那麼容易。中國同學要求時任中國學生會會長的博士生和校方談判。"校方指，在經濟學領域裏無甚中文文獻，故而除外。我辯稱：這是誤解。於是組織許多同學收集了大量有關經濟的中文著作，向校方提出實證，支持我們的立場。儘管事實上校方無人對所列作品的質量加以評估，但我們的外交勝利了，中文的地位從此提高了。"[35]

註 釋

1　黃季陸〈憶往與借鑒 —— 留學日本時期的一段回憶〉，載《黃季陸先生懷往文集》，台北：傳記文學出版社，1986 年，頁 497-498。

2　李迺揚《早年留日者談日本》，濟南：山東畫報社，1996 年，頁 114，見梁啟超說學日文半年，就可以翻譯。於是以東北流亡生身份赴日。

3　張資平《資平自傳》，北京：中國華僑出版社，1994 年，頁 41，67。

4　汪向榮《早年留日者談日本》，濟南：山東畫報社，1996 年，頁 144。

5　丘成《早年留日者談日本》，濟南：山東畫報社，1996 年，頁 93。

6　趙安博《早年留日者談日本》，濟南：山東畫報社，1996 年，頁 37。

7　汪向榮，同上書，頁 47。丘成，同上書，頁 94。米國均《早年留日者談日本》，濟南：山東畫報社，1996 年，頁 101。

8　施肇基《施肇基早年回憶錄》，台北：傳記文學出版社，1967 年，頁 25。

9　蔣廷黻《蔣廷黻回憶錄》，台北：傳記文學出版社，1984 年，頁 48。不過蔣廷黻回國做了大學教授時，有學生說聽他的英文，口音仍然很重。

10　李先聞〈留學時期 —— 一個農家子的奮鬥之三〉，《傳記文學》，第十五卷第 1 期，頁 50。

11　方顯廷《方顯廷回憶錄》，北京：商務印書館，2006 年，頁 34。

12　林耀華《世紀學人自述》第 4 卷，北京：北京十月文藝出版社，2000 年，頁 58。

13　劉緒貽《簫聲劍影（一）—— 劉緒貽口述自傳》，桂林：廣西師範大學出版社，2010 年，頁 239-240，1944 年出國。

14　蘇雪林《浮生九四 —— 雪林回憶錄》，台北：三民書局，1991 年，頁 48-49。

15　鄭彥棻《往事憶述》，台北：傳記文學出版社，1985 年，頁 39。

16　錢三強〈我和居里實驗室〉，見《徜徉原子空間》，天津：百花文藝，2000 年，頁 128。

17　李璜《學鈍室回憶錄》，台北：傳記文學出版社，1973 年，頁 41。

18　沈沛霖〈我的留法勤工儉學經歷〉上，見《檔案與史學》，2004 年 4 期，頁 34。鄭超麟〈鄭超麟回憶錄〉，見《史事與回憶》第一卷，香港：天地圖書有限公司，1998 年，頁 159。

19　聶榮臻《聶榮臻回憶錄》香港：明報出版社，1991 年，頁 8。

20　嚴濟慈曾留法的老師何魯囑其入中學多與法國人接觸，且可與社會隔離，學法文更快，見《嚴濟慈：法蘭西情書》，北京：解放軍出版社，2002 年，頁 26。

21　岑麒祥《世紀學人自述》第 2 卷，頁 147-148。

22　黎東方《平凡的我》，台北：傳記文學出版社，1969 年，頁 237-238。

23　黎東方，同上書，頁 244。

24　許淵沖《逝水年華》，北京：三聯書店，2008 年，頁 191。

25　張果為《浮生的經歷與見聞》，台北：傳記文學出版社，1980 年，頁 1。朱伯康〈我的留學時代〉，載《往事雜記》，上海：復旦大學出版社，2000 年，頁 56。

26　朱伯康，同上書，頁 56-57。

27　蔣緯國《蔣緯國口述自傳》，北京：中國大百科全書，2008 年，頁 54，64。

28　白瑜〈有關留俄中山大學〉，《傳記文學》，30 卷 1 期，頁 64。

29　1912 年倫敦大學入學考試，必考英文、數學、第二外語，中文可以算作外語。曾寶蓀《曾寶蓀回憶錄》，長沙：岳麓書社，1986 年，頁 34。

30　孫科〈八十自述〉（上），見《傳記文學》，23 卷 4 期，頁 9。

31　邵品剡《回憶在中美》，上海：上海交通大學出版社，2005 年，頁 125。

32　王念祖《我的九條命》，北京：中國財政經濟出版社，2002 年，頁 53。

33　林耀華《世紀學人自述》第 4 卷，北京：北京十月文藝出版社，2000 年，頁 58。

34　邵品剡，同上書，頁 125。

35　王念祖，同上書，頁 53。

選校和選科的困惑

選校

在求學的路上，讀甚麼學校，好像很關鍵，實在還是看機緣的多。

有些人早有師長或父母安排，自己不用費腦筋。有些人拿外國獎學金，並沒有選擇餘地。對於自費生、工讀生來說，學費是首要的考慮。相識的人推介，也是重要的決定因素，尤其那些在教會學校讀書，受了美國老師的鼓勵而去留學的自費生，老師的話簡直就是明燈了。

那時候美國華僑多是廣東人，留學生在美國有親戚的不多，很少有人為了有親戚照顧而選學校的。反而朋友相號召，如果科系相近，於是結伴同行的情況較多。像清華學生不用考慮學費，甚麼學校都可以選，志趣相投的好朋友就會計及友情因素。在清華老考第一、人又老成的潘光旦選達特茅思學院（Dartmouth College），對潘光旦推崇備至的吳文藻因而也選達特茅思；欽佩早慧詩人朱湘的柳無忌，因為同屆只有他們兩個人讀文學，所以就結伴到勞倫斯（Lawrence）大學。

如果沒有同屆的人作伴，那麼有學長為先導，前後援引，也是常見例子。學建築的，因為清華師兄朱彬等在賓夕法尼亞大學成績都很好，給校方留下好印象，後來楊廷寶、梁思成等就都去上這個學校的建築系。[1]

出國時才二十上下的青年，無論後來成就有多高，如果出國時沒有人指點，難免不是瞎子摸象。物理學家吳大猷是世家子弟，親朋裏多的是留學生，1931 年他得到教授推薦，拿了獎學金打算去美國，憑學校一覽選校時也鬧了個大笑話。他所選的其中一間學校，回函時稱呼他女士，他才知道那是一所女校。這個物理系畢業生不光沒留意男女校的問題，申請研究院時，自認對各校的物理研究方向及特長，毫無所知，最後他決定去密歇根大學，因為它的學費最低，"這樣的選擇學校，好似可笑"。猶幸密歇根大學的物理學原來頗有地位。已經成名成家的吳大猷回憶說：「我選入密大，是極幸運的事。」[2]

選校迷津

當年美國東部的名校在中國的名氣，比其他學校要響得多，西岸的柏克萊、史丹福受推崇的程度不及哈佛、哥倫比亞。然後從哈佛、哥倫比亞畢業的早期中國學生像任鴻雋、蔣夢麟、顧維鈞、胡適、趙元任等，既得留學風氣之先，又迅速在政府和學界裏建立了地位，因此又促成後來的中國學生震於名聲，喜歡選這些東岸名校。

考古人類學家李濟從清華去美國，先選了一所小規模的大學讀了兩個學位，然後轉到哈佛去讀博士。「因為事先震於哈佛的名聲，所以預期著進哈佛大學，是一種登泰山的滋味：這自然只是一種情緒上的激動；也可能是對於哈佛大學的期望，差不多有點兒近乎宗教式的崇拜，不過在很短暫的時間裏，我便搭乘火車，很容易地從烏斯特到了波士頓，好像經驗了一次哲學家所講的『頓覺』，忽然到達了一種似乎不能到達的境界。」[3]

那些一頭就栽進哥大或者哈佛的學生，卻未必很享受那裏的大學生活。因為學生多，師生關係不及人少的學校密切。這些學校裏中國學生也多，政治氣氛甚濃，社會活動太多，不是一個好的讀書環境。哥倫比亞大學更位處紐約的鬧市，很多中國學生來自鄉郊，並不住在喧鬧的上海等大城市，一旦進入紐約大都會，生活不易習慣，轉到寧靜的大學反而如魚得水。[4]

所以老成的潘光旦就先進達特茅思讀書。這個頗有點自負、看不起美國大學教育的清華優異生還頗為得意地說，他一進達特茅思就插入三年級，讀了半年，教務長說對不起，他應該唸四年級，他也就插入四年級了，而「像哈佛、耶魯這樣名氣很大的大學，自視很高，就把你壓到二年級」。[5] 其實達特茅思學院（Dartmouth College）是家歷史悠久、也屬於所謂常青藤體育聯盟的名校，只是在中國人世界裏，名氣及不上哈佛、耶魯、哥倫比亞、普林斯頓。

清華學生選學校

清華學堂作為留美預備學校，每年都把畢業生送到美國去深造；所以清華學生畢業前那年，都要作出洋的預備，包括決定兩個重要的項目：第一是預備學甚麼？第二是到那個學校去學？

清華對留學那麼有經驗，對學生的選校選科輔導卻是由學生自主的。

> 在我出洋的那一年，我們已經是第八班的畢業生了。就學校方面來說，對送派學生已經有了相當的經驗。譬如訓練學生，尤其是在語言、禮貌及一切日常生活上的普通訓練，差不多都有一定的規程；但是在擇業方面，學校卻予學生極大的自由，差不多每個同學都可以隨著他自己的興趣做最後的決定，而這個興趣往往是由於偶然事件引發的。[6]

在選校方面，清華會問學生要入那個大學，芝加哥？哈佛？還是哥倫比亞？不知是老師的忠告，還是師兄的點撥，有些學生得到的印象是應該先去小城市的好大學。

> "據我們的了解，初到美國，最好先別到大城的大學，如芝加哥、紐約等。一入大城，師生接觸少，很容易迷失目標，不如先入小城的好大學。"[7]

> 有清華學生於是選只有五六百學生的翰墨林大學，以求較多機會和教授的接觸，和同學來往，以及認識本地人士等等。[8]這間大學在中國人裏知名度不高，但之前來讀的清華學生有湯用彤和程其保，兩個人後來都有學術名聲。

美國有不少因大學而為城的城鎮，居民不過數萬，許多居民的工作都跟大學師生的生活和工作需要有關。在這些大學城裏度過美國留學初段的日子，一般學生的感覺都很好。

> 初到時確是人地生疏，但不到一年，在市街或住宅區走過，隨處都有人招呼我。[9]

> 在這一年的生活當中，最令我難以忘懷的，可以說都是人與人的關係：在我沒到美國以前，習慣上我們總覺得中國人與

外國人之間，好像有一條通不過的界限。但是，住在他們的人群中，漸漸感覺到他們與人相處，也是非常合乎我們中國所謂的"人情"的。譬如：他們對外國學生特別地關切，而關切的真摯跟中國的老師對於他心愛的學生，可以說是完全一樣的。[10]

選科三心兩意

> 少年時期，性情多變，興趣轉換得也快，志願總是一改再改。[11]

這大抵是多數青年的狀況。講這句話的學生先學礦，再學土木工程，畢業的時候卻是個體育系主修生。

不但缺乏師長作選課輔導的學生會一變再變，有幾年時間準備的清華學生也是三心兩意的。

建築師楊廷寶說，當年他想過學天文，"我還想學機械，學生物，準備科學救國，也曾想學哲學；青年人的幻想是層出不窮的。一個人對心願的選定，也不是不可變動的。在美國學習時，聞一多雖學了美學，但沒有學幾個月，他又改學話劇，他還勸我改學舞台美術"。[12]

雖然政府想多培養理工及實業人才，但是清華對學生的選科卻沒甚麼限制，"出國前你要決定學哪行，然後與美國教員談，由美國教員指導。

在美國學習建築的楊廷寶

那時候，究竟學習哪行，沒甚麼限制，因為國內三百六十行，行行都缺"。[13] 但清華鼓勵學生早加研究，請教老師。而同學也慎重斟酌，以顧及自己性情、天賦，家長所喜，社會所需，各種情況來作決定。[14]

由於清華學生選科選校自由很大，往往還未到美國，已經改了志願。[15] 有學生定了志願，行前實習，發覺興趣不合，要轉系，學系雖然改了，但是選了的學校已來不及改，只好讀了該主修科不出色的學校。[16] 又有學生不但出發前改過志願，在去美國的船上，思前想後，衡量甚麼學科能夠救國，又想改回原來的志願，但已經無法改變了。[17]

至於到美國之後改變興趣，就更常見了。

探索興趣

中國學生當時選擇主修，除了個人興趣，親友以至學生本人還考慮實際生活的問題，所以起初選科容易傾向實用性。任何時空裏，家境平常的學生都會考慮科目的出路，以求就業容易，當時中國學生不同之點，是再要從國家所需的角度去衡量實用性。

最極端的實用主導是革命黨人任鴻雋，他在日本學化學，是想做炸彈。後來在美國仍然學科學，但清朝已經推翻，治學就不是為了做炸彈，而是想振興工業。

早期留日學生多選法政和師範，或者醫科，後來的留日學生不少選經濟，都有合於中國當時需要的意圖在內。再後來中國學生選法政的少了，面對混亂的政局，不少青年認為官場黑暗，因此厭惡政治，讀文學又怕不能濟急，故此選科時偏向理工科。愛好文藝的學生，若捨不得興趣，又考慮到謀生，就學了建築，"我的心願是學美術，但家境已日趨衰敗，每年只能供給我幾雙鞋襪，上學的路費還是向同族和親戚告貸而來；學習用的書籍是接受別人用過的。河南省每年只津貼每個學生大洋十五元。估算我的經濟情況及往後的生計，總感到學美術這一行，日後難得溫飽"。[18]

年輕人在各種現實條件裏思量主修科目，並不容易做決定。

美國的大學偏重通才教育，鼓勵學生發展自己的興趣，美國教授就主修給留美學生的意見，多是鼓勵他摸索尋找。

有些老師教學生，如果不能確定主修，就不要強使自己做決定，而利用大學幾年，廣泛選修各種科目。"我所學的每種課的內容，對我都是新鮮的。我很滿意隨時都能學到新東西。隨著好奇心的擴大，我追求知識的熱情與日俱增，我被引導著去學習課本外，課堂外的東西……我初步接觸了許多學科，卻沒有深入到其中的任何一門，但在某種程度上我開闊了視野，鍛煉了思想。我似乎在世界觀方面和在處理問題時，更客觀，更注意分析和更老練些，我不再想當然地接受事物。我的大學教育並沒有提供給我甚麼專門的東西，但幫助我取得了一個對生活更成熟的態度。" [19]

有些學生已有主修，系裏老師仍然勉勵他們以自由教育的精神去開展視野，不介意學生興趣變化而轉變主修。[20]

不要說大學生三心兩意，研究生也常常就專修的內容舉棋不定。物理系研究生吳大猷拿了獎學金，南開大學教授建議他做晶體研究。他去到美國，五十多歲的系主任叫他先把各教授的實驗室參觀一遍，再決定跟那一個做研究。"這是我第一次看到物理研究實驗室。在參觀了幾個實驗室以後，實在是無所適從，看下來都很好"，於是吳大猷又回到系主任那裏。系主任認為"如果一時決定不了，不妨隨他見習一段時間，待以後再定"。[21]

除了老師鼓勵和寬容，美國大學學制上的彈性也對青年改變興趣提供了方便。

　　我之所以能夠從擴大眼界出發，經過摸索而逐步找到主攻的方向，要歸功於當時學校的選課制和靈活的轉系、轉學等辦法所給予的大量方便，也要歸功於老師的啟發指導，吸引我不斷向新的領域前進。……我體會在學術上的深入和擴大是相輔相成的，一個青年的興趣和認識也要逐漸轉變。只求多方面涉獵和見異思遷固然不好，但過早選定專業，框得太緊，缺乏靈活性，也不一定取得好效果。[22]

教授的風度

誰都想好學生留在自己的學系或學校，但事與願違的時候，美國教授表現得很有風度。

已經讀了社會學碩士的學生想轉讀人類學，將轉系的念頭跟社會學老師談。"他原是想我能跟他再進一步做博士論文的，聽我想改學人類學，他衷心不免感到失望。但他表面的風度卻表現得很好，因為他曉得我的決定是經過長久地考慮才做的；他幫了我很大的忙，說這是很好的發展，並且勸我先跟已經退休的霍爾校長談談。"退休校長喜歡接觸年輕人，聽說李濟要跟他領教，很高興，"尤其高興的是我要學人類學，他認為我這個選擇是根據一種深厚的'本能'而做的決定。"由於得到這兩句話的鼓勵，學生轉系的信念更加強了。[23]

一個讀完博士、公費還未到期的學生，想到名氣更大的大學去聽同一學系的課。跟老師商量，"我害怕講了老實話，惹得老先生不高興，誰知他哈哈大笑說，當然要利用這段時間去他們那邊多聽聽，我們這裏幾個人也沒有多少新東西給你講了。我們不過是給你打下學術研究的基礎，帶你上了路。今後就要你自己走，要在各方面多聽、多看、多去思考。"[24]

選科那麼自由，留美學生的主修到底怎樣分佈呢？有統計說還是以主修實用科目的最多。從 1909 年到 1929 年，清華留美學生裏，一半以上學理工、農科、醫科，再有四分之一則學經濟和商業，不到 10% 學人文科學。1929 年以後到抗戰後的 1946 年，留美學生的主修科分佈基本沒有大變化。[25] 亦有研究說清華留美生沒有守 80% 理工，20% 文法的既定政策，而任由他們自由選擇，以致清華留美生與其他留美生一樣，學理工和學文法的幾乎各半。[26]

統計結果分歧這麼大，研究留美學生的主修，似乎比學生自己啄磨做甚麼主修還複雜呢。

註 釋

1 楊廷寶〈我為甚麼學建築〉，見《楊廷寶談建築》，北京：中國建築工業出版社，1991 年，頁 103。

2 吳大猷《回憶》，台北：聯經出版事業公司，1986 年，頁 17-18。

3 李濟《感舊錄》，台北：傳記文學出版社，1985 年，頁 27。

4 潘大達《風雨九十年》，成都：成都出版社，1992 年，頁 70。郝更生是農村青年，雖曾住上海，入哥大後，不慣紐約生活，輔導學業的中國人告以轉學。

5 潘光旦〈談留美生活〉，載《大師自述》，香港：三聯書店，2000 年，頁 231。

6 李濟，同上書，頁 21。

7 李方桂《李方桂先生口述史》，北京：清華大學出版社，2008 年，頁 7。

8 浦薛鳳《萬里家山一夢中》，台北：台灣商務印書館，1983 年，頁 79。程其保〈六十年教育生涯〉（一），《傳記文學》，23 卷第 2 期，頁 6。

9 蕭公權《問學諫往錄》，台北：傳記文學出版社，1972 年，頁 54-55。在密蘇里大學。

10 李濟，同上書，頁 20。在麻省烏斯特城的克拉克大學。

11 郝更生《郝更生回憶錄》，台北：傳記文學出版社，1969 年，頁 12。

12 楊廷寶，同上書，頁 103。

13 潘光旦，同上書，頁 596。

14 浦薛鳳，同上書，頁 56。

15 李方桂，同上書，頁 7。學校問學科志願，李表示想學醫預科，因此讀了一年拉丁文和兩三年德文，到作最後決定時，改變主意，想讀語言學。

16 潘大達，同上書，頁 62。

17 陳鶴琴《我的半生》，香港：山邊社，1990 年，頁 92。陳本讀教育，後想改讀醫，於是選了醫科聞名的霍普斯金，赴美途中想改回教育。

18 楊廷寶，同上書，頁 102。

19 何廉《何廉回憶錄》，北京：中國文史出版社，1988 年，頁 26-27。

20 蕭公權讀新聞而系主任勉以開展視野，同上書，頁 46。他後來改修哲學。

21 吳大猷，同上書，頁 13-14。

22 胡毅起初主修文學，後轉哲學。見《世紀學人自述》，北京：北京十月文藝出版社，2000 年，頁 297。

23 李濟，同上書，頁 26-27。

24 胡毅，同上書，頁 299。

25 李喜所《中國留學史論稿》，北京：中華書局，2007 年，頁 305。

26 江勇振〈二十世紀初年的中國留美學生〉，載《華族留美學史：150 年的學習與成就》，紐約：紐約天外出版社，1999 年，頁 120，引舒新城及汪一駒意見。

最三心兩意的轉校轉系故事

清華留美的學生潘大逵，去留學之前，選了讀教育。出國之前，他申請先實習一年，不料卻對教書失去興趣，行前更改志願，轉讀政治。去到美國，他的波折更多：

在美國先後進過五所大學，有文的，有武的；有州立的，有私立的；有三個大學合起來只唸了一年和一個暑期的。

他在私立名校史丹福得到政治學學士，中間到加州大學讀了一個暑期，然後轉到哥倫比亞大學讀博士。在哥大因為無端當上中國學生會會長，沒時間怎麼讀書，加上他的革命志士兄長潘大道被刺殺，自己又失戀，於是放棄在哥大進修，想要轉換環境。他想到讀軍事，於是跑去寒冷的新英格蘭，在佛蒙特州（VERMONT）讀美國最古老的軍事學校諾威奇大學（Norwich University），費幾百美元，買了講究而昂貴的騎兵軍官制服和馬靴，但是讀了一個學期就退學，嫌清規戒律不合他這個愛好自由的人，又嫌生活單調枯燥。結果被清華監督處扣回制服費用。

由於這經濟損失，生活費不夠，他從生活費高昂的美國東岸轉到較便宜的中西部，在威斯康辛大學讀完碩士後，立即回到美國西岸，在史丹福不註冊聽課，自稱"可以自由選擇聽幾門我所愛聽的課，心中無憂無慮，過幾天消遙自在的日子"，到期"買了一張二等艙票，上了一個甚麼總統號輪船，就把它叫做學成歸國吧"。

他的結論是：在美國學習的東西不外是那一套，博士、碩士都差不多，倒是學士最重要。[1]

他回到中國，曾在法院和大學工作，也搞民主運動，成了民主同盟德高望重的人物。

註 釋

1   潘大逵《風雨九十年》，頁 60-75。

放棄科學救國

政府鼓勵讀理工科，中國學生也抱有科學救國的念頭。

從最初選定的主修來看，留學生裏讀科學或者實用科目的想法頗為普遍。不過有志願不等於有志趣，早期留學生改變初衷的不少。

早期留日學生裏出了不少文學家，像魯迅、歐陽予倩、郭沫若、張資平、郁達夫、成仿吾，他們的初志卻是學醫科、地質、經濟，甚至學陸軍、造武器等。結果卻都成了小説家、詩人、戲劇家。

郭沫若初到日本，在家信裏提到"來東留學，志向在實業及醫學兩途"，但是與他同年生的四川學生吳鹿蘋說他喜歡文科，不喜歡數學，準備數學考試就叫吳鹿蘋給他圈題。[1] 吳鹿蘋是富商之子，少年東渡求學，郭沫若去日本時，吳鹿蘋已是大學生，後來獲得東京大學化學博士，1919 年回國做了不少工業技術改良工作，真的實踐實業救國。

郁達夫入大學是選讀經濟的，最後變成文學家，有第一高等的師弟認為，是讀書環境所致。"在一高讀書很自由，隨便你看書，因此曾是一高生的郁達夫變成搞文藝的。學生在校內唸哲學唸文學，特別風行。"[2]

其實眾多早期留日學生對文學的興趣，與其說是日本的風氣，不如說是中國知識分子的成長環境，長期偏重文科，使年輕人對文科的興趣遠遠大於理工。像在英美讀經濟的徐志摩，結果也成了大詩人。

新知識要經過更長時間，才能在新知識分子身上扎根。

在美國，早期留學生裏選農科的很多，大概因為中國以農立國，認為農科符合中國的需要。在民國高等教育界有名的蔣夢麟、胡適，都是初志在農的，後來卻轉讀教育或哲學。蔣夢麟是在教育有益於國還是農業更為迫切裏猶疑，最後聽了朋友的勸告，認為中國如果搞得好，農業自然好，於是轉讀教育。

胡適讀了三週農科就覺得無趣。他提到改行的三個原因，一是選了一科哲學覺得有趣，另一原因"就是我對文學的興趣。我在古典文學方面的興趣，倒相當過得去"。讀農科一年級必須修英文每週五小時，還要讀德法文。"這些必修科使我對英國文學發生了濃厚的興趣，我不但要閱讀古典著作，還有文學習作和會話，學習德文法文也使我發掘了德國和法國的文學"。[3]

也有一心奔著農科去留學的，最後讀了文科，不是因為志趣改變，而是因為身體條件所限：眼睛不好，看不了顯微鏡，由農科轉學地質，又看不了石頭，最後也轉為學歷史。[4] 自始至終以農科為專業而做出大成就的，是出身農家、兄弟確實要下田的沈宗瀚，他對抗日時期以及後來台灣的農業有頗大影響。

清華讓學生自由選科，其實清華留美用的是庚款，中國政府的用心，本擬 80% 的清華學生讀理工。有統計說，最後讀文商和理工的約各佔一半。

早期留學生出國之前沒有理工科學的背景，教育環境和社會氣氛在科學精神上也根基不厚，學生出於用的目的而讀理工科，興趣難以持久。加上中國傳統讀書人的文史根柢強，古書熏染深，興趣易偏於人文，紛紛棄科學而重選人文，覺得更適合自己的性情。

到二三十年代，留學生大部分出國時已大學畢業，本來主修已定，但是仍有放棄原來的理科背景，轉讀文科社科的。他們的理由也有這種偏重人文世界價值的因素：

> 留美決定棄農學教育，認為人生擇業以人為工作對象，較之以物為對象更有價值。天天和土壤、昆蟲打交道沒有甚麼意思。這種想法比較片面，但當時未加思索，即作此決定。[5]

> 我難忘故鄉的見聞和被遺棄、埋沒和漠視的善良而有才智的芸芸眾生。……我也沒有耐心和阿米巴、草履蟲、蚯蚓等小生命打交道。我選擇了政治學。[6]

有強烈的人文興趣，但以理工為專業，並且持之以恆的，也有一些。像電機學教授顧毓琇在清華讀書時已矢志做工程師，在赴美的船上也不斷讀工程的書，他同時又是話劇熱衷者，他所記的留美生活，演戲和讀工科的篇幅不相伯仲。

以理工科成大名的錢偉長，卻反其道而行之。他的父親是著名的文史學者錢玄同，他自己本來讀歷史，只因受九・一八日本侵華所刺激，為了救國，轉為研究物理，竟然成為中國的力學奠基人。這種實踐科學救國的意志，也可謂驚人了。

註 釋

1　郭沫若《櫻花書簡》，成都：四川人民出版社，1982 年，頁 19，1914 年 3 月及 1914 年 12 月第 18 信的説明。

2　朱紹文《早年留日者談日本》，濟南：山東畫報社，1996 年，頁 52。

3　胡適《胡適口述自傳》北京：華文出版社，1989 年，頁 40，43-44。

4　陳翰笙《四個時代的我》，北京：中國文史出版社，1988 年，頁 20。

5　童潤之〈童潤之自述〉，載《世紀學人自述》第一卷，北京：北京十月文藝出版社，頁 282。

6　龔祥瑞《世紀學人自述》第 4 卷，北京：北京十月文藝出版社，2000 年，頁 216。

自由而嚴謹的法國大學

對夢想留學的中國學生，法國是個天堂。

拿破崙的改革，使法國的大學教育不再由教會包辦，當時法國分為十六個學區，每區都有國立的綜合大學，它們的基本課程相同，學分相通，要入學並不難，要轉學也沒有甚麼特別手續。因為是國立的，費用不高，在 1920 年代，只要交一百法郎就可以註冊為學生，每學期的學費也是一百多法郎。註冊後，領一本學生手冊，除了實習課程，愛聽甚麼科便聽甚麼科。這樣的架構，直至 1968 年巴黎大學生在拉丁區暴動之後才改變。

當時法國也有私立的大學，但名稱上不用 université，例如私立的政治大學叫做 Ecole libre des sciences politiques。[1]

自由聽課

去法國的學生雖然坐船從馬賽登岸，但除了勤工儉學生去里昂之外，幾乎都是去巴黎的，因為那兒是首都，是法國高等教育的中心，有國立的巴黎大學。

巴黎大學有一種自由的學習制度，對學生很自由，對市民很慷慨，在那麼多留學國家裏，也可謂別樹一幟。

那時候歐洲大陸許多國家的大學坐落在城區，教室緊靠馬路，所以巴黎大學沒甚麼門禁。除了為正式考試的學生特設的科目外，大學的課都是公開的，課程表張貼在街頭市巷。人人都可以入座聽講，不必報名，不必交費，只要循規蹈矩，沒人干涉。所以出門散步經過大學而來聽講的人不少，甚至老年人也來聽，消磨時間。初開學的時候，來聽課的尤其多，真正上課考試的學生，也要提前半小時到，才能坐前邊。[2]這種任人聽課的做法，當年在沙灘的北京大學，也有類似的傳統。[3]

講課的有些是六七十歲的老教授，有些著作等身，名高望重，但未免口齒不清，不及口才流俐的中年教授受歡迎。[4] 矢志攻讀理科博士的嚴濟慈並不介意，甚至覺得最老的教授，講得最清晰有頭緒，說這班老頭子往往小題大做，講很多故事，講到自己從前的工作，尤其講個不停，清晰有如昨日。嚴濟慈對這樣的講課風格不以為煩。他還發現聽課的有很多老先生老太太，因而感慨在中國聽科學課聽得頭昏，在法國聽科學演講，好像聽說書那樣，中國人不知那一年才可以這樣聽科學。[5]

在大學註冊的學生分為正式學生或旁聽生，分別在於是否交實習費和考試費。雖然註了冊，學生是否聽課，完全自由，教授也不迫學生看參考書。[6] 在這種大學教育制度下，1920年代去法國的中國留學生增多，很多不註冊，或註了冊而做掛名學生，有空時才聽課。留法學生不讀學位的也特別多。

這種自由放任又依靠自律的制度，並不為遠在東方、視留學為神聖的中國人所了解，造就了不少中國留學生濫竽充數。

> 留法學生大半都因語文障礙與基礎知識不夠，歸國後，號稱在巴大或某種學院畢業。其實是以上大學聽課來點綴門面；至於畢業二字，則更說不上，因為既未聽懂，如何畢業；且巴黎大學只有學位或取得某科文憑的學生與自由聽公開講演者，從來無所謂畢業不畢業。[7]

嚴格的學位制度

中國學生界盛傳巴黎大學不講資格，只講學力，任何人可以直接考博士。引得中國學生躍躍欲試。

事實上，這種講法也沒有錯，因為法國的學位制度和美國英國很不同。

當時法國的學位分國家和學校兩種。學校的學位既屬學校的，國家不給何種權利，更不能作為職業上的資格。在法國做事首要資格，有資格不怕沒工作，所以法國人不留意學校的學位。[8]

因此法國有兩種博士：一種是國家博士，主要供法國大學畢業生或中學教師攻讀；一種是大學博士，由大學發給博士文憑，上面只有大學印章，法國教育部並不過問。這種博士只適用於外國留學生。

中國留學生傳說的博士學位容易取得，大概是指大學博士。

外國學生攻讀大學博士，手續簡便，只要對法語有一定認識，將他的本國大學畢業文憑，無論真假，請求本國的駐法使館證明，說是大學畢業，就可以向法國任何大學報讀大學博士，不必先有碩士。聽課半年，要求主任教授給予論文題目，或找一個大學教授商量好研究題目，在指導下寫出一篇有相當學術價值的論文，經答辯認可後就可以。理科的則須在學校或指定的研究所研究一年以上而有成績。[9]

於是不少中國學生去趕造大學博士。聽信了傳言，放棄了清華的學籍，硬迫著父母出錢讓他跑到法國的 21 歲年輕人黎東方，最後就是取得大學博士學位。雖然他也要四易其稿，發憤讀法文修辭書，論文才得以通過。

獲得大學博士似乎比下文所講的國家碩士還容易一點，若要認認真真像法國人那樣讀國家博士學位，就更難了。

國家碩士這回事

嚴格來說，當時法國沒有碩士這一級學位。大學畢業生可以直接讀博士，或者讀證書。如果取得規定的高等研究證書（理科 3 張，文科 4 張，或者三張證書加上論文證書），就可以向法國教育部換研究的文憑，約相當於美國的碩士。[10]

這種碩士修讀的時間比較長，以文科而言，準備一張證書大概需要一年，四張證書起碼花三四年。每張證書指定自己研讀國內外有關的名著，教師只講其中關鍵的或他有獨到見解的部分。從來不發講義，學生聽不懂，做不好筆記，只好自歎霉氣。[11]

這類碩士，由法國教育部派員來會同大學主任教授口試，文憑須由教育部核准蓋印，大學不能單獨發給，所以中國人叫它國家碩士。

有了這研究的文憑，才能報名去準備國家博士，同時可以在大學區內派任一清閒教職，如助教、監學之類，以便用功讀書，準備國家博士論文。[12]

國家博士

至於國家博士學位，那是更高一級的學銜。

讀文科的，要提出兩篇論文，一篇用法文寫，要有很高的水平，另一篇用拉丁文或外文寫，作為第一篇論文的副本。讀科學的，應試資格是有國家碩士資格，及兩篇有新成果的論文。若是持外國大學的碩士學位，那就不能考國家博士，只可以讀大學博士。至於醫科國家博士，要求更多，連學士也要從法國獲得，亦即必須從法國中學畢業，這種醫科國家博士可以在法國及屬地行醫，而醫科學校博士不能。[13]

攻讀國家博士沒有規定的課程和年限。有些人取得國家碩士資格後，再考一兩張高等研究文憑，獲得在大學教書的資格，就一面教書，一面準備國家博士學位。甚麼時候準備好，就申請舉行答辯會。

法國人讀國家博士是頗艱難而認真的。

由於當時法國沒有資助貧寒學生和從事慈善事業的基金會，而生活艱難，所以讀大學的，大抵在外做事。學生的年齡也偏於成熟，1924年嚴濟慈到巴黎大學聽物理課時，大課室裏聽課的二百多人，大都在三十歲左右，其中女生約有廿人，也都似年近三十。學生既然要謀生，大學也就沒有預備博士規定的功課，因為規定了，也沒有人來上。窮學生拿到大學學位，就應中學教師考試，以便一邊教中學，一邊繼續研究，預備博士。法國中學及以上的教師都由國家任命，要取得國立的高等師範學校的文憑；教大學還要再參加一個很難的會考，取得 agrégé。這高等師範不收學費，而校譽很高，但是向例不收外國人。[14]

1922 年物理學家李書華、1925 年語言學家劉半農 [15] 分別得到文理科的國家博士，應是中國人得這學位的先進者。

嚴格的考試

無論碩士博士，考一張證書，都要經過筆試和口試，理科的還有實習試，是為實驗科學而設。筆試是在大講堂裏上百人一起考，考幾小時，所以除了書讀得好，還要有相當的精神體力；筆試只有一條題目，但理科的一題裏面分很多節，文科的則題目極大，例如近代史科筆試，題目是在伊莉沙白第一統治下的英國。[16]

口試可以有兩次機會。考試時間不短，理科口試每人要考半小時到 45 分鐘。[17] 場面嚴肅，有一個參加文科口試的學生，進房見到長桌後面坐了五個道貌岸然的教授，好像法官，輪流考問。"我的神經緊張了，思路慌亂了，我也自知答得不夠好。他們也不馬虎隨便，即宣告我口試失敗。"[18]

筆試口試都及格，可以得到一張證書，成績分為優、良、常、可四等（très bien，bien，assez bien，passable）。

這一張證書得之不易，記分很嚴，叫做普通數學的證書，有時沒有一個投考者考到優等。[19]

中國留學生考文憑

對法國人都不容易的考試，對中國學生自然更困難了。中國學生考碩士所需的證書，用功讀書兩三年毫無結果是常事，甚至很多十年都考不到的。

考普通數學的證書，有在法國讀了兩年大學的，沒有及格；在法國數學力學專門學校畢業的，只得到剛及格的可級。有一次五個中國人報考，全軍覆沒，其中一個假期中刻苦預備，住小旅館的六樓，自己做飯，每日只吃點蘿蔔，也考不到。還有一個到法國已五年多，先做工存了錢，後入巴黎大學讀書兩年，未得到一張證書，而錢用盡，又要去找工作。[20]

這樣的情況不免令人氣短。

因此在巴黎大學註冊讀文理科碩士的中國人不多，以至有中國學生去註冊考文科碩士時，主持人甚為奇怪。[21] 雖然要得國家碩士那麼困難，幸好還是有中國留學生肯下死功夫、規規矩矩考四張證書，和法國大學生一樣拿學位的。[22]

法國這種自由聽課、教授和學生彼此不聞不問的制度，基於認為大學生有獨立研究能力，不能光憑教授的講義去考證書，但這種制度也近於讓學生自生自滅。法國後來仿效英美，重視教學和研究，有小組討論會（seminar）提問辯難，迫使學生多看書和思索，被認為是很大的改革和進步。[23]

至於那些不正式讀國家碩士的留學生，又是不是全屬不學無術、混日子的"方鴻漸"呢？翻譯家許淵沖自己就捨不得花四年時間去讀一個碩士，只隨自己喜歡，在碩士所需的四張證書裏選課來讀。著名翻譯家梁宗岱和傅雷也屬於那些"同朋友吸煙談學，混一年半載，書才算讀'通'了"的留學生。梁宗岱譯陶淵明詩，得到法國象徵主義詩人讚揚並交朋友。傅雷則與法國文學家羅曼羅蘭多次通訊，後來翻譯了他的名著《約翰克里斯朵夫》。[24]

究竟學位和學識如何可以等值，這是個可以永遠探究的問題。因為輕信法國容易取得博士，而跑去法國的年輕人黎東方做了歷史教授之後說："研究學問最忌性急、躐等。當時的我，太不懂這個道理……把學問與班級混為一談。"[25]

附李石曾認為中國宜重視法國教育的理由

李石曾留學法國，又推動留法儉學，他認為法國教育可以取法，不是因為自己在法國較久。相習稍深。而發為偏重之言。特以有確定之理由：

（一）就普通教育來說，西洋各國在體育智育都不錯，但德育則往往乖謬。只有法國教育能脫離神君的迷信，這是君主制國家所無，即使瑞士美國沒有君主制，但仍惑於新教。法國在1886年已廢神學的專科，1901年實行國教分離。教育職務多數脫離宗教，返乎平民。這是古今萬國教育界的新聲，可見法人德育的觀念。中國本是沒有宗教的國家，因此沒有宗教的心理。這是教育中最可貴之點，應該保持不變。西教輸入中國的是非人人得而言之，宜避之而不提倡。所以法國教育的觀念，最宜於中國。

這是就思想而論。

以事實論。法國普通教育的特長，是學費廉求學易。公立小學是普及教育的根本，免費。人人可得求學。中學是學問的要徑，學費廉而制度簡單，少其他國家"貴族學校"的餘味，學校的等級相去較近，學問普及較易。至於大學與高深學問的建設，多不納學費，窮人工民都可以參加。法國人對於外國人亦親和而無畛域。法國去"教育平等"雖甚遠，但有這趨勢。今天中國各事的衰廢，是教育不興所致，要解救的話應注重無力求學的人。教育的觀念固如此，而求學的方法亦然。這也是法國教育宜於中國的一端。

（李煜瀛《法蘭西教育》1913 年留法儉學會出版，頁 2-3。）

註 釋

1　李煜瀛譯述《法蘭西教育》，巴黎：留法儉學會，1913 年，頁 15。袁道豐〈重遊巴黎 撫今追昔〉（二），見《傳記文學》，23 卷 2 期，頁 83-85。黎東方《平凡的我》，台北：傳記文學出版社，1969 年，頁 236。李煜瀛即李石曾，大力提倡取法法國教育。

2　李煜瀛，同上書，頁 15；嚴濟慈，同上書，頁 207-208；李璜，同上書，頁 41；陳岱孫《世紀學人自述》第 1 卷，北京：北京十月文藝出版社，2000 年，頁 367。

3　陳岱孫，同上書，頁 367。

4　袁道豐，同上書，頁 83

5　嚴濟慈，同上書，頁 208。

6　李煜瀛，同上書，頁 15；袁道豐，同上書，頁 83；詹劍峰《世紀學人自述》第 2 卷，北京：北京十月文藝出版社，2000 年，頁 203。

7　李璜，同上書，頁 68。

8　嚴濟慈，同上書，頁 91。

9　許淵沖《逝水年華》，北京：三聯書店，2008 年，頁 177-178；岑麒祥《世紀學人自述》第 2 卷，北京：北京十月文藝出版社，2000 年，頁 145，據中法協會秘書長介紹；李璜，同上書，頁 45-46；嚴濟慈，同上書，頁 90-91。

10　李煜瀛，同上書，頁 15；嚴濟慈，同上書，頁 90-91；岑麒祥，同上書，頁 145；李璜，同上書，頁 45-46；許淵沖，同上書，頁 178。

11　岑麒祥，同上書，頁 145。李璜，同上書，頁 45-46。

12　李璜，同上書，頁 45-46。

13　嚴濟慈，同上書，頁 90-91。

14　李煜瀛，同上書，頁 90-91；嚴濟慈，同上書，頁 68，90-91；袁道豐，同上書，頁 86；鄭彥棻《往事憶述》，台北：傳記文學出版社，1985 年，頁 42。

15　劉半農於 1925 年 3 月 17 日以〈漢語字聲實驗錄〉、〈國語運動略史〉及自行設計製造的測音儀器參加法國國家文學博士學位考試，考了六小時而通過。考員包括梅耶、伯希和等。趙元任及楊步偉等共五六十名觀眾在場。楊步偉詳寫考試情況，並有趙元任拍的照片，見《雜記趙家》第四章〈第一次歐洲遊記〉，台北：傳記文學出版社，1972 年，頁 39。

16　嚴濟慈，同上書，頁 154；袁道豐，同上書，頁 83。

17　嚴濟慈，同上書，頁 161。

18　袁道豐，同上書，頁 83。

19　嚴濟慈，同上書，頁 160。

20　嚴濟慈，同上書，頁 160，200。

21　嚴濟慈，同上書，頁 162；李璜，同上書，頁 45-46。

22　許淵沖，同上書頁 177。

23　袁道豐，同上書，頁 83，84。

24　許淵沖，同上書，頁 177。

25　黎東方《平凡的我》，台北：傳記文學出版社，1969 年，頁 219。

超齡中學生

中國在新式教育上起步遲，而起步的時候，又已是革命動盪的
1905 年。不完全的革命之後，是二三十年的軍閥混戰或外敵壓境。新
式教育艱苦推行，雖然也有成功的例子，但是相對於全國人口，未免
杯水車薪。在這種形勢下，去外國讀大學的青年，不免年紀偏大。更
要命的，是部分還要重讀中學。以超過二十歲，最小的也已十八九歲
之齡，做超齡中學生。

重讀中學的情況，在日本和法國最普遍。早期是因為現代知識的
程度不足，這個問題到 1920 年代基本上解決了；另一部分是語文能力
問題，尤其是在法國。1930 年代還去留學做中學生的，主要是留日學
生，為的是學制銜接的問題。

為了法語讀中學

要在法國認真考取國家碩士和博士，得有相當的法語基礎。而在中
國，學生一般不可能學法語達到這種程度。儘管學術的能力已經是大
學畢業生，甚至研究生程度，但是進中學的特別班去學法文，似乎是
最扎實的方法。

另外勤工儉學生手邊有點餘錢的，也被安排進中學學好法文，因為
不克服語言關，既無法讀書，也無法做工。繼勤工儉學生之後，去里
昂的中法大學的學生，也大都去中學讀法文。

進中學怎麼學法文呢？留法勤工儉學運動時，中國學生多，一間中
學可能要收三十多人，會專門設一班給中國學生。中國學生少的話，
就跟法國學生一起上課。有些人只上法文課，不上其他課，或者只挑
自己想讀的科目來上。[1]

朝夕與法人相處，雖然法文課程比國內要深得多，但學習也快很
多。對於初級的法文學習者，法國教師有口語的優勢，也沒有發音不

準的弊端，自然超過在中國只是讀課本的效果。有些法國教師注重聽說，不用書本，指著物品反覆練習口語。有時鄉間中學的教員會視中國學生為客卿，不聞不問，但還是會認真改功課。幾個月下來，中國學生異口同聲認為能見到效果，能做到用法語交談，甚至寫出幾百字而文法無大誤的文。[2]

有規模的中學設有專門的外國人法文班，這些班並不是為中國人設的，而是收十歲以上的外國學生，因此班上有兒童，也有從別的歐洲國家來學法文的成年人。歐洲人學習法語比中國學生易，因此他們在班上時，教授很快，中國學生要拚命追。中國學生多的班，才會教得慢一些。[3]

特別班的效果好不好，恐怕也看個人的決心和意願。背負著許多恩師厚望的嚴濟慈，為了及早有成，不介意以理科生而讀法文古典小說：

> 該班已有兩個意大利人，一個英國人，在此已有三四個月之久，所以最初須趕到他們，進步極快。所讀的或是莫里哀戲劇，或是拉封丹的寓言，或是諸家的小說，兩星期後我竟不顯得是後來者。及到兩個中國學生加入，一個英人回國，致特別班程度減低，不過我自修功夫大增，每日必讀法文小說戲劇五六十頁，四時回住所後必定寫作，每日兩三頁，教師時常為我刪改，他似乎也認為我是肯用功的人。我本週去第三班上四小時文學課，教授只講一篇的大意，來歷，結構……等，本不是為初學法語的人的。但能堅持學習，得益應不淺。我近來讀的書，多屬傑作，而且都是十八世紀之前的。[4]

相反，讀文科的浪遊者上中學法文班雖然有進步，卻充滿抱怨和嘲諷，說特別班教師是個老頭子，只有一個曾學法文的越南同學做做傳譯。老頭子叫學文法，文科生認為太難，"聽了如對牛彈琴，如何能得好處呢？只有各人自己去找字典，他覺得沒趣，亦慢慢不來了。……我們沒有教師指導，全靠一本中法字典，……漸漸的可以看 Daudet 的《小東西》、福祿拜的《寶華麗夫人》，至於文法是始終覺得太難"。[5]

無論如何，到中學學法文，最少要半年才算有一點基礎，至於有家裏供給，或者不在乎到大學得學位，或者確實想達到更高級的法文水平的，會在中學花上一整年。[6] 窮學生就沒有這個機會。有些勤工儉學的學生，在中學裏把手頭的錢差不多用光，便進工廠做一段工。待有了少量儲蓄後，又進中學學幾個月，錢花光了，又趕快做工。這樣反反覆覆，做工讀書。[7]

日本

中國留學生要入中學讀書的另一個國家是日本。20 世紀初的時候，中國的新式教育辦不好，所以留學生沒有足夠的新知識基礎，不得不入中學學習，再謀升讀大學。可是到了 1930 年代，中國已辦了很多中學，中國的留學生也上了一個台階，去歐美的留學生很多去讀研究院。在日本卻因為學制問題，中國的中學畢業生若想入水平好的帝國大學，要花四年重新讀高中。所以留學日本需要的時間特別長，往往大學畢業時已用去八年。

由於不了解日本學制，中國學生以為中國高中畢業到日本就可以上大學。甚至有一個中國留學生，已經考上很不錯的燕京大學，但因為不願由理科改文科，而改去日本。時為 1939 年，"當時東京大學不能直接報考，他們不承認中國的學歷。"結果為了入東京大學，只好先考第一高等學校，重讀高中。[8]

當時日本的帝國大學是自視高，認為中國學生程度不夠，抑或是故意不承認中國的學歷呢？

論資質，中國學生並不遜於日本學生，有些還獲得老師稱賞。上述的曾考到燕京大學的學生，就兩次遇過老師讚賞中國學生聰明：在東京大學醫學院時，教授很滿意他的口試答案，問是哪裏人，答以中國人，教授歎說：我們日本學生，再學也學不到你這樣的。在第一高等學校，一個滿頭白髮老師問他一個姓宋的中國學生的行蹤，好幾遍感歎說"我教的學生裏，再沒見過這樣的學生，腦子太好了"。[9]

如果感歎中國學生在日本要重讀高中，浪費時間，那麼令人更感歎的，是這些進入國立高中，準備考帝國大學而堅持下來的學生，並沒有埋怨讀那麼多年高中是浪費時間。入了第一高等的學生，還對一高的天下秀才精神印象深刻。這不是對當時中國中學教育的水平的鞭撻嗎？

註 釋

1　蘇雪林《浮生九四 —— 雪林回憶錄》，台北：三民書局，1991 年，頁 61-62。聶榮臻學法文同時也學自然科學，因為語言障礙，很吃力，見《聶榮臻回憶錄》，香港：明報出版社，1991 年，頁 17。鄭超麟則埋怨數理化在中國都讀過，對法國古典沒興趣，法國史地覺得沒大用，《史事與回憶》第一卷，香港：天地圖書有限公司，1998 年，頁 166。

2　嚴濟慈，同上書，頁 59；蘇雪林，同上書，頁 62；岑麒祥《世紀學人自述》第 2 卷，北京：北京十月文藝出版社，2000 年，頁 147；聶榮臻，同上書，頁 16；沈沛霖，同上書，頁 37；袁道豐，4 頁 83。

3　袁道豐，同上書，頁 82；嚴濟慈，同上書，頁 66。

4　嚴濟慈，同上書，頁 66。此段文字經語譯及撮寫。

5　李金髮的整本書都是語調嘲諷，不光講學法文時如此。在楓丹白露中學，他説學校收每一個中國學生，每月得到 100 法郎（約中國 10 多元），暗示是出於經濟考慮。另一小城市的中學校長每晚為他們講古典名著，李金髮説受益不少，但説校長是為拉攏他們。見《李金髮回憶錄》，上海：東方出版中心，1998 年，頁 43-44，46。

6　詹劍峰、鄭彥棻在中學花了一年學法文。

7　聶榮臻，同上書，頁 17。

8　朱紹文《早年留日者談日本》，濟南：山東畫報社，1996 年，頁 46；賈克明《早年留日者談日本》，濟南：山東畫報社，1996 年，頁 129，他的父親是民初東京高師學生，母是日本華僑。

9　賈克明，同上書，頁 129，134。

留學生看法國中小學教育

以一個二十歲以上的青年，為了學好法文，到中學跟法國學生一同上課，未免尷尬。不過中國學生的適應問題並不嚴重，一方面時間不長，另方面大家都這樣做，這心理關也就易過一些。

那時我已二十歲左右。我喜歡和法國孩童來往，以便練習法語。五點鐘下課又變回原有年紀，到中學最高年級的自修室。[1]

這種中學經歷讓中國學生有機會體會1920年代法國中學的嚴格管理。

中國學生聽慣了法國是浪漫自由的，是生出種種社會新思潮的國家，來到法國中學，才見到這個國家另一面的根柢。他們發現法國雖然號稱自由民主，但是對中學生的管理，卻相當嚴格，有說是拿破崙傳下來的紀律。自早至晚，生活均按一定的時間和規律，而且全國所有中等學校的課程和作息時間，也是整齊劃一的。[2]

在寄宿的中學，學生不許外出，每週只有周四可以請假。[3] 幾十人同住一間大房，大房的一角有一個老師同住，大都是三十歲左右的研究生，學生對他尊敬而不害怕，他們害怕的是嚴管的總監學。宿舍規定五時半或六時起牀，晚十時就寢。不論寒暑，無論天已亮與否，早晨燈光一亮，老師就起來巡視。洗臉刷牙有一定的時間，盥洗之後早餐之前，就到自修室自修，這是最有效的一段自修時間。此外，晚飯後也是自修時間。學生在自修室都有固定座位。自修室有老師看管，大都是大學的研究生或助教之類，有些學校則由年高德劭的監學看管。看管者既為學生解答疑難，如果學生頑皮說笑，他便走近學生的桌邊作為暗示。[4]

住校的學生，日常生活也不能隨便。吃早餐時有老師來輔導，拍拍手表示開動，快要吃完的時候，聽到掌聲便要停止。學生在校內不得隨便看書，要經老師檢查過，連閱讀報紙都在禁止之列。他們的意思是，學生應該專心讀書，不該分心旁騖。法國的中小學教科書都由公家供給，學生都很小心使用。對不住校的學生，學校照樣管得很嚴，遲到過了一定的時間，就不准進教室，只能進自修室。[5]

中國學生對法國中學的第二層體驗，是教學水平高，老師十分認真。

法國的中學很難，要全國會考成功才能得到學位[6]，水平幾乎等於大學二年級，因此大學生被視為能夠獨立研究的成熟青年。中國學生一般夠不上這種資格。[7]

法國的師範教育培訓的既是教師，也是學術人才。大學裏沒有教育系，但有一所很出名、學術地位很高的國立高等師範學校，和理工大學、國家行政學校，都是教育中上級官員的骨幹。如果想教中學，必須先領得這間師範學校的文憑，它還可以培訓大學教授。高等師範學校只招收苦學的學生，非才學極優，無法考進去。校方會派學生去英、德等國研究。從高等師範學校畢業後有優缺，而且可以終身不愁，儼然成為一種階級，父子相傳。雖然學費全免，貧富子弟一律招收，但窮人子弟難以從小作足夠的準備。法國學生認為能進入高等師範，是無上的光榮。這家學校向例不收外國人。[8]

當時法國中學的教學水平之好，從中國未來物理學大師嚴濟慈聽中學數理課的欣賞，可以見出。這個當年的物理學研究生初到法國，在中學學法文之餘，也上數學物理課，竟然使他聽得陶醉。他大讚教師的水平，說講課材料雖然淺近，但是教授融會貫通，詳盡不遺。他認為那個中學數學老師，甚至有教大學的資格，感歎法國以老專家而從事於教授中等學問之難得，與中國侈談高等教育的人還帶著稚氣，不啻有天壤之別。比較起來，中國的中學教育，在普及科學知識方面極壞。他感慨中等教育不良，高等教育沒有發達的希望。中國辦學數十年，竟然沒有一間好中學。中等教員的學識不足，無力改善，而一二留學生，則不屑問中等教育的事，以致沒有一本自出心裁的課本，而教員學生都沒有一本中文參考書。[9]

這個未來物理學大師說，這體會對他將來教課大有幫助，他甚至認為即使花一年工夫在這中學裏學習，亦不枉然。

另一個留學生雖然沒有讀中學，卻在參觀博物館時聽到小學教師給孩子講美術。

> 我的法語很差，聽學院的美術史課只能聽懂一半，很苦惱。有一回在魯弗爾博物館，遇到一位小學教師正在給孩子們講希臘雕刻，她講得慢，吐字清晰，不僅講史，更著重談藝術，分析造型，深入淺出，很有水平。我一直跟著聽，完全聽懂了，很佩服這位青年女教師的藝術修養。比之自己的童年教育，我多羨慕這些孩子們啊！

這個跟著孩子聽的留學生就是國畫大師吳冠中。[10]

註 釋

1　袁道豐，同上書，頁 82。
2　袁道豐，同上書，頁 82；鄭彥棻，同上書，頁 40。
3　嚴濟慈，同上書，頁 26。
4　袁道豐，同上書，頁 82。鄭彥棻，同上書，頁 40。
5　鄭彥棻，同上書，頁 40-41。
6　Baccalaureate 學位，李石曾稱為稚士，見李石曾譯述《法蘭西教育》，巴黎：留法儉學會，1913 年，頁 15。
7　袁道豐，同上書，頁 83。
8　鄭彥棻，同上書，頁 42；袁道豐，同上書，頁 84。
9　嚴濟慈，同上書，頁 59，84。
10　吳冠中〈美盲要比文盲多〉，載《我負丹青 —— 吳冠中自傳》，北京：人民文學出版社，2004 年，頁 272。

實驗及實習精神

五四新文化運動提倡中國要學習賽先生（科學）。跑到外國一看，原來賽先生很重視實驗和實習。

不光純理科目要做實驗，實用科目也重視實驗。由工匠或老農老圃的技藝變成應用科學、由師徒制變成實業教育，這傳承方法上的變化，在歐美是以大學裏做實驗、公司裏做實習來發展的。

當時實驗是如此盛行，認為不能以實驗驗證的，就夠不上科學，所以連社會科學都重視實驗。

日本和中國的新式教育，也有推行實驗和實習。但是實驗要花錢買設備之餘，還要教師真有所識；實習則要工礦各業有起色，才有可實習的地方。

各科都在做實驗

由於信賴科學，除了文藝科目之外，其他學科幾乎都向實驗和實地調查發展。

哲學有實驗主義。

語言學要做田野調查，要在實驗室做語音實驗。

心理學也強調實驗。第一個實驗心理學實驗室由德國人馮特（W.Wundt）1879年在萊比錫建立，許多強調實驗的美國心理學教授都跟過他學習。

教育學也要實驗，哥倫比亞大學著名的教育學院有附屬的實驗學校，可以試驗教學法。教育心理學要做實驗，更是順理成章。兩個在馮特的實驗室工作過的美國教授，一絲不苟地指導他們的教育心理學學生做實驗：

> 他們對操作方法和實驗結果的嚴格要求，給我留下難忘的印象。更難忘的是他們認真負責和專心研究的精神。他們都是

主要教授，兼行政職務，還自己做科學研究。可是對外國年輕
研究生，不但口頭上做必要的指導和考核，還親自帶我下到地
下室，教實驗儀器使用，又到屋頂的照片暗室，教我沖膠卷和
從投影中取得數據。本來這些事他們的任何一助手都可以給我
講。我向他們致謝，説額外使他們費心。他們説那是為了使他
們自己放心，使我的實驗順利，不出錯。[1]

人類學有實驗。美國當時最權威的體質人類學家胡敦（E.A.Hooton），
曾留學英國跟老專家基斯（A.Keith）學古人類學。胡敦在哈佛教學，十
分重視實驗，學生必須學會認識人的骨骼，每塊骨要反覆摸索，仔細觀
察，直到一塊骨的一角碎片放在手上，也立即能分辨出是那一塊骨頭。
他經常突襲考核，拿破骨頭給學生認，認對了就給滿分，認錯了就給零
分。[2]

在追求科學的風氣下，學生也拿著科學重視測量和研究方法的尺子
去衡量自己的主修學科。

在清華學堂被心理學吸引的李濟，留美的時候選了心理學，學得還
不錯，卻又放棄了：

我在這一年之中，把心理學的各派都嘗試領略了一下。我
的感覺是：好像這門學問所用的研究方法，還不夠我所想像的
科學標準；因此我也就推論到，由這些不夠標準的科學方法，
所得到的心理學知識不一定靠得住。[3]

重視實習

除了做實驗，學農、工、礦業等等，有實習課。

實習源自歐洲，但工科實習則以美國較多較早。美國有管理程序學
派，繼法國人亨利費堯之後而起，重視案例研究。[4]工商科目都重視理
論和實踐結合，如何科學地管理工廠佈置的理論和方法，是工業管理
的實驗和實習；商學院則經常到現場調查或在實驗室做實驗。

在應用科目，大學不過是準備的初步，歐洲的理工學生注重工廠及

礦冶實習，工廠實習兩三年的學徒，往往可以得到更合適的出路，所以他們不像中國人那麼重視文憑。[5]美國工程學很多教授常常提醒學生"不可和文科學生一樣的重視學位，而忽略了工科學生所必需的實習機會。他們都說，實際工程經驗，比大學裏的學位和書本，都要重要好多倍"。[6]

早就詬病清末民初中國的農業學校欠缺實際學問的學生，在康乃爾體會到實驗與實習結合的作用。他跟助教做實地育種工作，並隨教授旅行，實地檢查改良品種的純雜，才盡窺遺傳育種與推廣的底蘊。"因為教室和實驗室所得，都是遺傳原理，不經這實習，不知田間技術的訣竅，則回國後做實地育種工作必感困難。"[7]

在企業實習

讀應用科學的學生，要獲得實際工作經驗，除了學校實習、參觀工廠之外，最好能夠進入公司做工。有些學生自己找暑期工或者透過教授介紹，到工地或工廠工作，增加經驗。[8]尤其是抱有雄心壯志的學生，認定"如果只讀書而不實習，那麼我就不能希望將來成為優秀的工

1941 年錢三強在巴黎的核化學實驗室

程人員或工科教授"。於是爭取機會在福特汽車公司做暑期工作,加上在芝加哥和密爾瓦基等大城,參觀了許多機械和電機工廠,得到汽車製造和工廠管理的許多新知識新技能,"我才知道學工程不應以當一名工程師為滿足,而要全力使中國工業化,使中國人接受西方的科學和科學精神"。[9]

有時工廠主動到大學找畢業生或者研究生當實習生,名額甚至指定給外國學生。福特汽車公司曾請耶魯學生到該廠勤工儉學三個月,有三個中國學生參加,工種包括生產性的,如在流水線上工作,為高爐添煤;非生產性的,如調停工人的家庭爭端,訪問陳屍所鑒定或檢驗因公死亡的僱員等。工作結束之前,要寫一篇論文總結收穫。該公司又曾經招收外國大學生去接受一年的汽車製造和工廠管理訓練。由於訓練嚴格,實習生大呼體力難以應付。[10]

也有美國公司直接提供實習生名額,讓中國學生去美國實習,像美國橋樑公司給過南洋大學兩個名額,為期三年,繪圖、設計、廠內裝配、工地建築都有機會參加。[11]

實習人員也有工資。福特汽車對實習學生,提供與廠內工人相同的待遇;橋樑公司則一律照公司規例支薪及分紅利。[12]由於這些實習人員都是有較高學識的工程人員,就是做體力勞動的工作,也只是為了體驗,所以沒有受工頭氣的情況。語言問題也不嚴重,在橋樑公司工讀實習的凌鴻勛說,他的英語雖然不好,但在美國人看來,中國人初到美國便會講英語,而且似乎不久就樣樣都上了手,都覺得驚奇。

與到美國建鐵路的華工一樣,中國人善於學習,又有靈巧手藝,只要環境適當,在實用科目上並不落於人後。中國人的手藝高也是一些外國科學家的印象,在比利時的生物實驗室,一個中國研究生剝青蛙卵膜很成功,因此類似的技術工作,都讓他做,還叫他不要教會來參觀的美國科學家。[13]

日本的實習

日本善於系統地學習、整套體系移植，日本的好學校也重視實習，但有些學校條件有限，未必做得到。例如千葉醫大的骨學有實習，東京醫專則無。[14] 東京帝國大學的醫科實習，嚴格的態度帶有日本的色彩。附屬醫院的醫生看管實習醫生的一舉一動，一言一行，毫不客氣。病房裏絕不能隨便聊天，但經常交流經驗，不保守醫療技術。每年都有解剖祭，在上野的廟裏對被解剖者行禮，老師事前叮囑學生必須參加。[15]

上東京高等工業學工業管理的，有暑期實習。來自淪陷的東北的學生，實習地點是撫順煤礦。管理者本來不用動手幹，但做實習生就要做每一道工序。工序很嚴格，不過還是會出事，有一次煤礦爆炸，幸好實習生因為睡過頭，趕不上第一班下礦井的時間，檢回一命。[16]

註 釋

1　胡毅《世紀學人自述》第 2 卷，北京：北京十月文藝出版社，2000 年，頁 298-299。

2　李濟《感舊錄》，台北：傳記文學出版社，1985 年，頁 30。林耀華《世紀學人自述》第 4 卷，北京：北京十月文藝出版社，2000 年，頁 54-55。

3　李濟，同上書，頁 22。

4　崔克訥《世紀學人自述》第 5 卷，北京：北京十月文藝出版社，2000 年。頁 143-144。

5　曾寶蓀《曾寶蓀回憶錄》，長沙：岳麓書社，1986 年，頁 63。

6　賴景瑚《煙雲思往錄》，台北：傳記文學出版社，1980 年，頁 57。

7　沈宗瀚〈沈宗瀚先生自述〉，載《耕耘歲月 —— 沈宗瀚先生自傳及其他》，台北：正中書局，1993 年，頁 132。

8　繆雲台曾在鐵礦做過礦坑測量，在造船廠當過工人，雖然辛苦，但鍛煉了身體，也增加了工作經驗，繆雲台《繆雲台回憶錄》，北京：中國文史出版社，1991 年，頁 12。賴景瑚由金陵大學教授介紹，在底特律福特汽車公司做了三個月，同上書，頁 57。

9　賴景瑚，同上書，頁 57。

10　1920 年代，時方顯廷在耶魯讀研究生第一年，見《方顯廷回憶錄》，北京：商務印書館，2006 年，頁 51。賴景瑚讀完三年級，同上書，頁 59。

11　凌鴻勛《七十自述》，台北：三民書局，1988 年，頁 20，24。

12　方顯廷，同上書，頁 51。凌鴻勛，同上書，頁 25。

13　童第周《童第周：追求生命真相》，北京：解放軍出版社，2002 年，頁 15。

14　葉曙《病理卅三年》，台北：傳記文學出版社，1970 年，頁 452。

15　賈克明《早年留日者談日本》，濟南：山東畫報社，1996 年，頁 134。

16　米國均《早年留日者談日本》，濟南：山東畫報社，1996 年，頁 108。

歐美著名實驗室

研究精神重的是求真，不做虛有其表的裝飾。名大學權威的動物學教授時常穿著破舊，遠看被誤為校役。[1]

科學院院士魏壽昆 1930 年代留學德國，參觀德國科學界有相當聲望、全國唯一的染色配合研究所，大出意料：

> 在未去參觀之前，我想像不定有多麼大的一所洋樓，有多少研究的儀器，有多少研究員！那知道照地名找了半天，總算在一層與平民共同租住的一所四層樓房的最高的一層，找到該研究所的名目。……你看他們研究的精神多麼高！以前我看見德國的研究所這個字，便不知不覺地造成一種幻境，想她是多麼宏大的建築！自經這次參觀以後，才曉得我自己的想像太幼稚了。……德國普通的研究機關，一般都是如此。

當時這個德國工科博士未去過美國的研究所參觀，憑朋友的話，認為德國研究所遠不如美國的精美：

> 曾聞友人言，美國的各研究機關，個個都很堂皇。我以前對研究所的想像，便是受了美國的毒。美國有錢，當然堂皇的便是好。可是我們要曉得，德國這窮酸的辦法，其研究所得之結果，或更在美國之上呢！我們祖國，比德國還窮，極應效法德國研究所的榜樣。設備上應求其全，無需求其美，而更要有研究的精神。[2]

美國的研究所又是怎樣的面目呢？

芝加哥大學有石油大王洛克菲勒大筆捐款，以肯用高薪搶聘名教授、高造價仿建牛津式校舍而聞名，但花起錢來還是精打細算，能利用的舊房舍並不拆掉另建。心理學系做動物實驗的實驗室，由舊民房的地下煤窖改裝，高級教授帶高年級研究生在青藤滿佈的牛津式校舍旁鑽進舊民房地洞去做實驗，一直傳為美談。[3]

霍普金斯（John Hopkins）大學是一家專門培養研究生的名校。科學院院士湯佩松 1928 年到該校專門以植物生理學命名的研究室，跟名教授利文斯頓讀博士。這研究室有名校、名門、名師三重名牌，國際聲望很高。他去學校報到，發現研究室只有教授、四個研究生和一個秘書：

> 那赫赫大名、獨樹一幟的植物生理研究室遠沒有我所想像的"名門"氣派！只有兩間各約 50 平方米的實驗室兼"課堂"。……只有一個長約 50 米、寬 15 米左右的溫室。一半用來做栽培試驗，放在另一半當中的是這個研究室的"鎮山寶"——一個可同時保持五種不同溫度的"梯度恆溫箱"，這在 20 世紀 30 年代的確是獨一無二的。……同樣物質條件、同樣陳舊和更為擁擠的房舍，只要有富於生機、富有活動和進取心的人，總會作出卓越成績的：山不在高，有仙則名；斯是陋室，唯吾德馨！[4]

博士畢業的時候，湯佩松的總結是：

> 在約翰霍普金斯大學這兩年時期，從最初一兩個月惶惑不堪、信心喪失到百事自理、期刊的閱讀、資料的整理、消化及分析（通過討論及座談），是一個科學工作者由被動學習轉到主動學用結合的關鍵環節，是進入科研生涯的開端。使我最感難堪的兩項過程：看到同室的同學們運用自如地安裝或設計製作儀器，動手進行木、金、玻璃工的基本操作，和當他們討論專業近代進展時我無言以對，以及談論哲學、社會、文藝時無言回答的這些難堪的景況，令我看到了自己的"死讀書、讀死書"的極大弱點。這些正是對我學習、學習方法、方式，甚至學習目的的刺痛和鞭策。[5]

當下在學術腐敗、視學位為叩門磚、校園爭建高樓大廈的學風裏，中國新式教育努力求取過的精神，氣若游絲。留學大潮又再湧起，並且持續了三十年，然而目標已經很不同於二十世紀早期了。下面這句當年人語，還有多少號召力呢？

霍普金斯的校訓是"真理使你自由"⋯⋯霍普金斯研究真理的那種精神，真使我五體投地。⋯⋯我覺得一個遊學生去外國遊學，最重要的不是許許多多死知識，乃是研究的方法和研究的精神。世界上所要知道的知識，實在太多了！怎麼可以在短短的五六年的時間都學得到呢？[6]

註 釋

1　陳鶴琴《我的半生》，香港：山邊社，1990 年，頁 101。

2　魏壽昆〈讀書與任教期間幾個片斷的回憶〉，載《資深院士回憶錄》第 1 卷，上海：上海科學技術出版社，2003 年，頁 272-273。

3　胡毅《世紀學人自述》第 2 卷，北京：北京十月文藝出版社，2000 年，頁 297。

4　湯佩松〈為接朝霞顧夕陽〉，載《資深院士回憶錄》第 1 卷，上海：上海科學技術出版社，2003 年，頁 18-19。

5　湯佩松，同上書，頁 27。自稱讀死書的湯佩松可是清華學校裏讀書、運動兼優的學生。

6　陳鶴琴，同上書，頁 102。

培養中國賽先生

五四運動提倡賽先生（科學），但科學是文化的一環，在歐美，孜孜以求的科學精神體現在良好的教育方法上。

學科學方法和態度

科學的基本精神對民國初年去歐美的學生是一大啟發。在大學學自然科學，所接觸到的科學方法和態度，大有異於中國傳統課堂教育：老師不要死記課文，不要用演繹法或者引孔子格言，而要求多用眼和手，仔細觀察，提出客觀報告。[1]

一個本來立志讀教育，卻糊裏糊塗進了名校讀普通學科的學生，讀了名教授教的政治學、市政學、經濟學、教育學、心理學之後，覺得還是有實驗可做的地質學和生物學最有趣。地質學實驗室藏有各種各樣的石頭，教授也帶學生去採集，"這種有趣的地質學，我讀了一年。那時我就想不讀教育，專攻地質了"。

認真的地質調查其實並不輕鬆。哪怕修本科一課地質學，也要披荊斬棘：夏天老師帶幾十個男女學生在清早八時上山。山勢險，無路可尋，老師引導披荊斬棘，學生有被毒蟲螫，痛癢難當的。每逢可以停下稍休的時候，老師每每口講指畫，啟迪疲倦的學生。直到十二時才下山。學生大汗淋漓，到小村落爭著取水飲，老師還高呼婦女優先。[2]

前文那個覺得地質學好玩的學生，及到讀生物學，又覺得生物學也很有趣。雖然他在中國也學過分類，做過標本，但美國的實驗和教授的精神大大鼓動了他的興趣：植物學教授不是空講，每次總有很多標本看，還做有趣的實驗；動物學天天做實驗，每人都有顯微鏡使用，講課總是在實驗之後進行：

> 這是一種科學上的歸納法。他先教我們去試驗，去研究。
> 我們對於實驗有甚麼不了解，當然可以去問他，但是他總是把

結果嚴守秘密的，等到我們一起做好了，才肯告訴我們，指出我們的錯誤，比較我們的結果。這種教法真是好極了。[3]

另一個從小就喜歡觀察自然的學生，在美國學生物學，才體會到自己年少時即興觀察自然，與在美國覺得生物科有趣，雖然出發點都是好奇，但是大有差別。在美國上生物課使用顯微鏡、望遠鏡等工具，同時必須有固定的對象和確切的目的，不能憑興漫無選擇地觀察。[4]

中國的實驗和實習

科學在中國不是自然成長的，比歐美更需要良好有效的栽培，以求打開風氣。

清末民初，去歐美上大學的中國青年，在中學裏真正學得科學方法或體會到科學精神的機會較少。這並非因為當時沒有自然科學課程，教會中學的課程跟隨歐美，中國人辦的高等學堂也請美國老師教科學。以生物課為例，雖然也有生物實驗，大概是有其形而未必有其神。熱愛科學的趙元任上的生物實驗就是在大禮堂觀看解剖死狗，他稱之為表演。[5]

1905 年中國推行新式教育，辦新學堂之餘，也辦了不少專門的實業學校。這些學校最需要實驗和實習，但具體狀況就要看教師和學校了。

今天的交通大學的前身，是 1896 年設在上海的高等實業學堂（前稱南洋公學，民國時稱南洋大學，屬交通部），是中國辦得比較有基礎的工業學校，而且由小學到大學，非常完整。創辦之初請美國人來實際主理行政及教學事宜，老師多是英美人士。1914 年土木科的美國教師率領作測量實習四星期。後來曾做該校校長的畢業生凌鴻勛說，該校"土木學生出外實習測量以這次為始"。[6]

今天中國農業大學的前身，是國立北京農業專門學校。民國初年，沈宗瀚在該校讀書，批評各科老師多譯述日文筆記當中文講義，又以日本標本敷衍了事，他此前所讀的省的農業學校也是如此，教室和環境完全隔絕，不合實際。昆蟲課沒有實驗，也從未帶學生到野外採集。他自己捕了昆蟲問老師，老師就拿來和日本的千蟲圖解對照、臆測，從未教他們養蟲作研究。園藝未實地認識蔬菜，亦不調查栽培、留種等方法。作物教員因在日本學畜牧，於是譯牧草講義，而從未提及學校所在地最著名的藥用作物。田間實習只種蘿蔔、白菜，或整地、除草、施肥，教員的經驗還不及他當農夫的三哥。[7]

這些留日的老師，在日本學習的時候是甚麼狀況，進的甚麼學校，學的是不是速成，為甚麼回來會教成這樣，都是留日教育史裏值得探討的問題。

1920 年時，南京第一農校教林科的留日教員，因為學生反對而辭職，由當時未有留學資歷的沈宗瀚代課。他知道不能只恃自己從前讀農業學校的講義，於是採集附近的昆蟲，參照日本圖解來定科屬，但不敢定種名；又解剖主要昆蟲，上課時給學生看實物。於是得到“這個土貨比日本貨好”的評語。[8]

中國的新式學校仍偏於教理論，專注書本，甚少注意實習與實驗，很少設工場教學生去玩機器。[9] 沒有科學的土壤，有些中國學生到美國讀大學，茜實對自然科學不感興趣，認為實驗工作困難，只是因為中國最需要西方科技，他們才不讀文科社科，而靠意志去克復困難，學科學或工程。[10]

一個現成的例子是胡適。他最初讀的是農科。果樹學這門研究培育果樹的課，每週有實習，包括根據培育學指南，按莖的長短、果皮顏色等等，把三十多個蘋果分類。胡適批評這簡直是當時紐約州培育蘋果樹的專門課程，“就是這個實習，最後使我決定改行的。”又認為美國學生對各種蘋果早已胸有成竹，按表分類，他們一望而知，只要二三十分鐘，便做完實驗。外國學生對這些蘋果沒有認識，“我們三兩個中國同學可苦了。我們留在實驗室內，各盡所能去按表填果，結果還是錯誤百出，成績甚差。”胡適據此得出結論、並告誡青年，要按自己的興趣和稟賦，千萬不要以社會時尚或需要為標準去選科目。[11]

籠統來説，按興趣選科無疑是對的，但這個例子恐怕也反映了以農立國的中國，選派去學農科的留學生對農作物並無認識，對精細分類這種科學方法也沒有思想準備。

同一年去美國進同一所學校的趙元任，對實驗的印象卻截然不同：在大學以百計的課時中，他認為最富刺激性的一刻，是第一個學期所作的宇宙引力的全班實驗。他在中國高等學堂學過重力和引力，但宇宙引力的說法只是一種理論而已，這次教授讓他們看到物體相吸簡單明瞭的事實。學生都興奮得在地板上踩腳。直到寫自傳的時候，他"仍然覺得那次實驗宇宙引力是我所看到的最動人的一次物理實驗"。[12]

趙元任對純理和應用科學的分際有心理準備，因為監護他們去美國的老留美生胡敦復跟他談過這個問題，因此他集中心力在數學和物理上。[13] 這大概是他與胡適對實驗的反應迥異的一個原因。選應用科學而未有堅定的志向，加上中國知識分子喜談君子不器，自然就對細辨蘋果的實驗感到乏味了。不但如此，中國知識分子對純理的興趣也大於應用科學。生物學家湯佩松回憶 1927 年美國大學的導師要他學醫，而且為他找到長期的獎學金，但他拒絕了。他在職業性學科和自然科學裏，選了後者：他要深入到自然科學引人入勝的研究工作裏成名成家，要做"正統"科學家。半個世紀後，他回憶導師要他讀醫的中肯意見：當時中國需要的不是純學術、純科學家，而是能夠對它的社會事業、國民造福的實幹家。湯佩松感念這個富有、生活水平高的純理論生物教授，無私、至誠，而且同情當時中國的現實，"能這樣地從當時中國現實情況出發勸他自己的得意門生去背叛師門"。[14]

動手建立實驗室

中國留學生學習賽先生，十分不易。有心報國的留學生學了科學精神，還要多學基礎工作，以便回中國動手建立實驗室。

在居里夫人實驗室的錢三強盡量多幹具體的工作，一有機會就幫別人幹活，以便多學一點實際本領。"人家問我，你為甚麼要這樣幹？我說我比不得你們，你們這裏有那麼多人，各人幹各人的事。我回國後只有我自己一個人，甚麼都得會幹才行。例如放射源的提取，我自己不做，又有誰給我提取呢？"[15]

學病理學的，"我留日一留十八九年，始終不曾忘記自己的國家是個科學落後的窮苦國家，並且深知遇事都得從頭做起，所以我學病理，特別注意那些最基礎的技術，尤其是從書本學不到的東西。我就在這樣存心之下，加倍努力，自我訓練，幾年之後，獲得了一些看來不是學問而於建立研究室則是不可或缺的經驗和技術。若非學會了這一套本領，後來回到上海東南醫學院，怎能一到任即可開始病理解剖，即可作外科標本檢查？"[16] 這些基礎技術包括苦練磨刀半年，以切組織切片；摸索染色標本能鮮艷悅目的道理，因為病理講證據，一張好的顯微鏡下照片，勝過千言萬語。

1930 年代初，部分中國大學例如北洋大學已有較好的實驗設備。該校的工科生去到德國，才發覺從前身在福中不知福：

> 我們以前在國內做實驗，有時結果不好，大罵儀器不佳，那才是冤枉了我們學校的設備！我敢講：我們國內大學一年級所用的物理及化學實驗的儀器，不曉得比德國大學一年級學生所用的好多少倍！我們實驗室的生活是花花公子的生活，儀器是新的，要用甚麼便有甚麼。德國大學低年級的學生那裏有這樣的福氣，他們用的儀器都破舊不堪，樣樣藥品都要自己付錢去買，他們的目的是在學習使用儀器的方法，越是壞儀器，越能學到東西。反顧我們當大學生時的闊綽，想起來真自愧呀！

學海無涯，留學幾年，這個應用科學博士生終於不再迷信留學：

> 未到外國來時，常常對留學一層，覺得有莫大的神秘；以為留學歸來，便甚麼都會，可稱萬能。現在想起來，才曉得當年未免太崇拜留學生了。[17]

理科尖子攀上高峰

經過幾代留學生的努力，隨著科學教育普及，中國人對實驗和研究的精神逐步有認識。培養精英的清華學校在 1917 年度開了一門心理學，特別從美國請來教師。一個學生讀了半年，就漸漸地發生了一種先前所沒感覺到的新趣味：

> 譬如這位先生説："人的智慧可以用科學的方法測量，測量人的智力就好像測量人的身高一樣。"我們這些聽的人都覺得怪好玩的，大家爭先要他量量我們的智慧。所以 IQ（智商）這個符號，我們這班同學知道得很早。以後又過了好些年，中國教育家才用這種方法測量中國兒童的智慧。[18]

中國的地質科學發展較早，數學、物理、化學等在 1930 年代也開始發展。在 1930 年代去歐美留學的理科生，大都是大學畢業生，把握實驗及科學方法再不是他們學習的主題了，頂尖的學生像錢三強，去法國入的是世界有名的居里夫人的實驗室。

不幸中國的科學事業正在萌芽的階段，就因為抗戰興起而停頓了。[19] 抗戰時期，正常的教學都有困難，要講進行研究幾乎有些可笑。但清華大學的物理學教授堅持：

> 我們這些避難的教授們堅定地相信研究是保持知識進步的最有效的方式，無論在戰時還是和平時期都必不可少。[20]

幸好清華大學，有自己的基金，可以在昆明的農村遠郊分散建立五個研究所，避免空襲。沉重的設備間關萬里運到租來的研究室，讓老師和學生能夠從事初步研究。而同是西南聯大一員而沒有基金的北京大學，向清華借錢做研究，沒有借成。[21] 這些頂尖的大學，戰時上課條件差，顛沛流離的生活，令購買和運送實驗設備困難重重，但是課業成績未必落後。一個戰時從西南聯大轉學到美國的機械工程學生認為，在美國唸本科比在西南聯大容易很多。上課條件好之外，美國的實驗和實習設備好，對實用科目有利，而且功課比西南聯大淺一些！[22]

工業沒有良性循環

中國想以應用科學救國，還面對著中國企業未成長的困難。因為應用性的理工科目，要社會上有相應的企業，才易互相推動發展。像東京高工號稱日本的麻省理工學院，老師常兼大公司的職，掌握許多新的實際資料。[23] 中國的實業發展不起來，這種企業與教研的良性循環就建立不起來。在美國學農科回國、憑紗廠發達後又破產的穆湘玥，縷述中國企業發展的困難，對於每年回國的留學生以千人計，頗感憂慮：

> 一切事業受時局影響，非但發展無望，原有局面且難以支持。續續歸來之如許高材生，如何位置？此今日一大問題。

他想起留學讀農業時，見到年近六十的化學教授，每晚九時後仍在做實驗。其他教授也大多搜集新教材，悉心研究不稍懈，所以學問日進，發明亦日多。而回到中國的留學生，"所謂學成，只是儲備了理想。以實驗而論，則尚付闕如。農工商礦等實科生，竟無從投身於各本業；國內又沒有大規模的各種試驗室，供他們實驗而求學術上的精進，則學成回國者大多數無地投效，人才之廢棄，至堪痛惜"。[24]

今天我們思考全球化的好壞，受正統訓練的金融與國際經濟學學者說，各經濟落後國既有受惠，也有受害。受害的國家"似乎是政局不安定，或是政治、市場運作不良，注定了經濟失敗的命運"。[25] 撫今追昔，世間道理並無不同。

還待認真普及賽先生

頂尖的研究者攀到高峰，可是普及的科學教育只有寸進。那個在名校一忽兒愛地質，一忽兒愛生物學的學生，最後還是實踐前志，讀教育學，並已成中國著名教育家。四十年代末，他感歎"現今我國學校裏的教員還不是拿著書本死教？還不是把活的科學用死的注入法講死了嗎？"[26]

大留學潮過去又半個世紀了，我們學校裏的教員有沒有把活的科學教活了呢？最少我自己的經驗，還是被教死了。不但科目教死了，我們的研究氣氛——曾經在西南聯大等條件甚差的時候，仍然努力保護過的研究精神，又重墜谷裏，至今再沒有達到當年美國好大學的熱烈：

> 霍普金斯的研究精神真是好極了。教授、學生一天到晚，

都浸潤在研究精神之中做研究工作，而沒有一點傲慢的神氣、自滿的心理，總是虛懷若谷，誠懇萬分。[27]

註 釋

1　蔣廷黻《蔣廷黻回憶錄》，台北：傳記文學出版社，1984 年，頁 59-60。

2　穆湘玥〈藕初五十自述〉，載《李平書七十自敍 藕初五十自述 王曉籟述錄》，上海：上海古籍出版社，1989 年，頁 127。約 1910 年在威斯康辛大學時。

3　陳鶴琴《我的半生》，香港：山邊社，1990 年，頁 97-100。

4　蔣夢麟《西潮》，台北：自華書店，1986 年，頁 95，97。

5　趙元任《趙元任早年自傳》，台北：傳記文學出版社，1984 年，頁 76-77。在江南高等學堂，教師來自美國。

6　凌鴻勛《七十自述》，台北：三民書局，1988 年，頁 18-19。

7　沈宗瀚〈沈宗瀚先生自述〉，載《耕耘歲月 —— 沈宗瀚先生自傳及其他》，台北：正中書局1993 年，頁 59，76。

8　沈宗瀚，同上書，頁 119。

9　李璜《學鈍室回憶錄》，台北：傳記文學出版社，1973 年，頁 66。

10　蔣廷黻，同上書，頁 59-60。

11　胡適《胡適口述自傳》，北京：華文出版社，1989 年，頁 41。

12　趙元任，同上書，頁 92-93。

13　趙元任，同上書，頁 91。

14　湯佩松〈為接朝霞顧夕陽〉，《資深院士回憶錄》第 1 卷，上海：上海科學技術出版社，2003年，頁 15。

15　錢三強《徜徉原子空間》，天津：百花文藝出版社，2000 年，頁 131-132。

16　葉曙《病理卅三年》，台北：傳記文學出版社，1970 年，頁 8-9。

17　魏壽昆〈讀書與任教期間幾個片斷的回憶〉，載《資深院士回憶錄》第 1 卷，頁 271-273。

18　李濟《感舊錄》，台北：傳記文學出版社，1985 年，頁 19-20。

19　吳大猷《回憶》，台北：聯經出版事業公司，1986 年，頁 29。

20　任之恭《一位華裔物理學家的回憶錄》，太原：山西高校聯合出版社，1992 年，頁 89-90。

21　吳大猷，同上書，頁 46-47。

22　梅祖彥《晚年隨筆》，北京：清華大學出版社，2004 年，頁 13。

23　米國均《早年留日者談日本》，濟南：山東畫報社，1996 年，頁 105，106。不過，米國均說老師雖然多是從東京大學來兼課，水平不低，但學校沒有多少教材，學習全靠筆記，一般上課很隨便。

24　穆湘玥，同上書，頁 126。

25　［美］里沃利(Rivoli)《一件 T 恤的全球經濟之旅》，〈寫在前面〉，台北：寶鼎出版社 2006 年。

26　陳鶴琴，同上書，頁 100。

27　陳鶴琴，同上書，頁 101。

seminar 小班討論會

無論希臘、印度、中國，互相問難，砥礪切磋，自古已有，而歐美則引用為現代大學的教學方法。[1]

小班討論會（seminar）是歐美大學裏，不論文理學科，指導高年級尤其是研究院學生時，常常採用的教學形式。討論會由教授主持，但不是講課，而是聚集一小班人，定一個題目，由一個人做報告，大家提出問題和意見。這種人數不多的討論會，有點集思廣益，互相攻錯，切磋琢磨的味道。

在小班討論的框架底下，該發揮甚麼作用，怎麼去發揮到那作用，就因教授的不同，各施各法了。

有些以研讀論文為基礎。由教授選擇最近重要的論文預先分發閱讀，開會時，先由主講的研究生報告和評論那篇論文，再由在座者發表意見。藉此訓練研究生的閱讀能力及學術見解。辯論常常頗為激烈而饒興趣。[2]

有些 seminar 則由學生提出想法或研究成果。例如教育哲學的學生讀了參考書，構思一個教育思想體系，向小班討論會（seminar）提出大綱，徵求大家意見，經論證的大綱就可以作為博士論文的基礎。[3]

用 seminar 這種方式教學，並不純粹是上課人數多少的問題。有些課程的研究生很少，像梵文課，但仍然在授課之外，有 seminar。[4] seminar 能不能達到切磋琢磨的作用，很在乎主持者以及參加者的水平，所以少用在低年級大學生的學習上。透過互相問難，讓人明白自己的不足。有些學生本來自命不凡，結果到了研究院一兩個月，驕矜之氣被打垮，開始天天發憤讀書，連寒暑假都不怎麼放。

（哈佛）經濟系新入學研究生約二十幾人，一半是大學畢業
參加一段教研工作後才再來深造的。底子較厚，思想較成熟。
其他本科直接升學的人也十有八九是班中尖子。研究生有一個

自修室，自修室旁有一個 seminar 小教室。第一年的研究生除了上課外，大都每天來自修室，經常互相問難，相爭不下，就退入 seminar 小教室大聲爭辯。我有時也參加，但不久就有點內怯，感到學識大不如人，四年發憤苦讀就是在這種壓力下逼出來的。[5]

高水平的學生討論已經可以催人努力，教授主持的高水平 seminar 自然更令人印象深刻。1930 年代費孝通在英國留學，跟人類學大師馬凌諾斯基，就見識過他那名叫"今天的人類學"的著名 seminar：

每逢星期五（除了假期），馬凌諾斯基總是坐在倫敦經濟政治學院那間門上標著他名字的大房間裏，主持他的 seminar。費孝通第一次見他就是在他的 seminar 裏。房間滿牆、滿桌，甚至滿地是書籍、雜誌、文稿，到處是形式不同的沙發、靠椅、板凳。那天的 seminar 照例坐滿了許多人，除了註冊上課的學生，還有他的同事和學術界朋友，包括來自各國的人類學家，以及畢業多年、恰好在倫敦的老徒弟。他們高高興興地來，公開談學術，也交換人類學的新氣息。

因為在這裏討論的，不但書本上還沒有寫，課堂上還沒有講，甚至一般的人類學家還沒有想到的問題。這類問題為甚麼在這裏會提得出來，……靠參加的人多，他們四面八方從實地研究中帶來了新問題。他們遇到困難，或有了心得，在老師的席明納裏發言，經過討論得到了啟發，又回去工作，解決問題，提高品質。大家得到好處。

善於搞 seminar 的馬林諾斯基首先抓方向，就是在 seminar 裏要提出要談的問題。

（他）事先安排一兩個主要發言人。這個發言人首先唸一篇準備好了的文章，有的是調查報告，有的是對於一個問題的意見。……他的特點是不喜歡講空理論，甚麼時候都不許離開調查的"事實"說話，所以討論時，都是那些親身做過調查的人擺材料。老頭子聽得高興時，插上一段話，這些插話就是大家所希望的"指導"了。

費孝通第一年聽 seminar，討論的主題是怎樣解剖一個文化，第二年的主題是文化變動。房間裏沒有禁止吸煙的告示，年輕人大多躲在牆角抽煙，包括費孝通。

　　　　我最初參加這種場合，真是連話都聽不懂。聽不懂的原因有二：一是這裏的人雖則都是在說英文，但是來自世界各地，澳洲的、加拿大的、美國的、歐洲大陸的之外，還有亞洲的、非洲的，口音各有不同，而且在席明納（按：指 seminar）裏都是即興發的言，不是文言，而是土話。其次是材料具體，富有地域性，地理不熟，人類學知識不足，常常會聽得不知所云。……我們這些小伙子就躲在牆角裏噴煙，噴噴就慢慢噴得懂了一些，也覺得它的味道不薄了。[6]

費孝通說馬林諾斯基是感覺敏銳的老頭，應該包括他學術嗅覺的靈敏。這個抓著人類學當時發展的特點，走在學科前沿的 seminar，"在倫敦經濟政治學院相當有名，在人類學界當時也是為大家所推崇的"，當不是浪得虛名的。

註　釋

1　可能英美大學採用較早，歐陸的大學仿效。日本開辦現代大學，很早引入這種教學制度，據吳光輝《轉型與建構 —— 日本高等教育近代化研究》，京都帝國大學 1899 年創辦法科大學，就以 seminar 作為必須課程。北京：世界知識出版社，2007 年，頁 174。

2　沈宗瀚〈沈宗瀚先生自述〉，載《耕耘歲月 —— 沈宗瀚先生自傳及其他》，台北：正中書局 1993 年，頁 130。1924 年讀康奈爾大學研究院時。

3　陳科美〈陳科美自述〉，《世紀學人自述》第一卷，北京：北京十月文藝出版社，頁 268。在哥大時，seminar 同學不逾十人，多是年齡較大且有工作經驗的。

4　季羨林在德國學梵文，第五學期進入真正的 seminar(討論班)，讀中國新疆吐魯番出土的梵文佛經殘卷。季羨林《留德回憶錄》，香港：中華書局，1993 年，頁 86。

5　陳岱孫《世紀學人自述》第 1 卷，北京：北京十月文藝出版社，2000 年，頁 365-366。

6　費孝通〈留英記〉，載《費孝通文集》第七卷，北京：群言出版社，1999 年，頁 111。

在外國研究中國

　　歐美留學生當年身負熱望，大家期盼他們外出求新知，取經回來幫助中國。不料卻有傳言説，中國留學生的論文常常以中國為題目。這有點聳動的傳聞，混合了《圍城》等描寫的不成材留學生的形象，惹來國人的疑問和嘲諷。

　　一方面，猜疑這是博取學位的功利行為。明明是西遊去求新學，怎麼卻研究起中國來？不是躲懶、圖快、騙中國人，是甚麼？

　　另一種猜疑，是外國教授為甚麼會接納中國題目？他們叫留學生研究母國，留學生交了學費，卻幫助別人研究自己的國家，最大得益者不是學生，而是教授和西方學界。

　　縱使不信陰謀論調，但是外國教授大多不懂中國，他們指導的中國論文，有甚麼大價值呢？胡適以中國上古哲學做博士論文題目（A Study of the Development of Logical Method in Ancient China），論文答辯會的六個教授裏，只有一個教授夏德懂得中文。[1] 留美的哲學家金岳霖基於同樣理由，也反對博士論文寫中國題目，他回憶當年有人用英文譯了"不知天高地厚"，美國教師説"我也不知道天高地厚，你要知道那個，幹甚麼！"[2]

　　留學生自己，對中國學生的行為也有微言。留法的李璜描述中國學生獲得法國博士學位的竅門捷徑之餘，還加上評語"中國學生大體用中國材料作論文的多"。[3] 這類知情者的言論，無論對錯，不免成為物議者的把柄。理科研究沒有國族的分別，選中國題目做論文的，主要是人文或社會科學的學生。當日的傳説，也不是空穴來風，據統計中國留美生的博士論文（主要是人文科學），80% 以上論述中國問題。[4]

　　當年碩士論文選了中國題材的一個留美學生，事後回憶同學之間重視學位的風氣説：

　　　　"那時在我們這些年輕人眼裏，學位是了不起的，對於它，像小孩子想吃東西那樣，饞得很。後來才認識到一個人學問的好壞，並不是學位決定的。談起當年來，同學之間都不免要開玩笑，說那時簡直是發瘋的驢子。"

這個發瘋想著學位的留學生，擔心自己讀外國歷史，趕不上美國同學，所以選中國歷史題目，他到美國幾家大圖書館翻閱資料，發現資料比國內還豐富。[5]

自感有實力得到學位的留學生，往往申明自己反對用中國題目做論文研究。多年之後還不忘在回憶裏聲明，自己是選外國題目做論文的，又強調自己選了要求嚴格的教授做論文的導師。

當時我國留美的經濟學留學生中，往往趨易避難，選擇中國題目寫作論文，很少選做外國題目的。我比較熟悉中國經濟思想家的文獻，做起中國經濟思想史題目的研究來，有利條件是比較多的，可是我選作外國經濟思想史方面的題目。[6]

除了申明不選中國題目，亦有學生立誓決不選漢學作副修：

當年我在國內患留學熱而留學一事還渺茫如蓬萊三山的時候，我已經立下大誓：決不寫有關中國的博士論文。魯迅先生說過，有的中國留學生在國外用老子與莊子謀得了博士頭銜，令洋人大吃一驚；然而回國後講的卻是康德、黑格爾。我鄙薄這種博士，決不步他們的後塵。[7]

研究中國以圖走捷徑，縱使不說是急功近利，[8] 稍輕一點的罪名也得說是急於求成。以學位為叩門磚，求個人前途和名利，或者抱速戰速決的心態，今天同樣嚴重。而中國社會對學位的盲目崇拜，亦反映了對新學問的認知能力還不足。無論當年或者今日，中國留學生這種行徑，都無益於中國，也做成不少虛耗和是非。

但是一竹篙打倒所有寫中國題材論文的人是混學位，也未必無冤情。除了胡適，後來做了大學者、一生勤於研究的留學生，老一輩的吳文藻、李濟，晚一輩的吳于廑，以至吳文藻的學生費孝通、林耀華都是以中國題材做論文題目。

研究中國題目的理由

我們也來看看以中國題目做論文的留學生的自白。

留學是去學習，哪怕是博士研究生，也只是學業上待成就的青年，不是已在學術上有真知、有主張、有確見。學問不算成熟的青年，選擇用力的方向時，自己的幼稚想法以及導師的意見，會起主導作用。

費孝通的恩師是吳文藻，他留美時選擇碩士論文題目，就頗有點稚嫩，他因為信仰三民主義，並且因為當時北伐的發展，中國革命高漲，所以以〈孫逸仙的三民主義學說〉為碩士論文，說是想為國宣傳。他的博士論文〈見於英國輿論與行動中的中國鴉片問題〉，仍然跟中國有關，但比較有角度。那是出於指導教授的提議，用意是引導他注意研究中國社會的現實問題，及提高他運用歷史方法和分析文獻資料的能力。[9]

導師為學生的論文提出意見時，也有現實角度的考慮。讀哈佛女校 Radcliffe 的任以都，父母都是著名留美學生，自己主修英國史。決定論文題目時，指導教授提議她利用懂中文的優勢，選與中國有關的主題。於是她就寫中國鐵路運動與英國投資。

這個英國史教授的建議有助於充實該校的東亞研究，是一家便宜兩家著。但他也不算馬虎，認為論文要用大量中文資料，建議她找費正清一起來指導。[10]

吳文藻的研究生費孝通、林耀華等去了英美名校跟了名教授，也是以中國題材為論文的。費孝通甚至認為，他偶然做的中國調查，恰好遇上人類學轉向的時機，正中了他的英國名教授下懷，他才有機會被名教授收為門生。

不寫中國題目，也要關心中國所需

再從當年中國留學的現實情況來看，不少留學生出國時既然有救國的激情，那麼研究甚麼對中國有利，是他們學習的動力。

1920 年代的一個清華留美本科生在教授建議下，用半年寫了一篇關於邏輯的學士論文，獲得不少收集、選擇和整理資料的經驗。他在同一時期利用這新學的手段做中國的內容：

我用同樣的方法，利用圖書館歷年美國國會記錄，根據正式文件，收集了許多一手資料。例如美國聯邦及各州政府早年吸收華工開發金礦，修鐵路，後來壓迫排擠華工，甚至迫害外交官員。我整理了這些資料，用中文寫了一篇文發表在留美中國學生的刊物上。許多同學說這篇文章雖然未得學分，也無獎勵，卻比我的學士論文更有價值。我完全同意他們的看法。[11]

傾向於以中國問題為治學方向，這種情況哪怕到三四十年代、哪怕出國的人已有研究生資歷、學術能力比較成熟，還是不能免。當時考取庚款留學的公費生，都算得上中國學術的精英，他們並不專以中國題目為論文，但是有意無意間，研究的取向還是跟中國有關。

例如很多中國研究生都喜歡研究條約問題，一個清華研究院畢業的公費留英學生，也表示對條約問題有興趣。劍橋大學講座教授感到奇怪，問他原因，他說：“道理很清楚，中國受帝國主義壓迫，國際法在中國並無實際效力，在中國的對外關係中，重要國際法問題是廢除不平等約及所引起的種種問題。”[12]

考取公費留美的吳于廑早已產生了學歷史宜做比較研究的想法。1940 年代留學哈佛時，哪怕聽的是西方政治思想史，他的重心還是放在中古前期西歐的封建和周朝的比較，發現周朝和西歐中古的封建國家，國君都沒有立法權，沒有更廢權，法律是不成文的，源於風俗，越古越有權威。在君主專制之前很長的時期，原則上君權是受約束的。他於是反對西方某些學者論東方專制主義，講成專制主義彷彿是和中國歷史相始終的怪物。[13]

日本的維新以學得別人全套功夫為目的，日本史上兩次大革新：求學於唐朝的大化革新、求學於西洋的明治維新，都是這樣，這是日本維新變革的特徵。中國人求西洋新知有點不同，從這個角度講，中國的留學運動做不到日本式的捨己從人。

至於個人的層面上，中國的留學運動既夾帶著混學位的功利，也夾帶著有心人的焦急躁動，因此魚龍混雜，沙石俱下。日本學生沉潛為學，下忘我的死功夫，以知道西方學問，配合國內的全力改革，二三十年而有成。中國的留學大潮拖拖拉拉，歷五十多年，時局越來越緊張，這從容治學的要求，對中國學生難免有點唱高調的味道。

註 釋

1　《胡適口述自傳》第五章唐德剛所作註一，頁 112。

2　金岳霖《金岳霖回憶錄》，北京：北京大學出版社，2011 年，頁 22。

3　李璜《學鈍室回憶錄》，台北：傳記文學出版社，1973 年，頁 46。

4　李喜所《中國留學史論稿》，北京：中華書局，頁 90。

5　陳翰笙《四個時代的我》，北京：中國文史出版社，1988 年，頁 23

6　趙遒搏《世紀學人自述》第一卷，北京：北京十月文藝出版社，頁 181。

7　季羨林《留德回憶錄》，香港：中華書局，1993 年，頁 62。

8　好笑的是，1903 年威廉占姆士談到美國追求博士學位的情況，以農業名詞喻之為 "Mandarin disease"，大概是一語雙關。而引用的 'Patriots' or 'traitors'? A History of American-educated Chinese Students，該書中譯者譯之為 "中國病"。見 [美] 史黛西・比勒（Stacey Bieler）《中國留美學生史》，北京：三聯書店，2010 年，頁 43。原書名 'Patriots'or 'Traitors'? A History of American-educated Chinese Students。

9　吳文藻《大師自述》，香港：三聯書店，2000 年，頁 256。

10　任以都《任以都先生訪問記錄》，台北：中央研究院近代史研究所，1993 年，頁 53-54。

11　胡毅《世紀學人自述》第 2 卷，北京：北京十月文藝出版社，2000 年，頁 296。

12　王鐵崖《世紀學人自述》第 4 卷，北京：北京十月文藝出版社，2000 年，頁 420。1930 年代時。英美兩國到 1943 年才取消在中國的治外法權。王是學者，留學時於倫敦政經學院讀法律。

13　吳于廑《世紀學人自述》卷 5，頁 6。

留學生的留學規劃

留學潮是中國西化和現代化運動的直接結果。由於大留學潮持續幾十年，前一代留學生大有機會為下一代作留學規劃。而留學既然帶上救國的任務，也出現了犧牲自我、成就他人去達到更高留學成就的故事。

容閎想不到的成果

講到中國近代留學的大事，首先講的一定是留美幼童120人，在1870年代浩浩蕩蕩去美國的事。而促成其事的，是留學生容閎。容閎是中國第一代留學生，1854年已經從耶魯大學畢業回國。

幼童留美計劃雖然中道夭折，但是所播的種子，三十年後又落在留學的土壤上。庚款留美和清華學堂是中國近代最重要的留學計劃，而在其中折衝樽俎，令美國落實退還庚款的中國駐美公使梁誠，就是第四批留美幼童之一。一個在美國生活過的青少年，三十年之後，以他熟悉美國的特長，為中國取回一大筆中國人的血汗錢，締造了新的留美潮，這恐怕是容閎意料不到的。或許可以說，容閎的留學計劃沒有全盤失敗，只是在曲折多艱的路上，費了近半個世紀的時間，終於間接實現了。[1]

促成退還庚款之外，留學生在規劃這筆錢的用法上，也是中堅分子。庚款是塊肥肉，存在美國花旗銀行的戶口，中美兩國政府官員對這筆錢有很大發言權，使用情況也有不明。1924年美國提出退還庚款全部餘額，於是出現由專門機構來管理的呼聲。中美兩國的民間領袖共同成立中華教育文化基金董事會，第一、二任的幹事長是留學日本的范源廉，以及留日留美的任鴻雋。兩人不光管理基金，還主張用這筆難得的錢來推動中國的教育事業，尤其是科學教育。[2]

至於用庚款成立的清華，主事者也缺不了留學生。清華學堂時代的首兩任校長都是留學生，首任的唐國安是留美幼童之一，[3]第二任校長周詒春是留美碩士，參加 1911 年清朝的留學生考試，獲得進士資格。

清華改為大學之後，首任校長是留美的羅家倫。他是五四運動的學生領袖，由更早期留美的工業家穆湘玥資助留美。但羅家倫僅在任一年九個月就被學生驅逐。清華大學任期最長（1931-1948 年）的校長是梅貽琦，他是清華留美的學生。1949 年後又在台灣設立清華大學。

美國以中國的賠款資助中國人去留學，本來是想培養更多親美的領導人才。這個算盤既有成功，也有失敗。20 世紀上半期的留美學生，很關心中國的命運，沒有變成完全聽命於美國的人。雖然美國對庚款的用途和清華學堂的教育方針，有很大的話事權，但是參與其事的歸國留美生也有中國角度的一套想法。

像清華學堂首任教務長胡敦復，是省派的留美碩士，他家一門三兄弟一姐妹，都是留美的。[4] 胡敦復做教務長時，按美國的要求，清華要設美國史地和公民課，美國史是必修課，有些美國教師還要設美國文學課。而中國人對留學是以救國為急務，因此胡敦復主張要多培養實業和科學人才，多開數理課。美國表示不滿，胡敦復拒絕執行而辭職。[5]

清華由中等教育學校變為大學，也不符美國的想法。早在 1916年，清華學堂才開辦了五年，校長周詒春就提出要把清華辦成大學，以後由中國人自己教大學生，培養出的優秀畢業生才去美國讀研究院。這是個很有遠見的想法，既可以省經費，又可以培養更多和更高級的人才。周詒春為了落實這個宏願，費錢建圖書館、科學館、體育館和禮堂。這些建設，也令周詒春飽受攻擊，終於任校長四年而辭職。不過周詒春的宏願也是很多中國教育家的想法，所以他去職之後，清華終於在 1925 年升格為大學。

這些事都體現了中國留美學生對下一代的留學，自有規劃，總以中國整體利益為依歸。

精心佈置的世界留學計劃

除了在 1920 年代把清華改辦成大學，1930 年代還有系統地派優秀研究生去留學，貫徹自己培養大學生，研究生才找外國培養的方針。為甚麼要到外國去讀研究院呢？因為學成歸國的專門人才雖然所在多有，但是"這些人自己工作也許可以，指導研究便成問題。因為計劃及指導研究工作，不但對於某種學問要有精深知識，而且要有博大的了解，這些不是初回國的學生所能有的"。[6]

留學生不光參與制訂留學政策，還以自己的人脈關係，為優秀研究生規劃研究方向，推進學科發展。

有一個個案很能見到中國前輩留學生對學科向尖精發展的籌劃。清華留美的吳文藻學的是社會學，但自稱在美國時接觸人類學，又常到自然歷史博物館人類學組參觀實習，對他後來研究的方向有重大影響。"我初步意識到人類學與社會學之間密切的關係，以及把這兩門學科結合起來進行研究的必要"。[7]吳文藻自己留學時，已經想以學術研究為中國服務，1929年他回國後，在燕京大學社會學系任教時，策劃派研究生去留學，以掌握人類學在英美的各種前沿發展。他"心裏有一個培養徒弟的全盤計劃，分別利用各種不同的機會，把他們分送到英美各個人類學的主要據點去學習，誰到那個大學，跟誰去學，心裏有個譜，後來也是逐步實現了的"。[8]

吳文藻自己則說，"30年代時，中國社會學和人類學都還屬於草創時期，專業人才比較少。因此，我把培養這方面的專業人才作為當時的重點工作之一。"方法是請外國學者來講學及指導研究生，及派學生去深造。他最少送了五個學生出國。[9]

吳文藻佈置費孝通留學英國。他"想經過司徒雷登的同意，把英國牛津大學的導師制引進到燕京，為了實施這一計劃，他在哈佛大學成立100周年的聚會上，同當時社會學界的領頭人，英國的馬林諾斯基教授（B.Malinowski）接上了頭，馬氏同意了吳老師的這個設想。可惜後來因為爆發抗日戰爭，這個事情沒有成功。為了社會學本土化，吳老師千方百計想通過各種渠道把他選中的學生送到國外學習，培養中國自己的社會學人才"。[10]

雖然早有預謀，但推行這個計劃的路還是頗曲折，需要相當毅力，以費孝通為例，"為了通過清華派留學生的機會把我送到英國去學習，他先是説服清華大學社會學人類學系在 1933 年招收人類學研究生，然後又親自帶領我去拜見該系的史祿國（Shirokogorov）教授，得到了史氏的首肯之後，經過考試，我終於成了史祿國在中國惟一的及門弟子。"史祿國來自俄國，"是一個真正的歐洲學者，他眼裏的學術世界與中國學者的學術世界是完全不同的……當時在中國是沒有人懂得他講的是甚麼，更談不上了解史氏在學術上有甚麼成就了。"這麼一個孤獨的白俄學者，脾氣又怪，吳文藻卻識貨，安排得意學生去跟他。史祿國安排了一個六七年的碩士修讀計劃給費孝通，準備他讀完這個碩士才出國！只是因為清華改研究院制度、史祿國又離開清華，費孝通才提早用清華公費去英國跟馬林諾斯基學社會人類學。[11]

　　到了英國，馬林諾斯基去了美國，他的大徒弟來接收這個講英文時鄉音濃重的中國新生，還根據他的調查材料定了論文題目《中國農民生活》（這就是後來的中國社會研究名著《江村經濟》）。大徒弟一插手，看來費孝通無緣跟馬林諾斯基了。大徒弟帶領費孝通見了大師，不久大師卻突然接收了他，直接帶。同學大為驚異，紛紛賀喜和羨慕。這轉變的原因是甚麼呢？

　　　　馬林諾斯基主動承擔起作我業師的任務，並不是我在他面前表現出了甚麼特別的才能，我那時連席明納（費孝通對 seminar 的譯法）裏討論都跟不上，話也聽不太懂，正是躲在牆角裏抽煙的時候。

真正原因是：

　　　　吳文藻先生是代表燕京去參加哈佛三百周年紀念會的，有司徒雷登給羅氏（按，今譯洛克菲勒）基金會的介紹信。馬林諾斯基一直是羅氏基金培養的人物，他的學生們在非洲進行的大部分調查就是羅氏基金給的錢。吳文藻先生到美國去，後來又到英國來，口袋裏就有一個在中國開展社區研究的計劃，我這個人是計劃中的一部分。這個計劃深得羅氏基金的讚許。這些，馬林諾斯基都知道。他是個感覺敏銳的人，在這裏賣一個人情，正可以迎合老闆的用心；而且培養一個自己的學生在東方為他的學派開拓一個新領域，又何樂而不為呢？[12]

另一個燕大研究生林耀華被吳文藻派去美國留學，這個留美機會也是吳文藻活動的結果：

1936 年，吳文藻先生去美國參加哈佛大學成立三百周年校慶活動時，與哈燕社京學社負責人商妥，獲一項獎學金，派我赴美學習人類學專業。……我進入美國哈佛大學人類學系，在這裏度過了艱苦而難忘的四年，受到了全面的人類學、民族學理論訓練，奠定了後來從事民族學研究的堅實基礎。[13]

私費留學規劃

吳文藻有心，同時背靠一間大學，還有一個學系許多同事和學生共同努力，才能實踐這個經年才有成的計劃。沒有建制支持，只有個人力量的人，就只能夠靠自力去做一點薪盡火傳的工作。

這需要財力和識力，於是有錢的出錢，無錢的出力。

1910 年代留美的穆湘玥，回國後，在第一次世界大戰期間辦紡織業致富。1920 年代他資助了 22 個人去留學，從學生領袖到學徒都有，而且生活津貼很優厚，比清華公費生都多，那時候公費是每人每月八十美元，他給每人每月一百二十美元。

其中五個名額是給五四運動的北京大學學生領袖的，當時戲稱為北大五大臣出洋，因為清朝末年曾經派五個大員出國考察憲政，時稱五大臣出洋。因為所給的費用優厚，實際上去了六個人：五個學生領袖都自願每月只要一百美元，把多餘的錢湊起來增加一個名額，所以實際上是六大臣出洋。[14]

他又資助在他的紗廠工作的學徒。其中一個是工作了兩年多的年輕人。這個學徒受師傅穆湘玥的事業心激勵，本來想向師傅借專業書自修，師傅卻給他學費進中學作系統的學習。中學畢業時，又資助他去美國深造，每月匯給定期生活津貼，津貼綽綽有餘，甚至可匯錢回國給未婚妻在上海讀書。[15] 可惜當時中國的經營環境不穩定，不數年，穆氏生意失敗，沒法再資助留學。這個學徒共留學七年，後五年要靠勤工儉學來完成學業。

三代理科留學生的奮鬥

二十世紀中國的科學界有三錢（錢學森、錢偉長、錢三強），都是留學生，對中國的兩彈一星（原子彈、氫彈、人造衛星）計劃起了關鍵作用。其中留學法國的錢三強是清華大學畢業生，到物理研究所工作，所長嚴濟慈是留法學生，他不管錢三強畢業於清華，英文才是強項，鼓勵錢三強考留法公費，並介紹他入世界聞名的居里夫人實驗室學習。錢三強在第二次世界大戰後回中國。

錢三強的成就是三代中國理科留學生薪盡火傳的佳話。推動錢三強去法國留學的嚴濟慈是二十年代私費留法的，他是農家子弟，窮得要命，那有錢去留學？要他去留學的，是他的幾個老留學生老師。嚴濟慈說：要一國科學發達，很要一班犧牲者，如老師胡剛復等，我就認為是犧牲者，因為他現在不能做科學研究，而竭力做預備籌劃科學研究的生活，這是為我們這一輩而犧牲。[16]

愚公移山式求新知

費孝通說一門學科，必須代代相傳才能存在，才能有生命力。[17] 他以自己的事例，說明 1930 年代後期，留學制度確有一些新變化。"早期的留學生出國時的水平很多是比較低的，在國內只是準備了一般的基礎，專業訓練比較差，到了外國才選擇專業，選擇老師。但是到了我去留學的時候，不論是經過留學考試或是研究生院畢業之後才出去的，都在專業上花過了一番工夫；學甚麼，跟誰學，這些問題在出國之前都經過一番考慮的。這樣加強了目的性和計劃性，對於專業培養和提高質量，看來是有幫助的。"[18]

在政治秩序混亂，外侮內戰頻繁的幾十年裏，這代代相傳留下來的火種，是多麼艱難和珍貴！而不管艱難、持之以恆地要培養出學術尖精人才，也可見當時有心人的留學目標，志氣何其大！

註 釋

1　羅香林認為，梁誠受容閎影響，因此重視教育發展，1903 年出任日本和美國公使時就帶了 26 個學生赴美留學，向清廷報告接任的奏疏也特別提到在日在美的留學生。見《梁誠的出使美國》，香港：香港大學亞洲研究中心，1977 年，頁 8。

2　程新國《庚款留學百年》，頁 55-59。

3　程新國，同上書，頁 18。

4　三兄弟是胡敦復、明復、剛復，姐妹胡彬夏。胡敦復和胡彬夏都是得 1907 年省派公費留美，胡敦復在康奈爾大學主修數學，由周自齊招回國任職留美學務處。胡明復考取第二批庚款考試。胡剛復考取首批庚款留學考試，入哈佛。

5　程新國，同上書，頁 31。

6　任鴻雋〈再論大學研究所與留學政策〉，載《科學救國之夢》，上海：上海科技教育出版社，2002 年，頁 514。

7　吳文藻《世紀學人自述》第一卷，北京：北京十月文藝出版社，2000 年，頁 394。另據吳文藻的學生林耀華說，吳文藻留美時主修社會學，但也就學於著名的人類學、民族學家鮑亞士（F.Boas），所以有人類學、民族學造詣。林耀華《世紀學人自述》第 4 卷，北京：北京十月文藝出版社，2000 年，頁 53。

8　費孝通〈留英記〉，載《費孝通文集》第七卷，北京：群言出版社，1999 年，頁 100。

9　吳文藻，同上書，頁 397-399。他派的學生包括費孝通、林耀華、瞿同祖、李安宅等。

10　費孝通〈暮年自述〉，載《費孝通在 2003 —— 世紀學人遺稿》，北京：中國社會科學出版社，2005 年，頁 28。

11　費孝通，同上書，頁 43，45。

12　費孝通〈留英記〉，載《費孝通文集》第七卷，北京：群言出版社，1999 年，頁 113。

13　林耀華，同上書，頁 53-54。

14　馮友蘭《三松堂自序》，北京：三聯書店，1984 年，頁 56；方顯廷《方顯廷回憶錄》，北京：商務印書館，2006 年，頁 28 註及穆湘玥〈藕初五十自述〉，載《李平書七十自敍 藕初五十自述 王曉籟述錄》，上海：上海古籍出版社，1989 年。

15　方顯廷，同上書，頁 35。

16　嚴濟慈《嚴濟慈：法蘭西情書》，北京：解放軍出版社，2002 年，頁 83。

17　費孝通〈一代良師〉，載《費孝通文集》第十一卷，北京：群言出版社，1999 年，頁 286。

18　費孝通〈留英記〉，載《費孝通文集》第七卷，北京：群言出版社，1999 年，頁 101。

最艱難的作育英才故事

義助資送留學，自然都是人情溫暖的佳話，而其中最感人的資助留學規劃，莫如幾個留學回國的名教授，瞄準了大學生裏一個有前途的農村小子，得不到官費，便合力送他去法國，指點他進入最好的研究機構。

這個農村小子叫做嚴濟慈。那些犧牲自我，供他出國的，是早期留法的儉學生何魯、考取首批庚款留學的留美生胡剛復以及哥哥胡明復，還有熊慶來，都是當時有名的科學家。

可是無論師生都知道這條自費的路很艱難。學生嚴濟慈離開上海前夕時，拜別胡明復，"凡三握手每以加緊，明復先生送出九如里，默然，以吾輩可通信一語了之，過面，吾且淚下。……明復先生亦以遠居國外，無慮經濟為言"。

無慮經濟的離別贈言，其實就是憂慮經濟的心底苦悶。因為資助的幾個老師無力一次付出，受助者到了外地還得不斷告急，不免把雙方都迫得很苦。這成才佳話背後的幾個老師，在貧困的中國教著薪水不多的大學，自己也捉襟見肘，有時遲了匯錢，讓在外地的學生幾乎絕糧。

昨晚從學校回來，即就牀臥，蓋我到今日，此情此景不復能支持了。無事做，無書讀，無錢用，無飯吃，月內事不知如何而後可，我至此已恍惚不復能作想。此非憊倦更非病，當是失望者的懶惰同焦急者的怨恨，是我生來所未前歷。……

即日內何師款到，是合前兩月而同寄的，我於何師且將責他應先函告這種辦法……無錢時最不能省錢，往往有許多因為無錢的花費，如日前我想打電（報）何師，每字廿五佛郎則至少須二百佛郎，想日內款總可到，二百佛郎在我不是小數，在今日尤其不易籌措，所以總只得坐著等。

法國學校，今日復始矣，我不能不謂之失學，不寧之狀，想易想到。吾到今日，不知何故最易流淚，有一日數次的，有一次達半小時的，雖深思自愛自抑，竟或因此而更甚，深知不日匯款到，但度日如年，除讀書外，無事可將光陰誤過，未讀二頁，盼款之念又來，讀書亦實無心。……悵望前途，唯默禱官費夢能夠成熟，不知老天有意留我此條生路嗎？

這裏講的何師是何魯，有名的數學教授。何魯的經濟情況也不好，有不少家庭困難。學生一邊埋怨他，一邊又感激他：

何師倘不是真正困難，決不至陷我於此，何師或亦當與我灑同情淚。何師是完全自造的青年，他事實上的歷史我不知道，他的情形，我卻很明白。……（1919 年 7 月回國）在滬且向科學社借 400 元，到去年（1923 年）夏間還沒還清。這不是他告訴我，我看到胡明復先生給他兩封信才知道，明復先生是科學社會計也。

按道理老師窮到這種程度，仍然資助學生出國留學，學生怎能埋怨？可是人在異地，已入絕境，那種不安彷徨，那能沒有半點宣洩？日夜想盼的私費留學，何嘗不是一場惡夢？而嚴濟慈終於得到法國國家博士，成績出眾，沒有辜負義助他的老師。[1]

嚴濟慈曾希望中國辦好教育，使下一代不必再涉重洋去留學。到他的學生都做出氫彈了，這個夢想仍未完全實現。二十世紀末的留學潮甚至比他出國的時候還大呢。

註 釋

1　嚴濟慈《法蘭西情書》，頁 22，103-104，115-116，118。因原文是文言，部分引用時略改白話。

玩新生 兄弟會 藝術節狂歡

歐美學界有不同於中國的活動或俗尚，像玩新生、加入兄弟（或姐妹）會、法國藝術學生特有的藝術節。這些活動不一定跟學習有關，卻是一種生活經驗，也是中國學生體會西方風俗的一個側面。日本的大學哪怕模仿歐美，並沒有這些玩意。

玩新生

玩新生究竟是美意還是苛政？這種中國絕無的校內玩意，當年在美國大學很流行，在麻省理工讀書的學生說：理工學生不流行各大學的玩新生。[1] 這就可知其他大學裏玩新生之常見。

玩新生是每年新生入校之後，在一定期間，要受二年級學生的種種侮弄。次年他們升入二年級，就可以把受過的待遇，如法炮製，或花樣翻新，加於一年級的新生。

不過中國學生很少提及這種流行玩意，或許因為他們是外來人，美國學生不好意思開他們玩笑吧。而這種玩意有甚麼意思，大家一時也說不準，既然不理解，又沒有受侮弄，所以不怎麼觸及。有寫了一兩筆的，解讀為"本科一二年級學生多半還保持中學生的幼稚心理和淘氣習慣。"[2]

反而是一個年長學生對玩新生記載較詳。穆湘玥三十多歲才到美國讀大學，遇到玩新生這一招，看著年少者的胡鬧，有甚麼反應呢？

（1909年）開課後，最足以令我永誌不忘的，是侮弄新生的海尋（按，應指 hazing）。第一年級生，每年入校的有千多人，第二年級生有特權指揮第一年級生，使他們服各種勞役，如擦皮鞋、掃積雪、取郵件及宿舍裏種種雜務，甚至加以謔浪笑傲，穿奇裝異服等種種不可方物的形態。命他跑，不敢不跑，命他角力，不敢不角力。開課一兩個月，每日每班聚散時，學校四周無非二年級生故意侮弄一年級生，作各種取樂。而新生不論清晨傍晚，男生女生，都耐性忍辱，力行海尋職責，認為是應盡之份而甘之。我是中國學生，幸而獲免。[3]

年長學生在洋人裏獲免被玩，在中國人裏卻不成。

當年聖誕節前夕，十六七個同學在廣東餐館聚餐。席上只有兩個一年級新生。忽然一個高年生跟他開玩笑說：你是新生，而時時違抗高年級同學的命令，不願盡職服務，而且星期日僭用新生不能用的黑色硬禮帽，又跟女生來往，常常去跳舞看劇，凡高年級生應有的權利，你竟無一不享受。我今天鄭重告訴你，明天聖誕節，停送郵件，請你代勞取各同學的信件，門前積雪亦應掃除。這樣我們還能容忍，否則有以對待你。說完問各同學，都拍手叫好。

穆湘玥知道他開玩笑，但各同學年少氣盛，未經世故，只好想辦法折服這個年輕的高年級生，於是起來說：我很願盡職效微勞。今天是聖誕前夕，願送各位禮物，並敢進忠告，以表敬意。各位僥倖生在富家，有好機會來求學，才二十歲，而學位不日可得。我不幸十多年來效力社會，現在這麼大年紀才戴一年生的小綠帽，但各位畢業回國做事，還要幾年才能立足，我學成回去，即可投身社會，創辦事業。未說完，一個學生大呼：你甚麼人？敢講這話。在座很多人和應他。穆湘玥歷數自十四歲工作至來美國為止的經歷，包括曾做江蘇省鐵路警務長。他們才相顧愕然，一個學生說：你曾做老爺？同學於是送給他穆老爺雅號。[4]

美國的風習大多得自歐陸，歐洲留學生卻沒有提過玩新生這玩意。但是在巴黎讀藝術學校的，仍見到這種遺風。巴黎有許多古老的傳統，玩新生就是其一。而且藝術學校的學生不比美國學生淳樸，對中國學生照來這一玩意。新生請客是必經的：

　　一班中新舊同學階級很嚴，有如監獄中老犯之歧視新監……根據他們的不成文規定，新生進教室，一定要請客，把全班同學迎到咖啡室裏，美酒咖啡，飲料點心，讓大家喝個痛快；這筆開銷，往往相當的大。請了這一次客，還並不能夠使新生獲得平等的地位，因為平時在學校裏面，舊生多半會裝出盛氣凌人的模樣，把他們呼來叱去，頤指氣使，新生簡直就成了學徒和小工，甚麼事情都要替他們做；稍微反抗一下，凌辱就要來了。[5]

新生請過客，被呼叱過，還未算完，"必有一次班中好事之徒，要出來建議，將新同學裸體給大家看"。[6]

這與中國的風俗大相徑庭。法國藝術學校雖然大畫人體掃描，而中國學生照樣畫，但落到自己頭上，雖然男女不同班，仍是大感難受的。傳聞有中國學生遭過侮弄，這個學生"個性倔強，不甘受舊生的指揮奴役，竟敢抗命，當下只聽到有人大叫一聲：脫呀！轉眼之間，老資格們一湧而上，七手八腳，把他全身衣服剝得精光，拖到模特兒台上，當眾展覽；最謔的是一位舊生，用些黃色顏料，從他臀部直到股間，曲曲彎彎地畫了一條粗線，乍看起來，就像是他在瀉肚子遺矢，於是全室哄堂大笑，弄得那位趙同學，羞慚萬分，無地自容"。據說這些調皮難惹的藝術學院學生，還會作弄來校參觀的客人。

又要學習下去，又要避過這一關，中國學生怎麼應付呢？記下中國學生反抗受侮事的徐悲鴻之妻蔣碧薇，接著說"徐先生在他們之中，卻是較嚴肅的一位，他不參加同學們的那些戲謔和惡作劇，當然這些事情也不會臨到他的頭上"。事情是不是這麼簡單，不得而知。比他晚到巴黎的李金髮，對這玩意是大有意見的，"這等於美國欺侮新生，作弄新生，將其投入水池之類。這種下流舉動，令人鄙視，我見來勢不對，逕到教授處去，教授寫了一信給班長說，不得去騷擾李同學，才得無事。林風眠因為此種困擾，不久不再去上課，在外面打游擊"，李金髮跟林風眠後來感情不洽，不忘添上一筆，說林風眠因此"沒有好好的基本訓練，影響他後來的成就"。想來那個反抗而受侮的中國學生，若過不了心理關，也只有放棄學業的一途。

為玩新生講好話的中國人很少。年長的留美學生穆湘玥雖然不受其辱，但是當年曾在大學的英文班裏，寫文痛詆。1920 年代他寫回憶錄卻改變了態度,認為留學日久,才知道玩新生推行於最高學府,跟校風及學生的品性淘冶有密切關係,實有美意。他認為玩新生有三個妙用:一是去初入大學的傲氣,二是對血氣未定的青年加以約束,少受外界誘惑,三則維持法規。

對於維持法規,他認為美國一年級新生不及格而開除的常佔三四分之一,未聞有新生不服和教員衝突的。然後他筆鋒一轉,講到當時中國學界大鬧學潮:環顧中國的學校,民國成立十多年來,學潮的鼓盪幾乎報不絕書,膨脹已到極點,雖然間有旗幟鮮明不為他人所利用的,但每每有只為一黨一系的拘牽而奮鬥,或止為三數私人的地盤而助力,或竟因日常小故,而掀起盛大的波瀾,亦不在少數。中國前途的命脈繫於學生,一生成敗的關頭決於當念,怎可不審慎周詳而謹慎應付呢。[7]

看來這個回國做了紡織實業鉅子的年長學生,大受學生風潮的刺激,或許已將玩新生視為整頓學風的手段,默祝教育當局嚴加整頓,以清其源。

兄弟會

留美的中國學生見到美國大學有兄弟會(Fraternities)、姐妹會(Sororities),有些認為目的是便利社交,尋求娛樂。[8]

兄弟會、姐妹會在美國的大學是久已存在的學生組織,最早的成立於 1776 年,以希臘字母命名,所以又叫做希臘字母組織,經過多年的發展變化,跟最初的成員組織方法已不一樣。

兄弟會有會址甚至有宿舍,本來是交誼性質的,卻有秘密的入會考驗儀式;握手或有特別的手勢;會員的聚會也不會向外談論。

這麼神神秘秘,大抵也有它的起因,只是難以查明。美國有些大學的學會根本不神秘,卻也有特殊的手勢,像以畢業學術成績優異為門檻的榮譽學會,是由學系推薦入會的,也有這一套:

> 榮譽學會會員,獲配金鑰匙,可以佩戴示人。入會儀式由

主持人向新會員道賀，握手的特殊姿勢猶如證券交易所內手勢的神秘。[9]

中國學生加入美國大學兄弟會的不多，卻仿兄弟會的形式，搞自己的"兄弟會"，最早的中國學生兄弟會成立於 1909 年，叫 Flip Flap。兄弟會到 1920 年代很流行，各社各有特性，有傾向理想，有重社交，每個會的發起人必有好幾個中堅分子，社員大抵都知道原始發起人是誰，當時主持領導的又是誰。[10] 這些仿美國兄弟會的學生社團，也搞得神神秘秘。徐志摩在 1919 年說"學生中秘密結社，風盛一時。"有同學談起這些社團，總表示不滿，而且互相猜測是不是秘密參加了甚麼團體。[11] 到 1935 年，最少還有 5 個兄弟會存在，會員約 1300 人，而且發展到在中國和美國都有會員 。[12]

舉一個延續時間比較長、企圖心比較大、成員多的成志會為例，以見這些秘密結社的大概情況。

成志會是由兩個中國學生的社團合併而成的。一個是 1907 年由王正廷、顧維鈞等建立的大衛與喬納森（David and Jonathan，《聖經》裏一對莫逆之交）；另一個叫十字架與劍（Cross and Sword），或稱 Cands，1917 年由洪業、陳鶴琴等七個基督徒成立，是秘密團體，口號是"聯合起來振興中國"，成員有許多清華人。由於王正廷等畢業回國，要考慮怎樣在美國維持會務；十字架與劍又想在中國有發展。於是 1920 年兩會在上海合併成成志會。[13]

成志的意思是成就人生志向，宗旨是振奮中國人的精神，集合有共同志向，有才幹勇氣的人，互相砥勵學業和品格。學成之後，各就其專長和職位，服務社會，報效國家。這聯誼會開始是秘密的，各項儀節學自美國兄弟社一般通例，後來逐漸公開。[14]

幾個參加了成志會的學生，都強調他們不是搞政治活動或者結為朋黨，不過是想多結交幾個中國朋友，培養振興中國的興趣。又或者認為成志會比其他類似的組織要嚴肅，社員有許多政界和學界領袖。[15]

成志會每兩三個月集會聚餐或遊覽。每年冬天就集合美國東部各州會員舉行年會,平均約有三十人參加。日間遊覽,晚間各自報導身世與抱負,講會史或報告會務只佔很短時間。[16] 1924 年一個年方二十、剛畢業的大學生參加這個為時一週的年會,分在歷史學家蔣廷黻領導的小組裏,蔣廷黻當時已拿了博士回國初任教授。作為一個小兄弟,他聆聽那些年長的兄弟推心置腹的發言,分享對祖國的雄心壯志和夢想,自己也談在中國實行人口生育控制的重要性,感到充滿樂趣。[17]

反對組兄弟會的意見

聯誼活動怎麼要仿美國兄弟會弄得神秘兮兮呢?會員可以辯護説各項神秘儀式無非為了刺激新成員的心理,令他留下深刻印象。又或者社員的名單保密,以避朋黨或裙帶關係之嫌。[18]

不過,他們也明白一般留學生對這些組織未必欣賞,小部分殊有誤會和批評。只就保守秘密這一點而論,已足以引起懷疑,以為將來彼此援引,圖謀私利,或者有政治作用。猜疑的程度足以促使人向素不相識的兄弟會成員當面進諫,勸他退出。[19]

在清華讀書時,以溫和成熟穩重而為同學敬重的潘光旦,自己參加了大江社,[20] 但是反對學美國人搞兄弟會,説這些兄弟會常鬧矛盾,互相傾軋,認為這種跡近朋黨的團體妨礙青年人格的健全發展。又説美國大學生的兄弟會是社交性質,而中國學生搞兄弟會卻"加上了政治色彩。儘管還沒有社團以外的人去利用這些社團,但社團以內的人卻有人想利用這個東西去升官發財,準備在回國後,大家講交情,大哥哥對小弟弟拉一把等等。有些人想在美國拉成一個班子,成個小幫會,將來回國後,好在政界形成一派勢力,所以就預先準備,互相拉攏"。他聲言舊中國這種疙瘩已經很多,如同鄉、親戚、朋友等等,再加上新疙瘩,是不健全的,像發霉的麵粉一樣。[21]

藝術狂歡節

法國的藝術舉世崇尚。當時法國藝術家一年一度的藝術節,是全城的活動，大概以化裝遊行為主軸，繼之以晚餐舞會，直鬧到深夜。最盛大的藝術節在巴黎，而小城的藝術學校也有活動。在法國學藝的中國留學生，哪怕醉心藝術，也不適應這藝術節，他們大多旁觀，並不參與。

在第戎（DIJON）小城的藝術學校，李金髮和林風眠"入學不久，適逢學校裏有一個春季化裝跳舞會，校長要我們去參加，我們是鄉下人入城，除在電影上偶然看這歐洲貴族化裝跳舞會之外，不知跳舞是甚麼，貿然去參加，惟有出洋相了。男女同學堅持我們要去參加，不化裝亦可以。我們雖有好奇心，但想不出化裝甚麼，姑且各人拿出箱裏綢袍子來，在他們看來亦可以說是化裝。

> 跳舞會非常熱鬧，男女來賓化裝各式各樣的人物，如王子、公主、武士、吉卜賽人、船長、村姑、木匠、礦工、大將等等。真是五光十色，確實花錢不少……跳的多是"狐步""一步""二步"，我們連這些都不會，只好看人家熱鬧。我們自己不去請女子伴舞，她們自然不會把我們寫上小冊子去輪到我們的份兒。在她們看來我們是一對骨董。他們停下來去買香檳酒喝，我們也只好學樣，到了早上一時，我們也只好盡興而返，翌日談話時多一點資料而已。

兩人後來轉到巴黎，再次遇到藝術節，他們沒有再去參加，只是記述了傳聞：

> 學校裏每年春季有一次"四藝"舞會，男女化裝各種人物，五光十色，先在馬路上招搖過市，載歌載舞，路人皆帶羨慕和蔑視的眼光去看他們，並指說："這是藝術家的本色！"聞女的化裝的，多是模特兒之類，女同學恐怕很少，我們少年老成，束身自好，瞧不起這種浪漫玩意兒。開舞會中愈夜愈荒唐，不禮貌的動作，當然不足為外人道，後來想想，為觀風閱俗起見，應該去參加一次，以廣見聞，今已悔之晚矣。[22]

在巴黎一心學藝，下死功夫的徐悲鴻，到處拜訪藝術名家，卻沒有記述過巴黎的藝術節。他當時的妻子說"在巴黎一住五年。他始終不敢參加這樣的熱鬧場面。"[23] 徐悲鴻沒有參加，他的妻子卻寫了大段的藝術節情況：

> 法蘭西舉國上下，尊重藝術，尊重藝術家，更尊重藝術家思想言行的自由，法國一年一度的美術節，通常都在五月份的某一天舉行，全巴黎的藝術家如癲如狂，盡情歡樂。節日的怪誕，行徑的荒謬，一直到二十世紀七十年代的今天，都不是任何常人所可想像的。但是上自法國政府。下至平民百姓。不但不引以為怪，而且還用崇敬的目光。美視藝術家們在那兒做驚世駭俗之舉。
>
> 到了這一天，藝術家們的血管裏。彷彿注入了瘋狂放肆的血液。下午開始盛大壯觀、多彩多姿的化裝遊行。所有的藝術家和模特兒一律參加，奇裝異服，袒裼裸裎，有人騎馬，有人騎象，人人別出心裁，裝扮成古今中外各色各樣的人物。總之以越新奇越好，越古怪越妙。曲線玲瓏的模特兒們，乾脆全身上下一絲不掛，露出豐滿健美的天體，任人欣賞。有錢的藝術家訂製古代帝王全套服飾，窮些的就套上紙製的彩衣，還有就在自己身上畫上許多鮮艷圖案或色彩，高歌長嘯，招搖過市。年年此日，巴黎萬人空巷，途為之塞，市民們麕集街頭，參觀這一年一度最狂熱的盛會。穿制服的警察跑來跑去，他們並不是忙於取締，而是在為狂歡的遊行隊伍維持秩序。[24]

這記載如果不是出於傳聞，至多是旁觀。對於晚餐舞會，徐妻更沒有參加了，所以以下記述，必定來自傳聞，未必當真，但也可見當時國人傳聞巴黎藝術節是如何放縱的：

> 晚餐的舞會，照例在巴黎最大的餐館舉行，山珍海味，徵歌逐舞，醇酒美人，盡情享受；一到午夜，人人醉了光了。甚麼千奇百怪的事情都做得出來。
>
> 有一對美國夫婦，很向往法國美術節的熱烈歡騰，乘赴歐洲度假的機會，在參觀了新鮮的遊行以后，興高采烈地跑到

聚會地點，要求准許參加。主事者一口答應，但說必須收取門票美金若干，那位男士很慷慨地立刻照付，於是兩夫婦分別被引到兩個門口，男的七彎八拐，不知道被他們弄到什麼地方去了。女的卻被帶到會場，可是一進會場便有人叫她脫衣服。她大驚失色，竭力推拒，哪曉得有幾位畫家衝到面前，強制執行，動手便撕，把她身上的衣服撕得寸縷不存。然後被人推入舞池，婆娑起舞。[25]

無論是旁觀，或者謝絕不參與，兩個記載者筆鋒一轉，都將藝術節與女性的地位連起來看。李金髮認為小城第戎的藝術節，"目的不止是狂歡一晚。多數是想找一個愛人，法國女孩子，那時很難找出路，非有豐富的嫁奩。是很少人過問，男子遂成為奇貨可居了。故女子不能不捉住交際的機會，出去活動一番，才有一點的希望。"[26]

在小城，藝術節兼具了交誼功能。在首都巴黎，傳聞如上述那麼瘋狂的藝術節，並不反映法國的社會開放程度：

我先後兩次旅歐。住在巴黎的時間共計在九年以上，因此我對法國人的了解也比較深。根據我當時的看法，法國始終是一個很守舊的國家，並不如一般人所想像的那麼浪漫放蕩。社會習俗方面，古老的傳統很難改變。以法國女孩子來說，她們的境況恐怕還不如現代的中國女性，由於法國女多於男，女孩子受高等教育的真如鳳毛麟角，少之又少，普通唸到高中就已經很了不起了；而且受專業訓練的也不多，因此就業機會很難，沒有陪嫁或者沒有繼承遺產可能的女郎，多半難於嫁人，更加以根據法國的法律，出嫁以後的女人，假如在銀行裏存錢，必須丈夫共同簽字才能領用，在這種種的情形之下，法國女孩子的地位是很可憐的。[27]

註 釋

1　胡光麃《波逐六十年》，台北：文海出版社，1974 年，頁 97。

2　蕭公權《問學諫往錄》，台北：傳記文學出版社，1972 年，頁 71。

3　穆湘玥〈藕初五十自述〉，載《李平書七十自敘 藕初五十自述 王曉籟述錄》，上海：上海古籍出版社，1989 年，頁 116-117。

4　穆湘玥，同上書，頁 119-120。

5　李金髮《李金髮回憶錄》，上海：東方出版中心，1998 年，頁 52。蔣碧薇《蔣碧薇回憶錄》南京：江蘇文藝出版社，1996 年，頁 57。

6　李金髮，同上書，頁 52。

7　穆湘玥，同上書，頁 116-117。

8　蕭公權，同上書，頁 71。

9　王念祖《我的九條命》，北京：中國財政經濟出版社，2002 年，頁 47。

10　浦薛鳳《萬里家山一夢中》，台北：台灣商務印書館，1983 年，頁 94。中國學生的兄弟社，當時有好幾個。徐志摩提及"插白"和"誠社"的變形（王正廷為首，重要分子如蔣廷黻、晏陽初等），見〈留美日記〉，見《徐志摩未刊日記》（外四種），北京：北京圖書館出版社 2003 年，頁 137。潘光旦提到十字架與劍、Φ&Λ、Flip Flap、醒獅社（非青年黨的醒獅社），見〈談留美生活〉，載《大師自述》，香港：三聯書店，2000 年，頁 233。

11　徐志摩，同上書，頁 137。"澤宣屢次談天，總憤憤不滿於這類團體，而致疑於余之有所屬。初不料其自身亦此道中人。"徐志摩被這個剛加入仁社的同學問到派屬，說自己是不社主義。

12　P.T.Chen Chinese Fraternities in America, 見 *American University Men in China,* the American University Club of Shanghai, 1936, P159. 該五個兄弟會包括 Flip Flap（蘭集），成志會，the Phi Lambda（仁社），the Alpha Lambda（原名醒獅社，後改名曦社），the Rho Psi（素友）。

13　陳毓賢《洪業傳》，台北：聯經出版事業公司，1992 年，頁 75。方顯廷《方顯廷回憶錄》，北京：商務印書館，2006 年，頁 42。

14　方顯廷，同上書，頁 33，42。浦薛鳳，同上書，頁 93-94。潘光旦，同上書，頁 233。潘光旦認為十字架與劍的政治性很強。

15　何廉《何廉回憶錄》，北京：中國文史出版社，1988 年，頁 34。王念祖，同上書，頁 47。

16　浦薛鳳，同上書，頁 93。

17　方顯廷，同上書，頁 44-45。

18　浦薛鳳，同上書，頁 93-94；王念祖，同上書，頁 47。

19　浦薛鳳，同上書，頁 94。

20　浦薛鳳謂大江社是 1923 年一些清華學生"商談組織一個愛國會社，以提倡民族自決（美國總統威爾遜使用之名詞），亦即意大利馬志尼所鼓吹之民族國家主義"，同上書，頁 87。該社被其他留學生視為政治性組織，見黃蔭普《憶江南館回憶》，香港：廣宇出版社，1989 年，頁 26。大江社部分成員回到中國後，和同樣提倡國家主義的青年黨有合作。梁實秋述及他們 1921-1923 級組織大江會的原因，並說該會不是政黨，不是利益集團，見《談聞一多》，台北：傳記文學出版社，頁 49-51。大江社成員潘光旦、羅隆基、聞一多、梁實秋、浦薛鳳等後來都成了文化界名人。

21　潘光旦，同上書，頁 232-233。並謂自己在《留美學生月刊》上寫了一萬字文章罵兄弟會。後來他說自己當年的批評，對兄弟會的會員容或失諸太苛，見〈自由之路〉，載《潘光旦文集》卷5，北京：北京大學出版社，1997 年，362 頁。

22　李金髮，同上書，頁 48-49，52。

23　蔣碧薇，同上書，頁 59。

24　蔣碧薇，同上書，頁 58。

25　蔣碧薇，同上書，頁 58-59。

26　李金髮，同上書，頁 48-49。

27　蔣碧薇，同上書，頁 59。

歧視女生的英美大學

美國是大學實行男女同校的先驅，1837 年成立的歐柏林（Oberlin），一開始已經是男女同校，到 20 世紀，女生的人數已經近半。[1] 而法國在 1860 年、英國在 1878 年才各有一間大學容許女生入學。

那麼能不能說美國的大學就是兩性平等教育呢？這又不盡然。歐柏林同時是公平招收黑人的學院。明乎此，這家學院的平等教育精神在美國是異類，多於是主流。繼歐柏林之後，美國陸續有大學實行男女同校。南北內戰時，除了解放黑奴，提倡女權者也推動對女性的教育平等，到 19 世紀末，男女同校的大學達百分之七十，超過 100 家，包括較多中國留學生的康奈爾、密歇根、芝加哥、柏克萊、史丹福等。

不過，中國留學生趨之若鶩的耶魯、哈佛、哥倫比亞不在其中。這些位於新英格蘭和紐約的美國東部名校，回應男女同校趨勢的方法，是設立另一間女子學院，或與已成立的女子學院成為關聯學校，例如哈佛在 1879 年設立招收女生的 Radcliffe College，該校遲至 1999 年併入哈佛；1888 年設立的 Barnard College，則是哥倫比亞大學的女子學院，Barnard College 一直沒有和哥倫比亞合併，繼續是獨立的女校；耶魯和早已成立的瓦薩女子大學（Vassar College）成為關聯學校，後來 Vassar College 拒絕和耶魯合併，並自己收男生。

當時不光大學拒絕男女同校，男學生也不贊同女生入學。在維珍尼亞大學讀書的清華學生說，這家男校的學生很多跟大學中學的女生交際，同遊共餐，但是維珍尼亞大學堅持不收女生。維珍尼亞省素稱保守，自 1915 年起省議會連續三年否決大學收女生的議案。中國學生聽到很多同學支持否決議案，他們的理據是，家裏花錢供他們上大學讀書，如果大學招收女生，就會改變風氣，課程內容降低，那他們就會轉校；並說女孩子到處都有，何必將大學變為找女友談戀愛的地方，喪失大學的宗旨呢？[2]

即使容許同校，也有限制或無形歧視。

像與瓦薩女子大學成為關聯學校的耶魯，1920 年代中選修社會學課的學生就目擊教授對男女同上課政策的虛與委蛇。研究生班只有三個學生，其中一個是女生。教授通常上課一小時就宣告下課，而當那個女學生快要離開的時候，他卻以目暗示兩個男學生留下，"然後他總是一面掏出他的煙斗，一面說'現在讓我們開始來點真貨色'。"他不歧視中國男學生，卻不喜歡有女學生！ [3]

早在 1891 年創校時就實行男女同校的史丹福大學，中國留學生獲悉女生人數限在 500 人，取錄特別嚴格。[4] 中國學生沒有介紹，原來這個限制是由女人設定的。因為申請入學的女生相當多，史丹福先生既是為了紀念早死的兒子而捐款建校，因此他的妻子擔心學校會變成瓦薩女子大學的西岸版，於是設下女生人數的限制。這限制到 1933 年才稍作修改，不限人數，但限制男女生比例。

有女哈佛之稱的 Radcliffe，學生到 1943 年才能到哈佛校園上課。在瓦薩女子大學畢業的一個中國女生，1944 年在 Radcliffe 讀研究生，說從前一個教授教同一科，要在哈佛先教一次，再到 Radcliffe 教一次。她進去時已經可以男女一起上課了。她把哈佛同意男女同上課，歸因於 1941 年 "珍珠港事變之後，很多男生輟學從軍，人數銳減。"但是哈佛的風氣還是很閉塞，她說有一次親身經歷，幾十年來每次提起，總是無人置信：

> 在哈佛，女生進總圖書館必須到專設的閱覽室看書。那房間只容一張桌子和六張椅子，幾乎挪身的空間都沒有。後來女生多了，就把左邊一個房間全開放，女生開心得不得了，有一種解放的感覺。不過，中間的大閱覽室和右面的房間還是不能進去。有一次她讀到一個字不認得，想到中央查一本放在木架上的大字典，不料館員來告訴她不能在那兒看書。哪怕她強調只來查個單字，還是不成。她氣得說，若查不到這個字，就做不成作業，堅持不走。那館員 "看看我，沒辦法，只得把這部

大字典抬起來，搬到指定的女生閱覽室，站著看我查完生字，再把字典搬回去。"

她又見過一個同宿舍的女孩，因為上文學課指定要唸一本善本書，於是到圖書館藏有那善本書的房間敲門，沒想到管理員指著門上的銅牌，說銅牌上寫著這是某某校友捐給青年男子受教育用的，她不能來。任憑她說好說歹也沒用。她回到宿舍大發脾氣。[5]

相比之下，中國的新式大學開放男女同學是 1920 年，而北京大學也在次年正式收女生。此後很多中國大學都實行男女同校。大概經過反對舊禮教的五四運動洗禮，中國大學裏男女的平等發展，比之歐美並不落伍，牛津大學的學院（Academic Halls）早在 1878 年接受女性，但到 1920 年才給她們完全的成員身份，劍橋是二次大戰後才給女生學位。所以 1917 年從英國畢業的中國女學生說：那時英國還很守舊，牛津劍橋不開放與女生，倫敦大學雖然男女平等，但是醫學院仍不開放，另設一個女子醫學院。牛津劍橋不反對女生讀書，兩校都有女書院，女生可以旁聽，可以考試，但反對給女生學位，因為有學位便是大學的一份子，有權決定大學的政策，有權投票。老學究認為幾百年來大學都是為男人而設的，不能讓女生損害男人的利益。[6]

1920 年來中國講學的英國哲學家羅素因此說："有一件事使我大感驚異，那就是中國人所管理的新式學校裏男女受同等的待遇。女生在北京大學地位比在英國劍橋大學要好，她們可以參加考試並獲得學位，大學裏還有女教師。北京女子高等師範學校就是培養女教師的，也是最優秀最進步的一所學校，女生中自由發問的精神，恐怕英國的女校長見了也不禁愕然。中國現在有一場男女同校的運動，而且在初等教育中尤為突出。主要原因是學校太少，如果女孩不與男孩同校，就無處求學了。我剛到中國，以為中國是落後的國家，第一次聽到（外國人對中國地方官員）男女同校的提議，頗感驚異，後來才知道我們所空談的改良，在中國卻能得到實行。"[7]

註 釋

1　梅貽寶《大學教育五十年—八十自傳》，台北：聯經出版事業公司，1986 年，頁 29。

2　吳宓《吳宓自編年譜》，北京：三聯書店，1995 年，頁 172。

3　何廉《何廉回憶錄》，北京：中國文史出版社，1988 年，頁 33。

4　潘大逵《風雨九十年》，成都：成都出版社，1992 年，頁 62。

5　任以都《任以都先生訪問記錄》，台北：中央研究院近代史研究所，1993 年，頁 47-50。

6　曾寶蓀《曾寶蓀回憶錄》，長沙：岳麓書社，1986 年，頁 49。

7　羅素《中國問題》，上海：學林出版社，1996 年，頁 177。

面對父母主婚的新青年

青年學生正當婚嫁的年華。早期留學生出國之前，很多已經承父母之命訂了婚，甚至已經有孩子。

訂婚未結的，為免留學期間有甚麼變卦，雙方家長會出動很多理由，讓子女完婚。關鍵的說詞是孝道：父母年紀大了，留學去國的時間長，結了婚父母放心，也有人在家照顧長輩。有些父母則從年輕人的角度遊說，說結了婚一起去留學，有人照顧起居。

1909 年底，一個留學生中途回國，母親沒有阻止他再次出門，只是低聲跟他說：「你不獨是我的長子，你還是你祖父以下一大家庭的長孫，你今已成年，又將再次出洋，不知何時始歸，你父不幸逝世，你何不趁我尚存，早日成家，使我安心呢？」兒子沒有成婚的念頭，但母親淚下苦求，使兒子感慨萬千：

> 她這番話因出於鄉族中的一種傳統思想，但探其意義，又非全出於自私，實由於愛子情殷所致。……自想此次遠別，不知何時始能再晤？……一念及此，感情與理智相衝，一時無可抉擇，只得順從母意，草草結了婚。[1]

去留學的，往往自命是新人物，自然反對父母主婚，而且怕婚姻枷鎖會影響人生的選擇。父母未必不知道當時的風氣，於是對這些新人物既哄且騙，例如要求兒子出國之前，回鄉一次，抵家才知道要結婚。盡管不願意，也只好服從長輩的命令。[2]

這種軟硬兼施的事，有時竟帶有喜劇色彩。1905 年一個留日學生剛回到家鄉，家裏就叫他娶親。

> 我絕對不肯，以後畢竟還扭不過，招贅到丈人家裏去。那時我有個決定的計劃，是結婚儘管結婚，結了婚三天後，我就一跑。我家裏為著這個事甚為著急，尤其是岳丈大人十分擔心，只有丈母娘確有把握的以為不會；果然不出所料，我三個

月還沒有走。

為甚麼呢？

我的夫人是很聰明能幹的人，當我娶她的時候，她的詩文繪畫都比我高明，且極識大體而又好學。我和她性情說不出的相投，雖然是舊式婚姻，卻是愛情之濃厚，比偷情密約還有過之。我打主意和她一同出洋，費盡周折，家裏卻不肯，但是我始終不能不走，萬般無奈，我還是一個人走到日本去了。這是多麼難過的事啊！[3]

這種喜劇收場的例子畢竟百中無一。對那些人在外國，又一力反對舊式婚姻，誓不肯回來的，父母之命也難以發揮作用：

我立刻寫信告訴父親，請他解除婚約。家父的回信可以總括為兩句話"荒謬絕倫，不可能。"當他發現我的意志堅決時，他開始用說服方法，要我不要使他失信，讓親友看他教子無方，丟他的面子。我無法向他解釋我對婚姻的觀點，我只說我要自己選擇對象，除非和賀小姐解除婚約，我決不回中國。

這樣一威脅，親戚們的信函雪片飛來。這都是家父發動的。要他們幫助說服我。有些人說家父對我的倔強很震驚，甚至因此而生病。另一批人說賀小姐既溫柔又漂亮。我的三弟，當時正急於赴美留學，寫信告訴我，說家父已經後悔當年讓他的兩個兒子赴美留學，因此，他絕不讓他的三兒子赴美，以免受美國不良思想的熏陶。對這些說詞，我堅不低頭。[4]

結果這個父親甘受親戚鄰里的閒言而向兒子妥協，解除了婚約。其實這個父親還是寬容的，他沒有出動殺手鐧——斷絕經濟支持。當家庭出動經濟封鎖，沒有獨立能力的學生往往只好投降。有留日學生因為養父反對他升學，實行半工讀，誰料根本養不起自己。"年輕人要學會容忍與服從，實在不是一件容易的事，但我已做到了。"飢寒交迫之下，他不但同意不升學，連養父安排的婚姻也只好應承。"父母之命決定的婚姻，就像買獎券似的，它可以給你美好的幻想，但卻有的是落空的機會。"幸好這一次也是美好收場,新娘出自名門世家,"雖未受過新式教育 —— 在當時男人受過新式教育的尚屬寥寥無幾,女人自更不用說了 —— 但國學的修養卻不算太淺,尤其從她平日的言行與風度上,可以看出她是受過良好教養的。……她個性沉默寡言,理解力甚強,是一個夠條件的賢內助。"[5]

到五四前後,青年男女都講自由戀愛,不光男子不聽命,女的也拒婚了。有一對父母之命的未婚夫妻,分在兩地留學。長輩沒辦法叫他們回國成婚,也學了新式方法,讓兩家小兒女通通信,連絡感情,期望感情融洽以後,他們自願回國結婚。[6]

也有未出洋的,也受時代新學說的影響,反對父母主婚,於是向岳母要求:允許他與未婚妻見面,以便互相了解;允許他匯錢讓未婚妻受教育。岳母都同意。結果七年後他留學回國時,他恬靜而機敏的未婚妻,已從上海著名女子中學畢業,即是用七年時間完成了六年小學四年中學的課程。[7]

隨著時間推移,後來的留學生已較少遇到包辦婚姻的問題了。

在傳統裏找出路的留學生

對舊式婚姻,留學生裏明顯有兩種態度,有一批並不認為舊式婚姻是萬惡的。

一個訂了婚的留美學生,與新認識的中國女生經常通訊,偶然出遊,引起戀愛的傳聞。他的族兄聽見傳說,力勸他與中國的未婚妻通信,並以自己為例,他與未謀面的未婚妻通信,發現她的信寫得很出色,措辭親切得體,字跡端秀;他的族姪則認為新交往的女學生見識、性情、容貌都動人,勸他不必受舊傳統束縛,以免後悔。當事人自己呢?他認為男女可以有濃厚的友誼,不必一定是戀愛。他並且就婚姻發了一通議論,認為主張解除舊婚約的人,都假設父母之命的婚姻,不及自己選擇的美滿,對這種五四以來流行於知識界的信條,他並不完全同意。

其實婚姻是否美滿並不全由自主或包辦而決定。……主要關鍵在當事人是否有志願，有誠意，有能力去使之臻於美滿，而不在達成的方式是自主或包辦。……包辦婚姻並不是只顧傳宗接代，而同時企圖達成郎才女貌，一對璧人的理想，兒女的幸福也在考慮之中。我認為除非一個青年確知父母代擇的未來配偶有重大（乃至不重大）的缺點，他很可不必反對。[8]

愛是能力問題，不是對象問題，這留學生的議論倒合乎心理學家佛洛姆在《愛的藝術》裏的這句話。他最後跟未婚妻結了婚，並且認為過渡時期的青年，應該可以走一條知新而不棄故的婚姻之路。

至於自由戀愛的，如果獲得父母認同，也有利以後家庭和諧。"二十世紀的婚姻，還講父母之命，近乎具文。不過事先手續越完備些，事後發生問題的機會可以越減輕些，這倒是一條至理。"[9] 於是一對在外國自由戀愛的留學生，照顧到雙方家長的心理：一起回男家，讓父母及家人看過；又跑一趟女家，讓泰山泰水把未來的快婿審查一番。

對於戀愛和婚姻，社會各有不同的制度和習尚，其實不必以一方的習慣去詆評他人。傳聞有外國人對外交家伍廷芳譏笑中國父母作主的婚姻，認為缺乏愛情，伍廷芳反唇相譏說："中國人結婚是愛情的發端，西方人結婚是愛情的終止。"[10] 但是正在捱打的國家，又有新思潮席捲而來，因此懷疑自己的一切，崇尚國力強盛的一方，也是常有之情。只是在這種常情之下，更弱勢的中國傳統女性就成為最大的犧牲品。

被拒婚的舊女性

當時反抗父母之命的留學生，不止抗婚，還會離婚。退婚是耽擱了對方的青春，但離婚對女方打擊更大。當時留學生離婚的風氣頗厲害，留過學的胡適並不贊成：

近來的留學生，吸了一點文明空氣，回國後第一件事便是離婚，卻不想想自己的文明空氣是機會送來的，是多少金錢買來的；他的妻子要是有了這樣好的機會，也會吸點文明空氣，不致受他的奚落了！[11]

　　傳統女子夾在新舊社會習俗裏，有人百般無奈，演成悲劇，也有人在柔順之中，表現出泰山崩於前而色不變的堅強。

　　前文回鄉時被迫結了婚的留學生，婚後不承認對方是妻子，不肯同牀。他出國之後，這婚姻關係就拖著。幾年過去，女方請弟弟趁拜年的時候，為她跟也是留學生的小叔說明情況，他講的要點是：“兩家門當戶對，且為多年世交，他姐姐明媒正娶嫁給蔣家，但是始終沒有圓房。他姐姐沒有別的希望，只求能圓房生個孩子。此外別無奢望。如果我哥哥要娶小老婆也無所謂”。這個看來奇怪的要求，在當時中國的風俗裏是正當的，有了孩子，這女子才名正言順，在夫家家族中有相應的地位。這對一個傳統女孩的自我是很重要的事。所以男方的家人，包括男方的女親友——繼母、祖母、伯母都認為這女孩是對的，是男方理屈。而在男子的一方，則認為自己曾表示反對，但是族人硬迫著他完婚。他早就告訴過父母，在婚姻問題未解決前他絕不回家。對這個“妻子”的處置，男方想到的解決方法，是由繼母收對方作女兒，讓她以女兒身份或是以修女身份住在男家。這件事最後怎麼完結呢？“若干年後，那個悲劇性的女孩子死了，悲劇才算落幕。”[12]

　　其實中國女子也不是柔弱無能的。下面這個結婚和離婚故事，很能見到舊式女子也可以有理有節而且堅強。[13]

　　男方少年時與中醫世家的獨生女訂了婚。他在美國讀大學的時候，父親想他完婚。青年想自立，想學業有成有了職業才結婚，以免像他哥哥以及同輩許多年輕人那樣，依靠父母，“那種情況雖然在中國是很平常的，但我認為是不對的。”“我腦裏想的是未來，但是我的家庭，特別是我的父母，卻主要關心我的個人生活。”這是青年的心事。

　　父親的心事呢？父親說自己老了，為兒女安排婚姻是父母的責任；幼子是唯一未結婚的兒子，給他辦理婚事是為了履行父親的義務。辦完以後，為父的就可以優遊歲月，頤養天年了。這個父親已經有孫兒，他不是為了傳宗接代而希望幼子結婚的。

父親怎樣都説服不了兒子的情況下，哥哥來做説客，説老人太傷心了，飯都不吃，不讓人到他屋裏，獨個兒在流淚。幼子結婚是他樂於辦的最後一件事，並把它看作是他的義務。"我父親對我哥哥説過，他從來沒有料到把一個孩子撫育成人使他受到最好的教育，而這孩子竟然不理解他的心情。這不但使他失望，而且奪去了他的幸福。這席話使我深受感動，並且開始看到事情的另一面。"

在父親絕食、親密的二哥遊説的情況下，男子答應行婚禮。婚後他卻晚晚在母親房裏睡，直到母親下逐客令，他才回新房，但睡躺椅。要回美國時，父親要求他必須帶著妻子。

我肯定這時新娘對情況已經完全了解，但是在當時背景下的中國女子，是沒有獨立見解的，即使有也不會堅持。她的任務就是叫幹甚麼，就幹甚麼。她願意跟我走，也許還有幾分喜悦。

航行兩個多星期，新娘適應航海的能力比新郎還強。新郎要她在別的城市找個地方學英語，她欣然同意，而且表示要盡快學習。根據新郎的説法，他們像朋友那樣交往，假日出外玩，談各自的打算，以及包辦婚姻的缺點。一年多之後，男方提出離婚，"她當時既不表示贊同，也不表示反對。她只是聽著，顯然還沒有充分理解我們談話的全部意義。她只是問道，既然我們已經正式結婚，那該怎麼辦。"於是男方給她中國民法自願離婚的文件。過了很久，她要求面談，問她以後該怎麼辦。"我説這要看她了。一旦我們簽了協議，我們兩人就都自由了。她可以自由選擇，或者留在美國，由我負擔她的學習費用；或者回中國去，按照她自己的意願，住我父母家，或回她自己的家。"男子覺得她在經濟上不會有甚麼困難，因為她是獨生女，她的父母肯定照顧她；就男子來説，她可以享有男家為訂婚和結婚而給她的一切東西，還可以享有她自己的嫁妝。"我們對協議的輪廓多少取得了一致意見。我回到紐約，就寫出協議草稿。……她説，她想不出有甚麼要修改的地方，如果我要在協議上簽字，她也準備簽。"男方要求她親手抄寫，以證明她是自願的，以免閒話，或者給雙方父母造成不愉快，她立即同意，按指示親筆抄了四份，爽快簽字。新郎認為"我們以一種十分友好的方式脫離了關係。以後她說她不知道是否該立即回家；她打算留下來，因為她已經對學習發生興趣。我還像平日那樣，不時地去看她"。

上面是男方的講法。新娘前後留在美國三年才回中國。這三年裏她想甚麼，學了甚麼，回中國之後以一個離婚女子的身份，過怎樣的日子，我們並不知道。正如男方的評語，"我形式上的妻子是中國式的……是典型的中國女孩子，克制、忍耐而天真，對環境安之若素"。

如果容許我加入評語，這女孩子鎮定、從容、有理有節，不也是女中丈夫的表現嗎？

註　釋

1　程天固《程天固回憶錄》，香港：龍門書店，1978 年，頁 45，49。

2　蔣廷黻的留學生兄長。蔣廷黻《蔣廷黻回憶錄》，台北：傳記文學出版社，1984 年，頁 66。

3　歐陽予倩《自我演戲以來》，上海：神州國光社，1933 年，頁 8-9。

4　蔣廷黻，同上書，頁 66。

5　楊肇嘉《楊肇嘉回憶錄》，台北：三民書店，1977 年，頁 62，75，84。

6　蘇雪林《浮生九四 —— 雪林回憶錄》，台北：三民書局，1991 年，頁 70。

7　方顯廷《方顯廷回憶錄》，北京：商務印書館，2006 年，頁 29。1921 年。

8　蕭公權《問學諫往錄》，台北：傳記文學出版社，1972 年，頁 84。

9　梅貽寶《大學教育五十年 —— 八十自傳》，台北：聯經出版事業公司，1986 年，頁 53。

10　蕭公權，同上書，頁 84。

11　胡適〈美國的婦女 —— 在北京女子師範學校演講〉，載《胡適文存》第一集卷四。台北：遠東圖書，1953 年，頁 659。時為 1918 年。

12　蔣廷黻，同上書，頁 92。

13　顧維鈞〈結婚和離婚〉，載《顧維鈞回憶錄》第一分冊，北京：中華書局，1983 年，頁 52-60。

最明理的棄婦故事

這個真人故事像是電影的情節那麼令人歎息。

一個清華學生，去國留美七年，畢了業也不回國。1929 年他第一次回山東老家，探望父母。家中有自他在清華上學就等他回家，等了十多年的妻子。留學生探完父母，要再回美國，但是父母不肯資助，而且通知親友不要借錢給他。他既沒有經濟能力，於是困在山東不能成行。正在一籌莫展的時候，得到一個未謀面的清華友人接濟 100 銀元，有了這筆錢，他可以去上海，在上海再向朋友借錢，終於回到美國。

臨離家之前，他人道地在那一百元裏，分出一點錢給父母之命而娶的太太。留學生後來一直留在美國，結婚生子。數十年之後，他才知道那個"清華友人"就是他那盲婚啞嫁的太太，而且真相大白的時候，她早已撒手塵寰。

這真是個深明大義的女性！但是對一個弱勢的女性，這大義不是太大太沉重了嗎？覆述這件事的時候，留學生已經是百歲老人，但提起這件事還不免激動大哭，"這就是傳統的中國女人啊！……她等了我十幾年，那麼想留下我，可卻是她幫我離開了她。"[1]

留學生叫王際真，1922 年赴美留學，是有名的翻譯家，曾翻譯《紅樓夢》。

註 釋

1　　王海龍《哥大與現代中國》，台北：立緒出版，頁 215-217。

自由戀愛的躁動

一個已婚的成熟學生初抵歐洲時，談到年輕留學生的兩種主要外誘，一是色誘，尤其女色，然後是財誘，花錢過多。

> 我們的留學生，多半是廿四五以前的青年，有的是國內
> 大學畢業生，有的連大學也未進過，他們的一切內蘊如學識見
> 解，都非常淺薄，道德修養也都未定。一到了歐美有次序有規
> 律也有色有香的國家，一切都震撼得非常不寧靜，又在這樣無
> 拘無束海闊天空的地方，豈能把持得住？……據我耳聞目見的
> 事來說，留學生犯色慾過度的人，並不在少數。[1]

色慾和戀愛不必是一回事，但是血氣方剛的青年學生，經常會混同了自己的愛意和對異性的好奇。他們去到一個跟中國大不相同的環境，未到五四，已經有留學生渴慕自由戀愛，視為新的行為標準；五四之後，自由戀愛更變成名正言順的追求。到 1930 年代，中國年輕人已在自由戀愛風裏過了十多二十年，在自由無拘束的留學環境，他們的男女關係，有時比歐美還開放。

日本的誘惑：少女和自由戀愛

中國的青年男女本來是少有接觸的。文學家張資平在廣州住了兩三年，不曾看見過女學生，1913 年左右他在日本，"只在一段高架電車中，那些美人女學生已經像過江名士了。""因為每天要搭電車往返，激動了我許多情緒，也增加了我許多知識，特別是對於日本女性發生了興趣。有時擁擠的時候，常觸著她們的肩部和膝部。髮香和粉香真是使人欲醉。有時乘電車的振動，故意撲身前去，準備給她叱一聲也願意。然而她的回答竟是嫣然一笑。"這個官費留學的青年，為了初嘗接觸異性的味道，而做出跡近非禮的行為，並且驚訝地發現同是東方，可這異國少女竟然不以為忤。

於是這個青年心情矛盾，想在電車裏效法日本學生那樣勤力讀課本或筆記，同時又想追求那些小燕兒般的女學生，只因日本話不夠流暢，未便進行。聽說有幾個同伴居然妍識了日本女學生而雙飛雙宿，大為羨慕。"我當時便起了一個疑問。即'生理上起了變化，歲數又滿了二十周年的青年男女是否應當使他有條件地獲得性的滿足？'我的答案是不應當！因為青年在這時代正是努力於造成學問和鍛煉身心的時代。但是在當時我何以竟那樣的矛盾！"[2]

這種含著慾望的愛戀情緒，在民初的時候，折磨著好些留日的青年男子。另一個文學家郁達夫也為街頭所見的日本女子而迷亂：

> 日本的女子，一例地是柔和可愛的；……一般女子對於守身的觀念，也沒有像我們中國那麼的固執。又加以纏足深居等習慣毫無，操勞工作，出入里巷，行動都和男子無差；所以身體大抵總長得肥碩完美，決沒有臨風弱柳，瘦似黃花等的病貌。……所以諳熟了日本的言語風習，謀得了自己獨立的經濟來源，揖別了血族相連的親弟兄，獨自一個在東京住定以後，於旅舍寒燈的底下，或街頭漫步的時候，最惱亂我的心靈的，是男女兩性間的種種牽引，以及國際地位落後的大悲哀。

當時社會也湧動著新思潮，易卜生的問題劇、主張婦女解放的瑞典教育家愛倫凱（Ellen Key）的戀愛與結婚、主張暴露人性醜惡的自然主義派文學論、富刺激的社會主義兩性觀，"凡這些問題，一時竟如潮水似地殺到了東京，而我這一個靈魂潔白，生性孤傲，感情脆弱，主意不堅的異鄉遊子，便成了這洪潮上的泡沫，兩重三重地受到了推擠，渦漩，淹沒，與消沉。"終於"二十歲的青春，正在我的體內發育伸張，所以性的苦悶，也昂進到了不可抑止的地步"，於是在喝了幾瓶熱酒的晚上，一個人上了妓院。[3]

1922 年，研究西方文學的廚川白村出版《近代的戀愛觀》，使自由戀愛的思想，在日本和中國達到了受人崇拜的高峰。[4]

留日學生都受廚川白村著作影響，把戀愛看成至高無上。有沉溺在愛河，連學業都在其次，甚至因而輟學。在男女留學生中，竟沒有一個女人抱獨身主義，不但單身女子成為大家爭取的目標，連單身男子也成為女性爭取的對象。[5]

歐美的實況

在浪漫的法國

留學生帶著自由戀愛無限崇高的新思想，去到產生自由戀愛思潮的歐洲，行為甚至比歐洲人更開放。在去法國的船上，浪漫戀愛的氣氛和傳說已經瀰漫開。到了法國的土地，男女關係之複雜，連法國人也側目。

> 我們都是經過五四後思想大解放，行為上是自由放縱慣了的，那在中法學校裏的尚守些規矩，那流落在外邊的勤工儉學生，便不能如此了。法人提起勤工儉學生人人搖頭，批評的話真是不堪入耳。譬如說有一次有四個男生在一個女生房裏通宵達旦，想必做醜事，這真是豬狗都不如的，人類怎可這樣？結果那房東連原住女生都趕出了。……這類對勤儉學生醜惡批評，由中法學校女舍監和幾個女工傳述著，每日洋溢於我們耳鼓。

聽著這些醜詆流言的女留學生，本身並不喜歡勤工儉學生，卻也怪法國人太保守：

> 法國女孩上下學，家庭必接送。學生若請假離校必向學監申述理由，學監也留其字條以便向其家庭交代。女孩子也不能隨便與男子交遊，必須家庭監護許可始得如意。我們勤儉學生行止固多不檢，法國人守舊習慣也未免太可怕吧！[6]

勤工儉學生到法國時，世界大戰結束不久，"男女比例失調，故法女找外國人為夫的很多，留法學生尋花問柳的事，亦時有發生。"[7]

不但中國學生之間多戀愛的行為，男學生追求外國女子，更是平常至極。法國社會的種族歧視沒有英美般重，很多法國女子嫁給外國人，包括黑人，所以中國留學生要娶法國女孩並不難。德國是戰敗國，也缺男丁，加上賠款，弄得人民生活不繼，留學生娶德國女子也很容易，像畫家林風眠和詩人李金髮，趁馬克貶值，一起到德國過快活日子，兩人都娶了德國妻子。李金髮自言忘記了家庭不與異族人結合的禁忌。[8] 不幾年，林風眠的妻子死於生產，他再娶法國女子。

對象難求的美國學校

留美學生群的自由戀愛，沒有早期留日學生或二十年代留法學生那麼放縱或浪漫。美國是種族歧視較重的地方，留美的男生多以中國女子為婚戀對象，較少異族奇緣。

不過，談戀愛仍是留學生活裏一個重要片斷。他們很少提自己的羅曼史，而往往講別人的戀愛，尤其是學生間流傳的故事和笑話。活潑的哲學學者馮友蘭常常記下留學生活細節上的淘氣會心。他說，留美女生是男生十分一，競爭激烈。留學生裏有個笑話：說搞戀愛確極其麻煩。搞一次戀愛，要有一年睡不著覺。看中一個滿意對象，三個月想得睡不著覺。進行追求，三個月忙得睡不著覺。追求有點希望，三個月喜歡得睡不著覺。最後吹了，又得三個月氣得睡不著覺。[9]

到西洋留學不易，中國女生變得很搶手，尤其是理工科為主的學校。另一方面，直到 1920 年代，美國大學少有男女同校的，於是男學生都跑到女子大學或男女同校的學校去找對象。

在東岸的女校的宿舍院子，每天下午放學後，就來了許多哈佛、麻省理工、波士頓大學的男生來訪女友。人緣好的女生與男朋友外出，淘氣的美國女生會跟她開玩笑，幾十人推開窗大叫"不成"。文學家冰心有要好的男朋友，同學都知道，但是沒有人跟她開這種玩笑，可能美國女同學思量對中國人開不得太野的玩笑。[10]

講究平等、早就實行男女同校的歐柏林大學有不少中國學生，更罕見的是中國女生和男生人數差不多。於是"常有好述的君子們不遠千里而來，作一番搜索努力。"結果呢？"達成任務的，可以說是絕無僅有。"[11]

留美男生想近水樓台地自由戀愛，苦於僧多粥少，他們在中國卻是稀缺人才，不少中國女性託留學的親友在同學裏找對象。

清華大學國學院的規劃者吳宓留美時，朋友託他為妹妹介紹佳婿，信中附了照片。他把照片給人看，但對方不合眼緣。吳宓乾脆去信自薦，不料朋友回覆："妹與兄彼此均不合宜。兄近日來函，思想謬誤甚多，望速自檢查身心！"但留學生畢竟是受歡迎的。不久，又有留美同學要把姐姐介紹給他，因為姐姐在中國讀吳宓的詩文，心生仰慕，願意跟他結婚。這女子是師範畢業的新女性，擇偶很苛，所以二十四歲仍未結婚。吳宓跟朋友商量，一個認為回國後，可以隨意擇偶，在美決不談婚事；另一個由父母主婚而伉儷相得的湯用彤，則認為中國風俗與美國不同，這女士的做法在中國是情理所常有，不應輕負這個意誠的知己。[12]

這種隔了大洋的自由戀愛，僅憑看看照片，以及中介人的介紹，然後通一下信，看來還是有濃厚的舊式婚姻味道，只是換了媒人，排除了父母。而對年輕人來説，這已經是打破父母之命、媒妁之言的新行為了。

美式約會

近在美國的中國女生難求，遠在中國的素未謀面，有些勇敢一點的，就去跟美麗熱情的美國女生交往。美國的男女學生交往是比較慣常的，約吃飯、去舞會並不為怪。

留學生的社交生活，往往因個人的經濟能力和性格而有所不同，這大概放諸四海而皆準。中國學生外向一點的、對美國生活願意多嘗試一點的，即使在中國已經有妻室，也會跟美國女同學去舞會等，視之為一般社交。不過，經濟條件是否許可，不能不考慮。有一個成熟、有工作經驗的私費學生，雖然手頭拮据，卻又要支撐場面。和女同學去跳舞會，付了兩元半的昂貴入場會費後，只剩了一角半。心想如果坐電車回去，第二天就要絕糧，於是竭力敷衍到電車停駛以後才離開，步行回去。接著幾天都啃麵包，不出門，等匯款來解燃眉之急。[13]

約女士去舞會的費用後來變得便宜。1940 年代，"到週末，美國同學都約女同學去跳舞，只花 5 美分買瓶可口可樂請客就可以了，稱為可樂約會。"[14] 美國女生的心態則是"在無人來追求，無所事事時，和一個似曾相識的人去跳跳舞，看看表演，也可消磨時光，何樂而不為。"[15]可是仍然有中國學生花不起5美分，只好用其他方法消遣週末。

當美國學生花時間同女孩約會娛樂時，大多數中國學生由於種族差異，英語不好，渴望早日完成學業回國，一般不去幹圍著美國女孩轉的傻事。但是也有不顧財力而陷入困境的留學生。據說有個學法律的中國學生領袖因追求美國女友花了不少錢，偽造支票而入獄。不過自問不會幹傻事的書呆子，"由於年輕，多少有點好奇，故也曾和一個同在餐館打工的美國女孩約會過。"[16]

社交的笑話

關於西式社交，除了學怎麼吃西餐、怎麼鋪西式牀鋪之外，有一樣社交沒有人教過中國的男生：男女交往之道。

富家子留學生自認成績不俗，憑學業上的自信，認為社交活動時機已到，在自助餐廳裏開始找女生一起坐。可是經過一段時間後才領悟，為甚麼當問她們的年齡和體重時，她們突然大笑。"我如何知道西方的習慣呢？我在和異性交往方面完全是生手。"後來熟悉了西方男女交往的一套，又有錢可花，就經常跟女生去舞會，既然雙方都視作消遣交際，索性次次舞伴不同，而且任憑女生建議夜總會。[17]

不那麼花花公子的中國男學生，經驗不足，會對美國女孩的熱情表錯情。

一個男學生以為一個女孩有點喜歡他，不敢正視她的眼光。在夜裏或孤獨時，寫散文或詩寄到她家裏，但從未有回音，才知道自己誤會了。"那時如此年輕而無經驗的我，那種腼腆的舉止，對一個美國黃毛丫頭來說，一定被她看作是十分可笑的"。[18]

另一個學生在美國五年多，因為既自卑又自尊的心理，怕白人女同學可能有種族之見，從未與白人女同學交過朋友。一個美國女生卻來主動結交，常常一同跳舞、游泳、野餐，這個女生來自最歧視黑人的南部，朋友很多，而且不拘國籍。交往半年，中國男生情不自禁地流露愛意，她也不以為忤，"我這個守舊的東方人，就真以為我們在互愛了"，於是果敢冒昧地求婚。結果當然是一場誤會，女生早已有男朋友，並且畢業就會結婚呢。[19]

在異文化的美國社會，作自由戀愛的試驗，無論對象是甚麼種族，中國的留學生經歷了一番糊塗摸索的階段。有一個留美學生總結說：

> 中國留學生剛從家長說親的傳統裏踏足出來，對歐美式的求偶方式頗感迷惘，對異性總是覺得不是說得太多了，就是說得太少了；不是怕自己太妄動，就是怕對方摸不清；用鴛鴦蝴蝶式的陳腔則肉麻不堪，翻譯過來的西式濫調聽來簡直滑稽，於是進退維谷，懊惱得很；尤其當年留學生中女學生少，造成粥少和尚多的現象。大家都想找個志趣相投的配偶，可苦於不知從何下手。[20]

五四青年的婚戀

> 戀愛和結婚被認為不可分，乃是五四新文化運動以後的新事物。我受了五四運動的教示啟發，信奉了這個教條，相信結婚如沒有戀愛的基礎，便是罪惡。

說這番話的留日的五四青年，因此經歷了許多曲折。家裏為他訂的親，不符合他的新道德，為了"不想去完成這種罪惡"，他準備解除婚約。等待到五四之後幾年，他已二十多歲，自覺是成年人，可以自己做主了，於是暑假回國，辛苦艱難地辦退婚。首先家裏不贊成，除了父母，他還有一個伯父是地方紳衿，要維持舊秩序，而且伯父跟女子的父親有舊。

家裏不為他去講退婚，青年找朋友約未來岳父面談，說了好多好話，而且為了曾耽擱姑娘的時間，立誓在女方未嫁之前，自己決不成婚。對方見他意志堅決，知道沒有挽回餘地，而且顧慮"當時在新思想衝擊之下，社會上這種婚變事情很多，有的離家出走，有的婚後反目吵架、家無寧日，成為怨偶"，於是勉強同意。

青年以為解除舊婚約，以後就自由舒暢，婚戀的前途光明。他打算到歐美再讀幾年書，不急於找對象。誰料獨身幾年後，發覺事情不對，"中國社會上不容大齡青年單身過下去。有許多熱心人好心人來做媒說親，熱情而懇切，勸我不要抱那種我心裏也沒想過的獨身主義。家裏也常有人來做媒，並且還責備大人放棄責任，那時一般人都認為子女的婚事乃是父母責任內的事，兒女長年不婚，罪責在父母。"對父母、媒人都好拒絕，但"許多朋友的好意，我不能報以敵意，很難應付，特別有人以此為目的而介紹女朋友，覺得是一大滑稽，但是也真不容敷衍，十分尷尬"。

要自由戀愛也不容易，因為擇偶的範圍有限，"中國的社會實情，青年男女見面接觸的機會極少，能有所往來的，只是幾家親戚、鄉鄰之間"，而社會上有許多事情，卻是以一個家為主體的，例如租房，人家不租給單身漢。

同時他也自白，因為"性慾衝動起來，也確是性命交關的大事"。他曾嘗試嫖妓，而事後悔恨恐懼，成為一種更難忍受的苦難。結果他"放棄了把婚姻看作終身大事，要十分認真的想法，而認為這是社會關

1920 年芝加哥大學的中國學生，男多女少。

係中所必要的一件常事"，到二十九歲時，就決定馬馬虎虎結婚了。另一方面，對那種神聖、至高無上的自由戀愛，也有點懷疑是空中樓閣，只存在於浪漫主義的小説裏。

這是七十年之後，這個五四老青年的感想。對婚戀，他的結論變成"結婚不要以戀愛為惟一條件，也許是更加合情合理些，這個戀愛惟一的説法，未免太淺薄也太簡單化了"。[21]

思潮如流水，當日廚村白川對自由戀愛的歌頌，令剛從傳統裏出來的青年把戀愛簡單化。今天中國的城市人對自由戀愛已經駕輕就熟，而大齡青年單身過日子也算司空慣見了。

註 釋

1　姜亮夫《姜亮夫文錄》，昆明：雲南人民出版社，1999 年，頁 307-308。

2　張資平《資平自傳》，北京：中國華僑出版社，1994 年，頁 72-74。

3　郁達夫〈郁達夫自傳〉，載《郁達夫日記集》，西安：陝西人民出版社，1984 年，頁 410-412。

4　在第一次大戰之後，世界正處於迷惘待變的時期，京都帝大教授廚川白村的許多著作都敏感地把握到社會的新變。《近代的戀愛觀》歌頌戀愛神聖，認為戀愛是為自己，把自己的全部給所愛的人，批評日本舊有的戀愛是為了別人，為了家族的名譽財產。該書在日本引起很大反響，1928 年已譯成中文。

5　錢歌川《苦瓜散人自傳》，香港：香江出版公司，1986 年，頁 24。

6　蘇雪林《浮生九四 —— 雪林回憶錄》，台北：三民書局，1991 年，頁 52。

7　沈沛霖〈我的留法勤工儉學經歷〉下，見《檔案與史學》，2004 年 5 期，頁 31-39，頁 39。

8　李金髮《李金髮回憶錄》，上海：東方出版中心，1998 年，頁 58。

9　馮友蘭《三松堂自序》，北京：三聯書店，1984 年，頁 57。

10　冰心〈在美留學的三年〉，見《冰心回想錄》，海口：南海出版社，1999 年，頁 178。

11　梅貽寶《大學教育五十年 —— 八十自傳》，台北：聯經出版事業公司，1986 年，頁 29。

12　吳宓《吳宓自編年譜》，北京：三聯書店，1995 年，頁 184-5。

13　穆湘玥〈藕初五十自述〉，載《李平書七十自敍 藕初五十自述 王曉籟述錄》，上海：上海古籍出版社，1989 年，頁 120。

14　梁思禮《一個火箭設計師的故事》，北京：清華大學出版社，2006 年，頁 32。

15　王念祖《我的九條命》，北京：中國財政經濟出版社，2002 年，頁 46。

16　方顯廷《方顯廷回憶錄》，北京：商務印書館，2006 年，頁 52-53。

17　王念祖，同上書，頁 46-47。三四十年代。

18　方顯廷，同上書，頁 41。1920 年代。

19　潘大逵《風雨九十年》，成都：成都出版社，1992 年，頁 29。

20　陳毓賢《洪業傳》，台北：聯經出版事業公司，1992 年，頁 79-80。

21　章克標《九十自述》，北京：中國文聯出版社，2000 年，頁 48-53。

最曲折的自由戀愛故事

高談自由戀愛的氣氛下，有一件涉及三個留美學生的戀愛故事，驚動知識界和上流社會，最是社會的談資。

男女主人公是吳宓、毛彥文和她的表兄朱君毅。

毛彥文和表兄朱君毅從小受外祖母照顧，有如寶黛。她情竇初開，覺得表兄見聞廣闊，又愛護她，認為是世界上唯一可靠的人。

當她讀小學時，表兄是到清華學堂讀書的新青年，和其他知識青年一同發起在家鄉辦女校，自任校長和教師。這些新青年向學生灌輸很多新知識，包括不能承認父母代定的婚姻。有一天，校長叫自己的堂妹和毛彥文留下，表兄亦在場：

"你們兩人都訂婚了，知道嗎？"毛彥文和校長的堂妹點點頭。校長說："訂婚是甚麼意思？那就是將來你們要嫁給一個不認識的男子為妻。"兩個女孩都哭起來。校長說這是家庭革命，教她們現在不要哭，等到結婚年齡，再向父母表示反對，要求解除婚約。校長說自己會幫堂妹解決，表兄則會幫助毛彥文。離開校長後，表兄表示要和她永遠在一起。

幾年後，她十七歲，決心反抗父親代定的婚事，在結婚那天演出新娘逃走劇。最後由地方官協助調解，取消婚約。

兩個小情人在雙方父母同意下訂了婚，表兄接著留學美國，付學費讓表妹繼續讀書。不料表兄做了留美教育博士，學成回來之後一年，卻送來退婚書，說留學美國幾年，習知美國人的生活，對女子美的標準，有新看法。大為震驚的毛彥文聽人說表兄已戀上一個中學生，而且他不是回國才變心的，在留學的後期，身為留美學生，有許多人給他介紹對象，他袋裏有許多年輕女子的照片，因此早就想過悔婚。

男方的清華好友吳宓被請來做調解人，兩人同窗六年，同去美國，關係好得可以同讀毛彥文的來信。即使好友吳宓勸解，朱君毅仍很堅定，但沉靜寡言，沒有多講悔婚的原因。據毛彥文轉述，他要求解除婚約的理由之一，是對一般有學識、有文化，在大學畢業或肄業的女生，絕對不娶。

　　以一個教育學博士而提出這個理由，不知是真心還是砌詞。

　　不光朋友來勸，這表兄妹的父親也一起來到南京勸阻。朱君毅佯作和解，等到兩老回到鄉間，就再次表明不會踐行婚約。

　　反覆調停了一年仍不成，只好討論退婚條件，1924年毛彥文在許多政界學界名流見證之下，第二次解除婚約。二十多年的感情一筆勾銷，她自言壯志消沉，"與年相若者結合，他不會和你一樣嫌我年事大了嗎？你長我四歲，尚振振有詞，要娶十七八歲的少女為配偶。……我二十餘年來只認識一個男人，我的青春是在你佔有期間消逝的！有了這慘酷經驗，我對於婚事具有極大戒心"，"從此我失去對男人的信心，更否決了愛情的存在"。

　　幾年之後，調解人吳宓卻變成追求者。

　　吳宓除了是毛彥文和朱君毅戀愛的旁觀者和調解人，和毛彥文還有一層因緣：吳宓在美國留學時，同學的姐姐對他表示仰慕。他透過好友朱君毅，請託毛彥文去仰慕者陳一心的家中考察，看是否適宜婚戀。毛彥文去過之後，告以陳一心是舊式女子，不難看，性情溫柔，適合做賢妻良母。吳宓於是越洋訂婚，一畢業回國就結了婚。

　　但七八年後，吳宓卻要鬧離婚，函告毛彥文。毛極力勸阻，認為吳宓有中國舊文人的習氣，易發不合理的脾氣，陳一心常逆來順受，不與計較，這是新式女子所做不到的。但吳宓很堅決，1928年正式離婚。

　　1929年毛彥文去美國留學，吳宓開始熱烈追求她，但毛彥文無動於衷，1935年還跟年已六十五的政界名人熊希齡結婚，轟動一時。吳宓則終生不續弦，寧願獨居清華園。

　　毛彥文晚年吐露心聲，說世人怪她對吳宓薄情，是不知內情。她認為吳宓為人拘謹，是帶有浪漫氣息的書生，但心地善良，有正義感，對離婚的妻子女兒仍很關切。他心目中有一個理想女子的形象，要中英文俱佳，有文學修養，能和他詩文唱和，又能跟他的朋友周旋。但他把理想錯放在自己身上，文學非自己所長，而且不能和陳一心那樣能容忍他的任性取鬧。

至於跟熊希齡結婚，則是考慮自己年齡已大，不能不找一個歸宿。熊氏比她年長三十三歲，不會嫌她老，也不會變心而有中途仳離的危險。

誰料他們結婚兩年之後，熊希齡腦溢血猝逝。1960 年代，她自傷垂垂老矣，臨老無依。一日聽聞朱君毅去世，十分震驚，想他"是我一生遭遇的創造者，是功是過，無從說起"。如果沒有他，一定已按父命出嫁，也許會兒女成行，一生渾渾噩噩度過平凡而自視為幸福的生活；也許不會受高等教育，更無論留學；也許不會孤零終身，坎坷一世。

讀這個自由戀愛故事，除了為毛彥文不值，有誰會為她的父母感到難受呢？按當年以及今日的標準，為兒女訂婚的父母，往往被指為專制。毛彥文說，迫她出嫁的父親，在她逃婚後第一次回家時，不理睬她，但沒有責罵，不久就跟以前一樣愛護她、關切她。[1]

作為父母，誰會不痛心女兒的感情路如此坎坷呢？

註 釋

1　毛彥文《往事》，北京：商務印書館，2012 年頁 57。吳宓《吳宓自編年譜》，北京：三聯書店，1995 年，頁 243-247。

在外國過中國生活

留學除了求學校裏的新知，還是一個了解外國文化的好機會。不過，兩個國族、兩種文化要作交流，從來都不容易。留學生如果不打開社交圈，深入交流，那麼對外國的了解，不過憑浮泛的印象。

改不掉中國生活習慣

中國學生到了外地要適應新生活。他們最難改的生活習慣是飲食。

在日本，中國學生起初吃不慣日本菜。為了吃中國飯菜，懶惰一點的甚至寧願讀學費少一點、不那麼嚴格的學校，"在生理上說，恐怕是我們初從中國來，體質上仍保持著老習慣，需要充分的脂肪分和鹽分吧。"[1]

在歐美世界，學生吃不慣奶油麵包，喝不慣冷水。甚至法國餐桌上，習慣以酒代水，勤工儉學生也不習慣。

> 在飲食起居上，大多數都不能一下子適應環境，吃不慣麵包，喝不慣紅酒。……新來者都在吵食不得飽。然而有一大半的餐位前的圓麵包依然放著未動；不過翻開底子來看，大饅頭的軟心業已被挖空取來食了！[2]

不過我們也不必苛責留法勤工儉學的學生，精通中西文化學問的大才子錢鍾書也不吃西餐，尤其奶酪，但喝奶茶。[3]

一方面出於省錢，另方面又吃不慣外國食物，不少留學生或者幾個人同住，或者聚居在華僑或青年工作機構提供的宿舍，分工合作，輪流做飯。同住同吃中國菜既省錢又健康，但也增加了中國學生自成一國的誘因。

衣食住行中，食的適應最難，住行等生活小節基本還可以應付。唯有日本席地而睡，有些很挑剔的學生不習慣。不喜歡每天捲鋪蓋的學生把帶來的棉紗羅帳掛起，氈褥鋪好，並阻止下女收拾這中國式牀鋪。引得下女都走來看，哈哈大笑，笑它像神壇。[4]

有些成熟的學生會盡量嘗試參加外國的學生生活，跟其他國家的學生來往。

在美國，如果喜歡體育，較容易打入美國學生的圈子，但是體育不是中國學生的強項，能養成看美式足球賽的嗜好，已經算是入鄉隨俗。至於本來書生型的學生，盡管努力，還是強差人意，"不會跳舞，不會游水，這在美國大學生看來是不可思議的。善意的外國女生教我跳舞，而我在這方面是想像不到的低能，出了許多洋相。"[5]

中國學生的體能、興趣和冒險精神都及不上美國青年，加上畢竟是讀書人，不是手段圓滑的生意人，容易介意自己的表現。

華人社交圈

由於中國學生多，到處都可見中國同學。在東京、紐約、波士頓等中國人多的地方，交友圈更難以脫離中國人網絡。

> 在哈佛大學上課，然每日所與往來，接觸者，皆中國朋友，所談論者，皆中國之政治、時事以及中國之學術，文藝。蓋不啻此身已回中國矣！（按：波士頓城中有中國留學生百餘人，皆相識。居此無異在中國）[6]

中國朋友多，書信來往自然也多。無論在日本在美國，中國留學生之間的來往，就花了不少時間。有留日學生，八年之中只有五個日本朋友；他在日記裏說：中國留學界風氣，友人來來往往，耗費時間。[7]留學美國的胡適，1916 年收信 1210 封，寫信 1040 封。[8]即是平均每日收 3 封多，寫 2.8 封信！可以估計，所聯絡的有不少是中國人。

在較偏僻的地方，情況稍為好一點。在美國四年的學生，自言只有第一年在中國學生少到的維珍尼亞大學和五六個美國學生同房，可云身在美國。後面三年在哈佛，終日與中國人聚處。[9]

去法國的勤工儉學生，雖然被安排分散到各地的中學，但高峰時每間學校有幾十人，足以自成一班。至於去中法里昂大學的，更是見中國人多於見外人。"我們抵達法蘭西這個文明先進之邦，終日混在中國人裏，説的聽的是中國話，吃的是中國飯菜，住的又好像是中國屋子，起居習慣無一不中式化，就像仍在國內一般。"[10]

成熟一些、性格獨立的學生，認識到這種情況的缺點，於是主動找機會離開中國朋友一陣。例如暑假時獨自出外避暑，住到鄉間，終日和同住的幾十個美國人接近。[11]

留學其實是頗為寂寞的，匆匆相識幾年，不同文化背景的年輕人，即使語言無礙、性情開朗、交友主動，要深刻交往也不容易。

> 我與外國同學的接觸，除了切磋功課的朋友外，完全在社交上得到的朋友是不多的。[12]

這是個有錢也不會完全解決的問題，大富翁的學生兒子大部分摯交是中國的研究生，他們同住在工人階層的區域。轉學到哈佛後，"我在哈佛的生活比較輕鬆而豐富多彩。惟我的大部分私交仍是華裔。"不要説跟外國人有距離，同是華人，因為來自不同國家，也有隔膜，"我和來自南洋等地的同學不免有文化差距，他們也很少主動和我來往。"[13]

哪怕周圍學習環境都是外國人；哪怕房東很和氣、很照顧，住的時間很長，相處已像家人；在感情上，留學生仍然覺得見到中國人更感親切。一個留學達十年的學生，在中國人少的學校，平時見不到，也會在假日見中國人説中國話。[14] 這是任何一國留學生都免不了的感情牽掛。

羅素偕夫人訪問中國，趙元任任翻譯。

註 釋

1　張資平《資平自傳》，北京：中國華僑出版社，1994 年，頁 68。

2　李璜《學鈍室回憶錄》，台北：傳記文學出版社，1973 年，頁 63。

3　楊絳《我們仨》，北京：三聯書店，2003 年，頁 75，78。

4　張資平，同上書，頁 66。

5　詹鍈《世紀學人自述》第 5 卷，北京：北京十月文藝出版社，2000 年，頁 224。

6　吳宓《吳宓自編年譜》，北京：三聯書店，1995 年，頁 175。

7　實藤惠秀《中國人留學日本史》，香港：中文大學出版社，1982 年，頁 85，錄黃尊三日記六月
　　六日條，頁 86 七月廿日條。

8　胡適《胡適留學日記》卷 15 第 28 條，合肥：安徽教育出版社，1999 年。

9　吳宓，同上書，頁 172

10　蘇雪林《浮生九四 —— 雪林回憶錄》，台北：三民書局，1991 年，頁 51。

11　穆湘玥〈藕初五十自述〉，載《李平書七十自敍 藕初五十自述 王曉籟述錄》，上海：上海古籍出
　　版社，1989 年，頁 126。

12　李濟《感舊錄》，台北：傳記文學出版社，1985 年，頁 45。

13　王念祖《我的九條命》，北京：中國財政經濟出版社，2002 年，頁 40，52。

14　季羨林《留德回憶錄》，香港：中華書局，1993 年，頁 61。

鄉黨互助的舊疙瘩

中國早已是一個國家，但是以歐美後來發展出的國家和國民身份觀念，來要求中國人，卻是南轅北轍的。中國是重視血緣（宗族）和地緣（同鄉）的社會，所以同鄉會和宗親會很多。由於聚族而居，所以宗族和鄉里又可以是二而一的事情。所謂山高皇帝遠，中國的鄉村有很長的自治歷史，所以同鄉（小同鄉是同縣，大同鄉是同省）的觀念比國家的觀念強。但是應對一個大時代的大變，中國人仍然以鄉里宗族為單位，就被詬病為一盤散沙。

管理留學這回事，也沒有完全擺脫中國本來的社會結構。有很長時間，清華的學額、留學生的名額、政府的補助是以省為單位的。

留學生的支援網絡，自然也有同宗同鄉互助的因素。宗族的幫助主要體現於協助籌款，或者親族之間相攜出國，大的帶小的、先去的帶後去的，讓後去者有個照應。親族互助，應付的局面畢竟有限，一旦出了國，互助的網絡就擴大為同鄉。民國建立了共和政體的現代國家，鄉黨的組織應該逐步減弱，可是民國時軍閥混亂，據省自雄，省政府掌握著該省的留學經費，吸引留學生對省的依附。體制和人情既然都沒有打破省界，於是鄉里宗族的關係，既是中國的舊疙瘩，也是當時留學生的互助網絡。

中國留學生在日、美、法三國最多。這種同鄉的網絡，在留日和留法學生裏比較明顯，在美國比較弱。可能因為美國地方大，學生分散各地，不易以省為單位，組織同鄉會。而且留美學生裏，清華生人數多，而清華生的名額雖然按每省來分配，各省舉一人組成級代表，校內還有同鄉會 [1]，但是八年共同生活，又有學校作為主要的組織，學生之間的省籍關係已經退居次要了。相對而言，留學生在日本申請官費、留法勤工儉學生陷於困境時要取得生活救助，經費都來自省政府，同鄉的團結爭取就變得重要。

在日本的鄉黨關係

日本和中國畢竟相鄰，而且長期交往，能夠很快適應中國的社會組織特性。像創立很早、專收中國學生的宏文學院，1906 年已有近二千名畢業生，在校學生也有千六人。它分為三十六班，班名多冠以地名，例如南京普通班、湖北普通班、四川速成師範科班等。"那是因為留學生大多分從各地集體來學，有頗強的鄉黨觀念的緣故。"[2]

當中國學生考入日本各間學校，人數相對分散，省際關係也就不突出。清末革命運動蓬勃的時候，眾人更是同仇敵愾，一致為國。及至民國，中國學生雖然仍有抗議運動，但是組織鬆散。1920 年代之後，學生的自發結社少了，清末革命運動時那樣團結的情況，已經一去不來。在帝國大學和相關高等學校這個系統裏，還有中國同學會，[3] 其他學校裏，中國學生之間往來不多。東京高等師範學校的中國學生一向較多。當時在學的有二百多人，據說也不來往。不過，中國學生卻仍然有同鄉會。"除了有省籍的同鄉會之外，沒有別的組織，所以對外省人就生疏，不是同班同科的，互不相識是常事。"[4] 這些同鄉會是跨校的，向省政府爭取利益時，可以起作用。1920 年代時，一個東京大學的湖南學生被湖南省取消了官費，湖南留日同鄉會派三個代表回湖南請願，包括一個留學生。[5]

留日學生雖然多，但中日波動的關係，令中國留學生組織的起落較大，跨省跨校的中國同學會，未必容易久存；日本又沒有令中國學生覺得新鮮的社會組織供模仿，於是在鬆散的學生群裏，也就只偶見鬆散的同鄉會了。

在法國的鄉黨關係

短短一二年有二千學生一下湧去法國勤工儉學，除了留學夢發酵的動力，還要歸因於同鄉相引的組織力和號召力。勤工儉學是青年人的留學運動，所以這次的同鄉關係，是以同學的形式出現，例如中學同學互通消息，相扶出國。

去法國人數最多的兩省是四川和湖南。四川人裏又數江津去的人最多，據最近不完全統計，江津一縣就去了三十多人，來自江津的聶榮臻也是由同學相引去法國的。[6]

去法國之前要先進培訓預備機構，光在河北保定的工藝預備學校裏，來自湖南的同學就足以組織勤工儉學會湖南分會的保定支部，還可以選出四個幹事。一個參加者寄望組織這個同鄉會有很大的利益，一則可以聯絡感情；二則有了團體，爭取去法國及籌措川資等事要比個人去辦為易，將來到法國以及在法國的行動，亦必需以團體共同進退。他甚至想像去到法國後各人可以因應求學目的而組合，想研究工業的，可以一起研究；想入工廠的，可以入不同的工廠，學了各種製造，回中國時就可以做各種工廠的工作，到資本足夠時，甚至可以擴充為各種專門的製造廠。他幻想有了這個同鄉組織，"事業發達，必無限量"。[7]

這個保定湖南分會的首務是開會商討借款。因為很快就到冬初，他們手無分文，如果一夜北風緊掃，短衣薄襖怎麼過日？參加者後來在日記裏說：這次借款已經過若干手續，但仍延而不發。哀歎政府用同胞的血汗錢，可以一擲百萬，他們借的錢只是九牛一毛，而延遲如此，不禁為中國前途悲哀。[8] 這個借錢的對象，應該就是湖南政府。中國人所謂的父母官，其實不是單方面施恩，人民也會從子弟的角度提要求。教育是中國人的大事，湖南省的鄉里認為期盼省政府撥款育成，十分合理。

在法國時，人數龐大的勤工儉學生命運相連。雖然不同省的人也會互相幫助，但是同出國、同學習的同省學生，自然更易互相支援。後來勤工儉學生遇到失學、沒工作、將斷糧的困難時，紛紛向各自的省政府求救濟，更突顯了同鄉互濟的作用。

> 大多數同學生活困難。後來，雖成立監護會組織，負責接濟困難學生，然亦是杯水車薪，不能根本解決問題。於是，有人提議，學生應以省籍為單位，開展自救活動。川鄂兩省首先成立了旅法勤工儉學會。[9]

江蘇省勤工儉學生當時約有七十人，也組織了江蘇同學會，請省長及省議會撥款接濟。同學連署的電文發出後，久久未有回覆，又派代表回國催促，多番交涉，終於得到省政府撥錢。每個江蘇籍的勤工儉學生分得三千多法郎。

當時公費留學的徐悲鴻和妻子蔣碧薇都是江蘇人，但不是勤工儉學生。負責分配省政府款項的勤工儉學生說，蔣碧薇和他商量，請他考慮給予接濟。"我見其態度誠懇，旋經與同學會諸同仁商議後，同意吸收蔣為江蘇旅法同學會會員，亦補助其三千多法郎。"徐悲鴻為表感激，畫了一幅畫，題款為江蘇同鄉寫。[10]

各省的同學會不是光會向省裏要錢，它們加入中國留法勤工儉學會做團體會員。1923年山東省發生綁匪綁架外國人，法國報紙說中國是土匪世界，中國旅法團體聯合抗議，各省的旅法勤工儉學會也積極參加。[11]

錯綜複雜的舊疙瘩

離開中國，本來為打破同鄉交際圈子提供了環境，但是一般的學生還是和同鄉來往得緊密。

> 在巴黎的朋友圈子小之又小，只是與同鄉幾個朋友廝混，連外省朋友都少，因為沒有經驗，沒想到將來要在中國社會圖生存，是不能孤立的。[12]

這除了不夠功利世故之外，其實語言也是各省同學之間的一道障礙。1921年留美學生及華僑想在華盛頓會議上為中國爭取地位時，內部開會所遭遇的第一個問題是語言問題。留學生堅持聚會時要用國語，禁止用英語。此一規定，無異將至少百分之三十的人關在門外，當然土生華僑青年的困難最大。[13]在往法國的大郵船上，第一次接觸外省學生的福建學生，聽到許多新知識。但他聽的時候多，說的很少很少，除了不善說話之外，他當時的國語程度也不夠發揮有系統的意見。[14]

此外，畛域之見也做成省籍隔閡。例如福建同學在一處常常用方言，或背後，或當面，嘲笑外省人。福建學生與外省學生還是有往來的，但多不過談些今天天氣等泛泛的話題。[15] 不過，同省的福建學生也有內部矛盾，甚至也有語言問題。同船赴法的福建勤工儉學生以鄉土為界，分為汀州派和漳州派，在船上為了選舉學生會鬧了許多彆扭。這些求新知的新青年，根據鄉土互相排斥，似乎不可解，卻有客觀因素。首先，他們言語不同，要借國語交換意見。其次而更重要的，是所受教育不同。汀州的受內地中學教育，重視國文，視漳州的為淺薄；漳州的受通商口岸中學教育、教會學校式的洋場教育，認為汀州學生落後。兩派學生曾在法國中學課室裏演全武行，法國校長要寫信到華法教育會求救。[16]

當然，活躍的留學生可以既親近同鄉，又結識外省朋友。有一個工讀的私費生與幾個留美的湖南同學合租房子，組成合作性質的宿舍，被人說是湖南會館。他辯護說，大家既是同鄉，部分還是中學同學，自然會接近。他強調自己雖然忙於打工，卻是個活躍分子，參加很多中國學生會活動，結交好多外省的朋友。[17]

不過我們還是可以推想：社交上不那麼活躍的學生，自然會與同鄉的關係緊密；而私費留美學生阮囊羞澀，也比清華生更依賴同鄉扶持。

註 釋

1. 吳宓《吳宓自編年譜》，北京：三聯書店，1995年，頁100；浦薛鳳《萬里家山一夢中》，台北：台灣商務印書館，1983年，頁54。
2. 實藤惠秀《中國人留學日本史》，香港：中文大學出版社 1982年，頁29。除了同省集體來學之外，也有北京警務科班等，主要以職業性質為一組，但只佔少數。
3. 1930年代的時候，日本教育部（文部省）透過一高校方要中國學生成立兩個同學會：偽滿同學會和中華民國同學會，雖然當時東北去的學生佔多數，但大家團結一致，只肯成立一個一高同學會。學生會裏雖然有國共兩黨之分，但大家都是書呆子，矛盾還不大，主流是抗日。朱紹文《早年留日者談日本》，濟南：山東畫報社，1996年，頁60。
4. 章克標《九十自述》，北京：中國文聯出版社，2000年，頁44。
5. 雷嘯岑《憂患餘生之自述》，台北：傳記文學出版社，1982年，頁24。
6. 聶榮臻《聶榮臻回憶錄》，香港：明報出版社，1991年，頁8。
7. 賀培真《留法勤工儉學日記》，長沙：湖南人民出版社，1985年，頁125。
8. 賀培真，同上書，頁142。
9. 沈沛霖〈我的留法勤工儉學經歷〉上，見《檔案與史學》，2004年4期，頁39。
10. 沈沛霖，同上書，頁39。
11. 沈沛霖〈我的留法勤工儉學經歷〉下，見《檔案與史學》，2004年5期，頁37。
12. 李金髮《李金髮回憶錄》，上海：東方出版中心，1998年，頁56。
13. 蔣廷黻《蔣廷黻回憶錄》，台北：傳記文學出版社，1984年，頁81。
14. 鄭超麟《史事與回憶》第一卷，香港：天地圖書有限公司，1998年，頁160。
15. 鄭超麟，同上書，頁165，171。
16. 鄭超麟，同上書，頁165-166。
17. 賴景瑚《煙雲思往錄》，台北：傳記文學出版社，1980年，頁57-58。

名門望族留學生

歷史洋博士蔣廷黻回國不久，在北京一個晚飯聚會上，第一次見識世家子弟的氣派。

早到的人坐下來吃茶、磕瓜子，談論各種題材，包括天氣、滿洲溜冰方法以及元代的北京城。我根據西方觀念衡量，真不曉得為甚麼他們一直不開飯。後來，一個年紀相當大貌似小商人的人走進來。他頭不梳，穿一件黑色緞馬褂，上面沾滿塵土和油垢，黑色棉襖外面罩一件藍色大衫。下襬拖到地下足有一寸多長。我很不屑他的外貌和舉止。他抵達不久，開飯了。我因為很餓，盡量吃東西不暇他顧。幾道菜過後，我突然發覺那個小商人正講古羅馬城的紀念門。他指出希臘的紀念門和羅馬的有甚麼不同。接著，他又突然把話題轉到明陵上，然後又談到西安。後來，談話內容轉到音樂，小商人認為最好的歌劇院是米蘭的斯卡拉（La Scala）歌劇院。後來，他又告訴我們孔廟的樂器如何演奏，何以中國音樂單調而憂傷。無疑地他是一位古蹟、名勝、音樂、戲劇……的名家。事後我問主人他是誰？主人告訴我他就是清代名臣曾國藩的孫子。

十年以後，洋博士在英國見到義和團時在北京做英國公使館醫生的葛累（Grey），將那天吃飯的情形告訴他。葛累講了另一個親身經歷的有趣故事：

有一天，他正騎驢到哈德門街，一輛黃包車從巷子裏衝出來，驚了他的驢子，幾乎沒有把他摔下來。他很生氣，揮拳就打那個拉黃包車的。這時，乘客舉手攔阻說：“你不能這樣。”對方說一口流利的牛津腔英語，使他大吃一驚。葛累抬眼端詳一下對方。另一件使他吃驚的是對方衣衫襤褸，貌似落魄之徒。經過詢問，他才知道那位乘客是曾國藩的後人，正是我在朋友家晚餐席上遇到的那位小商人。他們很快成了朋友。經過葛累的介紹，曾居然成為英國駐華公使朱爾典（Jordan）爵士的莫逆，朱爾典靠他才能把北平歷史、藝術和光榮的過去解釋給赴北平的英國人。[1]

這個滿腹經綸而不露在外表上的曾國藩孫子，有人猜是曾廣銓，曾跟隨做外交官的嗣父曾紀澤在英國多年，不光精通英語，還懂法、德、日及滿文。

洋博士蔣廷黻有點不滿北京這些貴胄如此收藏其財富和才學，"要和對方聊上幾個小時，才會發現他是某一方面的行家。"洋博士大概也為來自曾家的湖南同鄉、名臣子弟的才學所驚，印象才會如此深刻。他留學美國多年，不想西洋文化修養比不上其貌不揚的小商人。

深厚的家學

曾廣銓並不是中國早期留學生。中國的書香門第、世家大族在十九世紀並不流行留學。他們有家教的傳統，對接受新式和西式教育有自己的想法，哪怕新學已經遍地開花的時候，他們也未必入學。要子女學新學，大可以延聘好人才作家教。

1905 年生於清朝大官僚家庭的周煦良，15 歲之前一直讀家塾，亦即民國頭十年都沒上學校，在家中讀三字經、四書及商務的國文教科書。12 歲起學英文，家中自聘英文老師，不是聖約翰就是港大或留美學生。後來他讀大學鬧事，被父親關在家裏，周家也能夠請留學生數學家何魯來教他微積分。[2]

世家大族起初不願送子弟留學，但一旦確認留學是未來的出路，則他們經濟上雖然未必很優越，但既有家學，又多人脈，出國的優勢立見。

不過，中國的世家該怎樣定義呢？

曾國藩是有清一代中興名臣之首，兒子曾紀澤是著名外交官，一手拔擢的李鴻章、左宗棠都權傾朝野。若說曾家是當時顯赫的世家大族，並不為過。

但中國早已廢除了封建制度，爵位沒有世襲罔替的保證，難以永續。世家只能夠有人脈和知識上的優勢，並不斷以考功名和成就事功去維持家勢。曾家不過是官大而且顯赫幾代而已，難以企及歐洲的世家。曾國藩的曾孫女去英國留學時，拜訪英國最老的世家，它已延續差不多一千年，1066 年與威廉第一由法國諾曼第同到英國。"這頗令我想到我們家裏，不過四代的侯爵而已，中國唯一的最久世襲是衍聖公，其餘的世家都很短，中古及近代的中國，根本說不上甚麼封建制度。"[3]

所以世家子弟的標準，在中國寬鬆得多，也很難有統一的定義。顯赫如曾家當然是世家，等而下之，家裏出過一個大官，得了世襲一代的職位，後人哪怕只是詩酒風流、在鄉紳中有名望，已經視為名門大族。[4] 或許中國的世家，稱為望族更妥。

中國還有不少一鄉的望族，像巴金、郭沫若的家庭；還有憑科舉高中而做過一兩代地方小官，嗣後家裏也重視讀書的，都自視為書香門第，我們大可以小世家視之。

世家的關係網

世家自有世家的人脈和氣派。1912 年，曾國藩的曾孫女到上海準備出洋時，為她致餞行辭的，是民國臨時政府司法總長伍廷芳。[5]

近代中國學術界赫赫有名的學者、政界及企業界名人，不少出身名門望族，而留學外國。

史學家陳寅恪、周一良，哲學家馮友蘭，語言學家趙元任、李方桂[6]，趙元任的妻子楊步偉，軍事家俞大維，物理學家吳大猷，經濟學家陳岱孫，教育家曾寶蓀都出身官宦之家。數學家胡明復，稱為中國第一個女教授的陳衡哲，教育家楊蔭榆，研究佛教的湯用彤，文學家梅光迪、錢鍾書都是書香世代。

還有提倡勤工儉學的李石曾，父親是同治、光緒皇帝的老師李鴻藻，李石曾成了第一批隨駐法大使去法國讀書的學生。企業家及著名佛教居士聶其傑（聶雲台）也來自官宦家庭，也是留學生。

這些世家子弟之間，有複雜的姻戚關係，像曾寶蓀的曾家，跟俞大維的俞家、陳寅恪的陳家、聶雲台的聶家都是姻親。

籌劃著名的清華國學院的吳宓，本身不是世家子弟，他在哈佛讀書的時候與不少世家子弟交往。既與俞大維、陳寅恪、梅光迪、湯用彤論交，還跟大家庭出身、娶曾國藩孫女為妻的尹寰樞同住。見識過世家留學生的豪氣。

尹寰樞是中國國防會副會長，該會是留學生憤於廿一條國恥而組織的。吳宓說這個同屋者"才氣縱橫，不拘小節，早晚在房中洗澡，每每裸體兼練習體育運動，拍打肥胖身體，白皙肌肉，發出聲響，自賞健壯和武勇。賓客很多，高談闊論"。[7]

錢鍾書夫婦及盛澄華 1938 年在巴黎

至於文人氣質的陳寅恪，雖然不富有，也有豪舉。他的豪舉首先表現於買書，主張大購、多購、全購。研究世界史，買了劍橋所出全套二十多冊的歷史書。又勸吳宓買莎士比亞全集的註釋彙編本，結果吳宓回國後一次也用不上，沒地方放，搬運費錢，於是以賤價出售了。第二表現於宴會。陳寅恪到波士頓後受很多友好宴請，於是在波士頓東方樓一次彙總還席，酒宴豐盛，所費不貲。吳宓初次到東方樓，見房屋寬大宏敞，佈置精潔，器皿都是銀器或景德鎮上等瓷器。雖然在美國，酒餚完全是北京上海著名大酒館的規模，鮑參翅肚全備，各地名酒及特產食物，如烤鴨、火腿亦有儲存。[8]

世家子弟的學識深度也令吳宓敬服，所以後來才有推薦沒有學位的陳寅恪做清華研究院導師之舉。另一世家子弟俞大維，到哈佛研究院不到兩個月，已盡通當時哲學最新穎趨時的數理邏輯學；又在哈佛找出中國學生不認識的著名印度哲學和梵文教授，向他問學；還能為吳宓簡明扼要地講歐洲哲學史綱要。這些能耐，恐怕不能只歸因於聰明過人。[9]

世家不必是富家

不過家族龐大，又經分家，所以中國的世家子弟不同於富家子弟，如徐志摩、楊憲益、王念祖、趙無極；也不同於當權政要的子弟，如孫科、唐筱薆（唐繼堯子）、蔣緯國。

曾寶蓀留學的錢由英國人捐助，後來才由做了大實業家的表叔聶雲台及曾家共同還清教育費。她回國的時候，部分家人已遷居上海，房子小，人多擠迫，隨她回家的教會老師要住到另一傳教士家。[10]

才子錢鍾書娶了楊絳，是無錫兩個書香門第的結合。楊絳的父親和姑姐都是留日又留美的留學生，出國很早。[11]楊絳自稱家貧，說家裏“兩代都是窮書生，都是小窮官。……有上代傳下的住宅，但沒有田產。我父親上學全靠考試選拔而得公費”。[12]

到 1940 年代，世家出身而且父親是實業家的周一良，也沒有自費留學的本錢。

不過書香門第的知識分子，在留學潮裏，還是比別人多機會。如果曾寶蓀不是曾家後人，哪怕她的英國老師再愛護她，也很難想像為了幫助她留學，竟至於甘願放棄退休金，在英國又介紹許多世家大族給她認識。

世家子弟爭取官費留學亦有一定優勢。這不一定是走後門的結果，而與他們的家學淵源以及教育消息有關。

就以楊絳的父親楊蔭杭和姑姐楊蔭榆為例，楊蔭杭十多歲就進入天津中西學堂和南洋公學。未到 20 世紀已經以南洋公學官費生身份留學日本，得了法學士，再自費留美讀法學碩士。楊蔭榆婚姻不幸，不回婆家，十多歲由兄長資助讀西式女校，在清末得官費留學日本，回國工作五年之後，由教育部資送留學美國。

可見個人若對時局敏銳，加上自己的志向和努力，又有受人尊重的家庭背景或人脈關係，不難在很早期就得到公費留學的資格。

後來留學風氣已開，而留美潮剛露風頭的時候，已可見最早用庚子賠款資送留美的學生裏，有世家子弟趙元任、陳衡哲、胡敦復一家四兄妹的身影。後來清華學生保送美國，其中也有李方桂、湯用彤、陳岱孫等。

錢鍾書則是 1930 年代考取庚款留英，成績為各屆取錄者的最優秀者。

除了全國的留學考試，當時省費留學也是留學公費的大宗，而且批准權在省政府人員手裏。史學家陳寅恪除了留日時自費之外，留學德國、瑞士、法國、美國前後十一二年，是公費生，他是江西人，後來是用江西公費。陳寅恪能夠留學不讀學位，而受時人敬重，除了學養深厚之外，他的家庭背景恐怕也是一個招牌。

以上只是後來在學界裏出了名的留學生，而且偏重文史，想來學界之外而出身世家的留學生更有不少。像幫助梅蘭芳成為一代名伶的齊如山，父祖都是進士，父親齊禊亭是李石曾的老師。齊如山的子姪五人——三兄弟兩妹妹都在德國，三兄弟小學就在德國讀書。[13]

世家子弟雖然機遇比平常人好，但他們又不同於紈袴子弟。科學家嚴濟慈 1920 年代在法國認識朱氏兄弟，説他們兩人雖然年少來法國，絕不染華習，是極完善的青年，"我頗以為世家子弟，自不同也。"[14] 可惜他沒有詳細寫世家子弟的教養和生活。

世家子弟自不同，和他們的嚴格家教，以及自我和旁人期許有關。父祖輩都不是官宦的郭沫若，仍以望族自詡，"吾家是鄉中望族，一舉一動影響全鄉。"他家開始打麻將，鄉中就蔚然成風。他時常將留學所見與故鄉比較，對移風易俗念念不忘。[15]

出洋的大傳統

> 西方人所看到海外謀生者的，是小傳統，因為大傳統他們看不到，士大夫階級根本不出海。[16]

外國人不光在海外見不到中國的大傳統，甚至到了中國的也見不到這個大傳統。許多宗教家傳教的對象都是平民，後來辦學堂，又自成一個單位。曾國藩的曾孫女 1917 回國，住在姻親聶雲台家。陪她留學的英國教會老師初次住入中國大家庭——聶府，自稱增加不少見識：看見一個大世家人家的和睦，子弟晨昏定省的規矩，敬老慈幼的態度，使她感覺中國文化的偉大。[17]

學者説不少讀書人在太平天國南方大亂後，政治上待不下去，紛紛跟著大量勞工到東南亞，有些跟著商人謀生，有些教書，有些辦報。這些讀書人可能與士大夫有些關係。[18] 在留學教育上，士大夫子弟大概也有這種由不出海到紛紛跟著去的情況。在求新變的局面下，傳統出身之路既然到了盡頭，於是在大規模的留學潮中，有相當數量的士大夫子弟，跟在 19 世紀的窮孩子、商人子弟的腳步之後，也出洋了。他們身在海外，中國的大傳統如何默默流注，以及世家子弟在吸收新學上的角色，實在值得深入了解。

註 釋

1　蔣廷黻《蔣廷黻回憶錄》，台北：傳記文學出版社，1984 年，頁 105。

2　周煦良《世紀學人自述》第 3 卷，北京：北京十月文藝出版社，2000 年，頁 1-2。周煦良是文學翻譯家，出身於清末民初望族安徽周家，曾祖輩是直隸總督周馥，祖父輩有實業家周學熙，父輩有周叔弢，與同輩周一良、周紹良同以學問稱於世。

3　曾寶蓀《曾寶蓀回憶錄》，長沙：岳麓書社，1986 年，頁 40。

4　季羨林〈章用一家〉，提到時已為老太太的北洋政府總長章士釗的妻子吳弱南，是留英學生，出身名門大族，做孫中山英文秘書，自然養成一種門第優越感。認為自己是官家，其他人是民家，認為官民懸隔，涇渭分明，而且態度坦率自然，毫不忸怩。見《留德回憶錄》，香港：中華書局，1993 年，頁 68。其實吳弱南家由曾祖父辦團練抗太平軍戰死，而得清朝授與世襲爵位，祖父是廣東水師提督，父親雖然有清末四公子之稱，卻沒有顯赫功名。

5　曾寶蓀，同上書，頁 29。

6　李方桂的父親是進士，母親是左督御史的女兒，據說曾是慈禧太后代筆女官。官家僕婢如雲。徐櫻《方桂與我五十五年》，北京：商務印書館，1994 年，頁 4。李妻徐櫻是安福系徐樹錚之女。

7　吳宓《吳宓自編年譜》，北京：三聯書店，1995 年，頁 182。

8　吳宓，同上書，頁 191。

9　吳宓，同上書，頁 187。

10　曾寶蓀，同上書，頁 37。

11　楊蔭父楊蔭杭 1899-1902 年南洋公學官費生留日，幾年後自費留美。楊蔭榆 1907 年留日，1918 年教育部資送留美。

12　楊絳《回憶兩篇》，長沙：湖南人民出版社，1986 年，頁 5。

13　三兄弟中，齊煥為學生會主要人物，參與九・一八反日運動。關德懋《關德懋先生訪問記錄》，台北：中央研究院近代史研究所，1997 年，頁 16。關德懋曾追隨陳銘樞任文職，後赴德讀工業學校，返國後於大學及政府任職，曾為駐德外交人員。

14　嚴濟慈《嚴濟慈：法蘭西情書》，北京：解放軍出版社，2002 年，頁 221。

15　郭沫若《櫻花書簡》，成都：四川人民出版社，1982 年，頁 113。

16　王賡武《離鄉別土 —— 境外看中華》，台北：中研院史語所，2007 年，頁 8。

17　曾寶蓀，同上書，頁 67。

18　王賡武，同上書，頁 19。

最撲朔迷離的留學公案

清王室貴冑溥心畬是個大畫家，與張大千齊名，有南張北溥之稱。他的原姓是愛新覺羅，道光皇帝的曾孫，溥是他的輩份名字，也即與末代皇帝溥儀同輩。

清室倒台，王族生活所資已經今非昔比。溥心畬性格內向，不是那種交遊廣闊，誇誇其談的人，但他既有藝術天份，又有舊王孫的家世，本來已足以交接友朋，成就事業。可是就他的生平，卻有一宗到底說不清的留學公案。

他自稱曾經留學德國，而且得到天文、生物兩個博士，這引起不少疑問。他為了辯白，寫了一篇〈學歷自述〉，卻在死後才以遺稿的形式發表。

文中說他母親和兄長在青島居住時，他去青島省親，遇到德國亨利親王。亨利親王介紹他到德國遊歷。1913 年他考入柏林大學，時年 19 歲。留學三年回到青島和北京，結婚生女。再到青島省親時，又去德國，入柏林研究院，讀了三年半，1922 年得到博士後回國。他還說："今序學歷，並非欲藉此宣傳，所以不憚詳明陳述者，欲使對余學歷懷疑者，明瞭而已。"[1]

不過這篇自述並沒有了結這樁公案，不少研究他生平的人從他的唱和詩文裏，找他當時在中國的證據。

至於跟從他學畫的學生，有些堅持老師留學是真有其事。

按當時山東是德國勢力範圍，青島由德國人佔據。而各國為了在中國有影響力，都會拉攏控制各方政治人物，重要的清室王族自然會在其中。德國親王介紹王族成員到德國留學，並非不可能的事。

可是溥心畬只是眾多王族中的一人，畢竟不是皇弟溥傑可以親近廢帝溥儀，大有政治價值。

以三年半而得到兩個全不相干的理科博士學位，也是令人驚異的事。而他回國後，沒有在科學上繼續探求，卻潛心作畫，近於自學般成為名重一時的畫家。他的畫作風格，純然是傳統中國畫，不同於曾留學法國的徐悲鴻、林風眠、吳冠中、趙無極等融合中西。

有人根據溥心畬所講的時間，去柏林查大學的記錄，查不到相關資料。又有說他在香港曾與德國人同席，而不會講德文。為他辯白的，則說他青年時畢竟在德國人辦的禮賢學院補習德文，斷不會連基本德文也不懂。

如果說溥心畬作假，動機是甚麼？而且誇大到說得到兩個德國理科博士學位，也未免太啟人疑竇；如果說確有這事，又沒有真憑實據去證實。

由於死無對證，這件公案將永遠是大留學潮及這大畫家生平的謎團。

註 釋

1　溥儒〈心畬學歷自述〉，《傳記文學》，十三卷 3 期，頁 43。

第9章

新科舉洋進士

科舉的本意是拔擢人才為國所用，1905 年廢除這沿用近千年的制度之後，中國政治人才的選拔要另闢蹊徑了。

這時候，舉國上下都知道中國古書的道理不能濟眼前之急，而寄望於留學生能夠成為新式人才。於是清朝舉行了專門給留學生的考試，當時的人就說這是考洋進士。

誰來考這些洋讀書人呢？除了原來的官員，就是那些洋務運動時期的老留學生，像嚴復、唐紹儀、詹天佑等。

第一次考試知道的人不多，應考的全是留日學生。[1] 據參加者回憶，考試共考兩次，先在學務處，考關於新政的策論，及格的再在保和殿殿試。殿試也像考科舉，考生黎明齊集，可以自掮一個可摺的矮几，殿內鋪藏氈，席地而坐。試題分為文理兩類，文科試題是關於時政的一題策論。結果全部及格，第一名是日本帝國大學的工科畢業生。[2]

第二年考，取三十二人，最優等的九人，八個留美一個留英。

由於在在需才，這考試不像傳統科舉那樣三年一考，而是每年都考。從 1905 年到清朝亡，一共舉行了七次考試，總計有 1388 人獲得進士或舉人。成績最好的仍是留歐美的，但是留日的人數最多，超過千人。[3] 從前舉人進士資格是很難獲得的，新科舉考試則似乎較容易。有一屆由老留學生主考，甚至可以用外文來答卷，於是連不懂中文的華僑子弟也能得到功名，受西洋教育的政治學博士顧維鈞也說，“按西方民主的觀點看來，似乎有些奇特。”[4]

數年間產生了近一千四百個洋舉人洋進士，不能說少，但是在龐大的清政府裏，又急於用人的話，也不能說多。從第二屆起，清政府修改方法，考試只是給予科名，官職要由各部門決定。這千多人裏最後有 838 人獲得官職。

政府留意

清朝覆亡，洋進士考試沒有辦下去，但共和政體的中國政府還是將發掘新人才的眼光放在留學生身上。政府透過駐外國的機構，一直留意中央和各省派出的留學生，物色人才。清廷代表唐紹儀訪美時，邀請四十個學生代表到華盛頓，在哥倫比亞大學讀博士的顧維鈞廁身其中：

> 在宴會上，他（唐紹儀）向我們表示歡迎，並說，中國正處在使國家現代化和強大的偉大運動的開端，為此急需經過訓練，受過現代教育並熟悉西方各國崛起富強的思想和方法的人才。他說，在美國學習的中國人，和在西方各國學習的中國人一樣，都是非常需要的；他們回國後，都大有可為。[5]

顧維鈞才二十多歲，還未畢業，已收到袁世凱政府透過駐美公使聘用為政府辦公室英文秘書。才三十出頭，已是參加巴黎和會的中國代表。

1924年，從美國留學回來才八年的宋子文三十歲，已經是（孫中山政府）民國的中央銀行行長。

在分崩離析的中國政局裏，一部分早期留學生的仕途之順利，升遷之快，難以想像。1922年蔡元培提倡不參加政府時，提到留學生在政府裏的支柱地位："現在（1919年）政府那一個機關能離掉留學生。"[6]

不過，哪怕再有許多在政界嶄露頭角的留學生故事，中國的政治改革並沒有達到日本維新的效果。

大學爭相延用

大學對留學生也是早已留心。大學沒有政府駐外機構提供消息，但是"往往憑藉一些個人關係對海外留學生之成就、學業及行止了如指掌，並盡力設法將最佳人選延聘為本校教師。"[7]所以1920年代時不少留美學生在回國前已有教席，[8]較好的大學裏有很多留美的教授。1926年的南開大學，"除去講授中文課和中國文學課的教師外，所有的教員都是從留美學生中延聘的。大家都很年輕，平均年齡三十歲左右，其中大部分在美國就學時就是朋友了"。[9]

優禮有加

那時候中國學界猶存古風，憑中介人的推薦，對想延聘的人優禮有加。"那時大家都憑知交信用，憑真才實學，並不要人家甚麼證書。教書還有古代禮聘遺風，校長親送聘書，不像現在要先審查證書才決定取捨。"[10]

1919 年，教育部派去美國的考察團副團長陳寶泉是北京高等師範校長，經留學生梅光迪介紹，與只有 26 歲的哈佛研究生吳宓見面。吳宓說見面時陳寶泉致欽崇之意，並且說英語科將會辦研究部，仰賴高明，面奉該校英語科主任教授的聘書，月薪 300 元，自到校之月起薪。吳宓談及添購書籍的重要，他即給二百美元，請吳宓在美國選購書籍寄回該校圖書館。吳宓在美國的清華公費留學未滿期，如果他要在美國再留一兩年或三年，以求深造，均無不可。陳寶泉回國不久，因為學校鬧風潮而去職，但接任者親筆來信，說聘約繼續有效。[11]

得到有名聲的學生推介已經使陳寶泉對吳宓如此禮待，由已成為大學者的留美教授推介，就更不得了。1929 年，芝大語言學博士李方桂回到上海。中央研究院院長蔡元培大概從趙元任處得到消息，李方桂一到上海，就派一個研究員到船上接他，說已在旅館訂了房間。李方桂講到這事，強調自己只有 27 歲。他後來的妻子說，年輕學人受此禮遇，受寵若驚。[12]

蔡元培雖然沒有親自接船，但第二天就請他去家裏作客，楊杏佛、李四光、傅斯年等好幾個大人物在場，席上說準備任命他做中央研究院研究員。但李方桂辭謝，因為回國之前，美國的教授已經為他申請到洛克菲勒基金會的錢，除了回國旅費，還每月給他二三百美元，比中國許多教授薪水還高。如果李方桂發現中國不適合，可以靠這筆錢支付旅費回美國。各人請李方桂名譽上保留該職，只是不收薪水。李方桂照辦，因為這職位有助他到中國各地旅行調查。[13]

另一個密歇根大學博士吳大猷，推薦他得獎學金去留學的老師，早把他推薦給北京大學。誰料回國之前，他又接到中央大學校長羅家倫電聘，船到上海時，羅家倫並派教授丁寶緒來接他，也是訂妥旅館。這種誠意禮待，不免使吳大猷感動，只是因為已應北大之約，只好婉謝。[14]

有些留學生不止受聘為教授，還立即擔任行政職位。

在芝加哥大學學教育的高仁山，回國一年已經是北大教育系副主任。[15] 麻省理工博士顧毓琇剛畢業，本想找一間公司實習以得實踐經驗，但浙江大學工學院院長來聘，於是實踐經驗還不足的新科博士，就做了電機系主任。[16]

然而引介是重要的，沒有教授或者同學推薦，沒有母校青睞，沒有世家子弟人脈或者早就活躍於學界的話，就未必會受到上述的禮遇。哪怕是清華留美、有康奈爾大學博士資格的蕭公權，回國以前因為沒有向比較像樣的學校接洽工作，因此回國之後，在兩所私立大學教書，待遇不厚，課業不輕，後來發現這些大學是野雞大學，沒有圖書館，沒有可切磋的同事，他經親友推薦，轉去南開大學。[17]

救國事業的成績

留學的目的，本是要學習在中國學不到的東西，以幫助中國在該方面改革。但是從幼童留美開始，中國的留學生出國，目的性並不強。從這個角度來說，留法勤工儉學運動本想學生入工廠學技術，留蘇是學政治經濟，目的反而比較清楚，至於所學是不是中國所需，當可另論。

留學生投身高等教育的貢獻為眾矚目，但是中國的現代化，不能只有高等教育現代化。而且，懷著實業救國美夢的留學生回國教大學，大多從教育到教育，實踐經驗不足，對中國情況也欠了解。

在工商業秩序混亂、進程又常受戰亂打斷的局面下，所謂民族工商業，荊棘滿途，在實業界裏打拼成功、使民族工商業得以大力發展的留學生並不多。像白手興家的穆湘玥成了紡織界鉅子，最後仍逃不了在亂局中倒閉的命運。

沒有資金，沒有長期累積資本的環境，強大的中國工商界根本難以建立。學實業的留學生如果確實投身實業界，那麼家族有工商業生意基礎的，還有施展的空間，如唐炳源來自紡織界的唐家，又或蔡聲白之於絲織業。如果沒有家族生意作基礎，那就不能光等著大公司聘用，最好還自籌資金創業，但這又談何容易？

> 學者和技術人員，終是兩種人才。在歐美大學只能去求學，技術上的知識得到很有限。不過這在歐美學生，沒有妨礙；苟願投身工業，則畢業後可入工廠，在極短期內便能得到工廠內應有的學識和經驗。而在中國則不然，留學生回國後，非但無工廠可入而得重事深造，還要努力去創工廠，這點可見我國留學生處境的困難。[18]

在中國知識分子一片讚美留學貢獻的聲音中，很早就有研究者質疑：哪怕是實業界的好禾苗，但不是去了學校做研究，可能就是委身外商機構。學實業科目的留學生是不是無用武之地，在實業救國的路上舉步維艱呢？[19]

傳統的進士大都是文人學者，被譏笑為百無一用的書生，誰能料到抱著實用救國目的的洋進士，竟然也主要在文化教育界發揮所長呢？

為人詬病的問題

回國的留學生還有一個問題就是分黨分派，因為留學國不同而互相輕視，不光留歐美的輕視留日的，留歐與留美、留英與留歐陸，也各各自視較高。

而中國民眾看留學生，則一直詬病兩個方面。一是洋化，一是心頭高而不耐吃苦。

對於洋化的指責，早在 1920 年代中期以研究留學著名的舒新城已經尖銳地指出，教育本不能假手他人，留學生既到外國去受教育，一切外國化是應有的結果，否則便是該外國教育的失敗，一般人責難留學生洋化亡國，實則是悠久的留學歷史造成。[20]

對於好高騖遠不肯吃苦的問題，舒新城認為，被出路前途所驅，大量一般程度的學生湧去外國，本來就雜有目的不純、良莠不齊的毛病。這種不是主動的，有目的、有計劃地去研求學術的留學，應該改變，以研求學術來改進本國文化為留學的唯一目的。他斷然地說，這是他長期研究留學狀況的唯一結論。[21]

從文化學術的角度來看，這個結論是王道的主張。而 1930 年代，派出國的公費留學生也朝著這個方向了。只是留學已經成狂熱，這王道只能向精英要求了。

註 釋

1　實藤惠秀謂有留歐美者考，《中國人留學日本史》，香港：中文大學出版社 1982 年，頁 39。但按曹汝霖及張元濟〈議改良留學日本辦法〉亦證只有留日學生參加考試。曹汝霖説共 14 人考，學務部試全榜及第。《曹汝霖一生之回憶》，台北：傳記文學出版社，1970 年，頁 34。張元濟《讀史閲世》，西安：陝西師範大學出版社，2007 年，頁 79。

2　曹汝霖，同上書，頁 34。

3　楊學為等《中國考試制度史資料彙編》，頁 532-539；謝青、湯德用《中國考試制度史》，頁 641-649。1905 年 5 月 -1911 年，辦七屆留學畢業生考試，共賞給 1388 人進士、舉人出身。其中留歐美的 136 人，留日的 1252 人。

4　顧維鈞《顧維鈞回憶錄》第一分冊，北京：中華書局，1983 年，頁 128。1906 年該屆由唐紹儀、嚴復主持，重視外文，至有英文答哲學卷，及不懂中文者得進士的情況，見謝青、湯德用，《中國考試制度史》，合肥：黃山書社，1995 年，頁 649。

5　顧維鈞，同上書，頁 64。

6　蔡元培〈蔡元培口述傳略〉，見《蔡元培先生紀念集》，北京：中華書局 1994 年，頁 268。

7　何廉《何廉回憶錄》，北京：中國文史出版社，1988 年，頁 36。

8　哥倫比亞大學博士程其保，未回國已受聘東南大學，見〈六十年教育生涯〉(一)，《傳記文學》，23 卷 2 期，頁 8。1924 年陳翰笙在哈佛讀博士未畢業，蔡元培記人來請他到北京大學任教。他到北大時只有 27 歲。《四個時代的我》，北京：中國文史出版社，1988 年，頁 27，28。所聘的人也不限於讀博士的，也有碩士。言心哲《世紀學人自述》第一卷，北京：北京十月文藝出版社，2000 年，頁 255-256。

9　何廉，同上書，頁 37。

10　錢歌川《苦瓜散人自傳》，香港：香江出版公司，1986 年，頁 56。

11　吳宓《吳宓自編年譜》，北京：三聯書店，1995 年，頁 186。

12　李方桂《李方桂先生口述史》，北京：清華大學出版社，2008 年，頁 41；徐櫻《方桂與我五十五年》，北京：商務印書館，1994 年，頁 35。

13　李方桂，同上書，頁 40，42。

14　吳大猷《回憶》，台北：聯經出版事業公司，1986 年，頁 25。時為 1934 年。

15　陳翰笙，同上書，頁 24。1924 年陳翰笙回國時，高仁山是教育系副主任。陳氏説他未拿到碩士學位就回國，亦有説他已碩士畢業。

16　顧毓琇《一個家庭兩個世界》，上海：上海人民出版社，2000 年，頁 50。1929 年初。

17　蕭公權《問學諫往錄》，台北：傳記文學出版社，1972 年，頁 79-81。

18　魏壽昆〈讀書與任教期間幾個片斷的回憶〉，載《資深院士回憶錄》第 1 卷，頁 274。

19　舒新城認為留學生的職業和所學學科不相稱，且有集中於教育界的問題，《近代中國留學史》，結論，頁 178。汪一駒認為三四十年代工商業界有成就的人裏，較少留學生。工業界略好過商界，但也只是由工程師晉身管理者，沒有做企業家的。歐美留學生亦不見得比留日學生有優勢。因為缺乏資金，政治氣氛又欠佳，中國始終沒有強大的工商界。汪一駒《中國知識分子與西方 —— 留學生與近代中國 (1872-1949)》，第七章，頁 169，第十四章，頁 293-294。

20　舒新城《近代中國留學史》，長沙：湖南教育出版社，2010 年，結論，頁 183。

21　舒新城，同上書，頁 185。

回到中國的第一印象

1919 年，一個留美學生坐中國船回國，因為船小吃水淺，可以一直駛進黃浦江。

> 船一進黃浦江，我就很高興地站在甲板上瞭望江邊的同胞，船慢慢兒駛近碼頭時，江邊的同胞漸漸呈現在我的眼前了。船駛得越近，他們的行動看得越清楚了。當初我以為他們都站在岸上不動，仔細看看，他們都在動著，有的駝著背望著我們，慢慢兒走來；有的拖著腳跟一步一步的沿著江邊走。我仔細看了之後，一種感想油然而生：我國人為甚麼駝背呢？為甚麼走起路來，這樣拖沓迂緩呢？我在美國住了五年，見到美國人駝背的很少，都是挺胸，走起路來，頭豎立，背筆直，眼睛看前，胸部稍向前傾，步履輕快。[1]

這是個電影場景似的回國第一印象。上演的地點是上海 —— 當時最洋化的中國城市。五年前這個學生從上海出發去美國的時候，並沒有覺得上海的中國人走路緩慢。

拿上海對比外國

離開才不過幾年，留學生回到中國時，頭腦裏多了一個參照系。

上了岸，這些留學生還感到上海的人欠缺公德心，也不講衛生。旅館晚上喧聲擾人，還有人搓麻將，向茶房投訴，茶房也不管。坐電車，青年跟老婦人爭座位；乘客在車上吐痰，跟他說不該吐痰，對方還惡狠狠地，而全車乘客都像不在乎的樣子。由上海坐船到天津，高級艙裏也多老鼠，同艙的人好像不知公共衛生。"初回國的我看了實在不習慣！"想到在美國，旅館清靜，十時以後客人都靜下來，燈也暗下來，形成適當的睡眠環境；吐痰的事如果在美國，那全車的人一定不會放鬆這個吐痰的人。[2]

連親人的行為，也與所持的外國尺度不符。看見哥哥為了省錢，買壞了一點的水果吃，剛回國的留學生立即阻止。哥哥回說爛水果已經吃了幾年，從來沒有吃出毛病。然後挑了個又大又紅的蘋果，咬掉壞的，其他全部下肚，然後仰天大笑。[3]

剛踏上日思夜想的國土，卻自然地事事拿留學國的尺度來對比，因為離國時的印象已經淺淡了，而留學國的印象還很新鮮。正是這種對比令留學生明白，中國要現代化還要作多大的努力；同時也會惹起磨擦，或產生失望情緒。

住在上海的學生離國四年，1908年夏短暫回來，"當我到達上海的時候，我發現甚麼都不一樣，不是和我離開上海時相比，而是和我在美國所見到的相比。街道、房屋、服裝和風俗習慣等，一切東西看來都很稀奇。這個鮮明的對照使我明白了，上海是多麼落後，要使國家和人民趕上海外的生活條件，該作多少事情啊！雖然我很高興見到父母、兄弟、姐妹，我卻有一種失望的感覺，同時也產生投身建設現代化中國的願望。"[4]

但是中國在西風東漸之下，變化也很快。未到1920年代，留學生發現上海到處可見短旗袍、高跟鞋，認為洋化得可以追上紐約。可是骨子裏中國人還是被欺侮。他承認，在美國時，他喜歡用中國的尺度來衡量美國。回國以後，則顛倒過來。有時更可能用一種亦中亦西的尺度，像看見上海的黃包車伕為了幾個銅板跑得氣喘吁吁，烈日炙灼著背脊，用美國尺度說，這太不人道了。碰到外國人踢黃包車伕時，更想把這些外國人踢一頓。但是一想到給外國人撐腰的治外法權時，只好壓抑滿腔氣憤。"這時以美國尺度會譏笑自己為懦夫！以中國尺度則勸慰自己忍耐！"[5]

深入內陸的印象

留學生的家鄉大多在各處小城或山村，離國多年，必定回家探望老人，見到中國更廣大地區的面目。那廣大幅員的面目，更是五花八門，但見先進與落後紛陳，社會在混亂裏前進。

1917 年從上海到寧波的輪船，過道和甲板擠得像沙甸魚，一伸腳就踩到人。小販成群結隊上船叫賣。[6] 而內陸的水路交通更見窘迫。同一年曾國藩的曾孫女坐大海輪從海外回國，由上海坐長江輪船到湖南，到漢口因湘江水淺，改坐小火輪拖船，再接拖船撐篙搖槳走上水，一天一夜才到長沙。要去湘鄉，還要轉小船，船只有一個中艙，後面隔一層板就是船家煮食的地方。"由亞細亞皇后那樣大船 —— 可坐二千餘人 —— 到長江輪船，到小火輪拖船，到這樣的小划子，可說是一落千丈！"走了三日，才到湘潭，在又髒又有臭蟲的伙鋪住下，一夜不能睡覺。幸好想到可以見到母親，歸心似箭，也就不覺痛苦。第二天坐轎走八九十里，一日到湘鄉 —— 那個打救了清朝江山的曾國藩出身的小山村。[7]

也同樣在水急灘淺聞名的湖南，1918 年從日本回國的留學生，在湖南急灘翻船，竟然見到立即有船來救，而且不收錢，是制度，不禁嘖嘖稱奇。[8]

中國的新式交通建設和管理，就是在一片混亂的政局、人多資源少的環境裏，退一步進兩步。十年後，經滿洲里回國的美國博士、後來的大學教授，見日本人管理的南滿鐵路，火車整潔準時，車長查票彬彬有禮。到了瀋陽，中國人管理的京奉路車站則雜亂無章，頗引起他遊子還鄉之感！這個還鄉遊子立即丟棄了他的美式標準，買動兩名腳夫，火車到站時將他連人帶行李一起由車窗推進，找到個地盤，按捺這二十四小時到北京的行程。"三等車座位上面有擺行李的架板。我爬上去躺下就睡。這一手也許在公德上有問題，但亦顧不了了。"[9]

家鄉的第一印象

農村凋敝，農民破產，剩餘勞動力湧去城市，知識分子也湧去城市，這個場景直到今天還在上演。城鄉循環的良性流動斷絕，涵養過許多大人才的中國農村，流失養份，身體虛弱，變成落後封閉的地方。這些留學生在時光的緩慢遊移裏，看著長養他們的土地失血蒼白。

　　地靈人傑的江浙地區，明清時繁華富庶，文風鼎盛。那個在上海碼頭驚訝於中國人駝背的留學生，回到故鄉浙江上虞，"第一個使我感觸到的就是窮人太多，那時候原來有錢的人已經把田地賣光，沒有錢的人越來越窮困。"[10] 這是當時中國鄉村的普遍現象，不光浙江如是。賣了田地，家庭已不能夠靠田地維生。不少年輕力壯者去當兵。然而去當兵者眾，也做成內戰和貧窮的循環，仍然是一個嚴重問題。"內戰是貧窮的原因，也是貧窮的結果。"幸好清末一度因為窮和亂而出現的盜匪問題，已經斂跡，可能因為老百姓已經能夠適應新興行業，而且上海工商業發展以後，許多人到上海謀生去了。[11] 留在鄉鎮的上年紀的人，包括曾經有新思想的人，生活方式沒有大變。[12] 只是很多人開始抽香煙，點煤油燈，穿洋布衣服，用新紡織機，鐵器是機器造的，可見洋貨流行，手工業被取代了，但是中國的主要生產力 —— 種田方法卻十年沒有變。[13]

　　小城市的發展速度也很參差。1910 年代末，沿海的寧波可以跟清末一模一樣；1920 年代中，內陸湖南省的省會長沙，還很古老，沒有現代旅社，沒有汽車，到處都是轎子、黃包車和手推車。[14] 而這時沿海的福州卻變了很多，城牆全拆下來，高一級低一級的街道碾平了，到處都是黃包車、腳踏車，轎子非常罕見。[15] 各個城鎮的新式教育有發展，風氣也有變化，街上女人多了，小女孩也到學校讀書，很多學生都會講國語了。

　　可見小城鄉的發展面目，也像上海一樣，新舊雜陳，沒有人能講出中國到底依甚麼步速，走甚麼方向。看著公路在慢速發展的留學生，知道仍在官道上開小客棧的人將會承受時代進步的災難。他感歎的是促使進步的人沒有同時預謀補救之道。[16]

　　如果亂中有序，而且持續向前，那麼中國還有望一二十年後，實現現代化。令人傷心和急躁的，是局勢並不總是朝好的方面發展。1931 年九一八之後回江西婺源看老母親的留學生，見到家鄉教育仍是老一套私塾教育，甚麼國家大事、自然之理一概不在教學範圍之內。要知道位處江西安徽之間的婺源，不是窮山惡水的蠻荒之地，而是朱熹的家鄉，自古文風頗盛的地方。為了救國、不顧戰火回來的留學生，於是著手合併村裏兩個蒙館，並改成小學，自任校長。村裏共一百多戶，但這時只有幾百元的公共財產，為此他得到處募集經費。"中國老百姓對辦教育很支持，這是我們的民族傳統。連村裏一個寡婦還捐了五元錢。"[17]

熱心教育，確是中國的文化傳統。甚至壞人也會捐錢給好大學，令讀書人慨歎"歹人特別尊敬正直的人，這真是既滑稽又重要的事"。……"中國有些偉大事，即使在那個貧窮、落伍、分裂的年代也是偉大的。在貧窮、殘酷鬥爭的中國社會中，中國人還是很講面子，對正人君子大公無私的人還很尊重，對於慈善事業願意伸出援手。這是中國歷來的遺風，它使中國能在所有的災難中屹立不搖。"[18]

錦繡河山　破碎祖國

見過世面的留學生，並不因長了見識而嫌棄自己的故土。反而在對比裏，見出河山的美麗、文化的深厚。

1911 年初回國搞革命的留美學生，革命搞不成，於是到廣州和江南遊覽，所到處不及全國疆域十之一，"所見天然景致之秀麗，土地之肥沃，令人羨慕不置；至於國家面積的廣大，山河的壯麗，確非親自到過中國的人不知"，然而國土雖大，但是廣州、上海等城市，失業閒人很多，與美國城市裏人人為事業奔走，上學時間，在街上絕少見到兒童的景況，截然不同。這都因為工業不發達，社會貧困之故。然而見過壯麗河山的留學生，仍然"確信國家前途，無可限量，愛國之心更加油然而生"。[19]

作為明清帝都的北京，更令人懷想無窮。生於天津的留美博士，熟悉北京，"越是走得遠越是想念北京，越是見識的地方多越是懷念北京。北京的歷史、名勝、風景之外，更有居民的風格，實在是並世無雙"。從未到過北京的另一個留美博士，則回國第一次去北京，"不禁對自己驚呼:'北平真能代表中國偉大的過去。北平證明中國過去是偉大的,看到北平使我感到生為中國人實在值得驕傲。'……幾乎在北平每座有紀念性的建築物前我都願意叩頭。樣樣東西都令我感到新奇滿足"。[20]

但是美麗河山、壯麗京城敵不過時代的摧殘,在貧窮中求活命的生活,在人文上是破敗的。藝術家常書鴻認同祖國的山河秀美,"但是藝術、繪畫藝術的天地,在這個國家裏幾乎就像拋棄的垃圾,沒有一席可棲存的土地"。他於是到巴黎留學,"我是抱著藝術高於一切、為藝術而藝術的觀念到巴黎的"。1936 年,日本侵略得緊,他卻為了追尋敦煌藝術,放棄巴黎的生活回國,但回國"旅途的見聞和親身的經歷,使我那種藝術高於一切、為藝術而藝術的觀念受到強烈的震動"。震動他的是東北淪陷的景象:

> 列車駛進滿洲里,心情非常激動,我想高聲喊:"祖國啊,你的兒子回來了!"列車在滿洲里停車時,和我同行的日本人、法國人、俄羅斯人都下車進站遊覽去了,我卻被困在車廂裏。幾個日本憲兵和漢奸圍著我,要檢查我的行裝。……一踏上淪陷了的滿洲里,日本軍國主義的政治,就來干預藝術了。在我們自己的國土上,外國人可以到處橫行,可是我作為一個中國人,一個回到祖國的中國人,卻被困在車上不讓我下車去。一股民族尊嚴受到侵犯的怒火,在我心中燃燒起來。……(哈爾濱)昔日的繁華看不到了,大家都像機器人似的。……這時,我才意識到當亡國奴的恥辱。我們的國家哪像個國家啊![21]

熬過了八年日本侵略,滯留外國的留學生紛紛回來。有學生乘戰後第一艘開往遠東的運輸船回到上海,"多年不見祖國又出現在眼前,激動得淚眼模糊"。已煉成了哈佛經濟學博士的富家公子,也在回國的隊伍裏,"當我們即將要到達目的地時,上海的輪廓逐漸呈現在我們眼前,我內心深處湧起一種複雜的情緒。祖國已不再為日本佔領,我們全家也在大難中倖存了,但芸芸眾生如何生存?登岸四望,滿目瘡痍,一片混亂喧嘩之聲不絕於耳;一群衣衫襤褸的三輪車伕,往往是光著腳、瘦骨嶙峋。為了爭奪顧客，相互推擠，時出惡聲，招致了維護秩序的警察們肆意揮鞭抽打。這一幕幕的景象，使我遊子回國回家的歡欣氣氛大煞風景。在一群家人簇擁之下來到故居，一股溫情便又湧向心頭"。[22]

對父母之邦的依戀糾纏著艱難的國運，擺在一代又一代留學生面前，是他們要面對的回國現實。

註 釋

1　陳鶴琴《我的半生》，香港：山邊社，1990 年，頁 129-130。

2　陳鶴琴，同上書，頁 132-133。沈怡《沈怡自述》，台北：傳記文學出版社，1985 年，頁 89。

3　蔣夢麟《西潮》，台北：自華書店，1986 年，頁 126。

4　顧維鈞《顧維鈞回憶錄》第一分冊，中國社會科學院近代史研究所譯，北京：中華書局，1983 年，頁 48。

5　蔣夢麟，同上書，頁 123-125。1917 年回國。

6　蔣夢麟，同上書，頁 126。

7　曾寶蓀《曾寶蓀回憶錄》，長沙：岳麓書社，1986 年，頁 68。

8　龔德柏《龔德柏回憶錄》，台北：龍文出版社，1989 版，頁 32-33。其實宋代已有救生會的公益組織，專為渡江事故施援手。

9　梅貽寶《大學教育五十年 —— 八十自傳》，台北：聯經出版事業公司，1986 年，頁 52。1920 年代末。

10　陳鶴琴，同上書，頁 134。

11　蔣夢麟，同上書，頁 130。蔣廷黻，同上書，頁 93。綜合二人在浙江及湖南邵陽所見。

12　蔣夢麟，同上書，頁 127-128。其故鄉在寧波不遠的餘姚，餘姚家中，廳堂佈置依舊，可見其曾努力學西洋新知的父親的生活方式仍然很少改變。

13　蔣廷黻，同上書，頁 93。

14　蔣廷黻，同上書，頁 90。

15　寧波在辛亥革命之後六七年，沒有大變化，與清末一模一樣，蔣夢麟，同上書，頁 127。再過幾年，1924 年，洪業回到福州，對城裏的變化不敢置信。他被邀到處演講。詫異發現各校學生都會講國語，十年之前，他還是全校師生中唯一會講官話的人。陳毓賢《洪業傳》，台北：聯經出版事業公司，1992 年，頁 119。

16　蔣廷黻，同上書，頁 90。1920 年代前期在修築從長沙到湖南其他地方的公路，新公路未建成時，轎子還在舊官道上走。但是官道旁的房產已在跌價，因為商業逐步轉到新公路。

17　詹劍峰《世紀學人自述》第二卷，頁 206。

18　蔣廷黻，同上書，頁 88-89。

19　程天固《程天固回憶錄》，香港：龍門書店，1978 年，頁 49。

20　梅貽寶，同上書，頁 53；蔣廷黻，同上書，頁 103。

21　常書鴻《九十春秋 —— 敦煌五十年》，蘭州：甘肅文化出版社，1999 年，頁 11，24-26。

22　韓德培《世紀學人自述》第 4 卷，頁 260。王念祖《我的九條命》，北京：中國財政經濟出版社，2002 年，頁 61。

抗戰也回來

踏入 1930 年代，中國的大留學潮已過了四分之一個世紀，讀書救國的願望還未完成，而日本的侵略卻越來越緊，中國甚至有亡國的憂懼。這個時候，留學鍍金潮正當最熱，不少學生絡繹於留學路上。然而中日戰爭爆發，不少留學生又趕忙回國。

抗日戰爭八年間（1937-1945 年），大概是近代中國生活最艱難的日子。一方面戰爭時間長，另方面陷敵的地方多。烽火連天之下，回中國難望有好的讀書或生活條件，還要面對炮火威脅，性命難保。這個時候，富有人家會給大筆錢叫兒女去留學，好避過戰爭。[1] 許多留學生卻是一聞戰爭打響，立即收拾行裝回中國。

他們有從敵國日本回來、從動盪的歐洲大陸回來，也有從相對少威脅的英國、遠離戰爭的美國回來。

既然是抗日戰爭，留日學生大規模回國很能理解。尤其在 1938 年初，駐日大使也要撤回中國的時候，留學生擔心再不走的話，不當漢奸就要當俘虜。[2]

從歐洲回來的，除了共赴國難的情緒之外，在歐戰陰霾逼近時，還多了一重經濟和旅途安全的考慮。一旦戰爭爆發，航行極不安全，郵船都有觸雷沉沒的危險。從日本回國雖然也有危險，但畢竟航程較短。而從歐洲回國，費時長，風險也大得多，恐怕就沒法上路了；私費學生斧資有限，更怕留落他鄉，所以不止留德的學生回國，留英法的學生也紛紛回國。

何況留學的多是青壯男子，有些身為長男，見父母在戰區生活艱難，也得回家盡孝。1930 年代出國的留學生，年紀比較成熟，不少已成家立室，有妻有兒，思鄉情緒更濃。在美國時想國家想親友的一個留學生，七七事變爆發時正橫貫美國大陸回國。到了西岸才知道事變的消息，大為震驚。船到上海的時候，北京已經不通電報和火車，冒險坐英國的船北上，船被炸，幸好沒有傷人。回到家，妻女見到他彷彿從天而降。幼女見到爸爸很親熱，但是沒理解久未見面的爸爸也是一家人，臨睡覺時指著爸爸小聲對母親說："媽媽，怎麼他還不走啊？"[3]

試想充滿家國之思的留學生，怎捨得留在安逸的異邦，讓父母妻兒面對戰火？

絕不獨善其身

不要以為家人在中國的窮留學生才冒險回來。有些留學生有很好的家庭條件，完全可以置身事外，也都回國了，還帶了外國國籍的妻子，讓妻子也同受戰火的折磨。

名校霍普金斯大學博士湯佩松在 1933 年回中國。他離開美國前，研究院時期的同窗好友聞訊，立即從紐約趕到哈佛他工作的地方。這美國富家大族子弟提出：向一家大學捐錢，建立一個基金，專供他在校裏長期做研究及少量教書工作；至於他有眼疾的太太，好友可以資助她回娘家及作經濟支援。面對這無比優厚的條件，湯佩松的反應很直接：

> 我未與任何人商量，當面既十分感激他，也十分痛苦地謝絕了他。……我當時沒有仔細想過我斷然謝絕這個"大好良機"，決心回國的動機。

1933 年中國雖然未正式跟日本作戰，但是東北已經喪失。

> 我有甚麼理由一定要放棄這個機會，回到"風雨飄搖"，沒有親人的並在 1918 年謀殺了我父親的政黨統治的中國來呢？

湯佩松是民國議長湯化龍的兒子，其父被國民黨人刺殺於加拿大。湯佩松晚年回憶他的回國動機：

> 我對這個問題一直沒有仔細地思考過，因為我一向想法很簡單：我是一個中國人，當然要回中國去，這是其一；其二是，我的成長教育，是由"四萬萬國民"的血汗（庚子賠款）換來的，我對這個"國恩"一生也是報答不完的。但是這兩點現在看來並不全面。中國人在國外仍能為國爭光，何必一定要在國

內？我現在得到了另一方面的回答：這就是我現在，以及過去在美國的時期雖然在生活上是愉快的，但我內心一直有這一感覺：這不是我的本鄉本土，即有"不如歸去"的感覺。而生我之鄉的山山水水總是最可愛的。[4]

湯佩松的髮妻是加拿大籍華人，也跟他回中國。兩夫婦堅持留下來，直到 1943 年妻子因為營養不足，缺醫少藥，以致雙目失明，懷孕期間獨自帶三個孩子離昆明回娘家，夫婦二人從此兩地分隔。

結交了英國女友的楊憲益則是歐洲也陷入戰爭的 1940 年回中國的。他來自富裕家庭，和英國女友感情深厚，他可以留在英國，卻念念不忘要回中國。"我知道，回到中國，我不會有機會過平靜的書齋生活。我是中國人，我知道自己必須回去為中國效力。如果我放棄中國國籍，留在國外，我將對自己的行為感到十分羞恥。"他本來有志於學術工作，自 1937 年卻把大部分時間用於宣傳抗日，做中國協會的主席，又用英文寫抗日的劇本。抗戰的心使他對從事學術工作已經失去興趣，1940 年畢業時得了個四等榮譽學位，"既然我準備回中國，那麼我得哪一等都無所謂。"[5]

楊憲益不是美男子。他的女友戴乃迭（Gladys Tayler）第一次見到他，幾乎給他嚇了一大跳，眼睛細長，臉色蒼白，但戴乃迭不介意這個彬彬有禮的中國男子的外表，"他對祖國的熱愛打動了我。在他房間的牆上掛著他自己繪製的中國歷朝歷代的疆域圖。"

他們的婚姻和回中國的計劃簡直嚇壞了女方的母親。楊憲益也有一定的顧慮，他知道在戰爭時期的中國，生活會非常艱苦，而他的年輕未婚妻本來可以坐在軟墊兒上，衣著做工講究，吃草莓、糖和奶油。但是自稱對政治無知的戴乃迭說，"我對這些意見根本不予理睬。哈佛大學向他提供了一項研究經費，但我們倆都想回中國。"她下定決心跟他回國。

中國當時的國際地位那麼低，以致我 1940 年申請護照時也遇到了困難。我告訴批護照的官員："我有合約，要去中國一所大學任教。"

"你不能相信中國人的合約。我們必將不得不由政府出錢將你帶回。"

"我跟一個中國人訂了婚，我們將一起去。"

"你要是發現他早已有兩個太太了呢？那我們必將不得不由政府出錢將你帶回。"

"我父親在中國，為工業合作組織工作。"

"那就另當別論。"

這樣，我才拿到了護照，跟楊憲益於 1940 年夏離開英國。[6]

幾十年後，身為丈夫的楊憲益說，"中國無論在當時或是現在都很貧窮。對於乃迭來說，尤其不容易，特別是戰時在中國內地度過的那些歲月。"[7]

而戴乃迭就說：不同於許多的外國友人，我來中國不是為了革命，也不是為了學習中國經驗，而是出於我對楊憲益的愛，我兒時在北京的美好記憶，以及我對中國古代文化的仰慕之情。[8]

書生報國

無論國家或私人，中國出了鉅資送了子弟出國，期望他們學成，有用於國。這些年輕人卻在炮火紛飛時回來，輕言犧牲，對中國有用嗎？

這些學業初成的青年，大都是書生。除了醫科生可以立即投入救人，其他讀實用科目的，還未有深厚經驗；讀文史藝術的，在戰亂的環境，更可以說是百無一用。

> 蘆溝橋之戰──八年血腥的侵略戰爭開始了！當時我的心情既沒有悲傷，更沒有畏懼，只是憤恨的沉默。旅途中一面不斷地聽戰報，一面在沉思：我能做點甚麼？[9]

留學生不會打仗，雖然衝動的曾經想從軍。身為生物教授的湯佩松和校長及幾個好友打了招呼後，離家試圖到武漢和南京及上海軍事機關接頭參軍。但軍事機關的人"都認為我是瘋子。先是勸阻，繼而是不接見。……即便參加了也不過是做後勤服務，何況我無一技之長"。[10]

投軍無門之後，能夠想到的，難免以書生事業——亦即搞研究為主。武漢、清華及其他大學的理科教授都試做過防毒面具，但以測試失敗告終。"其實我一個秘方也沒有，只有從我那本化學戰書上得來的早已過時的東西！"[11]

文科社科留學生回到中國，或在後方的大學教書，或在淪陷的地方默默做教育工作。[12] 這些一心報國的學生，留學時省吃儉用，儲錢買書帶回中國，準備為國所用。[13]

書生的損失

在流離失所的逃難生活中，生存很不容易。當時在大學也是窮教授，生活困難，帶了許多書回來為國效勞的書生，要以賣名著度日；又或者存書於戰區，毀於戰火。[14] 辛辛苦苦寫成的學術著作、譯述文稿，也弄得七零八落，只能長歌當哭。

> 在這種動亂的時代，財物的喪失原是意料中事，文人最寶貴的東西就是文稿，但同樣也要在大浪潮中付諸東流。[15]

自身也不得安穩，更難說做學問了。"留學歸來，遭逢國難，流亡轉徙，失去一切著述、鑽研的機會。窮愁、流離、艱苦、潦倒。"[16]

不計較自己的學術生命中輟，而教導流離中的學生，讓下一代在戰火裏也有求學的路徑，使中國的學術工作不中斷，大概是書生最有作為的所在。賡續求新知，薪盡火傳，這也是救國使命的重要一端吧。

生物學家湯佩松總結了抗日初期又要參軍又搞防毒面具的魯莽經驗後，立定宗旨要在昆明"這個後方基地為百孔千瘡的祖國做出我應當做，也能做的貢獻。……為戰時和戰後國家儲備及培養一批實驗生物學的科學人才"。[17]

讓人苦笑的，是五十年代思想改造中要他檢討回國動機。他說這完全出乎他的意外，他從來沒有思考過這個問題！

對這些正直的知識分子而言，回國就是那麼天經地義，不必思量的事。改造他的人大概不會明白，天之驕子似的留學生，在外國生活得好好的，為甚麼會回來既窮又亂的中國。而我們也難以明白當年的中國人的家國之思。湯佩松不但在抗戰烽火中由著失明的懷孕妻子回國，戰後的 1947 年他去聯合國開會後，去加拿大探親，親友為他在溫哥華大學謀得職位，他仍然要回中國，把夫婦之情放在次要。終於妻子比他早死，兩夫婦未能再見一面。北平易幟前，他跟陳岱孫長談後，決心留下。他坦承從道義和作為丈夫和父親的責任上說，可能是他一生中一個重大的錯誤決定。在以後種種運動裏，他有幾次幾乎過不了關，幸好得到續弦的妻子支持。文革結束之後，他可以去美國安度晚年，可是他仍然拒絕外國大學的聘約，因為在中國還有許多事要做。

> 當想到在這五十多年的滄海桑田中，我也曾一磚一瓦地為我的國家作了哪怕一點微不足道的貢獻，我的終生心願就得到滿足了。[18]

同樣經歷了十年文革，哀歎抗戰之後又再耽擱不少時間，"回首思之，心有餘痛"的學者，也說 1979 年後，響應號召，獻身現代化，從頭收拾舊業，作為過渡人物，承先啟後，繼往開來，上點專業課，帶幾名研究生，責無旁貸。[19]

今天的中國人能夠不把這番獻身現代化的話，視作樣板的官腔，明白其中的深刻創痛和奮發最後光輝的動力嗎？

哪怕中國滿目瘡痍、支離破碎，當時不少留學生仍然以中國人為榮，也不鄙棄中國文化。無論受了多少洋教育，中國傳統的國家興亡匹夫有責思想，仍然鞭策著中國男兒。

這種匹夫有責的念頭在共赴國難的回國學生中清晰可見，在離國避難的留學生裏，亦可能隱蔽存在。備受父母憐愛的么子黎錦揚聽從長兄的安排，在抗戰最艱難的 1943 年出國。他的大哥是北京師範大學文學院院長黎錦熙，與官府中人有來往，既能夠不經考試就讓弟弟拿到留學資格，又能夠在惡性通脹肆虐時用官價換外匯，在美國又因為認識趙元任，令弟弟得到獎學金。

西南聯大畢業的小弟黎錦揚回憶說，當日在重慶與闊別有年的大哥簡短會面，大哥連寒暄也沒有，第一件事就説政府希望所有大學畢業生盡快離開中國。這真是政府的態度抑還是他的説詞，無從得知。而當他幫弟弟以官價換到美金時，他心情沉重地叫么弟"趕緊出國，免得在這裏被打死"。長兄當父，保護么弟免至死於戰禍，吐露了這個長兄的真情。

　　這個弟弟在美國十分安全，上課之餘，也跟朋友上夜總會找女孩跳舞。以黎錦揚出國的條件以及在國外的生活，任誰都可以將他視為有後台走後門出國的小衙內。就在日本投降，二戰結束的那天，他與中國朋友慶祝，大吃一頓，喝得半醉。獨個兒回到小屋時：

　　　　在日曆的 1945 年 8 月 14 日那一天上畫了一個紅色的大圓
　　　　圈。八年的戰爭造成數百萬人喪生，給人類帶來難以形容的苦
　　　　難。我的心潮澎湃，熱淚滾滾。我是個幸運兒，還活著，而且
　　　　生活得很好。淚水是我對那些受難者及失去生命的人的感激，
　　　　也是為我對抗戰事業無所貢獻的自責。我睜大眼睛向日曆上這
　　　　一天行了個禮。[20]

註 釋

1　富商子王念祖，父給大筆錢讓他在 1937 年到英國留學避戰爭。

2　彭迪先《我的回憶與思考》，成都：四川人民出版社，1992 年，頁 33。

3　李抱忱《山木齋話當年》，台北：傳記文學出版社，1979 年，頁 90-92。

4　湯佩松〈為接朝霞顧夕陽〉，載《資深院士回憶錄》第 1 卷，上海：上海科學技術出版社，2003 年，頁 40。民初政治十分混亂，其父湯化龍是進步黨領袖人物，進步黨與國民黨對抗，被國民黨人視為袁世凱的附庸。湯化龍被刺，孫中山運回行刺者的棺柩，由國民黨封為烈士。

5　楊憲益《漏船載酒憶當年》，北京：北京十月文藝出版社，2001 年，頁 70、77。楊是留英學生，翻譯家。

6　楊憲益主編《我有兩個祖國 —— 戴乃达和她的世界》，南寧：廣西師範大學出版社，2003 年，頁 8、10、11。

7　楊憲益《漏船載酒憶當年》，頁 79。

8　《我有兩個祖國》書封勒口。

9　湯佩松，同上書，頁 60。

10　湯佩松，同上書，頁 63。

11　湯佩松，同上書，頁 66。

12　1941 年抗戰正艱難，哈佛畢業的林耀華還是毅然回國，教雲南大學社會系。《世紀學人自述》第 4 卷，頁 61。到美國學音樂教育的李抱忱，在淪陷的北平銷聲匿跡，在中學教音樂，合唱團亦不活動。頁 90-92。

13　嚴群《世紀學人自述》第 3 卷，頁 225。嚴群是嚴復姪孫，學西方古典哲學。朱紹文《早年留日者談日本》，濟南：山東畫報社，1996 年，頁 75。

14　嚴群 1940 年在燕京大學任教，由於國難，生活艱苦，以賣書度日，賣掉很多名著，《世紀學人自述》第 3 卷，頁 225。林煥平從日本帶回大量書，寄存上海小學，八一三時全毀，見《世紀學人自述》第 4 卷，北京：北京十月文藝出版社，2000 年，頁 151。據陳寅恪文革期間第一次交代稿，他存書在長沙親友處，長沙大火時燒光。見蔣天樞《陳寅恪先生編年事輯（增訂本）》，上海：上海古籍出版社，1997 年，頁 116。

15　錢歌川丟失英譯茅盾《蝕》三部曲原稿，《苦瓜散人自傳》，香港：香江出版公司，1986 年，頁 129。

16　周傳儒《世紀學人自述》第一卷，北京：北京十月文藝出版社，頁 358。

17　湯佩松，同上書，頁 74。

18　湯佩松，同上書，頁 40、123。

19　周傳儒，同上書，頁 358。

20　黎錦揚《躍登百老滙》，合肥：黃山書社，2008 年，頁 119。黎是導演。

何以想歸國

雖然有許多政治爭拗，回國又要直接面對種種艱難，可是 20 世紀上半，留學生的一大特徵，是對歸國的熱情。[1] 這是相比於往後半個世紀而言的。

> 那時的留學生情形，與近年的大不同處，一是人數遠較近年為少，私立的紐約大學、加州大學、密歇根大學都不過百人；一是皆急於回國，未聽說有想長留彼邦的，大多留二三年而已……一般言之，目前留學的心情和目標，是與那時代不同的。[2]

當然，我們也不能高估這種熱情而忽視 1882 年至 1943 年美國有排華法案（Chinese Exclusion Act），限制中國人入境和入籍，令留學生不易留下來；此外，外國也有環境不好的時候，像 1929 年美國大蕭條，畢業生不易找工作，賺零錢亦甚難。

總體情況是複雜的，數字可以道出一些實況，卻又會失去另一些，時人的印象也如此。我們應該怎樣統計或記錄這種歸國和去國的意願呢？

不忍去父母之邦

在歸國的大隊留學生裏，希望為生長自己的地方效力是很重要的感情。中國是他們生活成長而有感情的地方。既然不是抱著棄國的心情爭取留學，學成之後回國也就順理成章。像容閎雖然讀大學時就入籍美國，卻回到中國求個人和國家的發展。

當年的知識分子有一種國家興亡、匹夫有責的傳統思想。既然是匹夫之責，他們回國並不一定要做大官，有些留學生甚至立志不做官。像教育家晏陽初在耶魯讀書，他和許多留學生一樣，立下志願，學成回國決不做官，只願做救國的工作。他沉默寡言，舉止嚴肅，有學者風度，在同學中鶴立雞群，我行我素。[3]

> 那時候留學生所想的，幾乎一致的是如何學些對於國家民族

有用有益，對於解救國家民族有效有速效，最好能立竿見影、根本解決之效的學問，然後早日回國，將所學能貢獻於祖國。[4]

一般說來留學的人都想學點甚麼，以備回國服務；很少（我不能說沒有）預備在美國居住下去。所以在那個時候，每個留學生都有一定的目的：這個目的就是在美國學一點新東西，預備回國以後，能對社會、對國家盡一點責任。[5]

不留下不是因為不喜歡外國生活，他們回國前不免依依不捨，"但是學成回國是我的責任，因為我已享受了留美的特權。"[6]

留學生這種持續半個世紀的回國熱情，根柢裏更基本的，是一種抹不去的生於斯、長於斯的情懷。

歷史家何炳棣是考取公費留美的，留學期間中國大陸易手，他留在美國。1980 年代重回中國，見到比他早一屆考取公費留美的歷史家吳于廑，立即感謝他救了自己一命。若不是因為吳于廑高中，使他晚了一屆取錄，他畢業後早已回中國，避不過文革的折騰了。[7] 如果問，為甚麼當年的留學生都要回國，連抗日也不迴避？答：那是父母之邦！而且對比自己成長所得，對中國老百姓有一種罪惡感。[8]

不因政局改初志

中國的局勢不斷試煉留學生的回國意志，尤其是在遠離戰亂而富庶的美國的留學生。但是在日本侵略的陰影下，他們回國；國共內戰的時候，他們回國；各種救國主張經過近二十年爭拗、感情撕裂的情況下，政權易手，面對不明確的前景，仍然有很多人回國。

這裏面也有共產學生動員的原因。有些留學生組織本來不是政治性的，後來由共產黨留學生掌握了領導權，鼓勵留學生回國建設，據說當時留美學生 5000 多人，動員回國 1000 多人。[9]

然而 1949 前後有關共產中國的消息很多，正反面都有，鼓勵只能起加速催化的作用，留學生有回國的本志，還是底蘊。

多數留美生對中國真實政治形勢不清楚，只知經歷翻天覆地變化。大家出於對國民政府腐敗和無能,早有失望以至痛恨心情,認為甚麼變革也不能比國民黨更壞。另外出於愛國心,深信技術可以救國,只想中國趕快安定下來,好重新開始停頓十多年的經濟建設。[10]

有些學生像吳冠中知道回國求發展是一條艱苦的路,但他相信在中國找藝術之路更適合他。他是國共內戰時公費留法的,回國時政權已經易手。[11]

回國也意味要放棄美好的外國學術環境。但是,要搞研究工作應該回中國搞的想法,經常佔據首要地位。[12]這種想法沒有因為政權易手而消失。不少回國的留學生在美國有條件留下來,甚至已經有工作,許多朋友規勸,說美國的工作條件是全世界最好的。他們所想的卻是"美國的工作條件、物質生活,雖然比目前中國優越,我認為我等有責任去改進自己國家的條件,而不是等別人創造好條件然後我來坐享其成。"[13]當然也有很多人徘徊於回也不回,看局勢發展而決定,最後留在美國的。

當時美國國內的形勢也很複雜,既有不想人才回國幫助共產中國發展的,也有不信任亞洲人、主張遣返中國學生或集中監管的。[14]留學生回國的機會和困難都受美國的對華政策影響。起初政策傾向留下中國學生,給留下來的學生經濟支援:本來公費留學而今經濟來源斷絕的,可以向美國政府"借貸";非公費留學的,可給予居留權,讓他找工作。[15]年中韓戰爆發,意識形態大分歧的國家兩陣對圓,中美勢同水火,美國的政策有點轉變,認為讓親共的學生回中國,對美國的安全有利。因此夏秋之間准許留美的人買船票去香港。決定回國的中國學生說,美國起初並不阻止他們回國,"美國政府還漂亮地說,你們是中國來的留學生,願意回國可以回國呀。"[16]但是同年稍後政策又變,美國政府竭力阻止中國學生回國,不再容易批准,學自然科學的固然難批准,學心理學的申請回國,移民局也多方阻撓。[17]

但是一心衝破阻攔的留學生,經歷千迴百阻,1950年代頭幾年,還是有不少人陸續從美國回國。還有人因為護照及簽證已經過期，在美國沒有合法身份，要離開美國只能冒險偷渡。[18]

後人或許說他們笨，但是他們的"笨"有共通點，非處在當時環境，不易明白他們的心情。

永不完結的爭論

在中國局勢不明時，身在外國卻千方百計要回國，難免被視為可惜。而且在國際關係緊張的形勢下，有些人回中國大陸後覺得自己不受信任。[19] 後來中國發生許多政治運動，知識分子首當其衝，更讓回國決定是對是錯，成為留學生被問和自問的問題。

有在政治波濤中曾經自殺的科學家，臨老回首，認為回國是錯著。劫後重臨留學國，發現自己原來研究課題的繼任者，得了國際大獎，禁不住老淚縱橫。[20] 即使在台灣的，也深恨沒有做出成就來：

> 中國學生從麻省理工學院出來的前後同學，至少有四五百人，單是佔本校開科第一名接受第一班頒給學位的就有四人，……畢業校友中留在美國的倒有好幾位在教育和工程界著有聲譽。不過畢業回國做事的，我很慚愧的說，連我在內都沒有甚麼特殊的成績表現，無論是否由於政局不定，流離顛沛的原因，比起美籍校友來，我覺得應該是很可悲惋惜的。[21]

偷渡回國的梅祖彥卻說對當年回國不後悔。他是學機械的，是科技救國所需要的理工人才：

> 回國後第二年肅反運動，再兩年整風運動，接著大躍進，反右傾，稍有恢復又發生文化大革命。這些政治運動對我們的業務工作和個人生活都帶來了很大衝擊。我們對當年回國是否後悔了，覺得這一段時間是否白過了？從相熟的老同學經歷來看，倒不是這樣的。我們盡管遇到各種挫折，但為社會主義建設的責任心沒有動搖，考驗只會加深對自己使命的認識。當年美中之間隔著一道鐵幕，意識形態、政治體制、生活方式上儼

若兩個世界。年輕人從一個熟悉的環境毅然闖入一個陌生環境，確實經受了考驗。[22]

文科的哲學畢業生，在韓戰爆發後，衝破美國政府所設的重重障礙，拒絕師友勸阻，毅然回國參與建設，並照顧妻兒老母。他自視為愛國和反抗種族歧視的表現：

> 有人說太笨，但自己始終不後悔，因為對國，對民，對家都做了自己應做的事，心安理得。[23]

既然人生的路不可以重新選擇，這些不後悔的表述都可以被人視為阿Q，不過聊以自慰。

到底為甚麼決然要回國呢？或許像生物學家湯佩松所說，他回國五十年，從來沒有仔細想過這個問題，就是在政治運動中也沒有深刻地想：1950年代'思想改造'，群眾向他提出，令他短暫地想過；後來文化大革命，他腦中有時掠過。反而動盪過後，見到曾經共事或共學的美籍華人的外國專家，心頭總會湧起這個問題。[24] 總的來說，回國對他是自然而然的，動盪亦不移其志，但追求學術的心沒有死。

當年許多知識分子的心境，七七事變後烽火連天時回國的楊絳講得好：

> 我們如要逃跑，不是無路可走。可是一個人在緊要關頭，決定他何去何從的，也許是他最基本的感情……我們不願逃跑，只是不願去父母之邦，撇不開自家人。我們是國恥重重的弱國，跑出去仰人鼻息，做二等公民，我們不願意……一句話，我們是倔強的中國老百姓，不願做外國人。[25]

在這種思想感情裏，不回國是不是成就會更高的疑問，或許會在這些愛國書生的腦中閃過，但是個人得到十分比起國家得到一分，哪種價值對他們更有意義，非身在其中的，又怎能妄下結論？那個時代的人的最基本感情，是不能用現在的人的判斷去估值的。然而，讓國家和個人都得不到分，就未免太令人難過了。

一百年來的留學潮，前半世紀以救國為基調，可是這留學潮卻久久未能退潮，還變成以離國為上著。這恐怕才是百年留學潮的最大諷刺、最無奈的終局。

註釋

1　說留學生都想歸國，是不成立的，只是相比而言，歸國的人數和熱情都比後來的留學生高。汪一駒指 1937 年出的清華同學錄裏有 21 個畢業生已長住美國；又據 Yung Kwai（或指容閎姪容揆）一份未刊的文件，說留美幼童有 5-10 人達反規定留在美國或回國後不久再到美國、幼童中 8 個大學畢業（留美幼童被召回國時只有詹天佑及唐紹儀趕及大學畢業）的 4 個成了美國人，見《中國知識分子與西方 —— 留學生與近代中國(1872-1949)》，台北：楓城出版社，1978 年，頁 120，87。

2　吳大猷《回憶》，台北：聯經出版事業公司，1986 年，頁 26。

3　胡光麃《波逐六十年》，台北：文海出版社，1974 年，頁 176。

4　郝更生《郝更生回憶錄》，台北：傳記文學出版社，1969 年，頁 14。

5　李濟《感舊錄》，台北：傳記文學出版社，1985 年，頁 18。

6　蔣夢麟《西潮》，台北：自華書店，1986 年，頁 121。1917 年回國。

7　何炳棣《讀史閱世六十年》，香港：商務印書館，2004 年，頁 134。

8　這問答是筆者問何炳棣先生而得。

9　像北美中國基督教學生聯合會，梁啟超小兒子梁思禮是該會的積極分子，本不是共產黨人，但共產黨同學動員，他以身作則帶頭回國。梁思禮《一個火箭設計師的故事》，北京：清華大學出版社，2006 年，頁 39-41。

10　梅祖彥《晚年隨筆》，北京：清華大學出版社，2004 年，頁 15-16。清華大學校長梅貽琦的兒子，1954 年從美國回國。

11　吳冠中《我負丹青 —— 吳冠中自傳》，北京：人民文學出版社，2004 年，頁 18。他出國時本打算不再回國，認為美術界當權人物觀點極保守。

12　童第周《童第周：追求生命真相》，北京：解放軍出版社，2002 年，頁 19。

13　郁知非《飛鴻 —— 一個老教授醫師的生平自述》，廣州：暨南大學出版社，1994 年，頁 81。他在美國醫院工作，從家信聽到正面的消息，立即決定回國效勞。

14　梅祖彥，同上書，頁 15-16。

15　郁知非，同上書，頁 81。

16　何茲全《愛國一書生》，上海：華東師範大學出版社，1997 年，頁 224。

17　詹鍈《世紀學人自述》5 卷，北京：北京十月文藝出版社，2000 年，頁 223。

18　梅祖彥，同上書，頁 15-16。

19　詹鍈，同上書，頁 223。心理學研究所不接受他。

20　朱錫侯《昨夜星辰昨夜風》，北京：人民文學出版社，2011 年，頁 79。

21　胡光麃《波逐六十年》，頁 104。胡於 1931 年回國辦實業，國共內戰後赴台灣。

22　梅祖彥，同上書，頁 70-71 後記。他在 1954 年回中國大陸，而不是追隨其父梅貽琦到台灣。

23　李匡武《世紀學人自述》，5 卷，北京：北京十月文藝出版社，2000 年，頁 357-358。

24　湯佩松〈為接朝霞顧夕陽〉，載《資深院士回憶錄》第 1 卷，上海：上海科技教育出版社，2003 年，頁 39。

25　楊絳《我們仨》，北京：三聯書店，2003 年，頁 122。

最基本的愛國心故事

　　歷史學者何茲全 1930 年代留日、1947 年去美國留學。他十六歲就參加國民黨，跟國民黨有深厚的感情。因為在日本留學的一年，看見日本軍人野心勃勃，而國民黨卻顢頇而專注於內戰，所以他反對蔣介石，但是擁護孫中山的三民主義。在美國時他跟共產黨學生接近，思想上和國民黨決絕，但是還保留和平、民主、改良思想。

　　在 1947 年至 1948 年之交，我思想深處仍在希望社會主義和自由主義的結合，出現新局面。……雖然承認共產黨的領導了，但思想上卻仍是一個自由主義者。

　　國民政府退守台灣，他可以去台灣，因為他在中央研究院保留有職位，也可以選擇留在美國，1949 年他在霍普金斯大學已經有 fellowship 的位置，工作穩定，至少兩三年不成問題。他卻在韓戰爆發之後的 1950 年 9 月從美國回到中國大陸。

　　他的背景讓他的回國心情很複雜。

　　回國？我和共產黨雖無仇無怨，但我總是幾十年的國民黨人……在武漢時共產黨的刊物還送了我一頂帽子 —— 新陶希聖主義。無論新也好舊也好，總是陶希聖，不僅政治，學術上我是陶希聖的學生，《食貨》的撰稿人，地道的《食貨》派。這樣一個人，回國行嗎？能受歡迎，能受容納嗎？

　　他的總思緒是，雖然他是國民黨人，但他想出力建設中國。他自知受過歐美社會自由民主思想教育的知識分子，是個人主義的，獨往獨來的，個人行動受自己的思想意志指揮，和共產黨人是兩種世界觀、人生觀。他們這種知識分子還有輪流坐莊的思想，你不行時就換換我；"共產黨的民主是無產階級專政下的民主，工農人民大眾對無產階級專政下的民主很容易接受，跟著共產黨才有飯吃，才能不受剝削和侮辱，他們不要求換換領導。"

那麼為甚麼這個個人主義知識分子會回中國大陸呢？ 因為他不想像他在東北所見的白俄知識分子那樣，變成沒有祖國的人。

到回國時，腦子裏已很清楚地認識到，我回國是向共產黨投降。

他希望中國出現一個祥和的局面：知識分子徹底真誠地向共產黨投降，而共產黨能放心地對知識分子寬容。

他的選擇反映了中國留學生長期悵懷的愛國意志。哪怕個人前景不明，他們的愛國心還是燃燒不熄，可以打破黨派界限。

我雖然痛惜國民黨的失敗，我愛的是國家，我應該接受既成事實，希望共產黨把國家建設好。

他的朋友、另一個國民黨人薩師炯也打算從英國回國，他在信裏說，他沒有何茲全的雄心壯志，回國後能有一碗飯吃就行了，別的甚麼都不想。何茲全説，"當時我還不理解，我有甚麼雄心壯志？稍後我才領會他的意思，我還想知識分子在共產黨領導下作點事，他已認為是雄心壯志了。"

何茲全回國前後，都沉默努力地工作，冀最終被接納，"回國前和中國科學院通訊，心情有過一次淒涼；回國後找工作，又一次心情淒涼。此後在工作中還有幾次心情淒涼感，造成我的情緒波動。"

那麼多年過去，這個想在共產中國用力使祖國富強的國民黨人，將他晚年出版的自傳叫做《愛國一書生》。

是祖國這兩個字的神聖力量把我這遊子召喚回來的。我這樣説，絲毫沒有往自己臉上塗金的意思，説我多麼好，多麼愛國。在中國傳統優良文化養育和百多年來帝國主義侵略侮辱下成長起來的中國近代知識分子和中國人民，都有一顆強烈的愛國心。愛國，鼓舞著他們殺身成仁，捨生取義，前仆後繼，為國犧牲。八年抗戰，千百萬人壯烈犧牲在敵人的炮火和槍口下。……我只是我同時代愛國人群中的一個，和有些人是沒法比的，和為國犧牲的先烈們更是不能相比的。

當時許多留學生都義無返顧地回到因戰亂而殘破的中國；二十世紀上半的留學運動，就是一場愛國眾書生的運動。[1]

註 釋

1　何茲全《愛國一書生》，上海：華東師範大學出版社，1997 年，頁 218-227，232-233。

可憐異代卻同時：不同世代的留學生

中國的大規模留學運動是在救亡圖存最緊迫的時代進行的，歷時半個世紀。在漫長的五十年持續地求西學，看來一心一意，其實是很多代的青年人出洋，前仆後繼。這取西經的半個世紀，恰恰又是歐美思潮最動盪、社會變革和衝突最大的時代，光以政局而論，已發生了兩次世界大戰。而中國在推翻滿清之後，中央權力成為真空，軍閥各據一方，互相攻伐，跟東漢末年的州郡割據相似。

對西方的社會思潮，或者它的日本式變奏，留學生在外國時已經有所爭論，回到中國推動探索，更在青年中掀起思想大潮。中國社會內部既有權力紛爭，復被外圍政局挾帶，被湧入的各種紛雜思想影響，可以想像整個社會撕裂得有多嚴重，當時國人唯一同心的，是對列強欺凌、對日本侵略的憤慨。

在如此複雜的場面裏，幾代留學生的救國職志沒有改變，但救國的方法也是多番變換，前未仆而後繼。在這左衝右突的幾十年裏，可說越救越危亡，人心也越急。

留學生的幾個世代

撇除 1870、80 年代洋務運動的留學舉措，研究者將這半個世紀的留學熱潮分成幾個階段。大劃分的話，一般都用辛亥革命或五四運動為界線。細分的話，從清末到辛亥革命，是救亡、革命作主軸的時代，留日學生是主體；民國頭十年，或頭二十年，則繽紛多彩，自由發展，留學美國、法國、蘇聯都掀起高潮，頭十年以留美惹人矚目，後十年的留法留蘇大潮都變成政治事件。進入 1930 年代，中國要備戰日本，留學生仍然不忘救國，但政治的紛爭頗令年輕學子無奈；同時，在一大班教育界留學生的支援之下，留學管理更成熟了，這是以學術和專業為重的留學時期。抗日戰爭結束後，因為美國的政策，又掀起理工人才留學美國的潮流，直到兩岸對峙，大陸封鎖（或被封鎖），留美的熱潮轉在台灣持續。

從這個時間表來看，幾乎十年就是一代，20世紀頭三十年所上演的，可稱得上中國近代留學大潮最波濤洶湧的一段，每十年就生一個巨浪，留日、留美、留法及留蘇變換上場。

在這三千年未有的大變局裏，後浪推前浪，哪怕曾經新潮的，一下子就變成舊人。在五四當年去留學的青年學生說：

> 中國社會基礎業已根本動搖；中國的前一輩人業已無法
> 領導我們這一代後生，中國的老新黨或老革命黨的想法作法又
> 多不切實際，而西方思想的衝擊直似狂風四面吹來；再加以蘇
> 俄共產黨的宣傳與組織，有目的，有計劃的向中國青年下手領
> 導，則中國大變局之將來臨，大動亂之必然發生，在理與勢皆
> 無法避免的。……青年有志之士其時對政治現局都主張取遠距
> 離，而一面努力吸收新知，一面注意社會活動。但這一類的社
> 會改革思想並未成熟，大家即群趨於新文化運動：文字解放、
> 思想解放、家庭解放、婦女解放等等……，海闊天空之後，如
> 何修己，如何治事，如何改革社會，如何治理國家，則大家都
> 只有向西方去尋求範本。[1]

可憐中國取西經以救國的熱潮，經歷多番挫折，磨損了好幾代留學青年的稜角，仍然未竟其功。這是我們看這一段追求現代化的留學經歷時，不能忽視的境況。

	留學生世代	年份	政治	留學主力
1)	清朝留學生	1896-1910	立憲和革命之爭	留日，少量留美
2)	民初留學生	1911-1919	辛亥革命，五四運動	留美潮發軔
3)	混戰時代留學生	1920-1930	軍閥混戰，西方社會思潮包括共產思想急速湧至，造成學生之間的政治分歧	留美已成重要風尚，留法掀起大潮，留蘇也有上千人
4)	做留學夢的成熟留學生	1930- 抗戰	政治思潮大分歧，日本侵略威脅，社會經濟困難	限制留學，要以考試爭取，但人才更成熟，留學國更分散。留日重新成為高潮。
5)	理工科學生赴美	戰後 -1950年代	國共內戰，國民政府退到台灣，中華人民共和國成立	數以萬計的理工科學生赴美

註 釋

1　李璜《學鈍室回憶錄》，台北：傳記文學出版社，1973 年，頁 108-109。

一代革一代的命 —— 幾件事例

不細辨歷史的人，會認為留學生的對立面就是那些抱殘守缺的舊派人物。他們忽略了一個現實，即半個世紀的留學潮，已教育過好幾代新人了。

舊一代留學生回來，未變中國，新一代留學生又已受新思想而回國。國際風雲變幻，中國政治的昏暗，令努力取經未能收到宏效。每一代留學生施展變革抱負的時機都極短，想在政治上有作為的，要跟亂局下的政府合作，又或者變質而成同流合污；想在學界有作為的，卻抵不住青年學子對現實的怒火，學校裏也湧現學潮。

中國出現一代革一代之命的局面，哪怕取過西經回國的留學生，也會被下一代視為保守而揚棄。

後浪推前浪的無奈

五四運動是抗議巴黎和會出賣中國在山東的利益，兩年後的華盛頓會議是巴黎和會的後續。這兩次國際會議期間，中國的學生無論在外國或中國，都主張"外爭國權"，五四時又要求"內除國賊"。

五四遊行示威所針對的三個官員：曹汝霖、章宗祥、陸宗輿，都是1900年前後的留日學生。兩次國際會議的中國政府六個代表全都是留學生。陸徵祥、魏宸祖留學比利時，施肇基、王寵惠、王正廷、顧維鈞四人則是辛亥革命之前的留美學生，王寵惠並曾留日。

1921年華盛頓會議時，留美同學會派去華盛頓的學生代表有羅家倫、陳翰笙、段錫朋，羅家倫和段錫朋都是五四學生運動領袖，這時正由留美工業家前輩資助在美國留學。他們勸諫中國代表團，不要在喪權辱國的條約上簽字。據說五四運動的學生領袖段錫朋，激動得要打中國代表顧維鈞。顧維鈞則承認他們勸抗議者接受條約時，被罵為賣國賊。[1] 力爭之下，中國仍沒法全面廢除不平等對待，包括治外法權等，中國代表最終在九國公約上簽了字。

曾經留學而且參加革命的新人物，在政治的大潮裏也很快就被視為保守。上海錦江飯店的女老闆董竹君筆下的丈夫，就是這樣。董竹君家窮，流落青樓，在煙花之地認識比她大十二年的革命黨人夏之時。夏之時十七歲到日本學軍事，辛亥革命時二十四歲，以新軍身份起義，做了四川副都督。夏之時答應帶董竹君到日本讀書，於是十五歲的董竹君千辛萬苦逃離青樓。婚後董竹君覺得丈夫是個大男人，對待妻子不是平等互愛的態度。在日本，不喜歡她上學讀書，寧願請五個家教。又重男輕女，不重視女兒教育。在政治上，丈夫仍追隨孫中山革命，護法戰爭時任靖國招待軍總司令，行為卻有如軍閥：在駐防地所徵的稅，用在軍費之外，有一部分入了自己口袋，以供養一大家子幾房的人口，"整個大家庭的開支費用，除祖上遺留下來的少數田地收租米外，其餘都要依靠這筆收入"。失勢之後，他日夜謀劃的是如何東山再起。

五四運動時，董竹君對運動衝擊舊禮教很興奮，她訂購了許多新書和報刊。但丈夫對新刊物毫無興趣，也不喜歡妻子看。兩夫婦思想漸行漸遠，1929 年，"我越來越感到家庭方面無論教育、經濟必須有所改革。但是，丈夫守舊，從不答應甚麼革新的。"董竹君終於脫離夏家。[2]

在學界，新與更新的矛盾一樣尖銳。

1908 年中國公學鬧風潮。這間學校是因為清政府取締留日學生，於是大批留日學生抗議、退學回國，而在 1906 年創辦的，而且因為最初欠缺捐款，留日的幹事姚弘業投江自盡，輿論敬仰，學校才獲得經費，得以存續。學校由學生自辦，同學也多剪了辮的革命黨人，可是只及兩年，就鬧風潮了：

> 校章的修改也不是完全沒有理由的。但我們少年人可不能那麼想。中國公學的校章上明明載著"非經全體三分之二承認，不得修改"。這是我們的憲法上載著的唯一的修正方法。三位幹事私自修改校章，是非法的。評議部的取消也是非法的。[3]

講這番話的，是參與學潮的學生胡適，他因此失學，於是去考留美考試。十年後成了新文化運動的風頭人物。

1924 年北京女子師範大學發生風潮，反對的對象，更是兩度留學讀教育、剛回國不久的校長楊蔭榆。

事緣當年秋天開學時，有學生因為天災及戰禍遲了回校，楊蔭榆要處罰學生。在那個青年深感中國黑暗，無處不是苦悶，苦悶，苦悶……的年代，又加上五四以後的氣氛，對於帶有家長態度的措施，都有疑慮以至反對。楊蔭榆自問負笈重洋、執教十年，有如家長般愛護學生，而不自知這種帶了家長的心態的處理手法，正正與當時青年的思想不合，終於鬧到學生會公開要校長下台。楊蔭榆避到其他地方，而召集教員以行政手段開除學生自治會成員，以至求助警察入校。糾紛擾攘一年，針對支持者和反對者的流言四起，最終楊蔭榆被免職。這件事不但為教育界所知，還因為魯迅為文反對楊蔭榆，[4] 在文學界也很有名。

楊蔭榆的性格大概是比較梗直，少有修飾的。她在哥倫比亞大學讀教育時，徐志摩也在哥大，在日記裏評論十個女生，包括她。

在二十出頭的徐志摩看來，已四十上下的楊蔭榆以教育家自居，有點自命不凡。她比平常女生多留意國事世界事以及美國家庭狀況，論意見則是個溫和保守派，不願意叫舊道德讓路，不贊成歐化中國，主張局部的變通。然而歸根的查究，她也沒有一定的主見。

她看不慣活潑的女生、開舞會等，認為太過火。大概生性戇直，或者是習慣了教訓小學生，所以評論口不擇言，得罪了不少人。有一次被請在中國學生的大會上演說，她主張堅強體格為國家出力，次說現在中國人只能臥薪嘗膽，不可歌舞遊樂，緊接就說她不贊成美國化。講話惹出許多閒話。徐志摩說「就她命意說，倒是句句金言，我就很欽佩她的敢言不憚。無如她說得太羅嗦了 —— 她罵人了 —— 她於是觸怒人了。」徐志摩說自己同情楊蔭榆，她明知沒有甚麼好結果，還是敢言不忌，的確是一位大本營裏統轄管下的監學先生楊大姐！[5]

徐志摩自言不甚了解她的履歷，只知道她曾留學日本，曾經離婚或退婚，在中國婦女界大概也是一個人物。楊蔭榆確實是婦女界一個人物。徐志摩當時不知道她詳細的婚姻故事：她聽從父母之命的結婚，卻發現夫婿是個低能兒，於是激烈抗婚不回夫家；當然也不知道她後來在抗日戰爭中，捨命斥責日兵而被殺的壯烈事跡。這些行為，跟她在美國、在女師大的表現，還是一脈相承的。

女師大的風潮，自然跟楊蔭榆的個人性格和手腕不靈活有關係，但是十九世紀末敢於抗婚，二十世紀兩度留學的一個新女性，卻在五四之後，變成年輕人眼中保守的人。徐志摩說："中國人見了沒有一個不說他是國粹保存家。"

楊蔭榆的姪女楊絳說："她掙脫了封建家庭的桎梏，就不屑做甚麼賢妻良母。她好像忘了自己是女人，對戀愛和結婚全不在念。她跳出家庭，就一心投身社會，指望有所作為。她留學美國，做了女師大校長，大約也自信能有所作為。可是她多年在國外埋頭苦讀，沒看見國內的革命潮流；她不能理解當前的時勢，她也沒看清自己所處的地位。"[6]

教育的宗旨不應變，但是教育的手段不得不因應而變，在時代的悲劇巨流裏，戇直的楊蔭榆只好做了一個悲劇人物。事實上，在 1920 年代中到 1930 年代緊張的局勢下，哪怕許多留學生和維新人士不戇直，他們辦的學校、所提的主張，也得不到年輕學生支持。

清華大學的歷任主事者多是留美的學生。1930 年代中考取公費留學的年輕人，在清華讀政治時，就反對學校的主張，指摘"國家情況一天比一天壞，學校的方針不是鼓勵救亡圖存的愛國青年，而是獎勵埋頭讀書的學生"。[7]

私立的大同學院則是留美學生胡敦復等辦的。生於清朝大官僚家庭的周煦良是該校的學生。胡敦復兄弟很早就致力於科學救國，或因如此，大同大學有重理輕文的取向，周煦良並不喜歡。1925 年五卅運動時，20 歲的周煦良反對大同學院主張學術救國，要學生埋頭讀書的風氣，他同意蔡元培"讀書不忘救國，救國不忘讀書"的口號。周煦良的父親是開明士紳，曾和胡敦復、胡明復兄弟籌辦中國科學社，當知道兒子在學校鬧事，很生氣，將他禁閉在家。[8]

在新文化運動中風頭一時無兩的胡適，在 1920 年代中感歎"不容忍的空氣充滿了國中。並不是舊勢力的不容忍，他們早已沒有摧殘異己的能力了，最不容忍的乃是一班自命為最新人物的人。……這種不容忍的風氣造成之後，這個社會要變成一個更殘忍更慘酷的社會，我們愛自由爭自由的人怕沒有立足容身之地了"。[9]

註 釋

1　陳翰笙《四個時代的我》，北京：中國文史出版社，1988 年，頁 24；顧維鈞《顧維鈞回憶錄》第一分冊，北京：中華書局，1983 年，頁 232-233。

2　董竹君《我的一個世紀》，北京：三聯書店，1997 年，頁 93，143。

3　胡適《四十自述》上海：上海書店，1987 年，頁 149。

4　女師大學潮爭持經年，流言四起。期間魯迅作為教員，除了與六個教員發宣言支持學生之外，又與為楊蔭榆講話的陳西瀅等論辯，揶揄刊登陳文的《現代評論》。這段公案涉及當時好幾方面的爭論，並及於共產思想與學生運動，甚為複雜。楊蔭榆開除學生的主張，得到當時提倡整頓學風的教育總長章士釗支持，而章士釗任總長的北洋政府是軍閥政府，由段祺瑞執政，章士釗被視為軍閥的幫兇，壓制日趨厲害的學生運動；反對新文化運動的章士釗提倡讀經，固然被聲討，留美回國創辦私立大學的胡敦復繼任女師大的校長，也被説成覬覦職位。隔年學生反對外國侵侮，到段祺瑞的住處抗議，軍警開槍鎮壓，死傷多人，稱為三一八慘案，死者包括女師大風潮的學生領袖。詳可參魯迅《墳》〈論費厄潑賴應該緩行〉〈從鬍鬚説到牙齒〉《兩地書》及《華蓋集》正續篇的〈並非閒話〉〈北京通訊〉〈忽然想到〉〈碰壁之後〉〈不是信〉等等，《集外集》的〈女校長的男女的夢〉，及陳西瀅《西瀅閒話》。

5　徐志摩〈留美日記〉，見《徐志摩未刊日記》(外四種)，北京：北京圖書館出版社，2003 年，頁 115-117。

6　楊絳〈回憶我的姑母〉，載《回憶兩篇》，長沙：湖南人民出版社，1986 年，頁 95。

7　龔祥瑞《世紀學人自述》第 4 卷，北京：北京十月文藝出版社 2000 年，頁 217。時為 1932 年。

8　周煦良《世紀學人自述》第 3 卷，北京：北京十月文藝出版社，2000 年，頁 1-2。周煦良後來去愛丁堡讀文科碩士，為了學搞翻譯，他譯貝萊克《神秘的宇宙》寄給父親，"被來信罵了一陣，説有些句子簡直像外國話，後來我得知他在集郵雜誌上寫的白話文完全是五四以前的白話，但我還是接受了他的意見。"約 1930 年代，他譯《地球末日記》出版，寄一本給父親，他沒有再罵。頁 3，6。

9　胡適致陳獨秀的信，談 1925 年 11 月晨報館被燒事，見耿雲志編《胡適遺稿及秘藏書信》，第 20 冊，黃山書社，1994 年，頁 76-77。其實胡適等提倡白話文，把中國古文學説得一文不值，也讓梅光迪等認同中國傳統文化價值的留學生痛哭流涕。

時潮作弄弄潮兒

留學生是天之驕子，他們也一腔熱血，以為自己取得西經之後，將會是時代的弄潮兒、中國的拯救者。這種雄心在 1910 年代的留美學生身上體現最強。

然而二十世紀的西方，思潮如急風驟雨，歐美社會正在自己的急流裏，尋找出路。設想社會改良、變革的各種主義，百家爭鳴。取西經，千頭萬緒。

1920 年末一個留法勤工儉學學生接〈旅歐週刊〉，上面有一篇〈留學界的兩大潮流〉，說留美學生是造成資本主義，留法勤工儉學學生是造成勞動主義，又留德學生有自然與法國留學界連絡之勢，將來此兩種主義在中國，必有短兵相接之一日，造成社會的革命。[1]

這個預言，不幸而言中？

洶湧而入的西方思潮

1910 年代，中國在求自主求富強的路上，已經掙扎了許久，連國體都變革了，號稱亞洲第一個共和政體，卻陷入大國解體後軍閥爭權的混戰中。知識分子苦思冥想，來自西方的理想社會思潮，被他們視為拯救民族的藥方。

思想大變革的五四運動前後，西方思想如潮水般湧入。近百年裏歐美出現過或者剛冒起的思想，紛紛傳入中國：來自法國的空想社會主義、主張適者生存的社會達爾文主義、淵源甚早的無政府主義、法國和日本思想家帶實驗色彩的新村主義、托爾斯泰推崇的泛勞動主義、美國的實用主義等等。

這些思潮透過留學生（尤其是留日學生）的推介，在五四運動以前已經陸續傳入。[2]

1919 年的五四運動，是一條分水嶺，西方思想的洶湧再不限於學界和城市，而波及全國鄉鎮的青年。因為巴黎和會時，中國人對國際公義本來充滿期盼，卻突然受到巨大的政治挫折，不啻當頭一棒。這時知識分子乘勢推動思想啟蒙，席捲青年知識界，令西方思潮的傳入更深更廣。

雖然中國學生多數留學日本和美國，但是震動中國青年的許多思潮，根源還是來自歐陸。五四之後，留學生和知識分子更廣泛邀請歐美的哲學家來中國，到各地大學演講及授課一兩年，傳播他們的新學說，像 1919 年從美國請來提倡實驗主義的杜威（1919-1921），1920 年從英國請來提倡個人主義的羅素（1920.8-1921），1922 年從德國請來生機主義進化論的杜里舒（Hans Driesch，1922.10-1923.6），這些引入中國的新思潮，只是歐美思潮的一端，因應人脈關係而進入中國，但都風動一時，對當時的大學生思想有示範的影響力量。[3]

青年人透過以上海為中心的渠道，接觸到外國各式花樣齊放的思潮。一個後來服膺於無政府主義的青年說，他 1918 年到上海，似乎進了一個新世界：

> 我要認識我們這個世界，渴望得到真理，像新生兒一樣，到處吸吮，不管是奶頭還是手指頭。我亂七八糟地接觸到當時在青年學生中傳播的許多思潮，如進化論、創化論、民約論、互助論、個人主義、社會主義等等，也讀過共產黨宣言。[4]

這個時候，不光十幾歲的青年大感新鮮，已有社會經歷的余家菊也眼花撩亂：

> （1922 年）出國時國家危兀，國事動盪，國人方沉迷公理戰勝之說，而醉心於世界和平。威爾遜十四條主張失敗於凡爾賽，世人終覺其為偶爾小挫，難阻進化潮。於國際則國際主義興盛，則無政府思潮隱然充沛，賽先生與德先生固為時人所崇拜，而新村運動如日人武者小路之所為者，亦為青年所景仰。甚且廢除軍備之主張，亦復時見於報端，以故當時志士之胸襟清新活潑而膚泛空洞，思想自由之機運已啟而見解大率短近，

議論殊為龐雜。[5]

剛剛才在五四新文化運動裏帶領風潮的留美教授胡適稱為怪論百出，而余家菊就回覆説事殆難言，唯有慎之。

青年留學歐美之後回想，當時傳播這些新思潮的中國知識分子，也是在認識摸索之中：

> 這許多社會思潮都是傳入中國不久的，由於當時知識界的思想水平普遍不高，傳播者在傳播時又有自己的理解或先入之見，使得許多青年學生對這些思潮的理解都很模糊，對馬克思主義的理解更是如此。記得我所讀的共產黨宣言第一個譯本的卷首語是"四海之内皆兄弟也"。當時所知道的馬克思，也多是他與燕妮談戀愛的事。[6]

政治思潮分歧

雖然文學思潮對愛好舞文弄墨的知識分子有吸引力，連五四新文化運動也幾乎變成白話文學的運動，可是在眾多傳入的思潮裏，還是以社會改造的政治思潮為主，而社會改造的政潮，又怎能不涉及實際的世界政治操作？在沉痾不起的中國，知識分子爭相執著自己的新信仰，各懷一個藥方來救中國，在國內使政見紛爭變成社會議論的中心，在國外則改變留學生團體的氣氛。

清末的留學生也抱著救國之心，那時候雖然有立憲還是共和之爭，但只是中國內部政治的紛爭，沒有涉及國際局勢的角力。所以留學生的政見或者不同，感情還是比較融洽的。雖然立憲和革命兩派都以日本為大本營，但是意見之爭很少演變成拳頭相向。意見不合，則退會另創新組織。在美國，辛亥前留學生團體的氣氛也比較融洽：

> 我有一個清楚的印象，當時中國學生不屬於任何黨派。作為中國人，他們關心祖國的幸福。一般説來，很少表達政治見解。中國學生聯合會注意使任何建議都超越派系之上。因此，如果有人提議就某一時事向北京發出電報，不難獲得差不多一

致的擁護。……據我回憶，在主張共和和贊成君主立憲兩者之間，從來沒有發生過公開論戰。我想，中國學生開會時是有意迴避公開論戰的。……有些學生屬於同盟會，但他們肯定不會暴露身份。[7]

這種和而不同的局面甚麼時候改變呢？五四之前，大家都不滿軍閥政府，分別不明顯。五四之後，青年學生分化。

留學生的派系衝突

面對許多主義和學說，文藝思潮或教育理論上，雖然也有爭執，各不相讓，但政治和社會的思潮才是分歧和爭拗的癥結。分歧終於使中國留學界分裂。

廁身歐陸的學生，直接接觸這些思潮，以及思潮所產生的現實世界。他們的湧動和分歧，比中國國內的為早，甚至可以說，他們將爭執帶回中國，令爭執在中國延續。其中一個傳播者就是五四運動前後出國的留法學生，包括自費生和勤工儉學生。他們在歐陸思想十分蓬勃的法國留學，捲入各種主義的論戰，早在中國國人及留美學生未分裂時分裂。雖然他們不少人的外語水平受限，不免還要靠中文媒體來了解，但是又可以依稀模糊地看外國的材料。後來的共產主義者、當日勤工儉學的聶榮臻說：一千多名留法勤工儉學生的社會思潮，基本上可以分為五大派：共產黨、國家主義派、無政府主義派、社會民主黨、國民黨右派。學生們不屬這一派，就屬那一派，幾乎沒有一個"白丁"。[8]

這種無人能置身事外的情況，並不是一開始就如是的。

由論戰到流血衝突

讀了許多西洋理論的青年，為國運、為個人前途路向，紛紛提出自己的意見。落到具體的施為上，則變成各種論辯。由於勤工儉學生的困境最大，所以他們之間的爭論很早，也最突出。他們錢不多，但是很踴躍訂報刊、自辦刊物，或者膠印宣言、寫公開信。[9]

他們組成各式互助小團體，成員的想法也不固定，最初並不都是共產黨，甚至不很認同共產主義。一個勤工儉學生曾參加這些小組織，想多學知識，也得到團體的訓練，但當小組織參加一些更大的團體時，他在日記裏就說："我自己主張：假若是搞共產黨的組織，我以個性不任束縛的關係，必需退出社外。"[10]

無政府主義提倡自由、個性解放等等，當時很合青年的胃口。中共第一任總書記陳獨秀的兒子陳延年，據說最初也傾向無政府主義，他與朋友一起辦的刊物，沒有明顯立場。幾個月後他才變成馬克思主義者。[11]

事實上，當時世界格局複雜，各地年輕人論辯社會發展，非常普遍，不限於中國學生。當時留英的中國學生多數愛讀書，不搞政治活動，但是由費邊社辦的倫敦政經學院，有世界各地去的學生，印度、埃及去的特別多。在學生會做幹事的一個中國學生經常和他們接觸，覺得他們都不喜歡當時列強在世界上的行徑，許多同學自動集會辯論重大國際問題，各抒己見。[12]

當時大部分勤工儉學生的討論，本來只是這種社會狀況的反映，意見也很紛紜。

> 在法國，我不僅經歷了求學和做工的艱苦，在思想上，也在進一步探索著國家和個人的出路何在。留法勤工儉學生中間，當時有各種各樣的社會思潮，他們時有爭論，對我是有所觸動的。但是 1920 到 1921 年這期間，這種觸動還沒有徹底改變我那種實業救國的想法。

可是勤工儉學生爆發學潮並被鎮壓之後，許多人就逐漸傾向共產主義。包括懷抱實業救國夢的聶榮臻：

> 一九二一年開展的幾次大規模群眾鬥爭的場面，經常浮現在我的面前。我經常翻來覆去地思考著：中國是這樣一個現實，你的科學技術學得再好，即便是成為工程師，回國以後又有甚麼用呢？總之，我的思想很矛盾，遇到的問題很多，覺得一切都同原來的設想不一樣。[13]

學潮之後，為勤工儉學問題引起的爭論沒有了，無政府主義、共產主義和國家主義的爭論成了主角。這時主張共產主義的學生人數大增，而且積極和另外兩種主張的學生論戰。

在共產主義聲勢增加時，幾個在法國留學而主張國家主義的自費生曾琦、李璜等，不同意階級革命、無產階級專政，醞釀組黨，1923 年底成立中國青年黨。他們的口號就是五四運動標舉的“外爭國權，內除國賊”，認為要用國家主義的精神，爭取中國的獨立和自由。

國家主義也是源自西方的政治理論，它跟無政府主義和當時流行的國際主義可以說剛好是三個出發點。因為國家主義有思想系統，有反對集體主義的成分，尤其因為反對不講國族，專講階級，所以與共產主義者成為論敵。

國家主義推到極端也容易流於褊狹的國家民族意識，變成只問國家，不問是非。學生身處第一次大戰後的歐洲，經常體會到英法德之間的戰爭仇恨。一個學生跟法國的房東聊天，見他對從前的普法戰爭恥辱猶有餘憾，又見協約國拍的第一次大戰電影，渲染德軍死傷，青年和婦女看得大呼狂叫。他認為這是灌輸軍國愛國主義，“國家主義的思想，中人如是之深，遍歐洲人民，我想尚有大半數猶沉醉於國家主義中”。[14]

1923 年分別持國家主義與共產主義的中國學生論戰激烈。共產主義者攻擊國家主義者宣傳國家至上，支持北洋政府，反對階級鬥爭，反對蘇聯，也反對國共合作。[15]

1920 年代上半期，這些主義之爭在法國和德國的留學生裏鬧得不可開交，由筆戰甚至演為動武。“各黨由思想鬥爭，演至流血打鬥，為留法學生從事政治運動的波瀾壯闊時期。”“留德學生分兩派，新派進步和舊派守舊學生，鬥爭相當劇烈。為了奪取學生會會址，甚至動武。”[16]

除了主義之爭，共產黨人亦反對各種救國論，認為政治不良，科學、教育救國都不會有成；共產黨人雖然尊重孫中山，尤其國共合作的時候，但認為三民主義是不徹底的。

後來這些人物都先後回國，繼續鬥爭，青年黨在 1924 年把總部也移回中國。

紛爭搬到中國去進行之後，在法國的留學生可以比較安心讀書了。雖然 1927 年北伐前後，青年黨黨員、國民黨派去的黨員留學生，跟共產黨仍有衝突，國民黨自己也有不同派別，但是比較 1920 年代早期，在國外的形勢已經大為緩和：

> 留法學生人數突然增加，可算是留法另一高潮時期。……這時留法界的政治衝突和鬥爭，已經移到國內。各黨的活動表面上已歸於沉靜。中共完全歸入地下，很少公開活動。國民黨雖有兩個派別不同的駐法支部在巴黎，但除了各自宣傳外，相安無事。青年黨總部已移國內……突然增多的這一批留法學生，來源比較整齊，大都是大學畢業，……形成一種平靜的學風。我們在這種學風中留學，幸能免除政治紛擾而專心於學問。[17]

這不同意識形態短兵相接而生的種種衝突，風眼已經不在國外，隨著各派留學生紛紛回國，兩種主義在中國土地上短兵相接的一日已經來臨。

留美學生的挫折

這裏面要加插一筆留美學生的故事，因為他們曾以為自己將是改革中國的先鋒。而美國也有透過庚款留美計劃來取得中國未來人才培養權的想法。事實上，在新文化運動期間，胡適作為留美學生的代表確實風光過好一陣。

英國哲學家羅素對美國的傳教士和政府對中國施加影響不很看得慣，1920 年代時，他說越來越多受過美國影響的中國人在中國擔任要職，而他們都深信美國是世界列強中對中國最友好的。[18]

羅素的判斷沒有錯，因為後來的美國研究者也同意"在二十世紀之交，中國學生將兩國之間的關係定義為'特殊關係'。學生們認為美國有別於其他國家，因為它願意與中國公平交易。這一點通過美國支持中國領土完整，並且返還部分庚子賠款可以體現出來"。[19]

然而留美學生以至美國卻受到大挫折。

1924 年分界線

思想分歧和政治爭拗以至於分裂、流血打鬥，雖然先發生在風暴中心的法德，然而終究在幾年之後，影響到美國留學生，也發生分裂衝突。吳大猷在 1931 年九一八事變後剛到美國，因為不屬任何派系，被推舉為學生會會長。因為他沒有驅逐一個父親附偽滿的學生出會，被國民黨的留學生指為包庇漢奸，又指他是國家主義派或者青年黨，而且要在國內控告他。讀研究生的吳大猷只好放下極忙的課業，專程到芝加哥的國民黨部請派人調查，幸而沒有再生枝節。[20] 諸如此類的衝突，到 1940 年代仍然影響著留學生團體。

清華學生潘光旦參加了有國家主義傾向的大江學會，他認為 1924 年很重要，是一個分界線。"大江學會裏面的 1921、1922、1923 這三班的清華人，可以說是舊時代的最後一批人了，它代表舊時代的一個尾巴。1924 年到美國去的學生，有的搞勞工運動，後來加入了共產黨。所以從 1924 年級開始有了第一批共產黨員"。[21]

1924 年，曾在清華成立超桃社、以政治救國為號召的學生陸續畢業赴美，後來加入美國共產黨。同時，留學生的變化，也可說反映了更大的社會變化 —— 1924 年是孫中山決定聯俄容共的一年。

兩次重大國際會議

而在這之前，有兩次重大的國際活動，對留學歐美的學生，以及國人希冀於美國主持公道的一廂情願，有很大打擊。那就是 1919 年巴黎和會，以及 1921 年的華盛頓會議。

早在日本提出二十一條的時候，留美學生已經希望美國幫忙阻止日本，美國卻與日本互換照會，同意日本對中國有特殊興趣。接著學生開始把希望寄託在美國總統威爾遜的國際民主計劃上。[22]

1919 年巴黎和會

1919 年是巴黎和會，中國人希望身為戰勝國一員，巴黎和會能讓中國收回山東權益，以及取消不平等條約。

當英法的立場變得明顯，中國代表團知道爭取不了。這時，與朋友合辦通訊社的學生李璜和另外兩個中國記者去訪問英法領袖，表示中國政府既然參戰，中國國民不能讓日本承受德國在山東膠州灣的利益。法國總理的反應是怒容滿面，英國首相則"答覆得甚為滑稽：'中國大得很呀！區區的膠州灣一點地方，又值得諸位如此緊張的來問嗎？'這個說法，真令人有點啼笑皆非。幸一同業，很是機警，他立即用英語說道：'山東是我們孔夫子的出生地，等於我們中國人的耶路撒冷；所以我們不能再放棄耶路撒冷的權益。'……當時我感到所謂西方的大政治家對中國史地的知識真有限得很，同時也感到英法並不重視我們這一弱國，而對日本的要求是決意予以滿足了。"[23]

中國人只能以拒簽和約為抗議。簽字前一天，巴黎的中國學生去見中國代表，得到代表們答覆不參加簽字典禮，但北洋政府的首席代表陸徵祥沒有出來，各人恐怕受騙，為免他私自潛往簽署，於是便去包圍他的住處。"相約，陸敢於出來，便飽以老拳，與他同歸於盡。其時，我們這些人的心情緊張與忿怒，也不亞於國內罷課罷市的人們的情景！"這個反對共產主義的留法學生在回憶裏慨歎："西方短識的所謂政治家外交家，又那能了解並遠見得到，這個中國新的一代人，其忿怒的種因，竟將為蘇俄陰謀家所利用，而會種下後來以至今日東方禍亂的根苗。"[24]

這是留法學生的憤怒。

而在美國，像羅素所言，留美學生一直深信美國是列強中對中國最友好的。中國學生也說"第一次世界大戰時，特別是威爾遜總統領導各國反對同盟國和同情中國學生時，我很親西方。……威爾遜總統所說的每一個字，我都信以為真。"[25]

美國東岸多中國留學生，巴黎和會及五四運動之年，從春至夏，波士頓的中國留學生多次集會，一再電呈威爾遜，祈求他在和會中主持公道，助中國反對日本要求。[26] 留美學生對威爾遜的民族自決主張期望甚殷，不免對巴黎和會的結果大為失望。

> 會中決議將德國在山東的權利轉讓給日本，令我十分吃驚。我對一向主張全世界人民自決的威爾遜，實在不解，何以他竟違背了自己的原則。不過我對威氏此舉有不便公之於世的充分理由也說不定。[27]

連向來不激進的學生洪業也深感被出賣。從 1919 年到 1920 年 11 月威爾遜連任落選之間，洪業至少演說過一百次：扶輪會、溪瓦娜社、女士縫補團，甚麼地方有人肯聽，就去講：指威爾遜在山東問題上違反自己提出的十四點原則的人民自決。日本等國違反他主張的公開外交，他便背叛了自己的原則。洪業是基督教徒，他每每用一個小故事來結束演講：幼稚園老師問了很多次誰想上天堂，同學都舉過手了，學生詹尼仍不肯舉手，因為他雖然想去天堂，但不要跟同學那夥兒人一起去。洪業說，同樣地國聯雖好，但不該跟那夥兒人一起去。[28]

1921 年華盛頓會議

巴黎和會的後續，是各大國 —— 包括日本，在美國華盛頓召開會議，談判裁軍，但也要討論一些有關中國的問題，例如租借地、關稅自主、領事裁判權、山東權利，包括以前德國在山東的鐵路和在青島的權益。

華盛頓會議在 1921 年 11 月到次年 2 月開會。美國宣佈召開會議後，"一年間，所有留美學生都為華盛頓會議而激動。""中國人的看法是一致的，都希望中國能和其他國家一樣享有自主權。"[29]

中國留美學生組成華盛頓會議後援會，在開會前後都曾遊行示威。重要會議時，中國學生利用口號和標語，使各國出席代表清楚知道，中國要在國際家庭中完全平等。會議的結果，日本交還山東，但中國仍然不能廢除租界和列強的治外法權，也不能恢復關稅自主。[30] 留學生代表又要求不要在條約上簽字，但這次中國簽了字。儘管參加後援會的蔣廷黻認為中國的代表已經盡力，認為中國在恢復主權方面，這個會議是重要一步，但也説已下台的總統威爾遜偏頗，"在巴黎對中國的承諾，在華盛頓會議中根本未予兑現。"[31]

信念和現實

在這次會議期間，有一些支持中國的美國大學教授聚在華盛頓，甚至幫中國代表團做文書準備工作。已退休的政治系教授芮恩施（P.S.Reinsch）曾經在威爾遜執政之初出任駐中國公使，他也在華盛頓，曾盡量使西方政府對孫中山的計劃發生興趣，"當世人對國父的民生主義不感興趣時，他深感失望，這是我永難忘記的。"[32]

書生議政的熱望、威爾遜向世人宣稱的理想，在政治現實的衝擊下，屢屢受挫。在英國，準備到牛津進修的經濟系學生也對華盛頓會議大失所望。"所謂九國公約、門戶開放、機會均等，不過是列強共管中國的代名詞，無非彼此分贓而已。當時我國內亂不已，每個軍閥無例外地都有帝國主義作後台。那時的愛國青年，無不感到悲憤。我對孫中山先生十分欽佩，但又感到他沒有實力，沒有實力也就趕不走帝國主義，打不倒軍閥。"[33]

1924 年孫中山的聯俄容共政策，是多少次失望後採取的一步呢？[34]

1926 年一個美國人在《留美學生月報》上寫："除非美國政府的對華官方政策馬上出現變化，否則《中國留美學生月報》可能會關門或者搬到莫斯科去。在 20 年的時間裏，年輕的中國充滿渴望、信任地把臉轉向美國，期待同情、鼓勵、建議和幫助……今天，一股不信任美國的潮流在增長，美國那些信誓旦旦與中國人民交好卻沒有付諸行動的言辭是越來越受質疑了。"[35]

不過十多年前，踏上美國土地的大批留美學生躊躇滿志，他們不光是學者，還打算回中國辦企業、搞金融等，無論他們計劃做甚麼，這群青年自信中國將來屬於他們，可是：

> 到了二十年代，共產主義形成了一股相對的力量，年輕知

識分子的這種信念（能領導中國走向光明的前景）便開始動搖。他們一點也沒想到，其後與他們日夜爭衡對抗的，主要不是頑固不化、垂垂欲墜的老學究，而是比他們雄心更大的馬克思、列寧信徒；而這些受美國教育的民主自由倡導者，最後終究是慘敗於共產黨員手中。[36]

歷史難知的如果

五四前後的思潮如湧而來，當時無論是留學生還是一般中國人，都是被裹挾著在時代的洪流裏跌跌撞撞前進的。

一個曾經留法的創造社詩人，以自己當時的文學經驗，來判斷中國社會急速改變的原因。創造社是五四運動後興起的文學團體，是浪漫派，但是叱咤了一年多以後，便已經露出疲態，而他自己也一變而為完全相反的唯美派。他認為這正如五四運動才完結，或者還沒完結，便發生無產階級運動，五四運動領導者竟然會立刻又成為共產黨的領袖，便可以明白社會上的急速轉變是共通的，都是由中國社會的發展形式決定的。

中國是半殖民地國家，資本主義底逼來恰好在歐洲最高度的發展以後，資本主義進了中國同時便帶來了一個世界末日和再生的命運。這就是說，中國接受資本主義的時候，資本主義已經快到最後殘喘的時刻，跟著無產階級隊伍已經露出了偉大的勢力來了，這使得中國雖然在資本主義的洪流中前進，但卻不能像歐洲那樣形成完整的，有步驟的資本主義社會。這便是中國在任何方面顯露畸形的原因，也是中國社會思想在現代發展異常迅速的原因。[37]

一個傳統根基動搖、思想正待大變的國家，正遇上一個思想大變的世界，不得不轉變再轉變地翻滾前去。如果清末沒有種族之防，中國的政治改革早早成功，中國留學運動的紛爭會不會大改觀呢？如果沒有救國急務的問題，沒有外國的政治操作，一切爭論只限於書生論政，只是文化進境的探求，中國會不會有一個新文化的生機呢？反對蘇聯和共產黨的人認為，如果沒有蘇聯，結果可能大不一樣：

> 如果孫中山先生不決心聯俄容共，而竟將廣東的地盤讓史太林派代表，贈槍械來從事革命訓練及活動，則陳獨秀等雖於民十（1921）發起了中國共產黨，然而也不過止於書生的思想宣傳，一如當時其他的西方思想，同樣的吸收信徒，如自由主義、實驗主義、科學主義、民主主義、社會主義、工團主義、基爾特社會主義、無政府主義等等，各說各的，各做各的，且彼此自由辯論，互相切磋，當時北洋軍閥一概不懂，一律不干涉，或者經過若干時期的醞釀，能夠造成更成熟的中國新文化的成績出來。[38]

這當然只能是一種假設。北洋軍閥裏也有很多留日學生，並非一概不懂的莽夫。而世界局勢的波譎雲詭，更不容中國、也不容孫中山走一條容易的路。救國雄心，變成主義的爭持，中國在成為西方經濟榨取的對象之後，又成為西方各種主義的龐大實驗場。

今天回顧五四新文化運動，或許中國未必需要大規模的、激進的文化變革，可是苦苦掙扎而政治不能更張，在困局中的知識分子於是寄希望於文化改造，也是後人難以深責的反應。有點滑稽的，是五四時中國新思想蓬勃，學生取法歐美，反舊權威，但他們去到法國，所見到的法國鄉下卻重視傳統，相當保守。神父穿黑袍，規行矩步，天天向學生說教；同學不鬧學潮，不談反抗、革命、社會主義、無政府等事情。讓這些經過五四思想大解放，行為自由放縱慣了的中國學生，認為法國人守舊習慣未免可怕。[39]

今天許多中國人迷惑於日本維新為甚麼比中國成功，其實日本明治維新，何嘗有改變日本的文化底蘊呢？

歷史已然發生，不容我們回過頭去說如果，但它最少可以供我們借鑒來走眼前的路。

註 釋

1. 王光祈〈留學界的兩大潮流〉，載《王光祈旅德存稿》，上海：中華書局，1936 年，頁 447。原載 1920 年《巴黎旅歐通訊》，並為法國勤工儉學生賀培真記在當年 12 月 6 日日記中，見《留法勤工儉學日記》，長沙：湖南人民出版社，1985 年，頁 35。王光祈曾與李大釗、曾琦等在北京創立少年中國學會，1920 年赴德留學，1922 年轉攻音樂學，1936 年於波恩逝世。

2. 據陳萬雄所提供的人物介紹，《新青年》從同仁雜誌到以北大為陣地，前四卷的二十六個主要作者中有二十三人曾留學，且以留日為大多數，雖然其中革命學生不少，亦有留日只九個月的沈尹默。《五四新文化的源流》第一章，香港：三聯書店，1992 年，頁 2-17。

3. 分別由蔣夢麟、胡適、梁啟超、張君勱等邀請而來。1923 年 4 月《東方雜誌》有專號介紹杜里舒。另外，1924 年印度詩人泰戈爾也受邀來中國，1933 年則有英國作家及費邊社的蕭伯納。並見李璜《學鈍室回憶錄》，台北：傳記文學出版社，1973 年，頁 109。

4. 詹劍峰《世紀學人自述》第 2 卷，北京：北京十月文藝出版社，2000 年，頁 198。

5. 余家菊〈疑是錄〉，載《余家菊景陶先生回憶錄》，台北：慧炬出版社，1994 年，頁 220。

6. 詹劍峰，同上書，頁 199。

7. 顧維鈞《顧維鈞回憶錄》第一分冊，北京：中華書局，1983 年，頁 66-67。

8. 聶榮臻《聶榮臻回憶錄》，香港：明報出版社，1991 年，頁 26。

9. 鄭超麟《史事與回憶》第一卷，香港：天地圖書有限公司，1998 年，頁 179-180。

10. 賀培真，同上書，頁 104。

11. 鄭超麟，同上書，頁 180。

12. 錢昌照《錢昌照回憶錄》，北京：中國文史出版社，1998 年，頁 12，16。

13. 聶榮臻，同上書，頁 18，22。

14. 賀培真，同上書，頁 96，100。

15. 聶榮臻，同上書，頁 27-28。

16. 吳俊升《教育生涯一週甲》，台北：傳記文學出版社，1976 年，頁 39。錢昌照，同上書頁 13，1921 年夏。

17. 吳俊升，同上書，頁 40。

18. 羅素《中國問題》，上海：學林出版社，1996 年，頁 172。

19. 史黛西‧比勒《中國留美學生史》，北京：三聯書店，2010 年，頁 276。

20. 吳大猷《回憶》，台北：聯經出版事業公司，1986 年，頁 25。

21. 潘光旦〈談留美生活〉，載《大師自述》，香港：三聯書店，2000 年，頁 234。

22. 史黛西‧比勒，同上書，頁 277。

23. 李璜，同上書，頁 42。

24. 李璜，同上書，頁 43。

25. 蔣廷黻《蔣廷黻回憶錄》，台北：傳記文學出版社，1984 年，頁 65。

26. 吳宓《吳宓自編年譜》，北京：三聯書店，1995 年，頁 193。

27. 蔣廷黻，同上書，頁 72。

28. 陳毓賢《洪業傳》，台北：聯經出版事業公司，1992 年，頁 89。國聯是聯合國前身。

29. 蔣廷黻，同上書，頁 80-81。

30. 日本在 1886 年便與列強談判修改不平等條約，但實力不足，未能如願。到甲午戰敗中國前後，談判完成，可在 1899 年取消外國的治外法權。關稅自主則到 1911 年達成協商。汪向榮〈痛苦的回憶〉，載《中國的近代化與日本》，長沙：湖南人民，1987 年，頁 157。

31. 蔣廷黻，同上書，頁 83。

32. 蔣廷黻，同上書，頁 84。

33. 錢昌照，同上書，頁 17。

34　詳可參史扶鄰（Harold Zvi-Schifferin）《孫中山與中國革命》下卷，太原：山西人民出版社，2010 年，第七章。美國不確認收到孫中山致新總統哈定的賀電，甚至退還他給哈定的信，又冷待他提出的國際共同發展中國實業的計劃書，頁 411。史扶鄰書原名 *Sun Yat-sen, Reluctant Revolutionary*。

35　據史黛西・比勒，同上書，頁 280 引 *The Nation* 的編輯 Lewis Gannett 的 America's Choice，CSM（May,1926）。

36　陳毓賢《洪業傳》，同上書，頁 73-74。

37　王獨清《我在歐洲的生活》，上海：大光書局，1936 年，頁 152-3。

38　李璜，同上書，頁 110。

39　錢昌照，同上書，頁 13，鄭超麟，同上書，頁 172；蘇雪林《浮生九四 —— 雪林回憶錄》，台北：三民書局，1991 年，頁 52。

未完的留學潮

中國現代物理研究奠基者
1924 年書信

"我且不願意將來送吾們的子女來外留學，因為吾們應該把中國學校改進到他們一樣好，再不要使他們受暈船思鄉的痛苦。"

《嚴濟慈：法蘭西情書》，頁 81

工程部門高官　教授
晚年自述。1920 年代夢想留學，令家人費許多心。

"我始終以為留學是一件不得已之事，尤其不是一件體面的事，好在別人不會來窮根問底，為甚麼你們不在國內讀書，甚至你們已在自己的國內大學畢業，還要遠涉重洋的跑來進他們的大學，到底你們的高等教育是怎麼回事？幸而無人提出此一問題，否則真使人無顏面回答。想得深刻一點，何嘗不就是國家當前的一種恥辱。果然，在學術上，不應提倡狹義的民族主義，但我們不以為恥猶可，而相反的竟以此為榮，就大大的不該。我早就有這種想法，但轉念一想，如果我不曾留學，就沒有資格作此批評，至少話就難以說得響，人家必將會說：你不曾出洋，你是在嫉妒。"

《沈怡自述》，頁 75

共產黨人元帥

<u>1921 年</u>

"我希望中國辦幾個真正能求學問的學校，
等學生畢業後才送他們出來遊學。"

陳毅〈我兩年來旅法的痛苦〉頁 55

---

　　20 世紀末掀起新一輪的留學潮，到 2010 年底已達 127 萬人 [1]，比世紀初還要多。以上的夢想甚麼時候才達到呢？

　　那一天中國人不必以留學為夢，中國的現代化康莊大道才算完成。

註 釋

1　台灣的中國評論社香港 4 月 13 日電 / 中國教育部官員 12 日表示，截至 2010 年底，中國以留學身份出國的人員超過 127 萬。中國已經成為世界上最大的留學生來源國。BBC 也有類似消息。

1896-1950 年代留學潮簡表

事件 / 年份	1890 年代	1900 年代	1910 年代
世界形勢		1904 年日俄在中國東北交戰，俄國戰敗。	1914-1918 年第一次世界大戰。戰後經濟動盪。
			1917 年俄國十月革命，蘇聯成立。
			1917 年中國對德宣戰，派華工支援英法俄。1919 年巴黎和會召開，日本得到德國在山東權利。
中國形勢	1894 年甲午戰敗於日本	1900 年義和團事件，八國聯軍入京。	1911 年辛亥革命爆發，清朝派袁世凱鎮壓，袁氏與革命者談判，勸清帝退位。
	1898 年康梁百日維新失敗	1902 年南洋公學學潮，此後學潮不斷。	1913 年疑總統袁世凱暗殺宋教仁，國民黨人發起二次革命失敗。
		1905 年清朝宣佈變法，廢科舉，獎勵留學生功名。	1916 年袁世凱稱帝失敗。此後北洋軍閥混戰。
			1919 年要求日本歸還山東權利，五四運動爆發，繼之以新文化運動。
留日	1896 年官派留日開始	1903 年俄國勢力入侵東北，留學生倡拒俄運動，大批退學回國，組義勇隊。	辛亥革命後，3000 多人回國
		1905-1906 第一次留日高潮	1913-1914 年第二次留日高潮。1915 年大批留學生抗議日本提出廿一條約，退學回國
留美		1905 年中美談判退還庚款。1909 年游美學務處成立，第一批庚款學生赴美	1911 年清華學堂成立
留法		1902 年留法儉學會在北京成立	工讀主義思潮瀰漫，1919 年勤工儉學運動大起。
留蘇			
其他		1903 年首批中國官費生留學比利時	

1920 年代	1930 年代	1940 年代	1950 年代
1921 年華盛頓會議裁軍，中國爭取取消治外法權失敗。 1929 年美國經濟大蕭條	1939 年歐戰爆發	1941 － 1945 年第二次世界大戰	1950 年 6 月韓戰爆發
1921 年中國共產黨成立	1931 及 1932 年，日本進攻東北及上海。	1945 年日本投降。1946 年起國共內戰，1949 年國民政府退守台灣，中華人民共和國成立，鼓勵留學生回國建設。	
1924 年孫中山決定聯俄容共，1925 年孫中山死。	1931-1935 年國民政府五次圍攻共產黨。		
1927 年國民政府北伐，結束軍閥混戰，國民黨清黨，不少共黨人員被殺。	1937 年七七事變爆發，中國宣佈抗日。		
	1931 年日本侵佔東北，留學生大批退學回國。		
	1935-1937 年匯率有利中國，日本侵略暫緩，第三次留日高潮。1937 年 7 月抗戰開始，約 8000 留學生回國，主要是留日學生。		
1925 年清華學校轉為大學，1928 年停派高等科畢業生留美。	1933 年第一屆庚款留美考試	1941 年 3 月美國通過"租借法案"援助盟國，包括資助在美國留學的盟國學生。1943 -1947 年約 1000 中國工程師到美受訓。	美國初鼓勵中國學生回國，後給予居留權，1950 年通過中國援助法案為學生提供生活費。1951 年下阻令，禁止曾受技術訓練者離美。
1921 年勤工儉學生發起學潮，部分被遣回國，運動於 1922 年落幕。			
1921 年里昂中法大學成立。			
1921 年傾共學生由歐陸赴蘇聯東方大學。1925 年莫斯科中山大學成立，國民黨及共產黨員、團員由中國赴蘇，1927 年因國共分裂停派。			
	1933 年第一屆庚款留英考試	1943 年第一屆自費留學考試	1949-1957 年歐美各地數以千計留學生回國
			1949 年起歐美的天主教大學資助約 1000 名中國留學生留下。

傳主介紹

生年	姓名	留學國家	學校	留學日期	費用	界別	材料來源
1828	容閎	美	預科/耶魯大學	1847-1854	教會(美國教友)、工讀	教育	《我在美國和中國生活的追憶》
1867	蔡元培	德/法	來比錫/來比錫/巴黎及法國西南就讀	1907-1911/1912-1913/1913-1916	公(駐德公使助)、私(商務印書館編譯費、補習)	教育	《蔡元培口述傳略》載《蔡元培先生紀念集》
1869	酈菊裳	美	夜校/Pomona College 預科/加州大學/哥倫比亞大學	1897-1905	私(工讀)	翻譯	《酈菊裳博士傳略》
1876	穆湘玥	美	威斯康辛大學/伊利諾大學/德州農工業專修學校	1909-1914	私	工商界	《藕初五十自述》
1877	施肇基	美	Central High School 中心中學/康奈爾大學	1893-1902	私	政界(外交)	《施肇基早年回憶錄》
1877	顏惠慶	美	中學/弗吉尼亞	1895-1900	私	政界(外交)	《顏惠慶自傳》
1877	曹汝霖	日	早稻田大學/東京法學院	1900-1904	私	政界(外交)	《曹汝霖一生之回憶》
1877	徐特立	法/蘇	勤工儉學/木蘭省立公學	1919-1924/1938-	勤工儉學	教育/政界	《留法老學生之自述》〈六十自述〉載《徐特立教育文集》
1878	吳玉章	日/法	成城/岡山高校/巴黎法科大學	1903-1909?/1914-1915	不詳/勤工儉學	政界	《吳玉章回憶錄》
1878	江庸	日	成城學校/早稻田大學	1901-1906	不詳	政界	《江庸自傳》載《上海文史資料選輯》
1881	張知本	日	宏文書院/法政大學	1900-1905	公	法學	《張知本先生訪問紀錄》
1881	馬君武	日/德	京都大學/柏林皇家工業學院/柏林工業大學	1901-1906/1907-1911/1913-1916	不詳	政界/學者	《馬君武集》:〈一箇苦學生的自述〉
1881	魯迅	日	宏文書院/仙台醫學專門學校/東京的德語學校	1902-1909	公	文學	《藤野先生》《因太炎先生而想起的二三事》《范愛農》《俄文譯本阿Q正傳序及作者自敘傳略》等
1884	周作人	日	自費為主	196?-1911	疑為公費	文學	《知堂回想錄》
1885	楊樹達	日	中學/第一高等預備班/第三高等學校	1905-1911	公	學者	《積微翁回憶錄》
1885	戢翼翹	日	振武學校/士官學校	1906-1911	公	軍政界	《戢翼翹先生訪問紀錄》
1886	任鴻雋	日/美	同文中學/東京高工/康奈爾大學/哥倫比亞大學	1907-1911/1912-1921	私/公(補助)	學者	《科學救國之夢》
1886	蔣夢麟	美	加州柏克萊大學/哥倫比亞大學	1908-1917	私	教育	《西潮》
1888	顧維鈞	美	庫克學校/哥倫比亞大學	1904-1912	私	政界(外交)	《顧維鈞回憶錄》

年份	姓名	國別	學校	留學時間	公私 (經費)	界別	參考資料
1888	王紹鏊	日	早稻田大學	1908-1911	私 (合會)	政界	〈王紹鏊自傳〉載《上海檔案史料研究》第十輯
1889	歐陽予倩	日	成城學校/明治大學/早稻田大學	1904-1911	公	戲劇	〈自我演戲以來〉
1889	程天固	星/美	中學/高中/加州柏克萊大學	1904-1906?/1908-1915	私 (工讀)	政界	《程天固回憶錄》
1889	張群	日	振武學校/士官學校	1908-1911/1914-1915	公	政界	《張群先生話往事》
1889	楊步偉	日	東京女醫學校	1913-1919?	私/公 (省費)	主婦	《一個女人的自傳》
1890	李書華	法	中學/圖盧茲大學/巴黎大學	1912-1922	公費	學者	〈七十自述〉載《傳記文學》3 卷 4 期
1890	陳衡哲	美	瓦沙女子大學 (Vassar)/芝加哥大學	1914-1920	公	學者	〈陳衡哲自傳〉載《傳記文學》26 卷 4 期
1890	陳公博	美	哥倫比亞大學	1923-1925	不詳	政界	《少年時代的回憶》載《苦笑錄》
1891	孫科	美	中學/加州大學/哥倫比亞大學	1902?-1911/1912-1917	公 (稽助)	政界	〈八十自述〉(上) 載《傳記文學》23 卷 4 期
1891	楊肇嘉	日	小學/初等職業	1908-1912?	私	學者	《楊肇嘉回憶錄》
1891	胡適	美	康奈爾大學/哥倫比亞大學	1910-1917	公 (庚款)	學者	《四十自述》《胡適口述自傳》《胡適留學日記》
1891	龔德柏	日	補習/第一高等學校	1913-1921	公 (省費)	報界	《龔德柏回憶錄》
1891	王光祈	德	柏林大學/波恩大學	1920-1936	私	學者	《王光祈旅德存稿》
1892	趙元任	美	康奈爾大學/哈佛大學	1910-1920；居美	公 (庚款)	學者	《趙元任年自傳》
1892	陳鶴琴	美	約翰霍普金斯大學/哥倫比亞師範大學	1914-1919	公 (清華)	教育	《我的半生》
1892	郭沫若	日	第一高等學校預科/岡山高等/九州帝大	1914-1923	私 (工讀)	文學	《櫻花書簡》
1892	張肇元	美	哥倫比亞大學預科/芝加哥大學	1915-1918?	私	政界	《張肇元回憶錄》
1893	曾寶蓀	英	中學/倫敦大學	1912-1917	公	教育	《曾寶蓀回憶錄》
1893	張資平	日	同文書院/第一高等/帝大	1912-1922	私 (工讀)	文學	《資平自傳》
1893	洪業	美	衛斯良大學/哥倫比亞大學	1915-1923	教會大學	學者	《洪業傳》
1893	杜聰明	日	京都大學	1915-1921	不詳	醫界	《回憶錄》
1894	繆雲台	美	西南大學/伊利諾大學/明尼蘇達	1913-1919	公 (省費)	政界/工商界	《繆雲台回憶錄》
1894	淩鴻勛	美	哥倫比亞大學 (兼讀)	1915-1918	公 (實業)	工程師	《七十自述》
1894	吳宓	美	弗吉尼亞大學/哈佛大學	1917-1921	公 (清華)	學者	《吳宓自編年譜》
1894	蕭瑜	法	巴黎大學	1919-1924	不詳	學者/外交界	《我和毛澤東行乞記》
1895	蔣廷黻	美	Parkville/Oberlin 歐柏林/哥倫比亞大學	1912-1918，1923 年回國	私	學者	《蔣廷黻回憶錄》
1895	沈宗瀚	美	Georgia State College of Agriculture/康奈爾大學	1913-1918	私/半公費	學者	《耕耘歲月》

生年	姓名	留學國家	學校	留學日期	費用	界別	材料來源
1895	金岳霖	美/英/美	?/哥倫比亞大學/倫敦政經學院/劍橋?/哈佛大學	1914-1920/1921-1925/1931	公(清華)	學者	〈回憶〉載《大師自述》；《金岳霖回憶錄》
1895	程其保	美	Hamline U (翰墨林)/芝加哥大學/哥倫比亞大學	1918-1923	公(清華)	教育	〈六十年教育生涯〉(一)(二)載《傳記文學》
1895	林語堂	美/德	哈佛大學/萊比錫大學	1919-1923	半官費	學者	《八十自敘》;〈自傳〉載《名人自傳》
1895	李璜	法	蒙達爾尼農業實習學校/巴黎大學	1919-1924	私	政界	《學鈍室回憶錄》
1895	何廉	美	Pomona college/耶魯大學	1919-1926	私(工讀)	學者	《何廉回憶錄》
1895	徐悲鴻	法	巴黎國立高等美術學校	1919-1926	公	藝術	〈悲鴻自述〉載《藝人自述》
1895	李宗侗	法	里昂大學/巴黎大學	1912-1924	勤工儉學	學者	《李宗侗自傳》
1895	馮友蘭	美	哥倫比亞大學	1920-1923	公	學者	《三松堂自序》
1896	郁達夫	日	第一高等學校/八高/東京大學	1913-	私/公	文學	《郁達夫日記集》
1896	朱東潤	英	倫敦西南學院	1913-1916	勤工儉學	學者	《世紀學人自述》第1卷
1896	溥儒	德	柏林大學(未能證實)	1914-1917?/1918?-1922	公?	藝術	〈心畬學歷自述〉載《傳記文學》13卷3期
1896	王若飛	日/法/蘇	明治大學/勤工儉學/東方大學	1918-1919/1919?-1923/1923-1925	公/勤工儉學	政界	〈赴法勤工儉學運動史料〉3
1896	李濟	美	克拉克大學/哈佛大學	1918-1923	公(清華)	學者	《感舊錄》
1896	張道藩	法/英/法	(本擬)勤工儉學/中學/克乃芬姆學院/倫敦大學/巴黎最高美學院	1920-1926	不詳	政界	〈酸甜苦辣的回味〉載《傳記文學》1卷6期
1896	雷嘯岑	日	東亞預備學校/早稻田大學專門部/早稻田大學政經學部	1920-1924	私	報界	《憂患餘生之自述》
1896	胡愈之	法	巴黎大學	1928-1931	私(工讀)	文化/出版	《我的回憶》
1896	羅炳之	美/英	史丹福大學/哥倫比亞大學/倫敦大學	1928-1931/1935-1936	公(省費)	學者	《世紀學人自述》第1卷
1896?	賈培貞	法	自費	1919-1921	勤工儉學	學者	《留法勤工儉學日記》
1897	陶晶孫	日	錦華小學/府立一中/第一高等學校/九州帝大	1907-1929?	私	醫學界/文學	《日本への遺書》
1897	胡光麃	美	Philips exeter academy/MIT	1914-1920	公(清華)	工商	〈波莉六十年〉;〈憶最早的一批留美學生〉載《傳記文學》
1897	陳翰笙	美/德	Pomona college/芝加哥大學/哈佛大學/柏林	1915-1924	私	學者	《四個時代的我》
1897	周佛海	日	京都大學	1917-1924	不詳	政界	《陳公博周佛海回憶錄合編》

1897	徐志摩	美/英	哥倫比亞大學/劍橋	1918-1922	私	文學	〈留美日記〉載《徐志摩未刊日記》(外四種)
1897	俞大維	美/德	哈佛大學/柏林大學	1918-1929	不詳/獎學金	學者/政界	《俞大維先生自述》
1897	蕭公權	美	密蘇里大學/康奈爾大學	1920-1924	公(清華)	學者	〈問學諫往錄〉
1897	黃朝琴	日/美	正則/中學/早稻田大學/伊利諾大學	1920-1923/1924-1946	不詳	政界	《我的回憶》
1897	宗白華	德	法蘭克福大學/柏林大學	1920-1925	不詳	學者	〈少年中國學會回憶點滴〉〈自德致寄書〉載《宗白華全集》
1897	潘菽	美	加州大學/印第安納州/芝加哥大學	1922-1927	公	學者	《世紀學人自述》第1卷
1897	楊亮功	美	史丹福大學/哥倫比亞大學/紐約大學	1922-1928	不詳	學者	《早期三十年的教學生活》
1897	趙迺摶	美	哥倫比亞大學	1923-1929	公	學者	《世紀學人自述》第1卷
1897	錢用和	美/法	芝加哥大學/哥倫比亞大學	1925-1929	不詳	政界	〈錢用和回憶錄〉
1897	朱光潛	英/法	愛丁堡大學/倫敦大學及巴黎大學/斯特拉斯堡大學	1925-1934	公(省費)	學者	〈自傳〉載《大師自述》
1897	薩孟武	日	成城中學/第一高等學校/第三高等學校/京都大學	1913-1923	不詳	學者	《學生時代》
1897	王子雲	法	巴黎高等美術學院	1931-1937	私及學校資助	學者	〈從長安到羅浮宮〉下冊歐洲篇第一章
1897	王獨清	日/法/德/意/法	法蘭西學院/自學	1918-1919/1920-1925	私	文學	《我在歐洲的生活》
1898	田漢	日	東京高等師範	1916-1919	私/公	戲劇	《田漢自述》
1898	周恩來	日/法	東京高等預備學校/勤工儉學	1917-1919/1920-1924	私(資助)	政界	《赴法勤工儉學運動史料》3
1898	言心哲	美	勤工儉學/中學/太平洋學院/加州大學	1919-1928	勤工儉學/半工讀/半官費	學者	《世紀學人自述》第1卷
1898	陳科美	美	伊利諾斯大學/芝加哥大學/哥倫比亞大學	1920-1926	私/半官費	學者	《世紀學人自述》第1卷
1898	豐子愷	日	自學為主	1921-1922	私	藝術/文學	《豐子愷自敘》
1898	余家菊	英	倫敦大學/愛丁堡大學	1922-1924	公	教育	〈疑是錄〉載《余家菊先生回憶錄》
1898	老舍	英	倫敦大學	1924-1929	不詳	文學	〈老舍自傳〉
1898	白瑜	蘇/英/美	莫斯科中山大學/倫敦大學政經學院/密大	1926-1927	公	政界	〈有關留俄中山大學〉載《傳記文學》30卷1、2、3期
1898	蔣復璁	德	柏林大學	1930-193?	公	學者	《蔣復璁口述回憶錄》

生年	姓名	留學國家	學校	留學日期	費用	界別	材料來源
1898	毛彥文	美	密歇根大學	1929-1931	美國獎學金	教育	《往事》
1899	黃季陸	日/美	慶歌大學/俄亥俄斯靈大學/多倫多大學	1918/1919-1923	不詳	政界	《黃季陸先生懷往文集》
1899	錢昌照	英	倫敦政經學院/牛津大學	1919-1923	私	政界	《錢昌照回憶錄》
1899	郝更生	美	哥倫比亞大學/春田大學	1919-1923	私	體育	《郝更生回憶錄》
1899	吳經熊	美	密歇根法學院	1920-1921	不詳	法學	《超越東西方》
1899	聶榮臻	法/比/蘇	中學/勞動大學/東方大學/紅軍大學中國班	1920-1925	勤工儉學	軍界	《聶榮臻回憶錄》
1899	程天放	美/加	芝加哥大學/伊利諾大學/多倫多大學	1920-1926	公	政界	《程天放早年回憶錄》
1899	盛成	法	蒙白里里大學	1920-1930	勤工儉學	學者	《海外工讀十年紀實》
1899	潘光旦	美	Dartmouth/哥倫比亞大學	1922-1926	公（清華）	學者	《談留美生活》載《大師自述》
1899	童潤之	美	加州大學	1926-1928	教會	教育	《世紀學人自述》第1卷
1900	董竹君	日	日語學校及家教	1914-1917	私	企業	《我的一個世紀》
1900	章克標	日	東亞高等預備學校/高師/京都帝大	1918-1926	公	教育/文學	《九十自述》
1900	何長工	法	勤工儉學/勞動大學	1919-1924	勤工儉學	政界	《勤工儉學生活回憶》
1900	李金髮	法	巴黎美術學院	1919-1925	勤工儉學/私	文學	《李金髮回憶錄》
1900	賴景瑚	美	伊利諾大學/多倫多大學/康奈爾大學	1919-1926?	私（工讀）/半官費		《煙雲集往事》
1900	陳岱孫	美	威斯康辛/哈佛大學	1920-1926	公（清華）	經濟界	《世紀學人自述》第1卷
1900	蘇雪林	法	里昂中法學院/中學	1921-1925	私/公	文學	《浮生九四——雪林回憶錄》
1900	浦薛鳳	美/德	翰墨林（Hamline）大學/哈佛大學/柏林大學	1921-1926/1933	公（清華）	政界/學者	《萬里家山一夢中》
1900	黃陸普	美	芝加哥大學/哥倫比亞大學/倫敦大學政經學院	1922-1927	公（清華）		《憶江南館回憶》
1900	沈有乾	美	史丹福大學/加州大學/哈佛大學/哥倫比亞	1922-1926	公（清華）	學者	《懷念六位美國業師》載《傳記文學》49卷1期
1900	張果為	德	維也納工業專門學校/維也納大學/柏林大學	1922-1929	公	學者	《浮生的經歷與見聞》
1900	陳立夫	美	匹茲堡大學研究所	1923-1925	私（資助）	政界	《成敗之鑒》
1900	孫瑜	美	威斯康辛大學/紐約攝影學院	1923-1926	公（清華）	電影	《大路之歌》

年	姓名	國別	學校	年份	公/私費	領域	參考資料
1900	冰心	美	威爾斯利（wellesley）女子大學	1923-1926	私/半官費	文學	〈在美留學的三年〉〈我的老伴吳文藻〉〈悼杜波依斯博士〉
1900	梅貽寶	美/德	歐柏林學院/芝加哥大學/科隆大學	1923-1928	公（清華）	教育	〈大學教育五十年〉
1900	周傳儒	英/德	劍橋/柏林	1931-1939	公（省費）	學者	〈世紀學人自述〉第1卷
1900	沈亦珍	美	密歇根大學/哥倫比亞大學	1934-1936	公（省費）	學者/教育	〈我的一生〉
1900	黃仁霖	美	Vanderdilt大學/哥倫比亞大學	1922-1926	不詳		〈黃仁霖回憶錄〉
1901	陳毅	法	勤工儉學	1919-1921	勤工儉學（省公費）	政界	〈陳毅早年回憶和文稿〉〈陳毅口述自傳〉〈赴法勤工儉學運動史料〉第3冊
1901	鄭超麟	法/蘇	中學及自修/東方大學	1919-1924	勤工儉學（省公費）	政界	〈鬢絲雜憶〉〈鄭超麟回憶錄〉載〈史事與回憶〉
1901	沈怡	德/美	德蘭斯頓工大（研）	1921-1926	公	政界	〈沈怡自述〉
1901	楊廷寶	美	賓夕法尼亞大學	1921-1927	公（清華）	建築	〈學生時代〉〈我為甚麼學建築〉載〈楊廷寶談建築〉
1901	梁實秋	美	科羅拉多大學/哥倫比亞大學	1923-1926	公（清華）	文學	〈梁實秋自傳〉〈秋室雜憶〉；〈清華雜憶〉載〈老清華的故事〉
1901	嚴濟慈	法	巴黎大學	1923-1927	私	物理	〈嚴濟慈：法蘭西情書〉
1901	吳文藻	美	達特茅斯學院（Dartmouth）/哥倫比亞大學	1923-1929	公（清華）	社會學	〈世紀學人自述〉第1卷
1901	章益	美	華盛頓州立大學	1924-1927	學校獎金/半官費	教育	〈世紀學人自述〉第2卷
1901	吳俊升	法	巴黎大學	1928-1931	私	教育	〈教育生涯一周甲〉
1901	陶百川	美	哈佛大學	1934-1937?		作家	〈困勉強猗八十年〉
1901	胡蘭畦	德/法/英/蘇	不詳/工農補習學校	1929-1935	公（省派）/私		〈胡蘭畦回憶錄〉
1901	廖敬奎	日	士官學校預科/東京大學	1920-	私	軍	〈五十年前留學日本士官校的回憶〉載〈傳記文學〉22卷6期，23卷1、2、3期
1902	顧毓琇	美	麻省理工	1923-1929	公（清華）	電機工程	〈一個家庭兩個世界〉
1902	李方桂	美	密歇根大學/芝加哥大學	1924-1928	公（清華）	語言學	〈李方桂先生口述史〉
1902	陳碧蘭	蘇	東方大學	1924-1925	公	政界	〈我的回憶——一個中國革命者的回顧〉

生年	姓名	留學國家	學校	留學日期	費用	界別	材料來源
1902	楊子烈	蘇	東方大學	1925-1927	公	主婦	《張國燾夫人回憶錄》
1902	潘坦福	美	斯坦福/哥倫比亞大學/威斯康辛	1925-1930	公(清華)	政界	《風雨九十年》
1902	詹劍峰	法	中學/大學聽課	1925-1932	私/省助學金	學者	《世紀學人自述》第2卷
1902	鄭彥棻	法	巴黎大學	1926-1930/1930-1935	公	學者/政界	《往事憶述》
1902	宋英	日	東京大學研究所	1929-1931	私	教育	《我的母親——宋英》
1902	胡風	日	東亞日語學校/慶應大學	1929-1934	半官費	文學	《胡風自傳》
1902	童第周	比利時	北京大學	1930-1934	私	生物學	《童第周:追求生命真相》
1902	楊成志	法	巴黎大學	1932-1935	公(大學派)	學者	《世紀學人自述》第2卷
1902	姜亮夫	法	巴黎大學/自習為主	1935-1937	私	史學	《四十自述》〈自傳〉〈我最懷念中的故鄉〉〈歐遊散記〉載《姜亮夫文錄》
1902	傅筑夫	英	倫敦大學政經學院	1936-1939	不詳	學者	《世紀學人自述》第2卷
1902	劉遹元	美	科羅拉多大學	1948-	不詳	學者	《九十自述》
1902	王造時	美/英	威斯康辛大學	1925-1930	公(清華)	學者	《王造時自述》
1903	湯佩松	日/美	目白中學及同文書院/明尼蘇達大學/約翰霍普金斯大學/哈佛大學博士後	1914-1916/1925-1933	不詳/公(清華)	科學	《早年留日者談日本:為接朝霞夕陽》載《資深院士回憶錄》第1卷
1903	沈沛霖	法	中學/科雷茲 Correze 省布里夫工業實習學校(Ecole Pratique Industrielle de Brive)	1920-1926	勤工儉學	政界/學界	《我的留法勤工儉學經歷》載《檔案與史學》2004年4-5期
1903	方顯廷	美	威大預科/紐約大學/耶魯大學	1921-1928	私(資助)/工讀	學者	《方顯廷回憶錄》
1903	侯外廬	法/蘇	巴黎大學	1927-1930	私	史學	《韌的追求》
1903	陳銓	美/德	歐柏林大學/基爾(kiel)大學	1928?-1930/1930-1934	公(清華)	學者	陳光孚〈中德思想文化交流的快樂架橋工陳銓教授〉載《旅德追憶》
1903	岑麒祥	法	里昂大學/巴黎大學	1928-1933	公(省費)	語言學	《世紀學人自述》第2卷
1903	關德懋	德	德勒斯登高等工業學校	1930-1934	省費及私費工作	政界	《關德懋先生訪問記錄》
1903	鍾敬文	日	早稻田大學	1934-1936	私	民俗學	《早年留日者談日本》
1903	錢歌川	日/英	東亞預備學校/東京高等師範	1920-1926/1936-1939	私	翻譯	《苦瓜散人自傳》
1904	鄧小平	法/蘇	中學/東方大學/莫斯科中山大學	1920-1926	勤工儉學	政界	《鄧小平自傳》
1904	漆淇生	日	第一高等學校/岡山六高/京都大學	1923-1931	不詳	學者	《世紀學人自述》第2卷

年份	傳主	國	學校	年份	公/私	領域	著作
1904	胡毅	美	威斯康辛大學/芝加哥大學	1924-1929	公(清華)	學者	《世紀學人自述》第2卷
1904	劉思慕	蘇	莫斯科中山大學	1926-1927	公或半工讀	學者	《世紀學人自述》第2卷
1904	巴金	法	夜校/自學為主	1927-1928	私	文學	《我的哥哥李堯林》《巴金自救》
1904	季陶達	蘇	東方大學/莫斯科中山大學	1927-1930	公(省費)	學者	《世紀學人自述》第2卷
1904	常書鴻	法	里昂美專/巴黎高等美術學校	1927-1936	私/公(省費)	藝術	《九十春秋——敦煌五十年》
1905	龍繩武	法	聖西爾陸軍學校	1927-1929	私	軍界	《龍繩武先生訪問記錄》
1905	師哲	蘇	軍官聯合學校/工程兵學校	1925-1928	公	政界/學者	《我的一生》
1905	周昫良	英	愛丁堡大學	1928?-1932	不詳	學者	《世紀學人自述》第3卷
1905	馮至	德	海德堡大學/柏林大學	1930-1935	公(省費)	文學	《外來的養分》載《山水斜陽》；《留德散記》載《旅德追憶》
1905	阮鏡清	日	東京大學	1934-1937	私	學者	《世紀學人自述》第2卷
1906	李先聞	美	普渡大學/康奈爾大學	1923-1929	公(清華)	學者	《留學時期——一個農家子的奮鬥》之三 載《傳記文學》15卷1期
1906	黃佐臨	英	伯明翰大學	1925-1929	私	電影	《往事點滴》
1906	郭文儀	蘇	莫斯科中山大學	1926-1927	公	政界	《留俄國的回憶》載《傳記文學》28卷1期,《老兵與教授》
1906	周有光	日	京都大學	1933-1935	私	經濟學	《周有光百歲口述》
1906	任之恭	美	麻省理工/哈佛大學	1926-1934	公(清華)	物理學	《一位華裔物理學家的回憶錄》
1906	葉曙	日	東京醫專/千葉醫大	1926-1943	私/公(庚款)	醫學	《病理卅三年》
1906	唐有章	蘇	中國共產主義勞動者大學	1929-1930	公	政界	《革命與流放》
1906	龔冠海	美	史丹福大學/南加州大學	1929-1935	公(清華)	社會學	《留美回憶的一章》載《傳記文學》2卷2期
1906	吳曉邦	日	高田稜夫舞蹈研究所,江口宮講會會	1929-1936 三次留學	私	舞蹈	《留學日本》載《藝人自述》,《我的舞蹈乙術生涯》
1906	烏蘭夫	蘇	莫斯科中山大學	1925-1929	公	政界	《烏蘭夫回憶錄》
1907	楊尚昆	蘇	莫斯科中山大學	1926-1931	公	軍界/政界	《楊尚昆回憶錄》
1907	柳無忌	美/英	勞倫斯/耶魯大學/倫敦大學	1927-1932	公(清華)	學者	《柳無忌散文選——古稀話舊》
1907	黎東方	法	巴黎大學	1928-1931	私/公	史學	《平凡的我》
1907	吳大猷	美	密歇根大學	1931-1934	公?	物理學	《回憶》

生年	姓名	留學國家	學校	留學日期	費用	界別／學者	材料來源
1907	朱伯康	德	柏林／法蘭克福	1934-1937	私	軍／學者	《我的留學時代》載《往事雜記》
1907	李拘忱	美	歐柏林／哥倫比亞	1935-1937	私	學者	《山木齋語當年》
1907	溥杰	日	東京學習院／陸軍士官學校	1929-1935	不詳	政界	《溥杰回憶錄》
1907	嚴群	美	哥倫比亞大學／耶魯大學	1935-1940	教會（獎學金）	學者	《世紀學人自述》第 3 卷
1907	袁道豐	法	巴黎大學／政治大學	1926-1931	私	學者	《重遊巴黎撫今追昔》(二) 載《傳記文學》23 卷 2 期
1907	魏壽昆	德	柏林大學／德累斯頓工科大學 亞琛工科大學 旁聽	1931-1936	公	化學	《讀書與任教期間幾張片斷的回憶》載《深院土回憶談》1 卷
1908	彭迪先	日	成城／慶應大學／史丹福大	1926-1937	私	經濟學	《我的回憶與思考》
1908	孫碧奇	美	加州大學／哥倫比亞	1931-1935	部派工作	政界／外交	《滄海浮生記》
1908	朱智賢	日	東京大學	1936-1937	不詳	教育	《世紀學人自述》第 3 卷
1908	伍修權	蘇	莫斯科中山大學	1925-1931	公	軍界	《伍修權自述》
1908	張明覺	英	劍橋大學	1938-1941	不詳	學者	《困學求知回憶錄》
1909	洪謙	德／奧	柏林大學／耶拿大學／維也納大學	1927-1937	不詳	學者	《世紀學人自述》第 3 卷
1909	羅大岡	法	里昂大學	1933-1947	公	學者	《羅大岡自傳》載《羅大岡文集》
1907?(1912?)	柳步青	日	東京齒科醫專／千葉醫大	1931-1946	貸款	醫學	《早年留日者談日本》
1910	蔣經國	蘇	東方大學／紅軍中央軍事政治研究院	1925-1937	不詳	政界	《留蘇日記 13 篇》載《傳記文學》
1910	林林	日	早稻田大學	1933-1936	私	文學	《早年留日者談日本》
1910	薛光前	意	羅馬大學	1935-1936	私	政界	《早年留日者談日本》
1910	沈雲龍	日	明治大學／新聞學院	1935-1937	私	報界	《早年留學東瀛的經過》載《傳記文學》28 卷 3 期
1910	費孝通	英	倫敦政經學院	1937-1939	公	社會學	《留英記》載《費孝通文集》・《春年自述》載《費孝通在 2003》
1910	林耀華	美	哈佛大學	1937-1940	公	人類學	《世紀學人自述》第 4 卷
1910	陳彪如	美	哈佛大學	1944-1946	不詳	經濟學	《世紀學人自述》第 9 卷
1911	張法乾	日	士官學校	1928-1931	私	軍界	《張法乾先生訪問記錄》

年份	姓名	國別	學校	時間	公/私	領域	出處
1911	林欒平	日	東亞學校	1933-1937	私	文學	《世紀學人自述》第 4 卷
1911	陳省身	德 / 法	漢堡大學	1934-1937，1945 年回國	公	數學	《學算六十年》載《傳記文學》49 卷 5 期
1911	季羨林	德	哥廷根大學	1935-1946	公	史學	《留德回憶談》《留德十年》
1911	何茲全	日 / 美	哥倫比亞大學研究生	1935-1936 / 1947-1950	私 / 省派	史學	《愛國一書生》
1911	傅衣凌	日	法政大學	1935-1937	不詳	社會學	《世紀學人自述》第 4 卷
1911	瞿祥瑞	英	倫敦大學政經學院	1936-1939	公（庚款）	學者	《世紀學人自述》第 4 卷
1911	韓德培	加 / 美	多倫多大學 / 哈佛大學	1940-1945	公（庚款）	學者	《世紀學人自述》第 4 卷
1912	楊一之	法 / 德	巴黎大學 / 柏林大學	1929-1936	不詳	學者	《早年留日者談日本》
1912	李道揚	日	廣島高師	1932-1937，居日	私	商界	《八十自述》
1912	錢偉長	加 / 美	多倫多大學 /CIT	1940-1946	公	科學	《畢竟是書生》
1913	周一良	美	哈佛大學	1939-1944	教會大學獎學金	史學	《劉真先生訪問記錄》
1913	劉真	日	東京高等師範	1930 年代 -1937	不詳	政界 / 教育	《劉真先生訪問記錄》
1913	錢三強	法	巴黎大學鐳學研究所	1937-1948	公	科學	《倘祥原子空間》之《我和居里實驗室》〈中國原子核科學發展的片斷回憶〉
1913	王鐵崖	英	倫敦政經學院	1938-1939	公	學者	《世紀學人自述》第 4 卷
1913	吳于廑	美	哈佛大學	1941-1947	公（庚款）	史學	《世紀學人自述》第 5 卷
1913	劉緒貽	美	芝加哥大學	1944-1947	私及省公費	學者	《簫聲劍影——劉緒貽口述自傳》
1914	章巽	美	哥倫比亞大學 / 約翰霍普金斯大學 / 紐約大學	1944-1947	不詳	學者	《世紀學人自述》第 5 卷
1914	朱錫侯	法	里昂中法大學 / 里昂大學生理實驗室 / 巴黎大學心理學院	1937-1945	公	學者	《昨夜星辰昨夜風——八十自述》
1915	朱紹文	日	東亞高等預備學校 / 第一高等學校 / 東京大學 / 研究院	1934-1945	私 / 公	經濟學	《早年留日者談日本》
1915	陳辛仁	日	不詳	1934-1936	私	政界	《早年留日者談日本》
1915	楊憲益	英	牛津大學	1934-1940	私	翻譯	《漏船載酒憶當年》
1915	趙安博	日	第一高等學校	1935-1937	私及公？	政界	《早年留日者談日本》
1915	李治華	法	里昂中法大學	1937-1942：留法	公	學者	蔣力編《里昂譯事》
1915	崔克訒	美	賓夕凡尼亞大學	1945-1947	私	學者	《世紀學人自述》第 5 卷
1916	米國均	日	東京工業大學	1935-1942	私	政界	《早年留日者談日本》
1916	蔣緯國	德	柏林大學語言班 / 慕尼黑軍官學校	1936-1939	不詳	軍 / 政界	《蔣緯國口述自傳》

生年	姓名	留學國家	學校	留學日期	費用	界別	材料來源
1916	詹鍈	美	南加州大學/哥倫比亞大學	1948-1953	私	學者	《世紀學人自述》第5卷
1916	郁知非(阿云)	美	醫院	1949-1950	私	醫學	《飛鴻——一個老教授醫師的生平自述》
1917	丘成	日	第一高等學校	1935-1937	私	學者	《早年留日者談日本》
1917	王念祖	英/美	倫敦大學/哥倫比亞大學/哈佛大學	1937-1946	私	政界/學者	《我的九條命》
1917	楊生茂	美	柏克萊/史丹福大學	1941-1946	不詳/半工讀	學者	《世紀學人自述》第5卷
1917	黎錦揚	美	哥倫比亞大學/耶魯大學	1943-1947	私/獎(美)	戲劇	《躍登百老匯》
1917	宋則行	英	劍橋大學	1945-1948	獎學金(英國文化委員會)	學者	《世紀學人自述》第5卷
1917	何炳棣	美	哥倫比亞大學	1945-1952	公	史學	《讀史閱世六十年》
1917	黃飛立	美	耶魯大學	1949?－1951	私	音樂	《上帝送我一把小提琴》
1917	李荏武	美	威斯康辛	1949-1952	獎學金(華僑)	學者	《世紀學人自述》第5卷
1918	蕭向前	日	東京高等師範/東京文理科大學	1938-1942	公	政界	《早年留日者談日本》
1918	顧應昌	美	伊利諾大學/哈佛大學	1940-1947?	私	學者	《一個經濟小兵的故事》
1919	賈克明	日	東京大學	1939-1945	私及公?	醫學	《早年留日者談日本》
1919	吳冠中	法	巴黎國立美術學院	1947-1950	公(中法文化交流)	畫家	《望盡天涯路——吳冠中回憶錄》
1920	汪向榮	日	京都大學	1940-1942/1944	私	史學	《早年留日者談日本》
1920	王安	美	哈佛大學	1945-1948	公	工商界	《教訓》
1920	趙浩生	美	伊利諾大學	1952-留美	不詳	報界	《八十年來家國》
1921	任以都	美	瓦薩女子大學(Vassar/Radcliffe College)	1941-1946	私?	史學	《任以都先生訪問記錄》
1921	金克木	印	鹿野苑	1943-1946	不詳	學者	《游學生涯》
1921	趙無極	法		1948-留法	私	畫家	《趙無極自傳》
1921	許淵沖	法	巴黎大學	1948-1950	公	翻譯	《逝水年華》
1924	梁思禮	美	嘉爾頓學院/普渡	1941-1949	教會大學獎學金/美國租借案資助	科學	《一個火箭設計師的故事》

1924	梅祖彥	美	吳斯特理工學院/伊利諾理工學院	1946-1950, 1954 年回國	不詳	科學	《晚年隨筆》
1924	李瑞驊	加	多倫多大學	1948 (1950 入學)-1952	私	工業	《八十憶語》
1924	邵品洌	美	貝勒大學/得克薩斯大學	1948-1952	私	學者	《回憶在中美》
1925	陳之藩	美/英	賓夕法尼亞大學/劍橋大學	1955-1957	私 (工讀)	科學	《旅美小簡》
1926	林太乙	美	小學/中學	1936-1939，1941-	私	作家	《林家次女》
1928	陳天機	美	布朗大學/杜克大學	1947-	私/獎學金 (美)	科學	《天羅地網》之《後話：思路歷程》
1929	許靖華	美	俄亥俄州立大學/加州大學洛杉磯校	1948-1953	私	學者	《孤獨與追尋——我的青少年時代》
1931	張忠謀	美	哈佛大學/麻省理工	1949-1953	私	工業	《張忠謀自傳》
1933	李禎	美	紐約第 87 公立學校/紐約市華盛頓公立高中/卡蓉頓中學 (Gardner)/聖心書院	1947- 留美	私/教會	學者	《花開夢懷》

圖片來源

《**清風華影**》，清華大學出版社出版：頁 19，1918 年赴美留學的清華學生在上海登船；頁 47，哥倫比亞大學學生胡適、金岳霖等；頁 188，1915 年清華校長周詒春與教職員；頁 193，1923 年學生去旅行前在清華學堂門口合照；頁 215 上，馬約翰與清華足球隊；頁 267，在美國學習建築的楊廷寶；頁 293，1941 年錢三強在巴黎的核化學實驗室；頁 353，1920 年芝加哥大學的中國學生；頁 371，錢鍾書夫婦及盛澄華 1938 年在巴黎。

《**早年留日者談日本**》，山東畫報社出版：頁 161，朱紹文與日本第一高等學校學生。

Shutterstock.com：頁 78，1918 年的美國鋼鐵廠 /Everett Historical；頁 105，1935 年蘇伊士運河港口伊斯梅利亞 /Everett Historical；頁 130，1902 年落成於紐約的摩天大樓 /Andrey Bayda.

香港中文大學圖書館：頁 215 下，中國學生在加州柏克萊大學演阿依達；頁 361，羅素訪問中國，趙元任任翻譯。

留法勤工儉學紀念館：頁 223，齊笏屏在克勒佐施乃德鋼鐵工廠鑄造車間；頁 238，比利時沙洛瓦工業專修館實習工場。